falstaff
ROTWEIN GUIDE

DIE BESTEN 1000 ROTWEINE

VERKOSTET • BESCHRIEBEN • BEWERTET

von

Peter Moser

ÖSTERREICH

2025

Der Jahrgang 2022 im Test
Jungwein Grand Prix
Falstaff Reserve Trophy

Die Liebe zum
österreichischen Wein vereint
die Vielfalt des Terroirs,
der Rebsorten und der Aromen.

Wiener Städtische,
DONAU Versicherung
und Wiener Städtische Team s Versicherung
vereinen Vorsorgekompetenz und
Verlässlichkeit im Auftrag
ihrer Kundinnen und Kunden.

WIENER STÄDTISCHE
VIENNA INSURANCE GROUP
donau
VIENNA INSURANCE GROUP
S-VERSICHERUNG

DER FALSTAFF ROTWEINGUIDE 2025

DIE FALSTAFF-SIEGER

DIE 1000 EMPFOHLENEN WEINE

Schärdinger
Affineur
Rotwein & Käse – ein genussvolles Duett
Schärdinger
Affineur
WEINKÄSE
aus Österreich
Affineur
Schärdinger
Affineur
WEINZIRLER
Schärdinger
Affineur
ROLLINO
aus Österreich
Weitere Inspirationen für Käseplatten unter affineur.at
Käsespezialitäten in höchster Vollendung
Der unvergleichliche Geschmack jeder Käsespezialität ist ein Erlebnis für die Sinne und der Garant für vollendeten Käsegenuss.

VEREHRTE WEINFREUNDIN, GESCHÄTZTER WEINFREUND!

Mit großer Freude dürfen wir die Ergebnisse der 45. Falstaff-Rotweinprämierung vorlegen, nachdem wir die Sieger der zahlreichen Kategorien auch heuer wieder im festlichen Rahmen der Wiener Hofburg anlässlich der traditionsreichen Rotwein-Gala persönlich auszeichnen konnten. Der begehrte Titel des »Falstaff-Siegers« ging heuer an den punktehöchsten Wein aus dem Jahrgang 2022, der von der zehnköpfigen Fachjury in einer Finalverkostung in Blindprobe ermittelt wurde. Rund 500 Weine waren für den Hauptbewerb eingereicht worden, aus denen auch die zahlreichen Sortensieger dieses exzellenten Jahrgangs gekürt wurden. Bereits im Vorfeld fand die Ermittlung der besten jungen Rotweine aus 2023 statt, diese »Grand-Prix-Sieger« wurden aus den drei Gruppen Blauer Zweigelt, Blaufränkisch und Cuvée ermittelt. Mit mehr als 360 Weine der Jahrgänge 2021 und älter war diesmal eine neue Rekordzahl von Weinen in der Kategorie »Reserve Trophy« angetreten, diese Auszeichnung wurde auch heuer wieder in den beiden Kategorien »Blaufränkisch« sowie »Cuvées und Sortenvielfalt« vergeben.

GUTER ROTWEIN IST KRISENFEST

Im Vorjahr wurde an dieser Stelle über die mögliche stilistische Ausrichtung der heimischen Rotweine diskutiert, über die Frage, welche Art von Rotwein welchem Teil der

Peter Moser
Chefredakteur Falstaff Rotweinguide

»Der Jahrgang 2022 bietet eine große Vielfalt an erstklassigen Rotweinen mit feiner Struktur, reifen Tanninen und Entwicklungspotenzial.«

Konsumenten schmeckt und wie sich diese Weine im In- und Ausland positionieren lassen. Vom „wind of change“ auf dem internationalen Parkett war die Rede, wo nach Weinen verlangt wird, die Frische und Leichtfüßigkeit bei klarer Definition und

Foto: Ingo Pertramer

Weil die Kleinen schnell erwachsen werden:
Junior's Best Invest*.
Unsere Lebensversicherung für Kinder ab 0 Jahren.
#einesorgeweniger
Ihre Sorgen möchten wir haben.
WIENER STÄDTISCHE
VIENNA INSURANCE GROUP
*Das Basisinformationsblatt zu diesem Produkt ist bei Ihrer:Ihrem Berater:in und auf wienerstaedtische.at erhältlich.

Länge zeigen, und eben nicht mit hohem Alkohol, Körperreichtum und präsentem Holzeinsatz glänzen. Die aktuelle Verkostungsserie zeigt, dass immer mehr Produzenten diesem Gedanken etwas abgewinnen können, das Gros der Weine präsentiert sich eleganter, balancierter und frischer denn je zuvor. Betrachtet man aber den aktuellen Markt für Rotwein, dann scheint diese Entwicklung für einen Teil der potenziellen Konsumenten nicht schnell genug gegangen zu sein. Denn der Rückenwind für Rotwein aus Österreich ist auf dem Heimatmarkt nicht nur eingeschlafen, sondern ist aufgrund einiger Faktoren in einen spürbaren Gegenwind umgeschlagen. Unumstößlicher Fakt ist: Der Absatz schwächelt. Ebenso eine Tatsache: Es liegt nicht an der Qualität, denn die war noch nie so hoch wie heute. Gründe sind im wirtschaftlichen Umfeld zu finden: Die Kunden sparen, und in der Gastronomie ist die Flasche Rotwein manchem schlichtweg zu teuer geworden. Argumente wie hoher Alkohol, allgemein rückläufiger Konsum von alkoholischen Getränken speziell bei der jüngeren Generation und zu hohe Aufschläge bei der Kalkulation bieten viele Ansätze. Weniger oft allerdings hört man, dass es in gewissen Segmenten des heimischen Rotweines schlicht und ergreifend ein Überangebot gibt und dass die Rotweinproduktion einem vermeintlichen Trend folgend auch in Regionen angekurbelt wurde, wo sie vielleicht nicht hingehört. Das Pendel schlägt nun in Richtung Weißwein aus, vielleicht auch Obstsaft, Tee oder entalkoholisierter »Wein«. Sicher ist aber auch: Die guten Produzenten von heimischen Rotweinen müssen sich wahrlich nicht fürchten. Weine mit klarem Herkunftsprofil finden immer ihren Markt. Eines hat die aktuelle Falstaff-Prämierung bewiesen: Österreich kann stolz sein auf seine tollen Rotweine, und das manifestiert sich am besten dadurch, dass man solche kauft und genießt.

EINE BREITE PALETTE

Die aktuellen Produkte wurden wie bisher nach Sortengruppen und Jahrgängen beschrieben und bewertet. Innerhalb der Punkteränge sind die Weine aufsteigend nach ihrem Ab-Hof-Preis geordnet. Sie finden in diesem Buch so gut wie alle bekannten Erzeuger, aber sicherlich auch eine große Zahl von Winzern, von denen Sie vielleicht bisher noch nichts gehört haben.
Ein besonderer Stellenwert kommt der »Falstaff Reserve Trophy« zu. In diesem Bewerb ging mit dem Jahrgang 2021 und einigen älteren Reserveweinen eine enorme Zahl an österreichischen Top-Rotweinen, die eine längere Fassreife hinter sich gebracht haben, an den Start. Ob beim »Jungwein Grand Prix 2024«, den empfohlenen Weinen aus dem Jahr 2022 oder den ausgezeichneten Reserven: Im aktuellen Falstaff Rotweinguide 2025 werden Sie mit Sicherheit wieder fündig.
An dieser Stelle möchte ich mich einmal mehr im Namen des Falstaff-Verlags bei allen Weingütern für das uns über all die Jahre entgegengebrachte Vertrauen herzlich bedanken, denn schließlich beruht dieses Projekt auf Freiwilligkeit. Mein Dank geht aber auch an alle Mitglieder unserer kompetenten Jury, denn erst durch ihr fachlich versiertes Urteil bekommen die Ergebnisse dieser Prämierung ihr besonderes Gewicht. Wir wünschen Ihnen viel Vergnügen beim Lesen, Nachverkosten und Entdecken einer Vielzahl von österreichischen Rotweinen, die wir für Sie vorprobiert und für gut befunden haben und Ihnen hiermit gerne empfehlen möchten.

Herzlichst, Ihr

Peter Moser

Peter Moser
peter.moser@falstaff.com

DIE JURY DES FALSTAFF ROTWEINGUIDES 2025

Die technische Durchführung der Finalprobe oblag der bewährten Servicecrew – Christian und Viktoria – des Restaurants »Eckel« in 1190 Wien-Sievering. Logistisch vorbereitet – das bedeutet die Manipulation von mehr als 3.000 Flaschen – wurden die umfangreichen Vorverkostungen von Claudia Schindlmaißer sowie dem Weintextur-Team. Rund 1.000 Muster wurden für die 45. Falstaff-Rotweinprämierung eingereicht.
Ein ganz besonderes Dankeschön geht auch dieses Jahr an das gesamte Team der Falstaff-Weinredaktion – an vorderster Stelle seien hier Mag. Petra Kirchmayer und Noah Neururer genannt – sowie an das Grafikteam, das auch dem diesjährigen Rotweinguide wieder zu einem gelungenen Auftritt verholfen hat.

2024 HABEN FÜR SIE VERKOSTET:

Stehend von links:
Roman Horvath, MW, Domäne Wachau
Andreas Wickhoff, MW, Weingut Bründlmayer
Peter Moser, CR Falstaff
Konstantin Schindlmaißer, May Wines
Markus Gould, Heunisch & Erben
Wolfgang Kneidinger, Palais Coburg

Sitzend von links:
Hermann Lankmaier, Burghotel Oberlech
Hermann Botolen, Restaurant Fuhrmannn
KR Heinz Pecenka, Weinexperte
Mag. Herbert Oschepp,
Obmann Wein Burgenland

Foto: Claudia Schindlmaißer

DER ROTWEINGUIDE IN DER PRAXIS

Die Teilnahme am Falstaff Rotweinguide steht grundsätzlich jedem österreichischen Betrieb offen, der ausschreibungskonforme Weine anbietet. Zugelassen sind alle erlaubten Rotweinrebsorten. Von den eingereichten Weinen müssen zum Zeitpunkt der Anmeldung mindestens 1.200 Flaschen frei im Handel verfügbar sein, sonst kann der Wein nicht »1. Falstaff-Sieger« (das ist der höchstbewertete Wein aus dem Hauptjahrgang – diesmal 2022) werden. Die Winzer verpflichten sich überdies, die angegebenen Ab-Hof-Preise bis Jahresende zu halten.
Besonders hingewiesen wird auf kontrolliert biologisch produzierte Weine, indem diese neben dem Weinnamen mit einem grünen Symbol »B« versehen werden. Von den heuer zur Blindverkostung angestellten Proben wurden 1.000 Weine in dieses Buch aufgenommen. Alle Weine, die zumindest 85 von 100 Punkten erreicht haben, sind im Guide beschrieben; bei der »Reserve Trophy« trifft dies auf alle Weine mit mindestens 87 Punkten zu. Die angegebenen Weine sind nach Sortengruppen gereiht, innerhalb dieser nach den im Finale erreichten Punkten, innerhalb der Punkte nach ihrem Preis. Dieser Bewertung liegt das seit Längerem auch in Österreich übliche 100-Punkte-System zugrunde. Um eine internationale Vergleichbarkeit zu gewährleisten, hat sich auch das Falstaff-Magazin bereits vor vielen Jahren dafür entschieden, dieses Bewertungssystem einzuführen.

BEWERTUNGSSCHEMA

100	nicht zu übertreffende Spitzenqualität
95–99	absolute Weltklasse
90–94	ausgezeichneter Wein, unter den besten des Jahrgangs
85–89	guter bis sehr guter Wein, der sich vom üblichen Angebot deutlich abhebt

Weine mit einer Bewertung unter 85 Punkten wurden nicht aufgenommen.

PREIS-LEISTUNGS-WEINE

Auch in dieser 45. Ausgabe des Falstaff Rotweinguides finden Sie wieder wie in den letzten Jahren die Auszeichnung »Best Buy«. Dieser Schriftzug kennzeichnet jene Weine, die ein besonders gutes Preis-Leistungs-Verhältnis aufweisen.
Um mit dem Prädikat »Best Buy« ausgezeichnet zu werden, muss der entsprechende Wein zwei Kriterien erfüllen: Er hat einerseits in der Bewertung zumindest 88 Punkte erreicht und zählt somit zu den sehr guten Vertretern einer Kategorie, andererseits darf der Ab-Hof-Preis des Weines bei maximal 10 Euro liegen.
Die aufgenommenen Weine sind innerhalb der einzelnen Bewertungsstufen nach Preis geordnet – und zwar immer vom preiswertesten bis hin zum kostspieligsten Wein. Bei der Kategorie »Junge Rote« wurde das besagte Prädikat nicht

dpd

verliehen, da die Liste sonst den Rahmen gesprengt hätte.
Um Ihnen das Auffinden preislich besonders attraktiver Weine so leicht wie möglich zu machen, haben wir eine eigene, nach Sorten geordnete Liste der Best-Buy-Weine erstellt, die Sie am Ende des Buches vor dem Register finden. So können Sie ganz einfach jene Weine in Ihrer Wunschkategorie ermitteln, die Ihnen für wenig Geld den meisten Trinkspaß bieten. Ob für den »täglichen« Genuss zu Hause oder den glasweisen Ausschank in der Gastronomie: Mit der Best-Buy-Liste sollte jeder Rotweinfreund fündig werden.

FALSTAFF RESERVE TROPHY 2024

Vor nunmehr zweiundzwanzig Jahren wurde im Rahmen der alljährlichen Falstaff Rotweinprämierung mit der »Reserve Trophy« eine gesonderte Kategorie für Spitzenweine eingerichtet, die länger als andere im Fass und auf der Flasche ruhen dürfen, bevor sie in den Verkauf gelangen.
In dieser Gruppe wurden Weine aus unterschiedlichen Rebsorten verkostet; bewertet werden neben der Qualität auch die Struktur und das Reifepotenzial dieser Produkte. So stehen Cuvées neben reinsortigen Weinen, und die Jury hatte in der blind gehaltenen Finalverkostung die Aufgabe, die Favoriten zu ermitteln.
Der Hauptanteil der hier eingereichten Weine – die Gesamtzahl lag bei 360 Weinen – kam erwartungsgemäß aus den Jahrgängen 2021, 2020 und 2019. Einige Weine sind auch von noch älteren Jahrgängen. Besonderes Augenmerk verdienen hier die reinsortigen Blaufränkisch-Weine, die auch heuer wieder eine eigene Kategorie bilden.
Alle anderen reinsortigen Weine wurden als »Sortenvielfalt« nach Punkten in die Gruppe der Cuvées integriert.

REBSORTEN

BB	Blauburger
BF	Blaufränkisch
BW	Blauer Wildbacher
CF	Cabernet Franc
CJ	Cabernet Jura
CS	Cabernet Sauvignon
MA	Malbec
ME	Merlot
PN	Pinot Noir/Blauburgunder
RA	Rathay
RÖ	Roesler
SL	St. Laurent
SY	Syrah, Shiraz
TE	Tempranillo
ZW	Blauer Zweigelt

VERSCHLUSSARTEN

DIAM	Gepresstes Korkgranulat
DV	Drehverschluss
KK	Kunststoffstöpsel
KR	Kronenkorken
NK	Naturkork
VL	VinoLok (Glas)

SYMBOLE

(Symbol)	Nachhaltig Austria zertifiziert
B	biologisch
F	fruktosearm
H	histaminarm
S	schwefelarm
V	vegan

DIE SIEGER

FALSTAFF ROTWEINPRÄMIERUNG 2024

Foto: WSNA

FALSTAFF-SIEGER 2024

AUS DEM WEINJAHRGANG 2022

1. FALSTAFF-SIEGER
Blaufränkisch Sankt Margarethen Ried Lamer 2022
Weingut Rosi Schuster | St. Margarethen – Leithaberg

2. FALSTAFF-SIEGER
Blaufränkisch Perwolff 2022
Weingut Krutzler | Deutsch Schützen – Eisenberg

3. FALSTAFF-SIEGER
Jana Paulina 2022 ME/CS
Weingut Josef Tesch | Neckenmarkt – Mittelburgenland

RESERVE-TROPHY-SIEGER 2024

AUS DEM WEINJAHRGANG 2021 UND ÄLTER

1. PLATZ RESERVE TROPHY BLAUFRÄNKISCH
Blaufränkisch Leithaberg DAC Rust Ried Oberer Wald 2021
Weingut Feiler-Artinger | Rust – Rust

1. PLATZ RESERVE TROPHY CUVÉE & SORTENVIELFALT
Werner Achs Reserve 2021 BF/ME
Weingut Werner Achs | Gols – Neusiedlersee

GRAND-PRIX-SIEGER 2024

AUS DEM WEINJAHRGANG 2023

1. PLATZ BLAUER ZWEIGELT
Blauer Zweigelt Neusiedlersee DAC Kalk&Stein 2023
Weingut Unger | Halbturn – Neusiedlersee

1. PLATZ BLAUFRÄNKISCH
Blaufränkisch Deutschkreutz 2023
Weingut Ernst | Deutschkreutz – Mittelburgenland

1. PLATZ CUVÉE
PREMIUM CUVÉE 2023 ZW/CS/ME
Weingut Scheiblhofer | Andau – Neusiedlersee

1. FALSTAFF-SIEGER

WEINGUT ROSI SCHUSTER

Blaufränkisch Sankt Margarethen Ried Lamer 2022

Einige Jahre war es in Österreich eher still um das Weingut Rosi Schuster, das mit Cuvées wie C.M.B. und anderen Weinen viele Jahre zur Rotweinelite gezählt wurde und auf keiner Weinkarte fehlte. Hannes Schuster, Rosis Sohn, beschritt andere Wege, die ihm vorerst vor allem im Ausland und Insiderkreisen Erfolg bescherten. Umso erfreulicher, dass sein Weg nun auch in Österreich vermehrt Anerkennung findet. Er rodete internationale Sorten, um vor allem dem Blaufränkisch, aber auch St. Laurent, Furmint und Grünem Veltliner ideale Standorte zu geben und lagenspezifische Profile herauszuarbeiten. Seit 2011 ist das Weingut auch biozertifiziert. Spontane Gärung, weniger Holzeinsatz und langer Hefekontakt sind seine Rezepte im Keller. Doch viel bedeutender ist für ihn gesundes und reifes Rebmaterial, das von seiner Mutter überwacht wird. Neben seinen verschiedenen Ortsweinen, die sich auf insgesamt sechs burgenländische Dörfer verteilen, zeigt er nun auch das ganze Potenzial seiner Lagen, die sich im Umkreis von St. Margarethen, Zagersdorf und Müllendorf befinden. Sicher ist jedenfalls, dass die Weine von Hannes Schuster wieder auf jeder guten Weinkarte des Landes einen fixen Platz haben sollten.

ALTE REBSTÖCKE FÜR EXZELLENTEN GESCHMACK

Der Blaufränkisch St. Margarethen Ried Lamer 2022 ist nur einer der Weine vom Weingut Rosi Schuster, die bei der diesjährigen Falstaff-Roweinprämierung große Beachtung fanden, denn auch der St. Laurent von der Ried Repistye in Zagersdorf fand den Weg auf das Siegertreppchen und belegte Platz 2. Authentisch arbeitet Hannes Schuster die Besonderheiten seiner Lagen heraus, lässt den Weinen Zeit, sich zu entwickeln, um vollkommenes Trinkvergnügen in jedes Glas, das mit seinen Weinen befüllt ist, zu bringen, und vermittelt mit ihnen zeitlose Eleganz.

WEINGUT ROSI SCHUSTER
Prangergasse 2, 7062 St. Margarethen | T: +43 (2680) 26 24 | www.rosischuster.at

2. FALSTAFF-SIEGER

WEINGUT KRUTZLER

Blaufränkisch Perwolff 2022

Der Blaufränkisch Perwolff zählt zu den Rotwein-Ikonen aus Österreich. Anfang der 90er-Jahre wurde der erste Perwolff präsentiert. Der Blaufränkisch, der seinen Namen einer karolingischen Siedlung auf dem heutigen Gebiet von Deutsch Schützen, dem Heimatort der Krutzlers, verdankt, wurde anfangs noch mit einem Hauch Cabernet Sauvignon versehen, und ob seiner außerordentlichen Qualität erhielt er sehr schnell Kultstatus. Bis heute werden für diesen Wein von Reinhold Krutzler nur die allerbesten Blaufränkisch-Trauben verwendet, die mehrheitlich aus den höheren Lagen kommen, wo der Grünschiefer-Anteil besonders hoch ist. Doch der Perwolff ist nicht das einzige Highlight des Hauses. Auch wenn die Mengen immer klein sind, so zählt auch der reinsortige Merlot des Hauses zu den besten des Landes und belegt heuer Platz 2 in dieser Kategorie. Komplettiert wird das Sortiment mit weiteren Blaufränkischweinen, die das Terroir des Eisenbergs eindrucksvoll zeigen, der Cuvée Alter Weingarten, bei der der Name Programm ist, und einem herausragenden Welschriesling, der in gebrauchten Barriques ausgebaut wird. Die besondere Geologie, die der Region Eisenberg schon vor sehr langer Zeit und vor einigen Jahren wieder ihren Namen gab, ist maßgeblich am Geschmacksprofil der Weine zu erkennen, denn die eisenhaltigen Lehmböden mit Schiefereinschlüssen verleihen den Weinen Eleganz, Finesse und eine ausgeprägte Mineralik, die für ungemeinen Trinkfluss sorgt.

BLAUFRÄNKISCH GEPRÄGT VON EISEN UND SCHIEFER

Reinhold Krutzler setzt weniger auf Einzellagen, vielmehr auf das Zusammenspiel des illyrischen Klimas und den dann doch unterschiedlichen Bodenformationen, denn die Anteile von Eisen und Schiefer sind nicht überall gleich. Für ihn muss es einfach stimmig sein, nicht von Konsumentenwünschen oder Moden getrieben, sondern immer wahrhaftig. Ein ausgezeichneter Zugang, der ihm seit Jahren ganz besondere Auszeichnungen für seine Weine beschert.

WEINGUT KRUTZLER
Untere Hauptstraße 6, 7474 Deutsch Schützen | T: +43 (664) 1431983 | www.krutzler.at

Foto: Steve Haider

Foto: Konrad Limbeck

3. FALSTAFF-SIEGER

WEINGUT JOSEF TESCH

Jana Paulina 2022 ME/CS

Vom Weingut Josef Tesch aus dem Mittelburgenland, genauer gesagt aus Neckenmarkt, kommt heuer die beste Cuvée des Landes vom Jahrgang 2022. Eigentlich ist das Weingut auch für seine Blaufränkischweine berühmt und hat dabei eine sehr lange Tradition, und mit dem Blaufränkisch Patriot, der nur in den besten Jahren vinifiziert wird, gewann das Weingut auch schon einmal die Reserve-Trophy. Heuer ist es in erster Linie die Cuvée Jana Paulina aus den internationalen Sorten Merlot und Cabernet Sauvignon, die alle anderen Cuvées auf die Plätze verwies und damit auch den dritten Platz im Gesamtranking erzielte, aber auch der Merlot Enya 2022, der den ersten Platz unter seinesgleichen für sich verbuchen konnte. Authentisch, das ist das Wort, das Joe Tesch und seine Weine wohl am besten beschreibt. Beim Ausbau der Weine sieht er sich der Region Mittelburgenland verpflichtet und setzt auf Lebensgefühl und Qualitätsanspruch. Man schmeckt die Bodenständigkeit und enge Verbundenheit zu seiner Heimat. Apropos Boden: Er ist Joe Teschs zentrales Thema, und lieber sind ihm der Duft der nassen Erde und die Sonnenstrahlen, die seine Weingärten wieder trocknen lassen, als selbst im Rampenlicht zu stehen. Nun, heuer wird er nicht umhinkommen, die Scheinwerfer auf sich zu ziehen, und muss die Bühne gleich mehrmals bei der Falstaff-Rotweingala betreten: einmal für den besten Merlot, einmal für die beste Cuvée und ein drittes Mal für den dritten Platz in der Gesamtbewertung des Jahrgangs 2022.

HOMMAGE AN DIE TÖCHTER

Die Cuvée ist nach seiner Tochter Jana Paulina benannt und der Merlot nach seiner Tochter Enya Valea. Nur sein Cabernet Sauvignon, benannt nach seiner dritten Tochter Tabea, schaffte es knapp nicht auf das Siegertreppchen.

WEINGUT JOSEF TESCH
Herrengasse 26, 7311 Neckenmarkt | T: +43 (2610) 43610 | www.tesch-wein.at

FALSTAFF RESERVE-TROPHY-SIEGER
BLAUFRÄNKISCH

WEINGUT FEILER-ARTINGER

Blaufränkisch Leithaberg DAC Rust Ried Oberer Wald 2021

Mit dem Blaufränkisch Leithaberg DAC von der Ried Oberer Wald aus dem Jahr 2021 punktet sich Kurt Feiler vom Weingut Feiler-Artinger fulminant zurück. Das Weingut, das sich in den letzten Jahren eher mit seinen Weiß- und Süßweinen in Szene gesetzt hat, findet damit wieder Anschluss an die Rotweinelite. Kurt Feiler ist Mitglied der RWB, der Renommierten Weingüter Burgenland, des Cercle Ruster Ausbruch und seit einigen Jahren auch des Vereins respekt-biodyn, deren Mitglieder nach biodynamischen Richtlinien arbeiten. Die große Liebe zum Produkt Wein, zur Natur und zu den Reben prägt und kennzeichnet Handeln und Denken des Familienbetriebs. Daher werden sowohl die Weingärten als auch die Weine von und mit sorgsamer Hand ge- und bearbeitet. Auf rund 27 Hektar wird die Ruster Trilogie gepflegt, deshalb ist die Sortenvielfalt auch relativ groß. Beim Rotwein konzentriert man sich aber in erster Linie auf den Blaufränkisch, und mit diesem Wein ist Kurt Feiler ein Kunstwerk, wie er seine Weine selbst bezeichnet, gelungen.

BLAUFRÄNKISCH BIODYNAMISCH

Die Ried Oberer Wald ist für Kurt Feiler eine der besten für Blaufränkisch. Wegen des kargen fossilen Muschelkalkes im Boden und der Ausrichtung nach Süden werden die Trauben und Weine besonders reif und ausdrucksstark und sind dennoch voller Finesse und Eleganz.

WEINGUT FEILER-ARTINGER
Hauptstraße 3, 7071 Rust | T: +43 (2685) 237 | www.feiler-artinger.at

Foto: Konrad Limbeck

FALSTAFF RESERVE-TROPHY-SIEGER
CUVÉE & SORTENVIELFALT

WEINGUT WERNER ACHS

Werner Achs Reserve 2021 BF/ME

Werner Achs ist auf diesen Seiten ein Wiederholungstäter, denn kaum ein anderes Weingut hat es in den letzten Jahren so oft auf die große Falstaff-Bühne geschafft wie er. Der Golser Winzer vinifiziert zwar nur drei Weine, aber diese drei Rotweine sind Jahr für Jahr unter den allerbesten des Landes, wenn nicht ganz vorne zu finden. Wie macht das der Achs, werden sich manche fragen? Nun, in erster Linie verbringt er sehr, sehr viel Zeit in seinen Weingärten. Bei Messen, Präsentationen oder ähnlichen Veranstaltungen trifft man ihn eigentlich nie. Er weiß deshalb genau über jede Rebzeile Bescheid, weiß, was zu tun ist, wenn das Wetter mal nicht so mitspielt, wie es sich die Winzer wünschen, und hat dadurch im Herbst bei der Lese auch in schwierigen Jahren perfektes Traubenmaterial. In zweiter Linie trifft er Jahr für Jahr mit seiner Stilistik genau den Geschmack der Juroren, die für die Ermittlung der Falstaff-Sieger blind probieren und sich bei seinen Weinen stets einig sind. Beim Jungwein-Grand-Prix hat er es mit seinem Zweigelt Ried Goldberg nur knapp nicht auf das Stockerl geschafft, aber mit Xur, seiner Cuvée bestehend aus Zweigelt, Blaufränkisch und Sankt Laurent, belegt er heuer Platz 3 in der Gruppe der Cuvées, und mit Werner Achs Reserve, einer Cuvée aus Blaufränkisch und Merlot, die nur in Magnums erhältlich ist, setzt er sich zum wiederholten Mal auf den 1. Platz und holt sich die Reserve-Trophy.

ALL-TIME-WINNER

Würde es eine All-Time-Winner Liste der Falstaff Rotweinprämierungen geben, Werner Achs stünde mit seinen Weinen mit Sicherheit darauf. Und mit Sicherheit begeistern seine Weine nicht nur Jahr für Jahr die Juroren, sondern auch alle Rotweinconnaisseure hierzulande und über die Grenzen hinaus.

WEINGUT WERNER ACHS
Goldberg 5, 7122 Gols | T: +43 (2173) 23900 | www.wernerachs.at

GRAND-PRIX-SIEGER
BLAUER ZWEIGELT

WEINGUT UNGER

Blauer Zweigelt Neusiedlersee DAC Kalk&Stein 2023

Das Weingut Unger ist auf den Siegerseiten des Falstaff Rotweinguides neu, konnte sich aber heuer gleich mit zwei Weinen der Sorte Zweigelt positionieren, was nicht erstaunlich ist, denn schließlich steht die Region Neusiedlersee explizit dafür. Den ersten Platz belegt der sympathische Andreas Unger mit seinem Blauen Zweigelt Neusiedlersee DAC Kalk&Stein 2023, mit seinem Zweigelt Distelwiese 2022 belegt er Platz 2 in der Kategorie Blauer Zweigelt 2022. Ein starkes Zeichen. Der junge Winzer hat nach seiner Ausbildung zum Önologen einige Praktika im In- und Ausland absolviert und sich dazu entschlossen, den elterlichen Betrieb zu übernehmen. Beide Weine werden unter seinem Namen und einem gesonderten Label vermarktet, er ist aber im Keller auch für die Weine verantwortlich, die seine Eltern Josef und Maria Unger schon seit über 30 Jahren in Flaschen füllen, darunter den Zweigelt von der Ried Kaiserberg oder die Cuvée Capello. Er liebt die Natur, eine Grundvoraussetzung für jeden Winzer, schmiedet ständig neue Pläne, hat noch jede Menge neue Ideen für die Zukunft auf Lager, und seine Reisebegeisterung dient ihm als Inspirationsquelle, obwohl er sich seiner Heimatregion verbunden fühlt.

>

WEINGUT UNGER
Quergasse 25, 7131 Halbturn | T: +43 (2172) 8080 | www.weingut-unger.at

Foto: Ian Ehm

Foto: Konrad Limbeck

GRAND-PRIX-SIEGER
BLAUFRÄNKISCH

WEINGUT ERNST

Blaufränkisch Deutschkreutz 2023

Bernhard Ernst aus Deutschkreutz kann seine Vorbilder nicht verleugnen, denn schon länger gibt es von ihm eine Cuvée, die er La Mission nennt. Begonnen hat er 2005 in der Garage seiner Eltern – mehr oder weniger alles improvisiert und dabei jung und wild. Er wollte aber schon damals auch immer seinem Nachnamen alle Ehre machen, denn sein erklärtes Ziel war es, ernsthafte Weine zu machen. Daran hat sich bis heute nichts geändert, nur die Rahmenbedingung sehen inzwischen deutlich anders aus. Er fand schnell eine Fangemeinde für seine Weine, die ihm Investionen in ein neues Weingut ermöglichten, die Rebflächen wurden auch mehr, und mittlerweile bewirtschaftet er sie als biologisch und nachhaltig zertifiziert. Neben einem inzwischen recht umfangreichen Sortiment, das seiner Neugier und Experimentierfreude geschuldet ist, sieht er sich aber in erster Linie dem Blaufränkisch verpflichtet. Er hat drei Lagen-Blaufränkisch im Sortiment – Goldberg, Hochberg und Fabian –, einen Blaufränkisch Ernst, für den das hochwertigste Traubenmaterial aus diesen drei Lagen herangezogen wird, und einen fünften Blaufränkisch, den Ortswein Deutschkreutz. Mit diesem Wein, der für ihn seine Heimat am besten zeigt, holt er sich heuer Platz 1.

WEINGUT ERNST
Neubaugasse 21, 7301 Deutschkreutz | T: +43 (664) 3860220 | www.weinguternst.at

GRAND-PRIX-SIEGER
CUVÉE

WEINGUT SCHEIBLHOFER

Premium Cuvée 2023 ZW/CS/ME

<

Erich Scheiblhofer ist alles andere als ein Newcomer. Zahlreiche Auszeichnungen durfte der sympathische Winzer im Laufe seiner Schaffenszeit schon für sich verbuchen – sei es mit seinen Jungweinen, den Weinen mit dem vorangestellten »The« oder den Weinen, die nicht nur einen besonderen Namen tragen, wie etwa Great Bustard, Mordor, Peak of Glory oder Praittenbrunn, sondern auch ein spezielles Label. Sie alle haben das Zeug zum Sieg in der einen oder anderen Kategorie, und heuer sind es gleich drei Stockerlplätze, die den Andauer Winzer mit seinem Fingerspitzengefühl für das Winzerhandwerk auf die Bühne heben: The Zweigelt Ried Prädium wurde von der Falstaff-Jury zum besten Zweigelt des Jahrgangs 2022 gewählt, The Cabernet Sauvignon 2022 zum drittbesten Wein seiner Kategorie, und last, but not least, ging die Cuvée Premium 2023 beim Jungwein-Grand-Prix in ihrer Gruppe als Siegerin durchs Ziel. Harmonie und Trinkfluss sind nur zwei Eigenschaften, die Erich Scheiblhofers Weine in besonderer Weise auszeichnen.

WEINGUT SCHEIBLHOFER
Halbturner Straße 1a, 7163 Andau | T: +43 (2176) 2610 | www.scheiblhofer.at

Foto: Steve Haider

FALSTAFF-SORTENSIEGER 2024

AUS DEM WEINJAHRGANG 2022

BLAUER ZWEIGELT 2022

1. PLATZ
THE ZWEIGELT RIED PRÄDIUM 2022
Weingut Scheiblhofer
Andau – Neusiedlersee

2. PLATZ
ZWEIGELT DISTELWIESE 2022
Weingut Unger
Halbturn – Neusiedlersee

3. PLATZ
ZWEIGELT CARNUNTUM DAC RIED HAIDACKER 1ÖTW 2022
Weingut Franz und Christine Netzl
Göttlesbrunn – Carnuntum

BLAUFRÄNKISCH 2022

1. PLATZ
BLAUFRÄNKISCH SANKT MARGARETHEN RIED LAMER 2022
Weingut Rosi Schuster
St. Margarethen – Leithaberg

2. PLATZ
BLAUFRÄNKISCH PERWOLFF 2022
Weingut Krutzler
Deutsch Schützen – Eisenberg

3. PLATZ
BLAUFRÄNKISCH MITTELBURGENLAND DAC RESERVE RIED MITTERBERG 2022
Weingut Gager
Deutschkreutz – Mittelburgenland

3. PLATZ
BLAUFRÄNKISCH LUTZMANNSBURG ALTE REBEN 2022
Weingut Moric
Großhöflein – Leithaberg

Rubin
CARNUNTUM
Die Visitenkarte einer ganzen Region.
ERSTE LAGEN
RIEDENWEIN
ORTSWEIN
GEBIETSWEIN
www.carnuntum.com

FALSTAFF-SORTENSIEGER 2024

AUS DEM WEINJAHRGANG 2022

CABERNET SAUVIGNON 2022

1. PLATZ
CABERNET SAUVIGNON CALX 2022
Winzerhof Leberl
Großhöflein – Leithaberg

2. PLATZ
CABERNET SAUVIGNON RIED NEUBERG 2022
Weingut Kiss Ronald
Jois – Leithaberg

3. PLATZ
THE CABERNET SAUVIGNON 2022
Weingut Scheiblhofer
Andau – Neusiedlersee

CUVÉE 2022

1. PLATZ
JANA PAULINA 2022 ME/CS
Weingut Josef Tesch
Neckenmarkt – Mittelburgenland

2. PLATZ
MEISTERWERK 2022 ME/CF/ZW
Weingut Markus Iro
Gols – Neusiedlersee

3. PLATZ
XUR 2022 ZW/BF/SL
Weingut Werner Achs
Gold – Neusiedlersee

DÖL
LER
ER
WEIN
HAUS
2016
SOLARE
Im Wein
verbunden.

FALSTAFF-SORTENSIEGER 2024

AUS DEM WEINJAHRGANG 2022

MERLOT 2022

1. PLATZ
MERLOT ENYA 2022
Weingut Josef Tesch
Neckenmarkt – Mittelburgenland

2. PLATZ
MERLOT 2022
Weingut Krutzler
Deutsch Schützen – Eisenberg

3. PLATZ
MERLOT 2022
Rotweingut Prickler
Lutzmannsburg – Mittelburgenland

PINOT NOIR 2022

1. PLATZ
PINOT NOIR RESERVE 2022
Weingut Gerhard Markowitsch
Göttlesbrunn – Carnuntum

2. PLATZ
PINOT NOIR RESERVE 2022
Weingut Schneider
Tattendorf – Thermenregion

3. PLATZ
PINOT NOIR OBERWALTERSDORF
RIED GRAF WEINGARTL 1ÖTW 2022
Weingut Hartl
Oberwaltersdorf – Thermenregion

SANKT LAURENT 2022

1. PLATZ
ST. LAURENT TATTENDORF RIED HOLZSPUR 2022

Weingut Familie Reinisch

Tattendorf – Thermenregion

2. PLATZ
SANKT LAURENT ZAGERSDORF RIED REPISTYE 2022

Weingut Rosi Schuster

St. Margarethen – Leithaberg

3. PLATZ
ST. LAURENT RIED HOLZSPUR RESERVE 2022

Burgundermacher Weingut Johann Gisperg

Teesdorf – Thermenregion

CABERNET FRANC 2022

1. PLATZ
CABERNET FRANC RABENSAU 2022

Weingut Helmut Preisinger

Gols – Neusiedlersee

2. PLATZ
CABERNET FRANC RESERVE 2022

Weingut Markus Iro

Gols – Neusiedlersee

3. PLATZ
CABERNET FRANC RIED GILLESBERG 2022

Günter + Regina Triebaumer

Rust – Rust

SYRAH 2022

1. PLATZ
SYRAH 2022

Weingut Gesellmann

Deutschkreutz – Neusiedlersee

2. PLATZ
SYRAH AND EVER 2022

Weingut Artner

Höflein – Carnuntum

3. PLATZ
SYRAH ANARCHIE KOLFOK 2022

Weingut Wellanschitz

Neckenmarkt – Mittelburgenland

TOP-WEINE NACH PUNKTEN

JAHRGANG 2023

93 Blauer Zweigelt Neusiedlersee DAC Kalk&Stein 2023
Weingut Unger
Halbturn – Neusiedlersee

92 Zweigelt Neusiedlersee DAC 2023
Allacher Vinum Pannonia
Gols – Neusiedlersee

92 Blaufränkisch Deutschkreutz 2023
Weingut Ernst
Deutschkreutz – Mittelburgenland

92 Blauer Zweigelt Goldberg 2023
Weingut Werner Achs
Gols – Neusiedlersee

92 Blauer Zweigelt Neusiedlersee DAC 2023
Weingut Scheiblhofer
Andau – Neusiedlersee

92 Kalk & Schiefer Rot 2023
Weingut Pasler
Jois – Leithaberg

92 Premium Cuvée 2023
Weingut Scheiblhofer
Andau – Neusiedlersee

92 Special Blend 2023
Weingut Markus Iro
Gols – Neusiedlersee

92 Zweigelt Neusiedlersee DAC Nestor 2023
Nestor
Halbturn – Neusiedlersee

92 Zweigelt Selection Heideboden 2023
Weingut Scheiblhofer
Andau – Neusiedlersee

92 Carnuntum DAC Rot 2023
Weingut Gerhard Markowitsch
Göttlesbrunn – Carnuntum

92 Zweigelt Carnuntum DAC Rubin Carnuntum 2023
Weingut Philipp Grassl
Göttlesbrunn – Carnuntum

92 Zweigelt Carnuntum DAC Rubin Carnuntum 2023
Weingut Gerhard Markowitsch
Göttlesbrunn – Carnuntum

92 Blaufränkisch Rust 2023
Günter + Regina Triebaumer
Rust – Rust

92 Blaufränkisch Jois Ried Hoflagen 2023
Weingut Pasler
Jois – Leithaberg

92 Nestor Heideboden Rot Halbturn Rouge 2023
Nestor
Halbturn – Neusiedlersee

92 Blaufränkisch vom Lehm 2023
Weingut Gesellmann
Deutschkreutz – Mittelburgenland

92 Ried Siglos 2023
Weingut Silvia Heinrich
Deutschkreutz – Mittelburgenland

92 Zweigelt Alte Reben 2023
Weingut Paul Achs
Gols – Neusiedlersee

92 Zweigelt Ried Ungerberg 2023
Weingut Markus Iro
Gols – Neusiedlersee

91 Zweigelt Neusiedlersee DAC Selektion 2023
Wein Haider
Illmitz – Neusiedlersee

91 Zweigelt Neusiedlersee DAC 2023
Weingut Münzenrieder
Apetlon – Neusiedlersee

91 Blaufränkisch Mittelburgenland DAC Classic 2023
Grenzlandhof Weingut Familie Reumann
Deutschkreutz – Mittelburgenland

91 Blaufränkisch Mittelburgenland DAC Classic 2023
Rotweine Lang
Neckenmarkt – Mittelburgenland

91 Blauer Zweigelt Neusiedlersee DAC classic 2023
Weingut Horst und Georg Schmelzer
Gols – Neusiedlersee

91 Blaufränkisch 2023
Weingut Markus Weiss
Gols – Neusiedlersee

91 Zweigelt 2023
Weingut Markus Weiss
Gols – Neusiedlersee

91 Zweigelt Neusiedlersee DAC 2023
Weingut Markus Iro
Gols – Neusiedlersee

 Reihung erfolgt nach Punkten absteigend und Ab-Hof-Preis aufsteigend

91 Black Pepper 2023
Weingut Lisa Pfneisl
Deutschkreutz – Mittelburgenland

91 Heideboden 2023
Bio-Weingut Ettl
Podersdorf am See – Neusiedlersee

91 Zweigelt Neusiedlersee DAC 2023
Weingut Bernd Nittnaus
Gols – Neusiedlersee

91 Zweigelt Alte Reben Baden DAC 2023
Weingut Schwertführer »47er«
Sooß – Thermenregion

91 Zweigelt Sandstein 2023
Weingut R&A Pfaffl
Stetten – Weinviertel

91 Blaufränkisch Classic 2023
Weingut Scheiblhofer
Andau – Neusiedlersee

91 Multi Kulti 2023
Weingut Christian Kirnbauer
Deutschkreutz – Mittelburgenland

91 Zweigelt Carnuntum DAC Rubin Carnuntum 2023
Weingut Dietrich
Petronell-Carnuntum – Carnuntum

91 Cuvee Ried Neuberg 2023
Weingut Dieter & Yvonne Hareter
Weiden am See – Neusiedlersee

91 Zweigelt Žena 2023
Remushof Jagschitz
Oslip – Leithaberg

91 All Red 2023
Allacher Vinum Pannonia
Gols – Neusiedlersee

91 Zweigelt Carnuntum DAC 2023
Weingut Andreas Muhr
Stixneusiedl – Carnuntum

91 Zweigelt Carnuntum DAC Rubin Carnuntum 2023
Weingut Artner
Höflein – Carnuntum

91 Zweigelt Carnuntum DAC Rubin Carnuntum 2023
Ing. Johannes Pitnauer
Göttlesbrunn – Carnuntum

91 Zweigelt Rust 2023
Günter + Regina Triebaumer
Rust – Rust

91 Blaufränkisch Vitikult 2023
Weingut Silvia Heinrich
Deutschkreutz – Mittelburgenland

JAHRGANG 2022

99 Blaufränkisch Perwolff 2022
Weingut Krutzler
Deutsch Schützen – Eisenberg

99 Blaufränkisch Sankt Margarethen Ried Lamer 2022
Weingut Rosi Schuster
St. Margarethen – Leithaberg

98 Blaufränkisch Mittelburgenland DAC Reserve Ried Mitterberg 2022
Weingut Gager
Deutschkreutz – Mittelburgenland

98 Jana Paulina 2022
Weingut Josef Tesch
Neckenmarkt – Mittelburgenland

98 Blaufränkisch Lutzmannsburg Alte Reben 2022
Weingut Moric
Großhöflein – Leithaberg

97 Cuvée d'Or 2022
Weingut Franz Schindler
Mörbisch – Leithaberg

97 Meisterwerk 2022
Weingut Markus Iro
Gols – Neusiedlersee

97 Blaufränkisch Ried Dürrau 2022
Weingut Kerschbaum
Horitschon – Mittelburgenland

97 Blaufränkisch Ried Glagsatz 2022
Weingut Leberl
Großhöflein – Leithaberg

97 XUR 2022
Weingut Werner Achs
Gols – Neusiedlersee

97 Carnuntum DAC Höflein Ried Bärnreiser 1ÖTW 2022
Weingut Philipp Grassl
Göttlesbrunn – Carnuntum

97 Cuvée Impresario 2022
Weingut Kerschbaum
Horitschon – Mittelburgenland

97 Ina'mera 2022 Reserve
Weingut Juris
Gols – Neusiedlersee

97 Carnuntum DAC Ried Rosenberg 1ÖTW 2022
Weingut Gerhard Markowitsch
Göttlesbrunn – Carnuntum

96 Carnuntum DAC Göttlesbrunn Ried Rosenberg 1ÖTW 2022
Weingut Walter Glatzer
Göttlesbrunn – Carnuntum

96 Blaufränkisch Well Alte Reben 2022
Weingut Wellanschitz
Neckenmarkt – Mittelburgenland

Reihung erfolgt nach Punkten absteigend und Ab-Hof-Preis aufsteigend

96 Carnuntum DAC Ried Bärnreiser 1ÖTW Anna-Christina 2022
Weingut Franz und Christine Netzl
Göttlesbrunn – Carnuntum

96 Pinot Noir Reserve 2022
Weingut Gerhard Markowitsch
Göttlesbrunn – Carnuntum

96 Inkognito 2022
Weingut Toni Hartl
Reisenberg – Leithaberg

96 Titan 2022
Weingut Josef Tesch
Neckenmarkt – Mittelburgenland

96 St. Laurent Tattendorf Ried Holzspur 2022
Weingut Familie Reinisch
Tattendorf – Thermenregion

96 Admiral 2022
Weingut Pöckl
Mönchhof – Neusiedlersee

96 Blaufränkisch Gols Ried Spiegel 2022
Weingut Paul Achs
Gols – Neusiedlersee

96 Blaufränkisch Gols Ried Ungerberg 2022
Weingut Paul Achs
Gols – Neusiedlersee

96 Rêve de Jeunesse 43 2022
Weingut Pöckl
Mönchhof – Neusiedlersee

96 Blaufränkisch Lutzmannsburg Ried Schwemmer 2022
Weingut Moric
Großhöflein – Leithaberg

96 Blaufränkisch Sankt Margarethen Ried Hinkenthal 2022
Weingut Rosi Schuster
St. Margarethen – Leithaberg

96 Sankt Laurent Zagersdorf Ried Repistye 2022
Weingut Rosi Schuster
St. Margarethen – Leithaberg

96 Blaufränkisch Lutzmannsburg Ried Maissner 2022
Weingut Moric
Großhöflein – Leithaberg

95 The Zweigelt Ried Prädium 2022
Weingut Scheiblhofer
Andau – Neusiedlersee

95 Carnuntum DAC Göttlesbrunn Gotinsprun 2022
Weingut Walter Glatzer
Göttlesbrunn – Carnuntum

95 Zweigelt Distelwiese 2022
Weingut Unger
Halbturn – Neusiedlersee

95 Pinot Noir Reserve 2022
Weingut Schneider
Tattendorf – Thermenregion

95 Pinot Noir Ried Holzspur Reserve 2022
Burgundermacher Weingut Johann Gisperg
Teesdorf – Thermenregion

95 St. Laurent Ried Holzspur Reserve 2022
Burgundermacher Weingut Johann Gisperg
Teesdorf – Thermenregion

95 Blaufränkisch Leithaberg DAC Jois Ried Gritschenberg 2022
Weingut Pasler
Jois – Leithaberg

95 Carnuntum DAC Ried Aubühl 1ÖTW 2022
Weingut Artner
Höflein – Carnuntum

95 Weite Welt 2022
Günter + Regina Triebaumer
Rust – Rust

95 Zweigelt Carnuntum DAC Ried Haidacker 1ÖTW 2022
Weingut Franz und Christine Netzl
Göttlesbrunn – Carnuntum

95 Zweigelt Carnuntum DAC Ried Steinäcker 1ÖTW 2022
Weingut Artner
Höflein – Carnuntum

95 Syrah 2022
Weingut Gesellmann
Deutschkreutz – Mittelburgenland

95 Pinot Noir Oberwaltersdorf Ried Graf Weingartl 1ÖTW 2022
Weingut Hartl
Oberwaltersdorf – Thermenregion

95 Blaufränkisch Mittelburgenland DAC Reserve Horitschon Quintus 2022
IBY Rotweingut Bio
Horitschon – Mittelburgenland

95 La Mission 2022
Weingut Ernst
Deutschkreutz – Mittelburgenland

95 Pinot Noir Reserve 2022
Weingut Pöckl
Mönchhof – Neusiedlersee

95 Cablot 2022
Weingut Gager
Deutschkreutz – Mittelburgenland

95 Merlot Enya 2022
Weingut Josef Tesch
Neckenmarkt – Mittelburgenland

95 Blaufränkisch Reserve 2022
Weingut Moric
Großhöflein – Leithaberg

95 FAM Steurer 2022
Weingut HST – Hannes Steurer
Jois – Leithaberg

95 Pinot Noir Gols Reserve Selektion P 2022
Weingut Paul Achs
Gols – Neusiedlersee

95 Merlot 2022
Weingut Krutzler
Deutsch Schützen – Eisenberg

95 Zweigelt Schwarz Rot 2022
Weingut Schwarz
Andau – Neusiedlersee

95 Cabernet Franc Rabensau 2022
Weingut Helmut Preisinger
Gols – Neusiedlersee

95 Zweigelt Neusiedlersee DAC Reserve 2022
Weingut Pöckl
Mönchhof – Neusiedlersee

95 Cabernet Sauvignon Calx 2022
Weingut Leberl
Großhöflein – Leithaberg

95 Pinot Noir Grand Select 2022
Weingut Wieninger
Wien – Wien

95 Blaufränkisch Müllendorf Ried Santen 2022
Weingut Rosi Schuster
St. Margarethen – Leithaberg

95 1st bayer 2022
Weingut St. Bayer
Weiden am See – Neusiedlersee

94 Merlot 2022
Rotweingut Prickler
Lutzmannsburg – Mittelburgenland

94 Zweigelt Neusiedlersee DAC Ried Salzberg 2022
Allacher Vinum Pannonia
Gols – Neusiedlersee

94 The Cabernet Sauvignon 2022
Weingut Scheiblhofer
Andau – Neusiedlersee

94 The Merlot 2022
Weingut Scheiblhofer
Andau – Neusiedlersee

94 St. Laurent Tattendorf Ried Frauenfeld 1ÖTW 2022
Weingut Familie Reinisch
Tattendorf – Thermenregion

94 St. Laurent Ried Ronald 1ÖTW 2022
Leo Aumann
Tribuswinkel – Thermenregion

94 Blaufränkisch Eisenberg DAC Ried Fasching 2022
Weingut Jalits
Badersdorf – Eisenberg

94 Cabernet Franc Reserve 2022
Weingut Markus Iro
Gols – Neusiedlersee

94 Syrah Anarchie Kolfok 2022
Weingut Wellanschitz
Neckenmarkt – Mittelburgenland

94 Blaufränkisch Ried Bergleiten 2022
Weingut Josef Tesch
Neckenmarkt – Mittelburgenland

94 Blauer Zweigelt Neusiedlersee DAC Apetlon Ried Neubruch 2022
Weingut PMC Münzenrieder
Apetlon – Neusiedlersee

94 Zweigelt Carnuntum DAC Göttlesbrunn Ried Haidacker 1ÖTW 2022
Weingut Walter Glatzer
Göttlesbrunn – Carnuntum

94 The Shiraz 2022
Weingut Scheiblhofer
Andau – Neusiedlersee

94 Blaufränkisch Carnuntum DAC Höflein Ried Bärnreiser 1ÖTW 2022
Weingut Walter Glatzer
Göttlesbrunn – Carnuntum

94 Pannobile 2022
Weingut Anita und Hans Nittnaus
Gols – Neusiedlersee

94 Peccatum 2022
Weingut Leberl
Großhöflein – Leithaberg

94 The Great Bustard 2022
Weingut Scheiblhofer
Andau – Neusiedlersee

94 Blaufränkisch Alte Reben 2022
Weingut Ceel
Rust – Rust

94 Gols Pannobile 2022
Weingut Paul Achs
Gols – Neusiedlersee

94 Syrah Alte Reben 2022
Weingut Ceel
Rust – Rust

94 Syrah and ever 2022
Weingut Artner
Höflein – Carnuntum

94 Cabernet Sauvignon Ried Neuberg 2022
Winzerhof Kiss Ronald
Jois – Leithaberg

94 Blaufränkisch Ried Jungenberg 2022
Winzerhof Kiss Ronald
Jois – Leithaberg

 Reihung erfolgt nach Punkten absteigend und Ab-Hof-Preis aufsteigend

94 Merlot Vera & Flo 2022
Weingut Josef und Maria Reumann
Deutschkreutz – Mittelburgenland

94 Syrah Ried Bühl Reserve no name 2022
Weingut St. Bayer
Weiden am See – Neusiedlersee

94 Pinot Noir Tattendorf Ried Holzspur 2022
Weingut Familie Reinisch
Tattendorf – Thermenregion

94 Pinot Noir Ried Reysenperg 2022
Weingut Toni Hartl
Reisenberg – Leithaberg

94 Blaufränkisch Reserve Tricata 2022
Weingut Juris
Gols – Neusiedlersee

94 Zweigelt Ried Bühl Reserve friend & foe 2022
Weingut St. Bayer
Weiden am See – Neusiedlersee

94 Pinot Noir Ried Preussen 2022
Weingut Wieninger
Wien – Wien

94 Pinot Noir Ried Rothen The Jungle 2022
Weingut Wieninger
Wien – Wien

93 Blaufränkisch Mittelburgenland DAC Reserve Horitschon Ried Hochäcker 2022
IBY Rotweingut Bio
Horitschon – Mittelburgenland

93 Merlot Ried Mitterschossen 2022
Weingut Schwertführer »47er«
Sooß – Thermenregion

93 Syrah Ried Altenberg 2022
Weingut Gernot Schuhmann
Gols – Neusiedlersee

93 HST 2022
Weingut HST – Hannes Steurer
Jois – Leithaberg

93 Zweigelt Tattendorf Ried Frauenfeld 2022
Weingut Familie Reinisch
Tattendorf – Thermenregion

93 The Legends 2022
Weingut Scheiblhofer
Andau – Neusiedlersee

93 St. Laurent Avus 2022
Weingut Melanie & Gernot Zechmeister
Gols – Neusiedlersee

93 Pinot Noir Ried Hochreit 2022
Weingut Markus Iro
Gols – Neusiedlersee

93 Mordor 2022
Weingut Scheiblhofer
Andau – Neusiedlersee

93 Blaufränkisch Ried Reisbühel 2022
Weingut Leberl
Großhöflein – Leithaberg

93 Carnuntum DAC Göttlesbrunn Edles Tal 2022
Weingut Franz und Christine Netzl
Göttlesbrunn – Carnuntum

93 Grand Pri' 2022
Rotweingut Prickler
Lutzmannsburg – Mittelburgenland

93 The Peak of Glory 2022
Weingut Scheiblhofer
Andau – Neusiedlersee

93 Blaufränkisch Jois Ried Bakobel 2022
Weingut HST – Hannes Steurer
Jois – Leithaberg

93 Blaufränkisch Reserve Ried Hochberg 2022
Weingut Ernst
Deutschkreutz – Mittelburgenland

93 Cabernet Sauvignon 2022
Kraft aus Rust
Rust – Rust

93 St. Laurent Ried Herrschaftswald 2022
Weingut Markus Iro
Gols – Neusiedlersee

93 Merlot Jois Ried Jungenberg 2022
Weingut HST – Hannes Steurer
Jois – Leithaberg

93 Pinot Noir Kreideberg 2022
Weingut Wagentristl
Großhöflein – Leithaberg

93 Zweigelt Reserve 2022
Weingut Toni Hartl
Reisenberg – Leithaberg

93 Blaufränkisch Halbturn Ried Kaiserberg 2022
Weingut Harald Kiss
Halbturn – Neusiedlersee

93 Podersdorfer Alte Reben 2022
Bio-Weingut Ettl
Podersdorf am See – Neusiedlersee

93 St. Laurent Alte Reben 2022
Weingut Walter Glatzer
Göttlesbrunn – Carnuntum

93 Zweigelt Neusiedlersee DAC Reserve Nestor 2022
Nestor
Halbturn – Neusiedlersee

93 Blaufränkisch Mittelburgenland DAC Reserve Chevalier 2022
IBY Rotweingut Bio
Horitschon – Mittelburgenland

93 Pinot Noir Pfaffstätten Ried Tagelsteiner 1ÖTW 2022
Weingut Schneider
Tattendorf – Thermenregion

 Reihung erfolgt nach Punkten absteigend und Ab-Hof-Preis aufsteigend

93 Ried Altenberg 2022
Allacher Vinum Pannonia
Gols – Neusiedlersee

93 Blaufränkisch Mittelburgenland DAC Reserve Creitzer 2022
Weingut Gesellmann
Deutschkreutz – Mittelburgenland

93 Carnuntum DAC G3 Cuvée 2022
Weinbau Gottschuly-Grassl
Höflein – Carnuntum

93 Blaufränkisch Jois 2022
Weingut Scheiblhofer
Andau – Neusiedlersee

93 DS Limited Edition 2022
Weingut Sattler
Jois – Leithaberg

93 St. Laurent Tattendorf Ried Frauenfeld 1ÖTW 2022
Bioweingut Landauer-Gisperg; Winzerhof
Tattendorf – Thermenregion

93 Pinot Noir Gumpoldskirchen Alte Reben 2022
Weingut Familie Reinisch
Tattendorf – Thermenregion

93 Barrique de Beurse 2022
Rotweine Lang
Neckenmarkt – Mittelburgenland

93 Morandus 2022
Weingut Juliana Wieder
Neckenmarkt – Mittelburgenland

93 Phoenix N°27 2022
Weingut Josef und Maria Reumann
Deutschkreutz – Mittelburgenland

93 Blaufränkisch Mittelburgenland DAC Reserve Ried Bodigraben 2022
Weingut Juliana Wieder
Neckenmarkt – Mittelburgenland

93 Pinot Noir Ried Gradenthal Premium 2022
Weingut Christian Fischer
Sooß – Thermenregion

93 Zweigelt Ried Gradenthal 2022
Weingut Christian Fischer
Sooß – Thermenregion

93 Blaufränkisch Carnuntum DAC Ried Gaisberg 2022
Weingut Andreas Muhr
Stixneusiedl – Carnuntum

93 Blaufränkisch Ried Burgstall 2022
Weingut Wellanschitz
Neckenmarkt – Mittelburgenland

93 Blaufränkisch Ried Gabarinza Reserve 2022
Weingut Horvath
Gols – Neusiedlersee

93 Cabernet Sauvignon Marthal 2022
Weingut HST – Hannes Steurer
Jois – Leithaberg

93 Carnuntum DAC Amarok 2022
Weingut Artner
Höflein – Carnuntum

93 Markus 2022
Weingut Markus Weiss
Gols – Neusiedlersee

93 Sankt Laurent Tattendorfer Ried Frauenfeld 1ÖTW 2022
Weingut Schneider
Tattendorf – Thermenregion

93 Vin Anton 2022
IBY Rotweingut Bio
Horitschon – Mittelburgenland

93 Zweigelt Carnuntum DAC Ried Haidacker 1ÖTW 2022
Ing. Johannes Pitnauer
Göttlesbrunn – Carnuntum

93 Blaufränkisch Ried Lehmgrube 2022
Weingut Franz Schindler
Mörbisch – Leithaberg

93 Carnuntum DAC Göttlesbrunn Ried Rosenberg 1ÖTW 2022
Weingut Gerhard Pimpel
Göttlesbrunn – Carnuntum

93 Dankbarkeit Grande Cuvée 2022
Weingut Zur Dankbarkeit
Podersdorf am See – Neusiedlersee

93 Merlot Premium 2022
Weingut Christian Fischer
Sooß – Thermenregion

93 Merlot Ried Langsatz 2022
Klosterkeller der Barmherzigen Brüder
Eisenstadt – Leithaberg

93 Zweigelt Carnuntum DAC Höflein Ried Bärnreiser 1ÖTW 2022
Weingut Gerhard Pimpel
Göttlesbrunn – Carnuntum

93 Zweigelt Ried Holzspur Reserve 2022
Burgundermacher Weingut Johann Gisperg
Teesdorf – Thermenregion

93 Furore reserve cuvée Ried Hutweide 2022
Bio-Weingut Frühwirth
Teesdorf – Thermenregion

93 N°1 2022
Weingut Sattler
Jois – Leithaberg

93 Blaufränkisch Leithaberg DAC Ried Edelberg 2022
Weingut Toni Hartl
Reisenberg – Leithaberg

93 Merlot Reserve Ried Altenberg 2022
Weingut Horvath
Gols – Neusiedlersee

93 Carnuntum DAC Höflein Ried Bärnreiser 1ÖTW 2022
Weingut Taferner
Göttlesbrunn – Carnuntum

93 Merlot Sandwühler 2022
Weingut Niki Windisch
Groß-Engersdorf – Weinviertel

93 Merlot vom Schotter Große Reserve Quo Vadis® 2022
Ing. Johannes Pitnauer
Göttlesbrunn – Carnuntum

93 Zweigelt Carnuntum DAC Göttlesbrunn Ried Schüttenberg 1ÖTW 2022
Weingut Philipp Grassl
Göttlesbrunn – Carnuntum

93 Cabernet Franc Halbturn Ried Haide Nestor 2022
Nestor
Halbturn – Neusiedlersee

93 Carnuntum DAC Göttlesbrunn Ried Haidacker 1ÖTW Excalibur 2022
Weingut Taferner
Göttlesbrunn – Carnuntum

93 Blaufränkisch Carnuntum DAC Ried Kirchweingarten 1ÖTW 2022
Weingut Artner
Höflein – Carnuntum

93 Blaufränkisch Reserve 2022
Günter + Regina Triebaumer
Rust – Rust

93 Cabernet Sauvignon Tribun 2022
Weingut Taferner
Göttlesbrunn – Carnuntum

93 Blaufränkisch Carnuntum DAC Höflein Ried Aubühl 1ÖTW 2022
Weingut Michael Auer
Höflein – Carnuntum

93 Blaufränkisch Glimmerschiefer und Kalk 2022
Weingut PMC Münzenrieder
Apetlon – Neusiedlersee

93 Merlot Ried Salzberg 2022
Weingut Helmut Preisinger
Gols – Neusiedlersee

93 Pinot Noir Ried Siglos 2022
Weingut Gesellmann
Deutschkreutz – Mittelburgenland

93 Cabernet Sauvignon Ried Reisbühel 2022
Weingut Leberl
Großhöflein – Leithaberg

93 Syrah Reserve 2022
Weingut Philipp Grassl
Göttlesbrunn – Carnuntum

93 Blaufränkisch Rosalia DAC Exzellent 2022
Domaine Pöttelsdorf
Pöttelsdorf – Rosalia

93 Syrah Ried Thenau 2022
Weingut Toni Hartl
Reisenberg – Leithaberg

93 Badener Berg 2022
Leo Aumann
Tribuswinkel – Thermenregion

93 Blaufränkisch Leithaberg DAC Ried Rosenberg 2022
Weingut Toni Hartl
Reisenberg – Leithaberg

93 Cabernet Franc Ried Gillesberg 2022
Günter + Regina Triebaumer
Rust – Rust

93 Zweigelt Carnuntum DAC Ried Kirchweingarten 1ÖTW 2022
Weingut Gerhard Markowitsch
Göttlesbrunn – Carnuntum

93 Cabernet Sauvignon Tabea 2022
Weingut Josef Tesch
Neckenmarkt – Mittelburgenland

93 Pinot Noir Ried Dürr 2022
Weingut Kollwentz
Großhöflein – Leithaberg

93 Strangers 2022
Weingut Migsich
Antau – Rosalia

93 Blaufränkisch Horitschon Ried Edelgrund 2022
Kirchblau
Deutschkreutz – Mittelburgenland

JAHRGANG 2021 UND ÄLTER

99 Werner Achs Reserve 2021
Weingut Werner Achs
Gols – Neusiedlersee

98 Blaufränkisch Ried Oberer Wald 2021
Weingut Ernst Triebaumer
Rust – Rust

98 Blaufränkisch Leithaberg DAC Rust Ried Oberer Wald 2021
Weingut Feiler-Artinger
Rust – Rust

98 Comondor 2020
Weingut Anita und Hans Nittnaus
Gols – Neusiedlersee

98 Grassl Reserve 2021
Weingut Philipp Grassl
Göttlesbrunn – Carnuntum

98 Steinzeiler 2020
Weingut Kollwentz
Großhöflein – Leithaberg

98 G 2020
Weingut Gesellmann
Deutschkreutz – Mittelburgenland

98 M1 2021
Weingut Gerhard Markowitsch
Göttlesbrunn – Carnuntum

98 Blaufränkisch Carnuntum DAC Prellenkirchen Ried Spitzerberg-Obere Roterd 1ÖTW 2021
Weingut Dorli Muhr
Prellenkirchen – Carnuntum

97 Blaufränkisch Eisenberg DAC Reserve Ried Saybritz 2021
Weingut Kopfensteiner
Deutsch Schützen – Eisenberg

97 Merlot Harterberg 2019
Leo Aumann
Tribuswinkel – Thermenregion

97 Blaufränkisch Eisenberg DAC Reserve Ried Szapary 2021
Groszer Wein
Burg – Eisenberg

97 Blaufränkisch Mittelburgenland DAC Reserve Privat Reserve 2021
Weingut Juliana Wieder
Neckenmarkt – Mittelburgenland

97 Bela Rex 2021
Weingut Gesellmann
Deutschkreutz – Mittelburgenland

97 Blaufränkisch Ried Oberer Wald 2020
Günter + Regina Triebaumer
Rust – Rust

97 Blaufränkisch hochberc 2021
Weingut Gesellmann
Deutschkreutz – Mittelburgenland

97 Blaufränkisch Ried Point 2020
Weingut Kollwentz
Großhöflein – Leithaberg

97 Blaufränkisch Reserve Ried Mariental 2021
Weingut Ernst Triebaumer
Rust – Rust

97 massive a. [rot] 2021
Weingut Artner
Höflein – Carnuntum

97 Blaufränkisch Leithaberg DAC Jois Ried Jungenberg 2021
Weingut Anita und Hans Nittnaus
Gols – Neusiedlersee

97 Blaufränkisch Ried Reihburg 2021
weingut schiefer.pur
Welgersdorf – Eisenberg

97 Blaufränkisch Leithaberg DAC Ried Marienthal 2021
Weingut Prieler
Schützen am Gebirge – Leithaberg

97 Blaufränkisch Leithaberg DAC Ried Goldberg 2021
Weingut Prieler
Schützen am Gebirge – Leithaberg

97 Grande Cuvée d´Or 2020
Weingut Franz Schindler
Mörbisch – Leithaberg

97 Cabernet Franc 2021
Weingut Pöckl
Mönchhof – Neusiedlersee

97 Syrah Burgbach 2019
Weingut Toni Hartl
Reisenberg – Leithaberg

96 Merlot Nobody 2021
Weingut Migsich
Antau – Rosalia

96 Blaufränkisch Eisenberg DAC Ried Reihburg 2021
Weingut Jalits
Badersdorf – Eisenberg

96 Praittenbrunn 2019
Weingut Scheiblhofer
Andau – Neusiedlersee

96 Blaufränkisch Ried Sonnensteig 2021
Weingut Wellanschitz
Neckenmarkt – Mittelburgenland

96 V.I.B. Very Important Bottle 2021
Weingut Taferner
Göttlesbrunn – Carnuntum

96 Blaufränkisch Kleinhöflein Ried Setz 2019
Weingut Kollwentz
Großhöflein – Leithaberg

96 Netzl Privat 2021
Weingut Franz und Christine Netzl
Göttlesbrunn – Carnuntum

96 Privat 2021
Weinmanufaktur Follner
Wien – Rust

96 Blaufränkisch Silvia Heinrich Edition Alte Reben 2019
Weingut Silvia Heinrich
Deutschkreutz – Mittelburgenland

96 Blaufränkisch Carnuntum DAC Prellenkirchen Ried Spitzerberg-Kobeln 1ÖTW Liebkind 2021
Weingut Dorli Muhr
Prellenkirchen – Carnuntum

96 Ried Salzberg 2019
Weingut Gernot und Heike Heinrich
Gols – Neusiedlersee

96 Blaufränkisch Gols Ried Altenberg 2021
Weingut Paul Achs
Gols – Neusiedlersee

96 Zweigelt Ried Bühl Reserve friend & foe 2021
Weingut St. Bayer
Weiden am See – Neusiedlersee

 Reihung erfolgt nach Punkten absteigend und Ab-Hof-Preis aufsteigend

OFYR®
THE ART OF OUTDOOR COOKING

95 Blaufränkisch Leithaberg DAC Oggau Ried Marienthal 2021
Weingut MAD
Oggau – Leithaberg

95 Blaufränkisch Carnuntum DAC Prellenkirchen Ried Spitzerberg-Kranzen 1ÖTW 2021
Weingut Dorli Muhr
Prellenkirchen – Carnuntum

95 In Signo Leonis 2020
Heribert Bayer Kellerei In Signo Leonis
Neckenmarkt – Mittelburgenland

95 Blaufränkisch Ried Plachen 2021
Günter + Regina Triebaumer
Rust – Rust

95 Blaufränkisch Eisenberg DAC Ried Weinberg 2018
Weingut Krutzler
Deutsch Schützen – Eisenberg

95 Merlot 2021
Weingut Gager
Deutschkreutz – Mittelburgenland

95 Cabernet Franc 2021
Weingut Gager
Deutschkreutz – Mittelburgenland

95 Cuvée Paul Kerschbaum 2021
Weingut Kerschbaum
Horitschon – Mittelburgenland

95 Blaufränkisch Leithaberg DAC Jois Ried Gritschenberg 2021
Weingut Anita und Hans Nittnaus
Gols – Neusiedlersee

95 Blaufränkisch Sankt Margarethen 2021
Weingut Rosi Schuster
St. Margarethen – Leithaberg

95 Blaufränkisch BFG 2021
Weingut Gager
Deutschkreutz – Mittelburgenland

95 Johanna 2020
Weingut Christian Kirnbauer
Deutschkreutz – Mittelburgenland

95 Blaufränkisch Carnuntum DAC Prellenkirchen Ried Spitzerberg-Obere Spitzer 1ÖTW 2021
Weingut Dorli Muhr
Prellenkirchen – Carnuntum

94 Blaufränkisch Mittelburgenland DAC Reserve 2021
Weingut Hundsdorfer
Neckenmarkt – Mittelburgenland

94 Blaufränkisch Leithaberg DAC Ried Föllikberg 2021
Weingut Kirchknopf
Eisenstadt – Leithaberg

94 Vision Cuvée Big Five 2021
Weingut Kugler – Vinum Saxum
Sankt Margarethen im Burgenland – Leithaberg

94 Merlot Unplugged 2020
Weingut Hannes Reeh
Andau – Neusiedlersee

94 Excelsior 2021
Rotweine Lang
Neckenmarkt – Mittelburgenland

94 Avus 2021
Weingut Familie Weber
Lutzmannsburg – Mittelburgenland

94 Blaufränkisch Leithaberg DAC Ried Point 2021
Weingut Wagentristl
Großhöflein – Leithaberg

94 Blaufränkisch Leithaberg DAC Ried Reisbühl 2021
Weingut Wagentristl
Großhöflein – Leithaberg

94 Opus Eximium No 34 2021
Weingut Gesellmann
Deutschkreutz – Mittelburgenland

94 Merlot Schützner Stein® 2021
Weingut Prieler
Schützen am Gebirge – Leithaberg

94 Harterberg Reserve 2021
Leo Aumann
Tribuswinkel – Thermenregion

94 Cabernet Sauvignon Ried Langsatz 2021
Klosterkeller der Barmherzigen Brüder
Eisenstadt – Leithaberg

94 Sempre 2021
Weingut Juliana Wieder
Neckenmarkt – Mittelburgenland

94 Blaufränkisch Eisenberg DAC Eisenberg Ried Szapary alter garten 2021
Thom Wachter
Eisenberg a.d.P. – Eisenberg

94 Blaufränkisch Eisenberg DAC Reserve Ried Königsberg 2021
Thom Wachter
Eisenberg a.d.P. – Eisenberg

94 Blaufränkisch Leithaberg DAC Ried Pratschweingarten 2021
Weingut Prieler
Schützen am Gebirge – Leithaberg

94 Lukas Grande Reserve 2021
Bio-Weingut Ettl
Podersdorf am See – Neusiedlersee

94 Blaufränkisch Leithaberg DAC Ried Reisbühl 2021
Weingut Kirchknopf
Eisenstadt – Leithaberg

94 Pinot Noir Reserve 2021
Weingut Schloss Gobelsburg
Gobelsburg – Kamptal

Reihung erfolgt nach Punkten absteigend und Ab-Hof-Preis aufsteigend

94 **Imperium 2021**
Allacher Vinum Pannonia
Gols – Neusiedlersee

94 **Blaufränkisch Reserve Ried Oberer Wald 2019**
Weingut Giefing
Rust – Rust

94 **Syrah Silvia Heinrich Edition Alte Reben 2019**
Weingut Silvia Heinrich
Deutschkreutz – Mittelburgenland

94 **Mephisto 2021**
Weingut Robert Goldenits
Tadten – Neusiedlersee

94 **Blaufränkisch hundred cases 2017**
Weingut Christian Fischer
Sooß – Thermenregion

94 **St. Laurent Grand Select 2021**
Weingut Wieninger
Wien – Wien

94 **Solitaire 2021**
Weingut Feiler-Artinger
Rust – Rust

94 **Merlot Reserve vinum sine nomine L.E. 2021**
Weingut Josef und Maria Reumann
Deutschkreutz – Mittelburgenland

94 **Merlot Grand Select 2020**
Weingut Wieninger
Wien – Wien

94 **Massiv Top Rotweincuvée 2020**
Weingut Keringer
Mönchhof – Neusiedlersee

94 **Blaufränkisch Eisenberg DAC Reserve Ried Saybritz 2021**
Groszer Wein
Burg – Eisenberg

94 **Blaufränkisch In Signo Sagittarii 2020**
Heribert Bayer Kellerei In Signo Leonis
Neckenmarkt – Mittelburgenland

94 **Zweigelt Ried Ungerberg 2021**
Weingut Stiegelmar
Gols – Neusiedlersee

94 **Ried Gabarinza 2019**
Weingut Gernot und Heike Heinrich
Gols – Neusiedlersee

94 **Blaufränkisch Grande Reserve V-MAX 2020**
Rotweingut Prickler
Lutzmannsburg – Mittelburgenland

94 **Cabernet Franc Privat 2021**
Weingut Josef und Maria Reumann
Deutschkreutz – Mittelburgenland

94 **Hill1 2018**
Weingut Leo Hillinger
Jois – Leithaberg

94 **Blaufränkisch Carnuntum DAC Ried Bärnreiser 1ÖTW 2021**
Weingut Gerhard Markowitsch
Göttlesbrunn – Carnuntum

94 **Cabernet Franc Reserve 2019**
Weingut Bründlmayer
Langenlois – Kamptal

94 **Danubis Grand Select 2020**
Weingut Wieninger
Wien – Wien

94 **Syrah 2021**
Weingut Dorli Muhr
Prellenkirchen – Carnuntum

94 **T^nn^t 21**
Weingut Gager
Deutschkreutz – Mittelburgenland

94 **Merlot Große Liebe - Mr.Lover,Lover 2019**
Rotweine Lang
Neckenmarkt – Mittelburgenland

94 **Liebe pur 2021**
Weinmanufaktur Follner
Wien – Rust

94 **JK 2021**
Weingut Jacqueline Klein
Andau – Neusiedlersee

94 **Blaufränkisch Carnuntum DAC Höflein Ried Kirchweingarten 1ÖTW 2021**
Weingut Dorli Muhr
Prellenkirchen – Carnuntum

94 **Blaufränkisch Leithaberg DAC Ried Schildten 2021**
Weingut Esterházy
Trausdorf an der Wulka – Leithaberg

94 **Blaufränkisch V86 2016**
Weingut AmSee
Gols – Neusiedlersee

94 **Unplugged X Cuvée rot 2020**
Weingut Hannes Reeh
Andau – Neusiedlersee

94 **Blaufränkisch Ried Utiger Rappbühl 2021**
Weingut Pöckl
Mönchhof – Neusiedlersee

94 **Merlot 2018**
Hammer Wein Rust
Rust – Rust

94 **Tycoon 21**
Weingut Gager
Deutschkreutz – Mittelburgenland

94 **Carnuntum DAC Monopol 2021**
Weingut Michael Auer
Höflein – Carnuntum

94 **St. Laurent Große Reserve 2019**
Weingut Malat
Furth – Kremstal

 Reihung erfolgt nach Punkten absteigend und Ab-Hof-Preis aufsteigend

94 Pinot Noir Große Reserve 2016
Weingut Malat
Furth – Kremstal

93 Blaufränkisch Ried Fasching 2021
Weingut Stubits
Eisenberg an der Pinka – Eisenberg

93 Tridendron 2021
Weingut Ernst Triebaumer
Rust – Rust

93 Mephisto 2021
Weingut Christ
Wien – Wien

93 Syrah Reserve 2021
Weingut Hundsdorfer
Neckenmarkt – Mittelburgenland

93 Carnuntum 2021
Weingut Dorli Muhr
Prellenkirchen – Carnuntum

93 Merlot 100 Days 2021
Weingut Keringer
Mönchhof – Neusiedlersee

93 Blaufränkisch Ried Goldberg 2021
Weingut Lentsch
Donnerskirchen – Leithaberg

93 Blaufränkisch Reserve L1 2021
Rotweine Lang
Neckenmarkt – Mittelburgenland

93 Cuvée Heulichin 2021
Weingut Wagentristl
Großhöflein – Leithaberg

93 Blaufränkisch Ried Salzberg 2021
Allacher Vinum Pannonia
Gols – Neusiedlersee

93 Cuvée Avus 2021
Weingut Hagn
Mailberg – Weinviertel

93 Blaufränkisch Grande Réserve 2020
Weingut Migsich
Antau – Rosalia

93 Privat Cuvee 2021
Weingut Schwertführer »47er«
Sooß – Thermenregion

93 stiegelmar 2021
Weingut Stiegelmar
Gols – Neusiedlersee

93 Blaufränkisch Ried Altenberg 2021
Weingut Stiegelmar
Gols – Neusiedlersee

93 Malbec X BEC 2021
Kraft aus Rust
Rust – Rust

93 The Butcher Cuvée 2020
Weingut Schwarz
Andau – Neusiedlersee

93 Merlot 2021
Weingut Franz und Christine Netzl
Göttlesbrunn – Carnuntum

93 Cabernet Sauvignon 2021
Weingut Franz und Christine Netzl
Göttlesbrunn – Carnuntum

93 Blaufränkisch Prellenkirchen Ried Spitzerberg-Obere Spitzer 1ÖTW 2021
Weingut Dietrich
Petronell-Carnuntum – Carnuntum

93 Cabernet Sauvignon Unplugged 2021
Weingut Hannes Reeh
Andau – Neusiedlersee

93 Cabernet Sauvignon Reserve 2021
Weingut Jalits
Badersdorf – Eisenberg

93 Cabernet Franc Unplugged 2021
Weingut Hannes Reeh
Andau – Neusiedlersee

93 Blaufränkisch Carnuntum DAC Prellenkirchen Samt & Seide 2021
Weingut Dorli Muhr
Prellenkirchen – Carnuntum

93 Blaufränkisch Oslip Staramati 2021
Robitza Wein
Oslip – Leithaberg

93 Maulwurf 2021
Weingut Ernst Triebaumer
Rust – Rust

93 Pinot Noir Ried Lores 2021
Weingut Heggenberger
Tattendorf – Thermenregion

93 Furioso 2021
Weingut MAD
Oggau – Leithaberg

93 Cabernet Franc Oggau Ried Neugebirge 2020
Weingut MAD
Oggau – Leithaberg

93 CAB 2019
StephanO Das-Wein-Gut
Deutsch Schützen – Eisenberg

93 Blaufränkisch Eisenberg DAC Eisenberg Ried Saybritz 2021
Thom Wachter
Eisenberg a.d.P. – Eisenberg

Reihung erfolgt nach Punkten absteigend und Ab-Hof-Preis aufsteigend

LOI
SIU
M

93 Blaufränkisch Carnuntum DAC Prellenkirchen Ried Spitzerberg 1ÖTW 2021
Weingut Klemens und Horst Pelzmann
Berg – Carnuntum

93 St. Georg 2021 Reserve
Weingut Juris
Gols – Neusiedlersee

93 Zweigelt Neusiedlersee DAC Reserve Ried Römerstein 2021
Weingut Alexander Egermann
Illmitz – Neusiedlersee

93 Cabernet Merlot 2021
Weingut Ernst Triebaumer
Rust – Rust

93 St. Laurent Reserve Ried Stiftsbreite 2021
Weingut Stift Klosterneuburg GmbH
Klosterneuburg – Wagram

93 Blaufränkisch Mittelburgenland DAC Horitschon Ried Edelgrund 2019
Weingut Strass
Draßmarkt – Mittelburgenland

93 Blaufränkisch Eisenberg DAC Reserve Ried Janoschberg 2021
Weingut Grosz
Eberau – Eisenberg

93 Blaufränkisch Carnuntum DAC Ried Spitzerberg 2021
Weingut Thomas & Michaela Perger
Bad Deutsch Altenburg – Carnuntum

93 Blauer Zweigelt Mister Zweigelt 2021
Weingut Migsich
Antau – Rosalia

93 XXI 2020
Weingut Christ
Wien – Wien

93 Pinot Noir Terroir 2021
Weingut Leo Hillinger
Jois – Leithaberg

93 Blaufränkisch Leithaberg DAC Ried Umriss 2019
Weingut Leo Hillinger
Jois – Leithaberg

93 Marco Polo 2019
Weingut Giefing
Rust – Rust

93 Cabernet Sauvignon Privat 2021
Weingut Josef und Maria Reumann
Deutschkreutz – Mittelburgenland

93 Zweigelt Neusiedlersee DAC Reserve 65 2021
Weingut Robert Goldenits
Tadten – Neusiedlersee

93 Merlot Ried Eichkogel Monopol 2019
Winzerfamilie Gregor Schup
Guntramsdorf – Thermenregion

93 Pinot Noir Ried Eichkogel Monopol 2019
Winzerfamilie Gregor Schup
Guntramsdorf – Thermenregion

93 Blaufränkisch Leithaberg DAC Rust Ried Ludmaisch 2021
Weingut Feiler-Artinger
Rust – Rust

93 Blaufränkisch Rusterberg Reserve 2019
Hammer Wein Rust
Rust – Rust

93 Cardinal 2019
Weingut Giefing
Rust – Rust

93 Pfaffl Heidrom Grand Reserve 2021
Weingut R&A Pfaffl
Stetten – Weinviertel

93 Pinot Noir Silvia Heinrich Edition Alte Reben 2019
Weingut Silvia Heinrich
Deutschkreutz – Mittelburgenland

93 Blaufränkisch Mittelburgenland DAC Reserve Ried Altes Weingebirge 2020
Weingut Lisa Pfneisl
Deutschkreutz – Mittelburgenland

93 The Oak 2020
Eichenwald Weine
Horitschon – Mittelburgenland

93 Cabernet Sauvignon Ried Alter Satz 2019
Weingut AmSee
Gols – Neusiedlersee

93 Blaufränkisch one step more 2021
Weingut Niki Windisch
Groß-Engersdorf – Weinviertel

93 Pinot Noir Ried Käferberg Reserve 2020
Weingut Bründlmayer
Langenlois – Kamptal

93 Domino.1 2021
Weingut Hoffmann Doris & Michael
Mönchhof – Neusiedlersee

93 Blaufränkisch Mittelburgenland DAC Reserve Ried Dürrau 2012
IBY Rotweingut Bio
Horitschon – Mittelburgenland

93 Blaufränkisch Fat Boy 2021
Weingut Migsich
Antau – Rosalia

93 Cuvée Eichkogel Monopol 2019
Winzerfamilie Gregor Schup
Guntramsdorf – Thermenregion

Reihung erfolgt nach Punkten absteigend und Ab-Hof-Preis aufsteigend

JAHRGANGSBEWERTUNG FÜR ÖSTERREICHISCHE ROTWEINE

In der immer stärker von Terroir und Herkunft geprägten Weinproduktion Österreichs gewinnen die Einflüsse von Böden und Kleinklima sowie Witterungs- und Reifeverlauf zunehmend an Bedeutung. Das wiederum führt dazu, dass die regionalen Unterschiede trotz allgemein gestiegener Qualität recht deutlich ausfallen können. Die folgenden Einschätzungen beziehen sich daher auf den Gesamteindruck, den der jeweilige Jahrgang hinterlassen hat.

2023 ★★★★☆

Im Frühjahr 2023 folgten auf einen sehr niederschlagsarmen Winter erst im April und Mai ausreichende Regenfälle. Dadurch erfolgte der Austrieb sehr spät, was von den Winzern auch positiv gesehen werden konnte, weil dadurch Spätfröste keine Gefahr mehr darstellten. Die Blüte allerdings verlief unregelmäßig, in manchen Gegenden sorgte die Hitze für ein Verrieseln der Trauben, anderswo dezimierte Regen den Traubenansatz, beides reduzierte die potenzielle Erntemenge. Die Rotweingebiete erlebten ab Ende Juni eine Hitzewelle, erst Anfang August sorgten einige Niederschläge für Erleichterung, und Trockenschäden blieben anders als 2022 größtenteils aus. Ab August schritt die Traubenreife zügig voran, Geduld war nötig, um neben guter Zuckerreife auch physiologische Reife zu erzielen. Das Herbstwetter war optimal, die meisten Rotweinsorten wurden unter traumhaften Bedingungen gelesen. Sowohl die typischen österreichischen Sorten von Zweigelt bis Blaufränkisch als auch die französischen konnten mit tollen Werten in den Keller gebracht werden, alles weist darauf hin, dass nach 2019, 2021 und 2022 der nächste große Rotweinjahrgang ins Haus steht. Sicher hat der Klimawandel viele negative Seiten, für die Reife der Rotweine in Österreich ist er zweifellos eher ein Segen als ein Fluch. Die Einstiegsweine aus Blauem Zweigelt und Blaufränkisch sowie die jungen Cuvées aus 2023 gaben bereits einen guten Vorgeschmack auf das, was da auf die Rotweinfreunde zukommt: stoffige, klassische Rotweine mit guter Frische und Frucht, reifen Tanninen, typischer Sortenprägung sowie gutem Reifepotenzial.

2022 ★★★★☆

Der Weinjahrgang 2022 verlangte den Winzern einmal mehr vollen Einsatz ab, Bemühungen, die sich schlussendlich aber lohnen sollten – beim Rotwein vielleicht sogar noch eine Spur mehr als bei den sehr guten Weißweinen. Der Winter verlief ohne ausreichende Niederschläge bei relativ milden Temperaturen, der Austrieb erfolgte recht spät gegen Ende April. Das hatte sein Gutes, denn so wurden die gefürchteten Spätfröste umschifft. Bedingt durch das warme Wetter setzte dann die Blüte eher früh ein, leider störten Niederschläge gerade in dieser sensiblen Phase einen flotten und regelmäßigen Verlauf. In vielen Regionen wurde so der Traubenansatz bereits früh auf natürliche Weise reduziert. Die Sommermonate waren dann von zahlreichen Hitzetagen und vor allem extremer Trockenheit gekennzeichnet, wie sie kaum je zuvor aufgetreten war. Vor der Haupternte, etwa um den 20. August, wendete sich das Blatt jedoch. Es kam zu Niederschlägen, die gebietsweise auch recht heftig ausfielen. Diese Regenmengen waren ein Segen. War die Zuckerreife davor eher bescheiden, lösten die gerade noch rechtzeitigen Niederschläge einen wahren Reife-Booster aus, und so wurden Anfang September plötzlich Gradationen wie im ausgezeichneten Weinjahr 2019 verzeichnet. Die Trauben trugen aufgrund der sommerlichen Hitze kleine Beeren, die nun für kraftvolle Rotweine mit reifen Tanninen und trotz geringerer Säure für gute Struktur sorgen konnten. So waren die Voraussetzungen ideal für einen großen Rotweinjahrgang, zumal auch das Verhältnis von Fruchtfleisch zu Beerenschale der sehr kleinbeerigen Trauben optimal war. Dazu kamen noch recht kühle Nächte während der Haupterntezeit, die für eine ausgeprägte Aromatik sorgten. Die so entstandene Saftigkeit und Harmonie kennzeichnet den Jahrgang, dessen wahrscheinlich einziger gröberer Nachteil die verfügbaren Mengen sind.

2021 ★★★★★

Die im Herbst 2022 auf den Markt gekommenen jung zu trinkenden Rotweine bildeten den Einstieg in die Beurteilung des Jahrgangs und spiegeln unmittelbar den Charakter eines großen Jahres wider. Auch wenn es sich hierbei noch nicht um die komplexesten Vertreter handelt, sondern um jene, die auf den Alltagsgenuss abzielen, so sind auch sie Rotweine mit Eleganz, präziser Frucht und einer für ihre Kategorie überdurchschnittlichen Konzentration. Die roten Jungweine 2021 sind Vorboten der länger gereiften Weine, auf die sich die Falstaff-Jury im Herbst 2023 freuen darf. Denn was sich bei den österreichischen Weißweinen bereits klar herausgestellt hat – nämlich dass es sich bei 2021 um ein herausragendes Jahr handelt – könnte durchaus auch auf die rote Spitze zutreffen. Österreich feiert bereits zu Recht einen Traumjahrgang, und es war der Herbst, der für spannungsgeladene Rotweine sorgte. Blicken wir nochmals zurück: Das Jahr begann nach einem Winter mit wenig Niederschlag kühl, eher düster und durchaus feucht. Austrieb und Blüte erfolgten verspätet, und das war diesmal ein entscheidender Vorteil. In Österreichs Nachbarländern im Süden und Westen war man früher dran und wurde teils zum Opfer massiver Ernteeinbußen aufgrund von Spätfrösten. Mit dem Sommer kam auch die Sonne – und mit ihr die Wärme; Ende Juni führte die Hitze teilweise zur Verrieselung der Traubenansätze. Mächtige Gewitterzellen zerstörten am 24. Juni im nördlichen Weinviertel Teile der Wein gärten, fast 1.000 Hektar trugen Schäden davon. Im Juli gab es Hagelschäden, auch die Rotweinzentren des Mittelburgenlands waren stark betroffen. Auf den ansonsten herrlich sommerlichen Juli folgte ein kühler, durchwachsener August, der die Erwartungen etwas dämpfte. Pünktlich am 1. September kam jedoch der große Umschwung: Eine strahlend sonnige Wetterphase setzte ein, die volle sechs Wochen anhielt und nur von zwei Regentagen begleitet war. Die Nächte wurden bereits Mitte September recht kühl, sodass ein deutliches Gefälle zwischen Tages- und Nachttemperaturen auftrat. Das sorgte für eine ausgezeichnete Aromenbildung und Vitalität in den Rotweinen. Unter sehr guten Erntebedingungen konnte ein hochwertiger Jahrgang in die Keller gebracht werden.

2020 ★★★★

2020 war ein Jahr der Gegensätze. Bis in den April blieben nennenswerte Niederschläge aus, aber zum Glück auch Frostschäden, im

Mai gab es dann heftigen Regen, und auch der Juni zeigte sich recht feucht und wechselhaft. Die Blüte erfolgte in einem normalen Zeitfenster und verlief eher unproblematisch. Es folgte ein durchwachsener Sommer ohne längere Hitzewellen, es kam zu keinen Extremtemperaturspitzen. Häufige Niederschläge beförderten das Pflanzenwachstum und die Gefahr von Pilzkrankheiten gleichermaßen – beides bedeutete für den Winzer ein Mehr an Arbeitsaufwand. Schließlich ein September mit zwei Gesichtern: zunächst Sonne wie im Hochsommer, dann aber oft andauernde Starkregen bei glücklicherweise kühlen Nachttemperaturen. Wie in allen kühleren Jahrgängen war es für die Rotweinerzeuger bedeutend, die Mengen rechtzeitig zu reduzieren, um auch die für hohe Qualität notwendige Traubenreife zu erzielen. Insgesamt ist dies gelungen, und so sind Rotweine von kühlerer Eleganz und feiner Frucht entstanden, die im Alkoholwert tendenziell etwas niedriger liegen als 2019. Insgesamt darf sich der Weinfreund auf einen etwas schlankeren Jahrgang freuen, den man aus der jüngeren Zeit am ehesten mit 2016 vergleichen wird dürfen. 2020 glänzt insgesamt mit Leichtfüßigkeit und Frucht, die Weinfreunde freuen sich auf einen lebendigen Stil. Mit diesem Jahr wird die Erfolgsgeschichte der heimischen Rotweine um ein angenehmes Kapitel weitergeschrieben.

2019 ★★★★★

Der Jahrgang 2019 gestaltete sich heiß und trocken und brachte unterm Strich für die Rotweinproduktion sehr gut Bedingungen mit, denn dank der Niederschläge im Mai war eine ausreichende Wasserversorgung vorhanden. Ein milder Herbst mit kühlen Nächten sorgte zusätzlich für eine gute aromatische Ausprägung. Geerntet wurden sehr gesunde und vollreife Trauben. Die 2019er fielen daher durchwegs farbtief, ausgesprochen dicht und extraktreich aus, wobei sich auch Säure- und Tanningehalt auf einem markanten Niveau zu befinden scheinen. Alles in allem sind ebenso strukturierte wie standfeste Rotweine voller Tiefgang und Vielschichtigkeit entstanden, die an große Rotweinjahre wie 2011, 2015 und 2017 nahtlos anschließen. Spitzenweine darf man aus sämtlichen heimischen Rotweinzentren erwarten, dank des Klimawandels erreichen nun auch spät reifende Rotweinsorten wie Cabernet Sauvignon oder Syrah ohne große Probleme die volle Reife. Auch alle heimischen Sorten von Zweigelt bis Blaufränkisch konnten bei besten Bedingungen geerntet werden, bei manchen Sorten wie Pinot Noir war die rechtzeitige Wahl des Lesetermins von entscheidender Bedeutung. Die Serie der tollen »9er«-Jahrgänge hat sich mit 2019 ohne Frage fortgesetzt.

2018 ★★★★☆

Der Jahrgang 2018 markiert die früheste Weinlese der weinbaulichen Neuzeit. Nach einem trockenen und überdurchschnittlich warmen Jänner waren die kältesten Tage des Winters erst im März, aber dank kräftiger Föhnwinde stellte sich im April der Frühling ein, und Temperaturen bis zu 20° Celsius waren keine Seltenheit. Bereits zwei Wochen früher als üblich begann der Austrieb, das Thermometer kletterte Ende April bereits in Richtung 30 Grad. Nach der Blüte im Mai vergrößerte sich mit einem rasanten Wachstum der Vorsprung weiter, die Winzer kamen mit der Arbeit im Weingarten kaum noch nach. Die hochsommerlichen Monate waren gekennzeichnet von Trockenheit, unterbrochen von einzelnen, teils heftigen Regengüssen, die zu regional markanten Unterschieden in der Wasserversorgung führten. Juli und August blieben heiß und trocken. Die Weinlese, speziell bei den dünnschaligeren Rebsorten, begann auch für die roten Sorten bereits Mitte August. Für viele Betriebe war die Ernte Mitte September bereits abgeschlossen. Trotz der extrem frühen Ernte sind die Trauben perfekt gereift und brachten harmonische und zugängliche Weine hervor. Zum Herbstbeginn gab es teils ergiebige Niederschläge, der weitere Verlauf von September und Oktober war mild und sonnig, sodass auch die spät reifenden Rotweinsorten unter guten Bedingungen geerntet werden konnten. Das Ergebnis sind sehr dunkle, kraftvolle und dichte Weine mit reifen Tanninen und eher dezenten Säurewerten.

2017 ★★★★★

Österreichs Rotweinerzeuger werden sich gerne an 2017 zurückerinnern. Während viele europäische Weinländer über die geringsten Erntemengen seit Langem berichteten, konnte man sich in Österreich über eine Menge freuen, die ein Viertel über dem fünfjährigen Durchschnitt lag. Noch wichtiger war, dass sich auch ausgezeichnete Qualitäten erzeugen ließen. Ganz ohne Kapriolen verlief die Witterung allerdings auch 2017 nicht. Dem kältesten Winter seit 30 Jahren folgte der wärmste März seit Aufzeichnungsbeginn. Trotz sehr früher Blüte hielten sich im Vergleich zu 2016 die Schäden durch Spätfröste diesmal in Grenzen. Nach einem wechselhaften Mai setzte bereits im Juni die erste Hitzewelle ein, der im Juli und August vier weitere heiße Wochen fast nahtlos folgten. Vom südlichen Burgenland bis ins Weinviertel kämpfte man mit andauerndem Wassermangel. Der September bot ein gänzlich anderes Bild, es war kühl und regnerisch, was sich am Ende durchaus positiv auf das Endergebnis auswirkte. So begann die Hauptlese bereits zwei Wochen früher als gewohnt, die dann aber bei sehr schönem Herbstwetter relativ lang ausgedehnt wurde, sodass die Winzer speziell bei den Rotweinsorten einen optimalen Erntetermin ansetzen konnten. Das Ergebnis waren hochreife und zudem völlig gesunde Trauben mit perfekten Tanninen, aus denen Weine mit ausgeprägter Frucht, aber auch von guter Frische entstanden, die sich harmonisch präsentieren.

2016 ★★★☆

Der Jahrgang 2016 hinterließ bei den meisten Rotweinwinzern sowohl ein lachendes als auch ein weinendes Auge. Ein dreitägiger Spätfrost hatte Ende April die Winzer völlig unvorbereitet überrascht, später folgte stellenweise Hagel, und schließlich gab es im Sommer Niederschläge, die die Rebstöcke an ihre vegetativen Grenzen brachten. In den letzten Jahrzehnten der Weinbaugeschichte wurden keine derart hohen Ernteeinbußen verzeichnet. Über das gesamte Burgenland gesehen fiel die Ernte um 50 Prozent geringer aus als 2015. Schlussendlich brachte 2016 sortentypische Aromen, ein ausgewogenes Säurespiel und samtige Fülle am Gaumen mit bester Qualität – bei bescheidenen Mengen.

2015 ★★★★★

So wünschen sich die Rotweinwinzer einen Jahrgang: schönes Frühjahr, gute Blüte, toller, manchmal eine Spur zu heißer Sommer, aber ab Mitte August das richtige Maß an Niederschlägen, um sowohl bei der Qualität wie auch bei den Mengen wirklich Grund zur Freude zu haben. Ein toller Herbst sorgte noch für eine entspannte Weinlese ohne jeden Druck. Das Ergebnis sind stoffige, ausgereifte Weine mit guter Balance, die im Optimalfall an das exzellente Jahr 2011 heranreichen. Gerade die Reserveweine zeigen in der Zwischenzeit, dass 2015 ein absoluter Top-Jahrgang ist.

2014 ★★☆
2013 ★★★☆
2012 ★★★★★
2011 ★★★★★
2010 ★★★

JUNGWEIN GRAND PRIX

Um der wachsenden Nachfrage nach Jungweinen gerecht zu werden, präsentieren wir auch heuer wieder neben den klassischen Weinen »junge Rote« der Sorten Blauer Zweigelt und Blaufränkisch sowie Cuvées – bewertet wurde der Jahrgang 2023.

Saftig, ausgewogen und gut antrinkbar, so zeigen sich die roten Jungweine des Jahrgangs. Die Beurteilung der jungen, fruchtbetonten Rotweine aus dem Jahr 2023 bildet den Auftakt zur alljährlichen Falstaff Rotweinprämierung, die heuer zum 45. Mal durchgeführt wurde. In den Kategorien Blauer Zweigelt, Blaufränkisch und Cuvée werden an die höchstbewerteten Vertreter der drei Gruppen die begehrten Grands Prix verliehen. Die Grand-Prix-Proben umfassten heuer 101 Weine aus dem Produktionsjahrgang 2023. Die größte Gruppe bildeten die Vertreter der Sorte Blauer Zweigelt, für den Grand Prix gingen diesmal nicht weniger als 62 Muster ins Rennen. Traditionell fungiert die Jungweinkategorie als qualitativer Gradmesser dafür, was die Jury im Hauptbewerb des kommenden Jahres erwarten kann und worauf sich die Rotweinfreunde mit ihrer Einkaufsplanung einstellen dürfen. Und das kann man mit Freude vorwegnehmen: Es kündigt sich wieder ein guter, ausgewogener Rotweinjahrgang an. Da die Kategorie »Junge Rotweine« im alltäglichen Konsum eine bedeutende Rolle spielt und sich der bisher durchgeführte Zweigelt-Grand-Prix auf dem Markt sehr bewährt hat, war es nur naheliegend, diesen Bereich auf eine breitere Basis zu stellen.

PREIS-LEISTUNGS-VERHÄLTNIS IM FOKUS

Das Angebot der Preis-Leistungs-Weine ist hier so groß wie in keinem anderen Bereich, hier bekommt man, speziell aus einem für Rotwein qualitativ durchaus vorteilhaften Jahrgang wie 2023, wirklich sehr viel für sein Geld geboten.

TOP OF JUNGWEIN GRAND PRIX

93 **1. Platz Blauer Zweigelt Grand Prix 2024**
Blauer Zweigelt Neusiedlersee DAC Kalk&Stein 2023
Weingut Unger, Halbturn – Neusiedlersee

92 **1. Platz Blaufränkisch Grand Prix 2024**
Blaufränkisch Deutschkreutz 2023
Weingut Ernst, Deutschkreutz – Mittelburgenland

92 **1. Platz Cuvée Grand Prix 2024**
Premium Cuvée 2023 ZW/CS/ME
Weingut Scheiblhofer, Andau – Neusiedlersee

BLAUER ZWEIGELT GRAND PRIX 2024

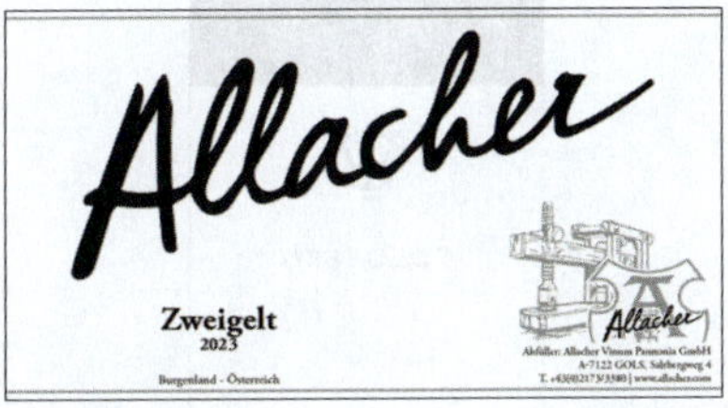

1. Platz – Grand-Prix-Sieger Blauer Zweigelt
93 Blauer Zweigelt Neusiedlersee DAC Kalk&Stein 2023 (V)

DV, 13,5 %. Dunkles Rubingranat, violette Reflexe, zarte Ockerrandaufhellung. Zarte Edelholzwürze, schwarze Waldbeeren, frische Herzkirschen, zart nach Nougat und kandierten Orangenzesten. Saftig, elegant, süßer Kern, reife Tannine, komplex und anhaftend, zeigt Länge und Entwicklungspotenzial. € 10,–

Weingut Unger
Quergasse 25, 7131 Halbturn
T: +43 (2172) 8080, www.weingut-unger.at

3. Platz
92 Zweigelt Neusiedlersee DAC 2023

DV, 13,5 %. Dunkles Rubingranat, violette Reflexe, zarte Ockerrandaufhellung. Zart tabakig unterlegte Brombeerfrucht, schwarze Kirschen, ein Hauch von Kräutern und Orangenzesten, einladendes Bukett. Saftig, elegant, reife Kirschfrucht, gut integrierte, tragende Tannine, mineralisch, ein Hauch von Nougat im Abgang, verfügt über Reifepotenzial. € 7,90

Allacher Vinum Pannonia
Salzbergweg 4, 7122 Gols
T: +43 (2173) 3380, www.allacher.com

2. Platz
92 Zweigelt Carnuntum DAC Rubin Carnuntum 2023 (B)

NK, 13,5 %. Dunkles Rubingranat, violette Reflexe, zarte Ockerrandaufhellung. Feine Kräuterwürze, zart nach Edelholz, schwarze Waldbeeren, Nuancen von Herzkirschen. Saftig, elegant, feine Extraktsüße, reife Kirschen, gut integrierte Tannine, mineralisch, salzig im Abgang, bleibt haften, gutes Entwicklungspotenzial. € 12,–

Weingut Philipp Grassl
Am Graben 4–6, 2464 Göttlesbrunn
T: +43 (2162) 8483, www.grassl.wine

92 Zweigelt Selection Heideboden 2023 (H)

DV, 14 %. Dunkles Rubingranat, opaker Kern, violette Reflexe, zarte Randaufhellung. Reife Brombeeren, Vanille, frische Herzkirschen, etwas Nougat im Hintergrund, einladendes Fruchtbukett. Stoffig, kräftig, dabei elegant, extraktsüß, feine Tannine, salzige Mineralik, zeigt Länge, schokoladiger Abgang, ein feinwürziger Speisenbegleiter mit Potenzial. € 9,90

Weingut Scheiblhofer
Halbturner Straße 1a, 7163 Andau
T: +43 (2176) 2610, www.scheiblhofer.at

(B) biologisch (F) fruktosearm (H) histaminarm (S) schwefelarm (V) vegan

92 Blauer Zweigelt Goldberg 2023

DV, 14 %. Kräftiges Rubingranat, violette Reflexe, zarte Ockerrandaufhellung. Kräuterwürzig unterlegte schwarze Waldbeerenfrucht, mineralischer Touch, ein Hauch von Brombeeren. Saftig, reife Zwetschken, ein Hauch von Vanille und Nougat, ausgewogen, bereits zugänglich, verfügt über Reifepotenzial. € 9,90

Weingut Werner Achs
Goldberg 5, 7122 Gols
T: +43 (2173) 23900, www.wernerachs.at

92 Blauer Zweigelt Neusiedlersee DAC 2023 H

DV, 13,5 %. Tiefdunkles Rubingranat, opaker Kern, violette Reflexe, zarte Randaufhellung. Reife schwarze Waldbeeren, Herzkirschen, Preiselbeeren, etwas Brombeeren, kandierte Orangenzesten, etwas Nougat. Saftig, elegant, feine Süße im Kern, runde Tannine, frisch und anhaftend, vielfältig einsetzbar. € 9,90

Weingut Scheiblhofer
Halbturner Straße 1a, 7163 Andau
T: +43 (2176) 2610, www.scheiblhofer.at

92 Zweigelt Neusiedlersee DAC Nestor 2023 V

DV, 13,5 %. Kräftiges Rubingranat, violette Reflexe, zarte Ockerrandaufhellung. Ein Hauch von Edelholz und dunklen Waldbeeren, Nuancen von Herzkirschen, kandierte Orangenzesten. Saftig, elegant, frisch strukturiert, reife Kirschen, zart nach Pflaumen, mineralisch im Abgang, ein balancierter Speisenbegleiter mit Entwicklungspotenzial. € 9,90

Nestor
Lerchengasse 6, 7131 Halbturn
T: +43 (1) 9418333, www.nestor.wine

92 Zweigelt Carnuntum DAC Rubin Carnuntum 2023

NK, 13 %. Dunkles Rubingranat, violette Reflexe, zarte Ockerrandaufhellung. Feine rauchige Kräuterwürze, dunkle Beerenfrucht, schwarze Herzkirschen, mit einem Hauch von Goudron unterlegt. Saftig, kirschig, elegant, feine Tannine, frischer Säurebogen, mineralisch-salzig im Abgang, vielfältig einsetzbar. € 13,–

Weingut Gerhard Markowitsch
Pfarrgasse 6, 2464 Göttlesbrunn
T: +43 (2162) 8222, www.markowitsch.at

92 Zweigelt Alte Reben 2023 B H

DV, 13 %. Dunkles Rubingranat, violette Reflexe, zarte Randaufhellung. Feines Brombeerkonfit, schwarze Kirschen, kandierte Mandarinenzesten, tabakig-kräuterwürzig unterlegt. Mittlere Komplexität, feines rotes Beerenkonfit, reife Tannine, gute Frische, bleibt haften, ein saftiger Speisenbegleiter mit Reifepotenzial. € 15,–

Weingut Paul Achs
Neubaugasse 13, 7122 Gols
T: +43 (2173) 2367, www.paul-achs.at

92 Zweigelt Ried Ungerberg 2023
NK, 14 %. Dunkles Rubingranat, violette Reflexe, zarte Ockerrandaufhellung. Zart nach Brombeerkonfit, ein Hauch von schwarzen Herzkirschen, etwas Cassis, Tabak und Edelholz klingen an. Saftig, elegant, feine Extraktsüße, seidige Tannine, frischer Säurebogen, ein Hauch von Nougat, bleibt haften, zeigt Länge und Reifepotenzial. € 16,40

Weingut Markus Iro
Neubaugasse 55, 7122 Gols
T: +43 (2173) 2139, www.markusiro.at

91 Blauer Zweigelt Neusiedlersee DAC classic 2023
DV, 13 %. Kräftiges Rubingranat, violette Reflexe, zarte Ockerrandaufhellung. Zarte Kräuterwürze, rote Kirschen, ein Hauch von Waldbeeren, Nuancen von Mandarinenzesten. Mittlerer Körper, rotbeerige Textur, zarte Tannine, feine Fruchtsüße, bleibt gut haften, ein zugänglicher, vielseitiger Speisenbegleiter. € 8,–

Weingut Horst und Georg Schmelzer
Neubaugasse 29, 7122 Gols
T: +43 (2173) 3490, www.wein-schmelzer.at

91 Zweigelt Neusiedlersee DAC Selektion 2023
DV, 12,5 %. Kräftiges Karmingranat, violette Reflexe, dezente Ockerrandaufhellung. Eingelegte rote Herzkirschfrucht, zart nach Mandarinenzesten, florale Nuancen. Saftig, elegant und leichtfüßig, frisch strukturiert, trinkfreudiger, animierender Stil, vielfältig einsetzbar. € 7,–

Wein Haider
Obere Hauptstraße 41, 7142 Illmitz
T: +43 (2175) 240 33, weinhaider.at

91 Zweigelt 2023
DV, 14,5 %. Kräftiges Rubingranat, violette Reflexe, zarte Ockerrandaufhellung. Zart nach Karamell und Nougat, dunkle Beerenfrucht, Brombeeren und Orangenzesten. Stoffig, kraftvoll, süße Textur, runde Tannine, schokoladiger Touch im Abgang, feinwürzig und anhaftend. € 8,–

Weingut Markus Weiss
Marktgasse 1, 7122 Gols
T: +43 (2173) 2630, www.familieweiss.at

91 Zweigelt Neusiedlersee DAC 2023
DV, 13,5 %. Kräftiges Rubingranat, violette Reflexe, dezente Randaufhellung. Dunkle Kirschen, schwarze Beeren, frische Kräuterwürze. Saftig, süßer Kern, zart blättrige Nuancen im Abgang, mineralischer Nachhall, Kirschen im Rückgeschmack. € 7,20

Weingut Münzenrieder
Wallerner Straße 27, 7143 Apetlon
T: +43 (2175) 2259, www.muenzenrieder.at

91 Zweigelt Neusiedlersee DAC 2023
DV, 13,5 %. Kräftiges Rubingranat, violette Reflexe, zarte Ockerrandaufhellung. Florales Bukett, rote Waldbeeren, frische Kirschen, einladendes Bukett. Mittlere Komplexität, süße Zwetschkenfrucht, runde Tannine, etwas Nougat im Abgang, macht Lust auf ein zweites Glas. € 8,20

Weingut Markus Iro
Neubaugasse 55, 7122 Gols
T: +43 (2173) 2139, www.markusiro.at

91 Zweigelt Neusiedlersee DAC 2023 (B)
DV, 12,5 %. Kräftiges Karmingranat, violette Reflexe, zarte Ockerrandaufhellung. Zart rauchig-reduktive Würze, rote Waldbeeren, Nuancen von Kirschen, mit Mandarinenzesten unterlegt. Schlank, feine rote Frucht, zarte Tannine, lebendig und animierend strukturiert, mineralischer Nachhall, ein schwungvoller Speisenbegleiter. € 8,50

Weingut Bernd Nittnaus
Obere Hauptstraße 34, 7122 Gols
T: +43 (2173) 2359, www.bernd-nittnaus.at

91 Zweigelt Alte Reben 2023
DIAM, 13,5 %. Dunkles Rubingranat, violette Reflexe, dezente Ockerrandaufhellung. Nuancen von Johannisbeeren, frische rote Kirschen, Mandarinenzesten. Saftig, elegant, zarte Fruchtsüße, feine Tannine, mineralisch und frisch im Abgang, bleibt haften, ein facettenreicher Begleiter bei Tisch. € 8,60

Weingut Schwertführer »47er«
Hauptstraße 47, 2504 Sooß
T: +43 (2252) 87191, www.47er.at

91 Zweigelt Sandstein 2023
NK, 13,5 %. Kräftiges Rubingranat, violette Reflexe, dezente Ockerrandaufhellung. Zart nach Brombeeren, reife Kirschen, etwas Nougat, mit kandierten Orangenzesten und Edelholz unterlegt. Saftig, rotbeeriger Fruchtkern, reife Tannine, gute Frische, mineralisch im Abgang, Nelkentouch im Nachhall, ein vielseitiger Speisenbegleiter. € 8,70

Weingut R&A Pfaffl
Schulgasse 21, 2100 Stetten
T: +43 (2262) 673423, www.pfaffl.at

91 Zweigelt Carnuntum DAC Rubin Carnuntum 2023
DV, 13,5 %. Tiefdunkles Rubingranat, opaker Kern, violette Reflexe, zarte Randaufhellung. Intensives Brombeerkonfit, schwarze Kirschen, ein Hauch von Feigen und kandierten Orangenzesten. Saftig, elegant, rotbeeriger Touch, gute Komplexität, mineralisch-salzig, gut anhaftend, ein feinwürziger Speisenbegleiter. € 9,–

Weingut Dietrich
Hauptstraße 36, 2404 Petronell-Carnuntum
T: +43 (2163) 2818, www.dietrich-weine.at

91 Zweigelt Žena 2023
DV, 14 %. Dunkles Rubingranat, opaker Kern, violette Reflexe, zarte Randaufhellung. Schwarze Herzkirschen, Brombeeren, feine Kräuterwürze, mit reifen Zwetschken unterlegt. Saftig, kräftig, feine Holzwürze, frischer Säurebogen, etwas Nougat im Abgang, bleibt haften, verfügt über Reifepotenzial. € 9,50

Remushof Jagschitz
Untere Lerchengasse 15, 7064 Oslip
T: +43 (664) 432 8320, www.remushof.at

---

91 Zweigelt Carnuntum DAC 2023 (B)
DV, 13,5 %. Dunkles Rubingranat, violette Reflexe, zarte Ockerrandaufhellung. Reife Pflaumen, kandierte Orangenzesten, mit Brombeerkonfit unterlegt, dezente Kräuterwürze. Mittlerer Körper, elegant, frische Kirschen, feine Tannine, lebendig, mineralisch im Abgang, ein vielseitiger Begleiter bei Tisch. € 10,–

Weingut Andreas Muhr
Hauptstraße 7, 2463 Stixneusiedl
T: +43 (699) 11463502, www.amuhr.at

---

91 Zweigelt Carnuntum DAC Rubin Carnuntum 2023 (B)
NK, 13,5 %. Dunkles Rubingranat, violette Reflexe, dezente Randaufhellung. Zart tabakig-kräuterwürzig unterlegte schwarze Kirschfrucht, reife Zwetschken, etwas Nougat. Mittlere Komplexität, Nuancen von roter Frucht, feines Säurespiel, ausgewogen und bereits gut antrinkbar. € 11,50

Weingut Artner
Dorfstraße 93, 2465 Höflein
T: +43 (2162) 63142, www.artner.co.at

---

91 Zweigelt Carnuntum DAC Rubin Carnuntum 2023
DV, 14 %. Dunkles Rubingranat, violette Reflexe, zarte Ockerrandaufhellung. Feine Kräuterwürze, kandierte Orangenzesten, dunkles Waldbeerenkonfit, ein Hauch von Zwetschken. Komplex, schwarze Kirschen, gut integrierte Tannine, mineralisch im Abgang, salziger Nachhall, vielfältig einsetzbar. € 12,50

Ing. Johannes Pitnauer
Weinbergstraße 4-6, 2464 Göttlesbrunn
T: +43 (2162) 8249, www.pitnauer.com

---

91 Zweigelt Rust 2023 (V)
DV, 13 %. Dunkles Rubingranat, violette Reflexe, dezente Randaufhellung. Etwas Brombeeren, ein Hauch von Nougat, dezent nach Veilchen, floraler Touch. Mittlerer Körper, feine Säurestruktur, mineralisch, balancierte Tannine, lebendig, Noten von schwarzer Frucht, guter Speisenbegleiter. € 12,50

Günter + Regina Triebaumer
Neuegasse 18, 7071 Rust
T: +43 (676) 4728288, www.triebaumer.at

---

90 Zweigelt Matzen Ried Vordere Berge 2023
DV, 14 %. Kräftiges Karmingranat, violette Reflexe, breitere Ockerrandaufhellung. Zart nach frischen Zwetschken, Brombeerkonfitüre, dezente Kräuterwürze. Kraftvoll, feine Fruchtsüße, runde Tannine, etwas Nougat und Blütenhonig im Abgang, bereits gut entwickelt. € 5,90

Günter Wenzl
Hauptstraße 22, 2243 Matzen
T: +43 (2289) 2281, www.wenzlwein.com

---

90 Blauer Zweigelt Neusiedlersee DAC Classic 2023
DV, 13 %. Kräftiges Karmingranat, dezente Ockerrandaufhellung. Frische Kräuterwürze, rote Waldbeeren, tabakige Nuancen. Mittlerer Körper, rotbeerig und frisch, mineralisch-salzig im Abgang, ausgewogen und vielfältig einsetzbar. € 6,50

Weinbau Müllner
Obere Hauptstraße 9-11, 7100 Neusiedl am See
T: +43 (2167) 3395, www.weinbau-muellner.com

(B) biologisch (F) fruktosearm (H) histaminarm (S) schwefelarm (V) vegan

90 Zweigelt Neusiedlersee DAC Classic 2023 Ⓑ Ⓥ

DV, 13,5 %. Kräftiges Rubingranat, violette Reflexe, Ockerrandaufhellung. Feine Tabakwürze, ein Hauch von Orangenzesten und Brombeeren, etwas reife Zwetschken. Mittlere Komplexität, saftig, reife Waldbeeren, einladende Struktur, mineralisch, bereits gut antrinkbar. € 7,20

Bio-Weingut Ettl
Seestraße 48–52, 7141 Podersdorf am See
T: +43 (2177) 2483, www.bioweingut-ettl.at

90 Zweigelt 2023

DV, 13,5 %. Dunkles Rubingranat, opaker Kern, violette Reflexe, zarte Ockerrandaufhellung. Zart nach Kokos und Vanille, tabakige Nuancen, Noten von Brombeeren, würziges Bukett. Kraftvoll, saftig, elegant, dezente Süße im Kern, Nougat im Abgang, mineralisch im Finale, ein stoffiger Speisenwein. € 7,70

Weingut Hundsdorfer
Lange Zeile 10, 7311 Neckenmarkt
T: +43 (2610) 42034, www.hundsdorfer.at

90 Zweigelt Neusiedlersee DAC 2023 Ⓑ

DV, 13 %. Tiefdunkles Rubingranat, violette Reflexe, zarte Randaufhellung. Einladende Beerenfrucht, eingelegte Herzkirschen, zart nach Nougat und Orangenzesten. Schlank, frisch strukturiert, rote Kirschen, mineralisch-salzig im Abgang, rotbeerig und animierend. € 7,30

Weingut Hautzinger KG
Untere Hauptstraße 26, 7162 Tadten
T: +43 (2176) 2315, www.hautzinger.at

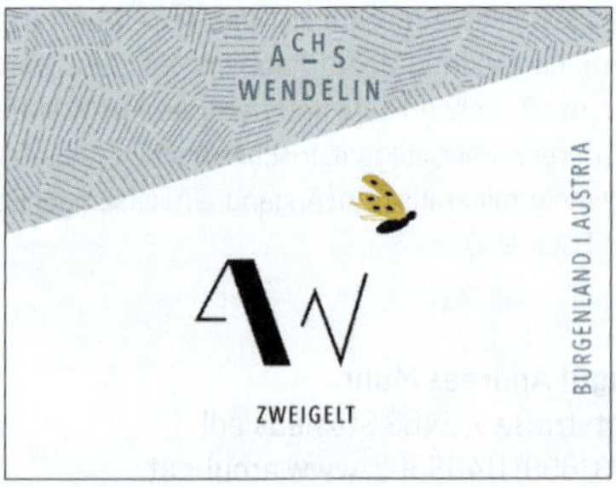

90 Zweigelt 2023

DV, 13 %. Kräftiges Rubingranat, violette Reflexe, dezente Ockerrandaufhellung. Zart nach Brombeeren und Lakritze, schwarze Kirschen, tabakige Würze, etwas Vanille. Mittlerer Körper, reife rote Herzkirschen, runde Tannine, mineralisch, bereits gut entwickelt. € 7,50

Weingut Mariel
Untere Hauptstraße 51, 7041 Wulkaprodersdorf
T: +43 (2687) 62995, www.mariel.at

90 Zweigelt Heideboden 2023

DV, 13,5 %. Kräftiges Rubingranat, violette Reflexe, zarte Ockerrandaufhellung. Zart tabakige Nuancen, ein Hauch von roten Herzkirschen, Noten von Waldbeeren, etwas scheues Bukett. Mittlerer Körper, frisch strukturiert, zarte Tannine, rotbeeriger Nachhall, bereits entwickelt. € 7,90

Achs-Wendelin Weine
Neustiftgasse 77, 7122 Gols
T: +43 (699) 19924284, www.achs-wendelin.at

90 Zweigelt Selection 2023

DV, 13,5 %. Kräftiges Rubingranat, violette Reflexe, dezente Ockerrandaufhellung. Zart nach roten Waldbeeren, ein Hauch von Kirschen, mit Mandarinenzesten und Kräutern unterlegt. Mittlere Komplexität, rotbeerige Textur, zarte Tannine, frisch strukturiert, salzig-zitronig im Abgang, animierender Stil. € 7,90

Weingut Markus Iro
Neubaugasse 55, 7122 Gols
T: +43 (2173) 2139, www.markusiro.at

90 Zweigelt 2023

DV, 12,5 %. Dunkles Rubingranat, violette Reflexe, zarte Ockerrandaufhellung. Frische Brombeeren, schwarze Kirschen, einladende Würze, mit Orangenzesten unterlegt. Schlank, rote Beerenfrucht, frisch strukturiert, ein leichtfüßiger, bereits gut antrinkbarer Speisenbegleiter. € 7,90

Weingut Königshofer
Untere Hauptstraße 34, 7100 Neusiedl am See
T: +43 (2167) 8056, www.koenigshofer-wein.at

90 Zweigelt Feuerstein 2023

DV, 14 %. Dunkles Rubingranat, violette Reflexe, zarte Randaufhellung. Zart nach schwarze Waldbeeren, dazu etwas Brombeerkonfit, ein Hauch von Vanille, einladendes Bukett. Saftig, kräftig, reife Zwetschken, gute Frische, mineralisch im Abgang, ausgewogen und bereits gut antrinkbar. € 8,–

Remushof Jagschitz
Untere Lerchengasse 15, 7064 Oslip
T: +43 (664) 432 8320, www.remushof.at

90 Zweigelt Ried Spiegelberg 2023

DV, 13 %. Dunkles Rubingranat, opaker Kern, violette Reflexe, zarte Randaufhellung. Frische Zwetschken, rote Ringlotten, einladende Frucht, dezent mit Wiesenkräuter unterwürzt. Mittlerer Körper, Nuancen von Kirschen, mineralisch, lebendig, bereits gut antrinkbar. € 7,90

Weingut Juliana Wieder
Lange Zeile 76, 7311 Neckenmarkt
T: +43 (2610) 42438, www.weingut-juliana-wieder.at

90 Zweigelt Thermenregion DAC Sooss Alte Reben 2023

NK, 14 %. Dunkles Rubingranat, violette Reflexe, zarte Ockerrandaufhellung. Zart rauchig-würzig unterlegte rote Waldbeerenfrucht, etwas Nougat, mit kandierten Orangenzesten unterlegt. Mittlerer Körper, rote Kirschen, dezente Süße im Kern, gut integrierte Tannine, kraftvoll im Abgang, bereits antrinkbar. € 8,–

Weingut Hecher
Hauptstraße 37, 2504 Sooß
T: +43 (2252) 87190, www.hecherwein.at

90 Blauer Zweigelt Großes Holzfass 2023 B V

DV, 13,5 %. Kräftiges Karmingranat, violette Reflexe, breitere Ockerrandaufhellung. Zart tabakig-kräuterwürzig unterlegte Nuancen von roten Waldbeeren, frische Kirschen. Saftig, frisch strukturiert, Herzkirschtouch, runde Tannine, mineralisch-salzig im Abgang, zugänglicher Stil. € 8,–

Weingut Siegert
Hornerstraße 22, 3701 Großweikersdorf
T: +43 (2955) 70385, www.weingut-siegert.at

B biologisch F fruktosearm H histaminarm S schwefelarm V vegan

90 Blauer Zweigelt Wagram DAC Großriedenthal 2023

DV, 13,5 %. Dunkles Rubingranat, opaker Kern, violette Reflexe, zarte Randaufhellung. Tabakig unterlegtes Brombeerkonfit, Nuancen von Cassis, frische Orangenzesten. Mittlere Komplexität, eingelegte rote Kirschen, feiner Säurebogen, mineralisch und gut anhaftend, vielfältig einsetzbar. € 8,20

Weingut Karl Diwald
Großriedenthal 33, 3471 Großriedenthal
T: +43 (2279) 7218, www.weinbau-karl-diwald.at

90 Zweigelt Ried Rosenberg 2023

DV, 13 %. Kräftiges Rubingranat, violette Reflexe, breitere Ockerrandaufhellung. Rotes Waldbeerenkonfit, eingelegte Kirschen, ein Hauch von Mandarinenzesten. Mittlerer Körper, feine Fruchtsüße, runde Tannine, mineralisch und frisch, bleibt haften, bereits gut entwickelt. € 8,50

Weingut Dieter & Yvonne Hareter
Triftstraße 11, 7121 Weiden am See
T: +43 (664) 1980842, www.wein-hareter.com

90 Zweigelt 2023

DV, 13 %. Kräftiges Rubingranat, violette Reflexe, zarte Randaufhellung. Zart nach Zwetschken, dazu Holznuancen, etwas nach Lakritze, ein Hauch von dunklem Waldbeerenkonfit. Saftig, gut eingebundene Tannine, frische Kirschfrucht, mittlere Komplexität, lebendige Säurestruktur, bereits gut antrinkbar. € 8,50

Weingut Strommer.wine
Friedhofgasse 11a, 7083 Purbach am Neusiedler See
T: +43 (664) 400 93 22, www.strommer.wine

90 Zweigelt Selektion 2023

DV, 13 %. Kräftiges Karmingranat, violette Reflexe, breitere Ockerrandaufhellung. Zarte Kräuterwürze, rotes Waldbeerenkonfit, ein Hauch von Kirschen. Mittlere Komplexität, frisch und harmonisch, mineralisch-zitroniger Touch, bietet unkompliziertes Trinkvergnügen. € 8,50

Weinbau Thomas Windholz
Feldgasse 7, 2460 Bruck an der Leitha
T: +43 (664) 1266396, www.weinbau-windholz.at

90 Zweigelt Neusiedlersee DAC 2023

DV, 13,5 %. Dunkles Rubingranat, violette Reflexe, zarte Randaufhellung. Rote Herzkirschen, Brombeeren, ein Hauch von Zwetschken, mit kandierten Orangenzesten unterlegt. Mittlere Komplexität, feinwürzig, rote Waldbeeren, mineralisch-salzig im Abgang, ein vielseitiger Speisenbegleiter. € 8,90

Weingut Hannes Reeh
Augasse 11a, 7163 Andau
T: +43 (2176) 27011, www.hannesreeh.at

90 Zweigelt Select 2023

NK, 14 %. Kräftiges Rubingranat, violette Reflexe, zarte Ockerrandaufhellung. Zarte rote Kirschfrucht, feine Kräuterwürze, Orangenzesten, einladendes Bukett. Mittlerer Körper, rote Kirschen, präsente Tannine, mineralisch-straff im Abgang, ein feinwürziger Speisenwein. € 9,90

Rotweingut Prickler
Birkenhain 1, 7361 Lutzmannsburg
T: +43 (2615) 87742, www.prickler.at

90 Zweigelt Ottenthal 2023
DV, 13,5 %. Dunkles Rubingranat, violette Reflexe, dezente Randaufhellung. Floral unterlegte rote Kirschfrucht, ein Hauch von Pflaumen, kandierte Orangenzesten. Saftig, elegant, feines Brombeerkonfit, gut integrierte Tannine, mineralisch-salzig im Abgang, bereits gut antrinkbar. € 10,–

Weingut Emil Bauer
Ottenthal 26, 3470 Kirchberg am Wagram
T: +43 (2279) 228115, www.emilbauer.at

90 Zweigelt Carnuntum DAC Rubin Carnuntum 2023
NK, 13 %. Dunkles Rubingranat, violette Reflexe, zarte Ockerrandaufhellung. Zart rauchig-würzig, schwarze Waldbeeren, reife Zwetschken, etwas Nougat, tabakige Nuancen. Saftig, elegant, rotbeerige Textur, gut integrierte Tannine, mineralisch im Abgang, bleibt haften, ein feinwürziger Speisenwein. € 10,50

Weingut Manfred Edelmann
Rosenbergstraße 31, 2464 Göttlesbrunn
T: +43 (2162) 8455, www.edelmann.co.at

90 Zweigelt Thermenregion DAC Tattendorf selection 2023 B V
DV, 12,5 %. Kräftiges Karmingranat, violette Reflexe, dezente Randaufhellung. Rote Waldbeeren, ein Hauch von Orangenzesten. Mittlerer Körper, zart nach Erdbeerkonfit und roten Kirschen, dezente Fruchtsüße, lebendig strukturiert, frisch, bereits entwickelt, vielfältig einsetzbar, bietet leichtfüßiges Trinkvergnügen. € 11,40

Bio-Weingut Frühwirth
Wiener Neustädter Straße 75, 2524 Teesdorf
T: +43 (2253) 81216, fruehwirth.bio

90 Blauer Zweigelt Rubin Carnuntum 2023 B
DV, 13 %. Kräftiges Karmingranat, breitere Ockerrandaufhellung. Zart tabakig, feine Holzwürze, Brombeerkonfit, mit einem Hauch von Nougat unterlegt. Mittlerer Körper, rotbeerig, frisch strukturiert, salzig-mineralisch im Abgang, ein lebendiger Speisenbegleiter. € 11,50

Nepomukhof
Dorfstraße 2, 2464 Göttlesbrunn
T: +43 (699) 11799700, www.nepomukhof.at

89 Zweigelt Selection 2023
DV, 13,5 %. Dunkles Rubingranat, violette Reflexe, zarte Randaufhellung. Frische Zwetschken, ein Hauch von Brombeerkonfitüre und Orangenzesten. Mittlere Komplexität, rotbeerige Nuancen, dezenter Gerbstoff, tabakig, holzwürziger Nachhall. € 3,60

Weingut R&A Pfaffl
Schulgasse 21, 2100 Stetten
T: +43 (2262) 673423, www.pfaffl.at

89 Zweigelt 2023
DV, 13 %. Kräftiges Rubingranat, violette Reflexe, zarte Ockerrandaufhellung. Schwarze Waldbeeren, ein Hauch von Brombeeren und Wacholder, Mandarinenzesten, tabakige Nuancen. Mittlerer Körper, rotbeerige Textur, zarte Tannine, bereits ausgewogen und gut antrinkbar. € 6,–

Weingut Werner Auer
Untere Hauptstraße 63, 7093 Jois
T: +43 (699) 19980063, www.auerwerner.at

89 Blauer Zweigelt 2023
DV, 13 %. Kräftiges Karmingranat, dezente Ockerrandaufhellung. Zarte Kräuterwürze, frische Kirschen, mit Zwetschken unterlegt, ein Hauch von Orangenschalen. Leichtfüßig, rotbeerig, zarte Tannine, feine Fruchtsüße im Abgang, harmonisch, bietet unkompliziertes Trinkvergnügen. € 6,–

Winzerhof Poinstingl
Urtelnweg 1, 2070 Retz
T: +43 (2942) 25 90, wwww.winzerhof-poinstingl.at

89 Zweigelt 2023
DV, 13 %. Kräftiges Rubingranat, violette Reflexe, zarte Ockerrandaufhellung. Reife Pflaumen, zart nach Feigen, Vanille, mit tabakiger Würze unterlegt. Mittlere Komplexität, süße rote Kirschen, dezente Tannine, mineralisch im Abgang, bereits gut entwickelt. € 6,50

Weingut Hermann und Gerti Wind
Reitschulgasse 13, 7062 St. Margarethen
T: +43 (2680) 2762, www.weingut-wind.at

89 Blauer Zweigelt Alte Rebe 2023
DV, 13 %. Dunkles Rubingranat, violette Reflexe, zarte Randaufhellung. Zart nach Kirschen und Zwetschken, florale Nuancen, etwas Orangenzesten. Schlank, frische Kirschfrucht, reife Tannine, mineralisch, zarte Kräuterwürze im Abgang, bereits zugänglich. € 6,90

Weingut Familie Neubauer
Obere Hauptstraße 58, 2070 Kleinhöflein
T: +43 (664) 1804346,

89 Zweigelt Pastell 2023 Ⓥ
DV, 12,5 %. Kräftiges Karmingranat, violette Reflexe, breitere Ockerrandaufhellung. Verhaltenes Bukett, zart nach Zwetschken, ein Hauch von Orangenzesten, floraler Touch. Schlank, feine Fruchtsüße, runde Tannine, balanciert, mineralisch, ein leichtfüßiger Speisenbegleiter. € 6,99

Weingut Stift Klosterneuburg GmbH
Stiftsplatz 1, 3400 Klosterneuburg
T: +43 (2243) 411, www.stift-klosterneuburg.at

89 Zweigelt Selection 2023
DV, 13,5 %. Dunkles Rubingranat, violette Reflexe, opaker Kern, zarte Randaufhellung. Etwas Kräuternuancen, ein Hauch von Bergamotte und schwarzen Beeren, Amarenakirsche, Nuancen von Minze. Rote Beerenfrucht, gut eingebundene Tanninstruktur, Kirschfrucht im Abgang, salziger Nachhall, bereits gut antrinkbar. € 7,–

Weingut Dungel
Hauptschulplatz 5, 2544 Leobersdorf
T: +43 (2256) 62187, www.dungel.at

89 Zweigelt Neusiedlersee DAC 2023
DV, 13 %. Kräftiges Rubingranat, violette Reflexe, zarte Randaufhellung. Zarte Kräuternoten, etwas nach roten Beeren, Kirschfrucht, dezente Veilchennoten. Mittlerer Körper, fruchtsüß nach Kirschen, gut integrierte Tanninstruktur, mineralisch, bereits gut antrinkbar. € 7,50

Weingut Neff
Neubaugasse 11, 7141 Podersdorf am See
T: +43 (660) 3456980, www.neff-wein.at

89 Zweigelt Ried Wieser Exclusive 2023
DV, 13,5 %. Kräftiges Rubingranat, violette Reflexe, dezente Ockerrandaufhellung. Kandierte Orangenzesten, rote Kirschen, ein Hauch von Zwetschken. Mittlerer Körper, zart blättrige Nuancen, feine Tannine, salziger Abgang, feiner Gerbstoff im Nachhall. € 8,–

Weingut Kranixfeld – Familie Fischl
Steinergasse 3, 7072 Mörbisch
T: +43 (2685) 83 48, www.kranixfeld-fischl.at

89 Zweigelt Classic 2023
DV, 13,5 %. Tiefdunkles Rubingranat, violette Reflexe, zarte Randaufhellung. Etwas Johannisbeeren und Wiesenkräuter, ein Hauch von Orangenzesten, tabakiger Hauch. Mittlere Komplexität, saftig, reife Kirschfrucht, extraktsüß im Abgang, feinwürziger Nachhall, unkompliziertes Trinkvergnügen. € 9,–

Weingut Kerstin und Nadine Schüller
Pillersdorf 15, 2073 Zellerndorf
T: +43 (2946) 8429, www.weingut-schueller.at

89 Zweigelt classic 2023
DV, 13,5 %. Dunkles Rubingranat, opaker Kern, violette Reflexe. Feine Kräuterwürze, Nuancen von Brombeeren und Zwetschken, floraler Touch. Saftig, reife Kirschen, frischer Säurebogen, gut integrierte reife Tannine, mineralisch, zitronige Nuancen im Nachhall. € 9,80

Weingut Josef Zeitlberger & Josef Zeitlberger
Tiefenthal 4, 3701 Großweikersdorf
T: +43 (2955) 70369, www.zeitlberger.at

88 Zweigelt 2023
DV, 13 %. Dunkles Rubingranat, violette Reflexe, breitere Randaufhellung. Dunkles Beerenkonfit, etwas nach Karamell, ein Hauch von Veilchen und Brombeeren. Mittlerer Körper, frisch und strukturiert, zart vegetal, Ribiselnoten im Abgang, bereits gut antrinkbar. € 6,–

Weingut Anton Mittl
Lindengasse 6, 7474 St. Kathrein im Burgenland
T: +43 (3365) 2588, www.mittl.at

88 Zweigelt 2023
DV, 13 %. Kräftiges Rubingranat, violette Reflexe, breiter Wasserrand. Zarte rotbeerige Nuancen, etwas nach Himbeeren, ein Hauch von Zitruszesten, floraler Touch. Mittlerer Körper, feinwürzig, etwas stoffig, zarte Tanninstruktur, bereits gut antrinkbar. € 7,–

Weingut Kalser
Körnergasse 9, 2170 Poysdorf
T: +43 (2552) 2154, www.weingut-kalser.com

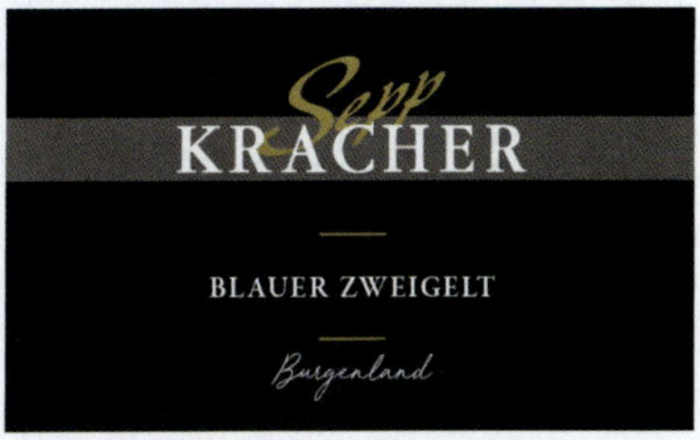

88 Blauer Zweigelt 2023
NK, 13 %. Dunkles Rubingranat, violette Reflexe, zarte Ockerrandaufhellung. Etwas Reduktion, zart nach reifer Beerenfrucht, ein Hauch von Würze, Kardamom. Holzwürze, etwas nach Brombeeren, vegetal, Nougat, zart tabakig, individuell antrinkbar. € 7,40

Weingut Sabine & Sepp Kracher
Wasserzeile 55–57, 7143 Apetlon
T: +43 (664) 2532289, www.seppkracher.at

88 Zweigelt Exklusiv 2023
DV, 14 %. Kräftiges Rubingranat, violette Reflexe, zarte Randaufhellung. Rote Beerenfrucht, ein Hauch von Eukalyptus, vegetaler Touch. Etwas nach Zwetschken, präsente Tanninstruktur, Ribiselnoten im Abgang, grüner Gerbstoff im Nachhall, individuell einsetzbar. € 8,20

Weingut Hirtl
Brunngasse 72, 2170 Poysdorf
T: +43 (2552) 2182, www.weingut-hirtl.at

BLAUFRÄNKISCH GRAND PRIX 2024

1. Platz – Grand-Prix-Sieger Blaufränkisch

92 Blaufränkisch Deutschkreutz 2023 Ⓑ

DV, 13,5 %. Kräftiges Rubingranat, violette Reflexe, breitere Ockerrandaufhellung. Frische dunkle Herzkirschen, ein Hauch von Brombeerkonfit, zarter Edelholztouch. Mittlerer Körper, engmaschig, Nuancen von roter Frucht, betont mineralisch, straff und gut anhaftend, ein facettenreicher Speisenbegleiter. € 9,–

Weingut Ernst
Neubaugasse 21, 7301 Deutschkreutz
T: +43 (664) 3860220, www.weinguternst.at

2. Platz

92 Blaufränkisch Rust 2023 Ⓥ

DV, 13,5 %. Tiefdunkles Rubingranat, violette Reflexe, breitere Randaufhellung. Kräuter-Tabak-Würze, ein Hauch von Cassis, etwas nach Preiselbeeren, frische Zitruszesten, mineralischer Touch. Gute Komplexität, fruchtsüß, Kirschtouch, balanciert, gut integrierte Tannine, bleibt sehr gut haften, vielfältig einsetzbar. € 13,50

Günter + Regina Triebaumer
Neuegasse 18, 7071 Rust
T: +43 (676) 4728288, www.triebaumer.at

3. Platz

92 Blaufränkisch Jois Ried Hoflagen 2023 Ⓑ Ⓥ

DIAM, 13 %. Kräftiges Rubingranat, violette Reflexe, dezente Ockerrandaufhellung. Schwarze Beerenfrucht, ein Hauch von Schiefer und Wacholder, etwas Bergamotte und Orangen, facettenreiches, einladendes Bukett. Saftig, seidig, rote Kirschen, zarte Tannine, leichtfüßiger, trinkanimierender Stil, mineralischer Nachhall. € 13,90

Weingut Pasler
Untere Hauptstraße 30, 79093 Jois
T: +43 (2160) 7385, www.paslerwein.com

92 Blaufränkisch vom Lehm 2023 Ⓑ

DV, 13,5 %. Kräftiges Rubingranat, violette Reflexe, zarte Ockerrandaufhellung. Zart tabakig unterlegte reife Herzkirschen, rotbeeriger Touch, kandierte Orangenzesten. Saftig, wieder frische Kirschen, runde Tannine, frischer Säurebogen, gute Balance, ein lebendiger, leichtfüßiger Speisenbegleiter. € 14,80

Weingut Gesellmann
Langegasse 65, 7301 Deutschkreutz
T: +43 (2613) 80360, www.gesellmann.at

91 Blaufränkisch Mittelburgenland DAC Classic 2023 Ⓗ Ⓥ

DV, 13 %. Dunkles Rubingranat, violette Reflexe, zarte Randaufhellung. Dunkles Waldbeerenkonfit, etwas Nougat, ein Hauch von Edelholz, dezente Veilchennoten. Saftig, straff, feine Säurestruktur, gut integrierte Tannine, schwarze Beerenfrucht, guter Speisenbegleiter. € 7,50

Grenzlandhof Weingut Familie Reumann
Friedlbrunngasse 1, 7301 Deutschkreutz
T: +43 (2613) 89847, www.grenzlandhof-reumann.at

91 Blaufränkisch Mittelburgenland DAC Classic 2023 Ⓗ

DV, 13 %. Tiefdunkles Rubingranat, opaker Kern, violette Reflexe. Dunkle Waldbeeren, ein Hauch von Ribiseln, dezente Wiesenkräuter, Orangenschalen. Mittlerer Körper, präsente Tanninstruktur, feinwürzig, schwarze Beerenfrucht, bleibt gut haften, wird von Flaschenreife profitieren. € 7,90

Rotweine Lang
Lange Zeile 11, 7311 Neckenmarkt
T: +43 (2610) 42384, www.rotweinelang.at

91 Blaufränkisch 2023

DV, 14,5 %. Tiefdunkles Rubingranat, violette Reflexe, dezente Ockerrandaufhellung. Zart nach Cassis und Nougat, frisches Brombeerkonfit, feine Edelholznuancen. Mittlere Komplexität, extraktsüße Textur, runde Tannine, etwas Nougat, mineralisch im Abgang, bleibt haften, ein stoffiger Speisenwein. € 8,–

Weingut Markus Weiss
Marktgasse 1, 7122 Gols
T: +43 (2173) 2630, www.familieweiss.at

91 Blaufränkisch Classic 2023 Ⓗ

DV, 14 %. Dunkles Rubingranat, violette Reflexe, zarte Randaufhellung. Dunkles Beerenkonfit, etwas nach Karamell, dazu Brombeeren und Orangenschalen. Saftig, komplex, balancierte Tanninstruktur, Heidelbeernoten im Abgang, schokoladiger Nachhall, bereits gut entwickelt. € 8,90

Weingut Scheiblhofer
Halbturner Straße 1a, 7163 Andau
T: +43 (2176) 2610, www.scheiblhofer.at

91 Blaufränkisch Vitikult 2023

DV, 13,9 %. Kräftiges Rubingranat, violette Reflexe, zarte Randaufhellung. Feine Nuancen von Edelholz und Kräutern, kandierte Orangenzesten, mit roten Herzkirschen unterlegt. Saftig, seidige Textur, rotes Waldbeerenkonfit, mineralisch und anhaftend, zarte Fruchtsüße im Abgang. € 13,90

Weingut Silvia Heinrich
Karrnergasse 59, 7301 Deutschkreutz
T: +43 (2613) 89615, www.weingut-heinrich.at

90 Blaufränkisch Ried Alt Satz 2023 Ⓥ

DV, 13 %. Kräftiges Rubingranat, violette Reflexe, zarte Randaufhellung. Rotes Kirschkonfit, ein Hauch von Orangenschalen, dezente Schokonoten, ein Hauch von Gewürzen, floraler Touch. Saftig, elegant, fruchtig, trinkanimierend, dezente Süße im Nachhall, bereits gut antrinkbar. € 6,90

Rotweingut Prickler
Birkenhain 1, 7361 Lutzmannsburg
T: +43 (2615) 87742, www.prickler.at

90 Blaufränkisch Seestern 2023

DV, 13 %. Kräftiges Rubingranat, violette Reflexe, zarte Randaufhellung. Herzkirschen und kandierte Orangenzesten, ein Hauch von Hagebuttenkonfit, feiner Nougattouch. Saftig, fruchtsüß, rote Beerenfrucht, gut integrierter Säurebogen, mineralisch, trinkanimierender Stil. € 7,–

Weingut MAD
Antonigasse 1, 7063 Oggau
T: +43 (2685) 7207, www.weingut-mad.at

90 Blaufränkisch Classic 2023 Ⓑ

DV, 13,5 %. Dunkles Rubingranat, violette Reflexe, dezente Ockerrandaufhellung. Zart nach Orangenzesten, rote Kirschfrucht, floral, ein Hauch von Ribiseln. Mittlerer Körper, rote Waldbeeren, frisch strukturiert, mineralisch-zitronig, wirkt leichtfüßig, ein lebendiger Speisenbegleiter. € 7,20

Bio-Weingut Ettl
Seestraße 48–52, 7141 Podersdorf am See
T: +43 (2177) 2483, www.bioweingut-ettl.at

89 Blaufränkisch 2023
DV, 13,5 %. Kräftiges Rubingranat, violette Reflexe, dezente Ockerrandaufhellung. Rote Kirschen, frische Waldbeeren, floraler Touch, tabakig-rauchig unterlegt. Schlank, zart nach Johannisbeeren, frischer Säurebogen, mineralisch-zitronig im Abgang, salziger Nachhall. € 6,50

Weingut Hermann und Gerti Wind
Reitschulgasse 13, 7062 St. Margarethen
T: +43 (2680) 2762, www.weingut-wind.at

90 Blaufränkisch 2023
DV, 13,5 %. Kräftiges Rubingranat, violette Reflexe, dezente Ockerrandaufhellung. Zarte Kräuterwürze, eingelegte rot Kirschen, ein Hauch von Zwetschken und Orangenzesten. Schlank, rotbeerig, dezente Süße, runde Tannine, bereits entwickelt und gut antrinkbar, unkomplizierter Stil. € 7,90

Allacher Vinum Pannonia
Salzbergweg 4, 7122 Gols
T: +43 (2173) 3380, www.allacher.com

89 Blaufränkisch Exklusiv 2023
DV, 13,5 %. Dunkles Rubingranat, violette Reflexe, zarte Ockerrandaufhellung. Zarte Würze, etwas Eukalyptus, ein Hauch von schwarzem Cassis, Lakritze klingt an. Saftig, kraftvoll, feinwürzig, dunkle Beerenfrucht im Abgang, stoffiger Nachhall, individuell einsetzbar. € 9,50

Rotweingut Prickler
Birkenhain 1, 7361 Lutzmannsburg
T: +43 (2615) 87742, www.prickler.at

90 Blaufränkisch Kleiner Wald 2023
DV, 14 %. Kräftiges Rubingranat, violette Reflexe, zarte Randaufhellung. Zarte Tabakwürze, etwas nach Orangenzesten, ein Hauch von Herzkirschen, frisches Bukett. Mittlere Komplexität, Brombeernoten, gut integrierte Tanninstruktur, mineralisch, feinwürziger Nachhall, bereits gut antrinkbar. € 8,–

Weingut Hermann und Gerti Wind
Reitschulgasse 13, 7062 St. Margarethen
T: +43 (2680) 2762, www.weingut-wind.at

89 Blaufränkisch Ried Saurüssel 2023
DV, 13,5 %. Kräftiges Rubingranat, Ockerreflexe, breitere Randaufhellung. Zart nach Erdbeerkonfit, eingelegte Herzkirschen, feine Kräuterwürze. Mittlere Komplexität, fruchtige Süße im Kern, mineralisch im Abgang, bereits entwickelt und zugänglich. € 6,–

Weingut Georg Wind
Hauptstraße 191, 7062 St. Margarethen
T: +43 (2680) 3136, www.weingut-georg-wind.at

CUVÉE GRAND PRIX 2024

1. Platz – Grand-Prix-Sieger Cuvée
92 Premium Cuvée 2023 ZW/CS/ME (H)

DV, 14 %. Tiefdunkles Rubingranat, violette Reflexe, zarte Randaufhellung. Dunkles Beerenkonfit, kandierte Orangenzesten, einladendes würziges Bukett, Johannisbeernoten. Komplex, reife dunkle Beerenfrucht, gut integrierte Tannine, etwas Nougat im Abgang, ein vielseitiger, feinwürziger Speisenbegleiter. € 9,90

Weingut Scheiblhofer
Halbturner Straße 1a, 7163 Andau
T: +43 (2176) 2010, www.scheiblhofer.at

2. Platz
92 Carnuntum DAC Rot 2023 ZW/BF/ME
DV, 13 %. Tiefdunkles Rubingranat, opaker Kern, violette Reflexe, dezente Randaufhellung. Feine Kräuter-Tabak-Würze, dezente Nuancen von schwarzer Frucht, ein Hauch von Brombeeren, nussiger Touch, Lakritze klingt an. Saftig, feine Komplexität, frische Fruchtnuancen, Noten von schwarzen Weichseln im Abgang, feine Tanninstruktur, guter Speisenbegleiter. € 10,–

Weingut Gerhard Markowitsch
Pfarrgasse 6, 2464 Göttlesbrunn
T: +43 (2162) 8222, www.markowitsch.at

3. Platz
92 Special Blend 2023 ME/SL/PN
DV, 13,5 %. Tiefdunkles Rubingranat, opaker Kern, violette Reflexe, zarte Randaufhellung. Einladendes Bukett nach Waldbeerenkonfit, etwas Schokolade, ein Hauch von kandierten Orangenzesten, floraler Touch. Saftig, elegant, feine Säurestruktur, mineralisch-salzig, Herzkirschen im Abgang, ein vielseitiger Speisenbegleiter. € 9,90

Weingut Markus Iro
Neubaugasse 55, 7122 Gols
T: +43 (2173) 2139, www.markusiro.at

92 Kalk & Schiefer Rot 2023 BF/SL (B) (V)
DV, 13 %. Kräftiges Rubingranat, violette Reflexe, dezente Ockerrandaufhellung. Floral unterlegtes rotes Waldbeerenkonfit, zart nach Bergamotte, ein Hauch von Hibiskus. Saftig, elegant, feinfruchtig, seidige Tannine, mineralisch-salzig im Abgang, bleibt haften, ein finessenreicher, leichtfüßiger Speisenwein. € 9,90

Weingut Pasler
Untere Hauptstraße 30, 79093 Jois
T: +43 (2160) 7385, www.paslerwein.com

92 Heideboden Halbturn Rouge Nestor 2023 ME/CF/SY
DV, 13,5 %. Dunkles Rubingranat, violette Reflexe, zarte Randaufhellung. Rotbeerige Nuancen, ein Hauch von Weichseln, frische Orangenzesten, floraler Touch, fruchtiges Bukett. Saftig, engmaschig, feine Würze, stoffiger Rückgeschmack, Heidelbeeren im Abgang, guter Speisenbegleiter. € 13,90

Nestor
Lerchengasse 6, 7131 Halbturn
T: +43 (1) 9418333, www.nestor.wine

92 Ried Siglos 2023 ZW/BF
DV, 13,5 %. Dunkles Rubingranat, violette Reflexe, zarte Randaufhellung. Noten von Kräutern und Vanille, etwas nach Brombeeren, ein Hauch von Herzkirschen, tabakig unterlegt. Gute Komplexität, fruchtsüß, feine Tanninstruktur, mineralisch, Heidelbeeren im Abgang, bleibt gut haften, bereits entwickelt, vielfältig einsetzbar. € 14,90

Weingut Silvia Heinrich
Karrnergasse 59, 7301 Deutschkreutz
T: +43 (2613) 89615, www.weingut-heinrich.at

(B) biologisch (F) fruktosearm (H) histaminarm (S) schwefelarm (V) vegan

91 Heideboden Cuvée 2023 ZW/BF/ME B V
DV, 14 %. Kräftiges Rubingranat, violette Reflexe, zarte Randaufhellung. Kräuterwürze, ein Hauch von roten Kirschen, dezente Veilchennoten, dunkles Konfit. Saftig, engmaschig, reife Beerenfrucht, würziger Abgang, lang anhaltend, Lakritze im Nachhall. € 8,50

Bio-Weingut Ettl
Seestraße 48–52, 7141 Podersdorf am See
T: +43 (2177) 2483, www.bioweingut-ettl.at

91 Black Pepper 2023 ME/SY/SL
DV, 13,5 %. Dunkles Rubingranat, violette Reflexe, zarte Ockerrandaufhellung. Frische rote Waldbeeren, ein Hauch von Kirschen, etwas Cassis, mit Orangenzesten unterlegt. Saftig, komplex und elegant, feine Fruchtsüße im Kern, reife Tannine, ein Hauch von Nougat im Abgang, ein vielseitiger Speisenbegleiter. € 8,50

Weingut Lisa Pfneisl
Karrnergasse 30-32, 7301 Deutschkreutz
T: +43 (2613) 80048, www.weingutpfneisl.at

91 Multi Kulti 2023 BF/ZW/CS/SY
DV, 13,5 %. Dunkles Rubingranat, violette Reflexe, zarte Randaufhellung. Feine Holzwürze, zart nach Nougat, ein Hauch von Orangenschalen, schwarzes Waldbeerenkonfit, einladendes Bukett. Engmaschig, feine Kirschfrucht, lebendig, gut integrierte Tanninstruktur, rotbeeriges Finish. € 9,–

Weingut Christian Kirnbauer
Sonnenweg, 7301 Deutschkreutz
T: +43 (650) 4415329, www.weingut-kirnbauer.at

91 Cuvée Ried Neuberg 2023 BF/BB
DV, 13 %. Dunkles Rubingranat, violette Reflexe, zarte Randaufhellung. Zart nach Kräutern und Brombeeren, ein Hauch von Blutorangenschalen, schwarze Kirschfrucht. Mittlere Komplexität, feine Säurestruktur, gut integrierte Tannine, Johannisbeernoten im Abgang, balanciertes Finish. € 9,50

Weingut Dieter & Yvonne Hareter
Triftstraße 11, 7121 Weiden am See
T: +43 (664) 1980842, www.wein-hareter.com

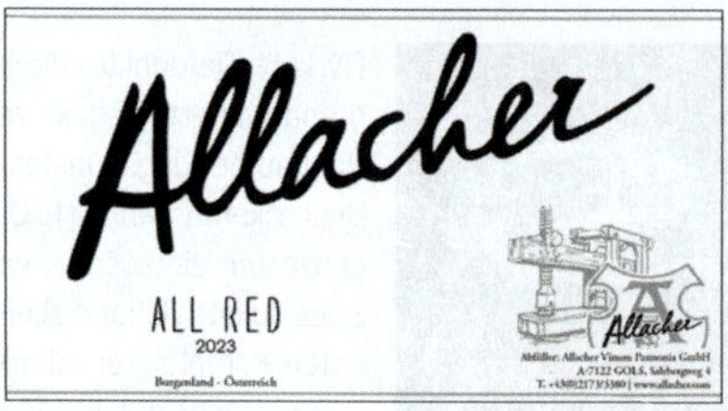

91 All Red 2023 ZW/ME
VL, 14 %. Dunkles Rubingranat, violette Reflexe, opaker Kern. Zarte Zwetschkennoten, ein Hauch von Edelbitterschoko, dezente Cassisnoten, würziger Touch. Mittlere Komplexität, feinwürzig, schwarze Beerenfrucht, mineralisch, gut eingebundene Tannine, guter Speisenbegleiter. € 9,90

Allacher Vinum Pannonia
Salzbergweg 4, 7122 Gols
T: +43 (2173) 3380, www.allacher.com

90 Carnuntum DAC Klassik 2023 ZW/BF B
DV, 13 %. Tiefdunkles Rubingranat, opaker Kern, violette Reflexe. Frisches Waldbeerenkonfit, Nuancen von Cassis, frische Orangenzesten, mit zarter Kräuterwürze unterlegt. Mittlerer Körper, mineralische Textur, frische Kirschfrucht, salziger Abgang, bereits gut entwickelt und antrinkbar. € 8,30

Weingut Artner
Dorfstraße 93, 2465 Höflein
T: +43 (2162) 63142, www.artner.co.at

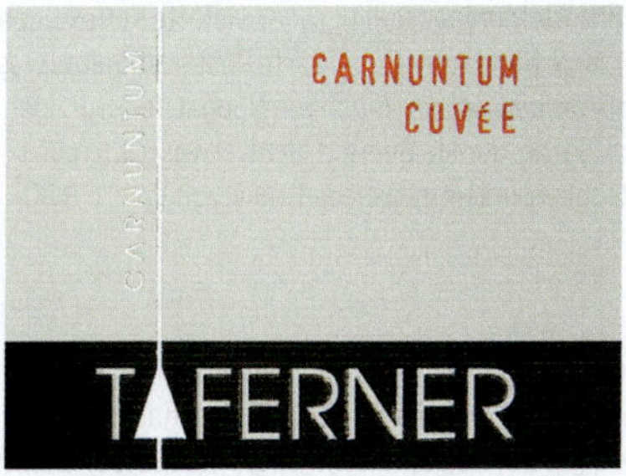

90 Carnuntum DAC Cuvée 2023 ZW/BF/SL B H
DV, 13 %. Tiefdunkles Rubingranat, violette Reflexe, zarte Randaufhellung. Feine Würze, ein Hauch von Weichseln, zart nach Orangenschalen, rotes Beerenkonfit. Saftig, engmaschig, feine Säurestruktur, Kirschnoten im Abgang, balancierte Tanninstruktur, lebendiges Trinkvergnügen. € 8,90

Weingut Taferner
Pfarrgasse 2, 2464 Göttlesbrunn
T: +43 (2162) 8465, www.tafi.at

90 Heideboden 2023 ZW/ME/BF/SL
DV, 13,5 %. Tiefdunkles Rubingranat, violette Reflexe, zarte Randaufhellung. Dunkles Beerenkonfit, zarte Röstaromatik, reife Dörrpflaumen, ein Hauch von Holznuancen. Mittlerer Körper, feinwürzig, dunkle Beerenfrucht, gut eingebundene Tannine, bereits gut antrinkbar. € 9,90

Allacher Vinum Pannonia
Salzbergweg 4, 7122 Gols
T: +43 (2173) 3380, www.allacher.com

90 Vinaura 2023 SL/BF
DV, 13,5 %. Dunkles Rubingranat, violette Reflexe, zarte Randaufhellung. Dunkles Waldbeerenkonfit, etwas kandierte Orangenzesten, reife Zwetschken, floraler Touch. Mittlerer Körper, feine Tanninstruktur, dunkles Waldbeerenkonfit auch im Abgang, engmaschig, fruchtsüßes Finish. € 9,–

Weingut Kleinl
Hauptstraße 139, 7081 Schützen am Gebirge
T: +43 (2684) 2249, www.kleinl.at

90 Freigeist Rot 2023 RA/ZW B F H S V
DV, 13 %. Tiefdunkles Rubingranat, opaker Kern, zarte Randaufhellung. Schwarze Beerenfrucht, etwas nach Oliventapenade, ein Hauch von Cassis, würziges Bukett. Feinwürzig, Noten von schwarzer Frucht, ein Hauch von Gewürzen, tabakiger Nachhall, bereits gut antrinkbar. € 10,40

Bioweingut Christian & Thomas Weiss
Volksfestgasse 12, 7122 Gols
T: +43 (2173) 2123, www.weingut-weiss.at

90 Cuvée Exklusiv 2023 BF/ZW/ME/CS V
DV, 13,5 %. Tiefdunkles Rubingranat, violette Reflexe, zarter Ockerrand. Feine Holznuancen, etwas schwarze Beerenfrucht, Brombeernuancen, kandierte Orangenzesten. Mittlere Komplexität, saftig, feine Kräuternoten, rotes Beerenkonfit im Abgang, straffe Tannine im Nachhall, bereits gut antrinkbar. € 9,50

Rotweingut Prickler
Birkenhain 1, 7361 Lutzmannsburg
T: +43 (2615) 87742, www.prickler.at

B biologisch F fruktosearm H histaminarm S schwefelarm V vegan

89 Cuvée Prickler 2023 BF/ZW/ME

DV, 13,5 %. Dunkles Rubingranat, violette Reflexe, zarte Randaufhellung. Dezente rote Beerenfrucht, floraler Touch, feine Holzwürze. Elegant, feine Kirschfrucht im Abgang, etwas weitmaschig, bereits gut antrinkbar, unkompliziertes Trinkvergnügen. € 8,50

Rotweingut Prickler
Birkenhain 1, 7361 Lutzmannsburg
T: +43 (2615) 87742, www.prickler.at

89 Trinity 2023 BB/BF/ZW

DV, 13 %. Tiefdunkles Rubingranat, opaker Kern, violette Reflexe. Rotes Waldbeerenkonfit, ein Hauch von Clementinen, zarte Nuancen von Lakritze, Kräuternoten klingen an. Mittlere Komplexität, frische Struktur, lebendige Säure, feinwürzig, Herzkirschen im Abgang, bereits gut antrinkbar. € 9,40

Bioweingut Christian & Thomas Weiss
Volksfestgasse 12, 7122 Gols
T: +43 (2173) 2123, www.weingut-weiss.at

89 Undercover Cuvée 2023 ZW/ME/RÖ

DV, 13,5 %. Tiefdunkles Rubingranat, violette Reflexe, zarte Randaufhellung. Dunkles Waldbeerenkonfit, ein Hauch von Kräutern und Tabakwürze, zart nach Orangenschalen und Preiselbeeren. Mittlerer Körper, feine rote Beerenfrucht, gut eingebundenes Tannin, unkompliziert antrinkbar. € 9,90

Die Schwertführerinnen
Hauptstraße 35, 2504 Sooß
T: +43 (660) 5654543,
www.dieschwertfuehrerinnen.at

89 Antonella 2023 BF/CF/CS/ME/SY

NK, 13 %. Tiefdunkles Rubingranat, violette Reflexe, opaker Kern, zarte Randaufhellung. Zarte Röstaromatik, etwas nach Brombeeren, ein Hauch von Nougat, feinwürziger Touch. Saftig, dunkle Beerenfrucht, etwas nach reifen Zwetschken, unkompliziertes Trinkvergnügen. € 9,90

Weinschlössl
Eisenstädter Straße 6, 7062 St. Margarethen
T: +43 (2680) 2943, www.weinschloesslschueller.at

88 Wien.2 Pfaffl 2023 ZW/PN

DV, 14 %. Kräftiges Rubingranat, violette Reflexe, zarte Randaufhellung. Feine Kräuter-Tabak-Würze, etwas rote Beerenfrucht, ein Hauch von Brombeeren. Mittlerer Körper, kraftvoll, Weichselnoten im Abgang, stoffiges Finish, individuell einsetzbar. € 7,40

Weingut R&A Pfaffl
Schulgasse 21, 2100 Stetten
T: +43 (2262) 673423, www.pfaffl.at

PLATZ FÜR IHRE
WEINNOTIZEN

BLAUER ZWEIGELT

Foto: WSNA

Die Jury konnte aus 81 Weinen des Jahrgangs 2022, der sich bereits recht zugänglich präsentiert, wählen. In dieser Kategorie findet der Weinfreund ein Überangebot an preislich wie qualitativ attraktiven Produkten.

Die kirschfruchtige Sorte ist eine österreichische Züchtung und hierzulande die mit großem Abstand meistangebaute Rotweinsorte. Auf rund 6.230 Hektar wächst sie in allen Weinbauregionen Österreichs, rund neun Prozent der Rebfläche nimmt sie insgesamt ein. Es war Professor Fritz Zweigelt (1888–1964), dem 1922 an der »Höheren Bundeslehr- und Bundesversuchsanstalt« in Klosterneuburg mit der Kreuzung von Blaufränkisch (Limberger) und Sankt Laurent dieser durchschlagende Erfolg gelang. Die Namensgebung als Hommage an den Züchter ist umstritten, und für nicht Deutsch sprechende Menschen erweist sich das zungenbrecherische »Zweigelt« ohnehin als Hemmnis, weshalb eine Änderung des Namens schon allein deshalb vorteilhaft wäre. Der Önologe selbst hatte, weniger selbstbewusst, den Namen »Rotburger« gewählt, eine Verneigung vor dem Ort des Geschehens, der »Rote« aus Klosterneuburg war gemeint.

ZUGÄNGLICH UND VIELSEITIG

Die Sorte, die seit 1975 offiziell Blauer Zweigelt heißt, ist deshalb beliebt, weil sie dem Winzer viele Vorteile bringt: Sie ist gut frostverträglich – in einem nördlichen Weinbauland wie Österreich eine nicht unbedeutende Tatsache –, wird früh reif, stellt keine besonderen Ansprüche an Böden oder Lage und hat sich in der Praxis als krankheitsresistent erwiesen. Aus der Zweigelt-Traube kann eine stilistisch große Bandbreite an Weinen gewonnen werden. Je nach Ertrag und Klima beginnt hier die Palette bei leichten, süffigen Rotweinen mit einem Bukett, das an rotes Steinobst erinnert (Kirschen, Weichseln). Die Gattung verfügt aber auch über eine gewisse Würzigkeit, die wohl auf ihren Sankt-Laurent-Elternteil zurückzuführen ist. Frische Jungweine kann man im Stil eines Beaujolais Nouveau genießen. Längst werden aber auch sehr kräftige und körperreiche Rotweine für eine längere Barriquereifung gekeltert. Der größte Teil dieser Weine wird reinsortig verarbeitet, aber als Cuvée-Partner ist der Zweigelt ebenso gefragt und besonders geeignet. Seit März 2012 ist die Herkunftsbezeichnung »Neusiedlersee DAC« im Klassikbereich der Sorte Blauer Zweigelt gewidmet, und auch »Neusiedlersee DAC Reserve« ist nur noch der Sorte Zweigelt vorbehalten. Auch für »Rosalia DAC« und »Carnuntum DAC« ist der Zweigelt neben Blaufränkisch zulässig. 2022 brachte die Sorte farbtiefe, elegante Rotweine hervor, die von dezenten Tanninen und präsenter Frucht gekennzeichnet sind.

DIE BESTEN DER KATEGORIE BLAUER ZWEIGELT 2022

95 **1. Platz**
The Zweigelt Ried Prädium 2022
Weingut Scheiblhofer, Andau – Neusiedlersee

95 **2. Platz**
Zweigelt Distelwiese 2022
Weingut Unger, Halbturn – Neusiedlersee

95 **3. Platz**
Zweigelt Carnuntum DAC Ried Haidacker 1ÖTW 2022
Weingut Franz und Christine Netzl, Göttlesbrunn – Carnuntum

1. Platz

95 The Zweigelt Ried Prädium 2022 Ⓗ Ⓥ

DIAM, 14 %. Tiefdunkles Rubingranat, opaker Kern, violette Reflexe, zarte Randaufhellung. Zart nach Bitterschokolade, ein Hauch von schwarzen Beeren, feiner Zwetschkentouch, würzige Nuancen. Gute Komplexität, saftig, samtige Tanninstruktur, Brombeernoten, Nuancen von dunkler Frucht, Nougat im Nachhall, vielfältig einsetzbar. € 17,90

Weingut Scheiblhofer
Halbturner Straße 1a, 7163 Andau
T: +43 (2176) 2610, www.scheiblhofer.at

2. Platz

95 Zweigelt Distelwiese 2022 Ⓥ

NK, 13,5 %. Tiefdunkles Rubingranat, opaker Kern, violette Reflexe, zarte Randaufhellung. Dezente Holzwürze, etwas nach Brombeeren, ein Hauch von Rostaromatik, Lakritze klingt an. Gute Komplexität, engmaschig, balancierte Tanninstruktur, würzig, schwarzes Beerenkonfit, Nougat im Rückgeschmack. € 22,–

Weingut Unger
Quergasse 25, 7131 Halbturn
T: +43 (2172) 8080, www.weingut-unger.at

3. Platz

95 Zweigelt Carnuntum DAC Ried Haidacker 1ÖTW 2022 Ⓑ Ⓥ

NK, 13,5 %. Dunkles Rubingranat, violette Reflexe, zarte Randaufhellung. Dezente Zwetschkenfrucht, Kumquats, zart nach Waldbeerenkonfit, feine Kräuternoten, Bleistiftnuancen, würziger Touch. Gute Komplexität, saftig, mineralisch, Pflaumennoten, gut integriertes Tannin, etwas Nougat im Abgang, bleibt sehr gut haften, sicheres Potenzial. € 30,–

Weingut Franz und Christine Netzl
Rosenbergstraße 17, 2464 Göttlesbrunn
T: +43 (2162) 8236, www.netzl.com

95 Zweigelt Carnuntum DAC Ried Steinäcker 1ÖTW 2022 Ⓑ

NK, 13,5 %. Dunkles Rubingranat, violette Reflexe, zarte Randaufhellung. Einladendes Bukett nach Brombeeren und etwas Waldbeerenkonfit, dezente Nougatnoten, feine Würze, reife Zwetschken. Gute Komplexität, dezente Fruchtsüße, Heidelbeernuancen, samtiges Tannin, lang anhaftend, schokoladiger Nachhall, vielfältig einsetzbar. € 30,–

Weingut Artner
Dorfstraße 93, 2465 Höflein
T: +43 (2162) 63142, www.artner.co.at

95 Zweigelt Schwarz Rot 2022
DIAM, 13,5 %. Dunkles Rubingranat, violette Reflexe, zarte Randaufhellung. Facettenreiche rote Beerenfrucht, Johannisbeeren, kandierte Clementinen, etwas Hibiskus, vielschichtiges Bukett. Engmaschig, fruchtsüß, zarte Holzwürze, mineralisch, schwarze Herzkirschen, feinwürziger Nachhall, sicheres Entwicklungspotenzial. € 46,50

Weingut Schwarz
Baumhöhäcker 16, 7163 Andau
T: +43 (2176) 3231, www.schwarz-weine.at

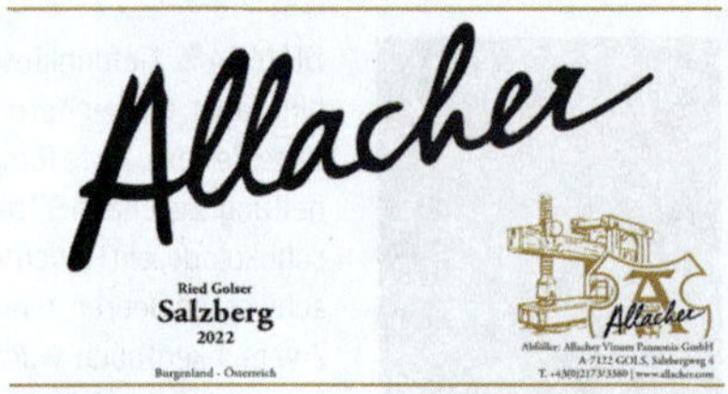

94 Zweigelt Neusiedlersee DAC Gols Ried Salzberg 2022
VL, 14 %. Tiefdunkles Rubingranat, opaker Kern, violette Reflexe, Ockerrandaufhellung. Zarte Holz-Tabak-Würze, Nuancen von Cassis, reife Zwetschken, dezent nach Orangenzesten, facettenreiches Bukett. Saftig, gute Komplexität, gut eingebundene Tanninstruktur, mineralisch, Lakritznoten im Abgang, Nougat im Rückgeschmack. € 20,–

Allacher Vinum Pannonia
Salzbergweg 4, 7122 Gols
T: +43 (2173) 3380, www.allacher.com

95 Zweigelt Neusiedlersee DAC Reserve 2022
NK, 15 %. Tiefdunkles Rubingranat, opaker Kern, violette Reflexe, zarte Randaufhellung. Dunkle Waldbeeren, etwas Röstaromatik, ein Hauch von Nougat, dezente Karamellnoten, etwas nach Christstollen. Komplex, engmaschig, samtiges Tannin, vielschichtig, mit Holzwürze unterlegt, balanciert, Brombeernoten im Abgang, sicheres Potenzial. € 55,–

Weingut Pöckl
Zwergäcker 1, 7123 Mönchhof
T: +43 (2173) 80258, www.poeckl.com

94 Blauer Zweigelt Neusiedlersee DAC Apetlon Ried Neubruch 2022
DIAM, 13 %. Dunkles Rubingranat, opaker Kern, violette Reflexe, zarte Randaufhellung. Zart floral unterlegte dunkle Kirschfrucht, Brombeeren und Johannisbeeren klingen an, feine Edelholzwürze, facettenreiches, einladendes Bukett. Saftig, elegant und frisch, rotbeerige Nuancen, ein Hauch von Nelken, mineralisch und lange anhaftend, feiner Stil, gute Länge, mit Potenzial ausgestattet. € 25,–

Weingut PMC Münzenrieder
Triftgasse 31, 7143 Apetlon
T: +43 (2175) 26700, www.pmc-muenzenrieder.at

93 Zweigelt Tattendorf Ried Frauenfeld 2022 B

NK, 13,5 %. Dunkles Rubingranat, violette Reflexe, zarter Wasserrand. Einladendes Bukett nach dunklen Kirschen, dezente Nuancen von Waldbeeren, ein Hauch von Gewürzen und Holznoten, einladendes Bukett. Saftig, straff, gut eingebundene Tanninstruktur, vielschichtige Holznuancen, etwas Cassis im Abgang, bleibt sehr gut haften, frisches Finish. € 15,60

Weingut Familie Reinisch
Im Weingarten 1, 2523 Tattendorf
T: +43 (2253) 81423, www.j-r.at

94 Zweigelt Carnuntum DAC Göttlesbrunn Ried Haidacker 1ÖTW 2022 B H

NK, 13,5 %. Dunkles Rubingranat, violette Reflexe, zarte Randaufhellung. Frische Herzkirschen, ein Hauch von Waldbeeren und Pflaumen, feine Kräuterwürze, mit Orangenzesten unterlegt. Saftig, rotbeeriger Touch, runde Tannine, frisch und mineralisch, salziger Nachhall, bereits zugänglich, sicheres Reifepotenzial. € 25,90

Weingut Walter Glatzer
Rosenbergstraße 5, 2464 Göttlesbrunn
T: +43 (2162) 8486, www.weingutglatzer.at

93 Zweigelt Reserve 2022 B

DIAM, 13,5 %. Tiefdunkles Rubingranat, schwarzer Kern, violette Reflexe, zarte Randaufhellung. Feiner Duft nach Johannisbeeren, etwas Bergamotte, ein Hauch von Nougat, vielschichtiges Bukett. Straff, facettenreich, gut integrierte Tanninstruktur, fruchtsüß nach schwarzen Beeren, mineralischer Anklang, sicheres Potenzial. € 19,–

Weingut Toni Hartl
Florianigasse 7, 2440 Reisenberg
T: +43 (2234) 80636, www.toni-hartl.at

93 Zweigelt Neusiedlersee DAC Reserve Nestor 2022 V

DV, 13,5 %. Tiefdunkles Rubingranat, schwarzer Kern, violette Reflexe, zarte Randaufhellung. Etwas nach Pflaumen, floraler Touch, ein Hauch von Brombeeren, kandierte Mandarinenzesten. Mittlere Komplexität, feinwürzig, tabakig, gut eingebundene Tanninstruktur, Johannisbeeren im Abgang, wird von Flaschenreife profitieren. € 19,90

Nestor
Lerchengasse 6, 7131 Halbturn
T: +43 (1) 9418333, www.nestor.wine

94 Zweigelt Ried Bühl Reserve friend & foe 2022

NK, 15 %. Tiefdunkles Rubingranat, opaker Kern, violette Reflexe, zarte Randaufhellung. Zart nach Dörrpflaumen, etwas nach Orangenschalen, dezente Nuancen von Lakritze, mit Nougat unterlegt. Gute Komplexität, kraftvoll, präsente Tanninstruktur, mineralisch, schwarzes Beerenkonfit im Abgang, guter Speisenbegleiter. € 75,–

Weingut St. Bayer
Seepark-Feriendorf 1, 7121 Weiden am See
T: +43 (699) 10620478, www.stbayer.wine

93 Zweigelt Ried Gradenthal 2022 B V

NK, 13,5 %. Tiefdunkles Rubingranat, violette Reflexe, zarte Randaufhellung. Dunkles Waldbeerenkonfit, Tabakwürze, etwas nach Kardamom, ein Hauch von Feigen, Bergamotte klingt an. Saftig, straff, feine Säurestruktur, samtige Tannine, rotbeeriger Touch, Hibiskusnoten, guter Speisenbegleiter wird von Flaschenreife profitieren. € 23,–

Weingut Christian Fischer
Hauptstraße 33, 2504 Sooß
T: +43 (676) 6035550, www.weingut-fischer.com

93 Zweigelt Carnuntum DAC Ried Haidacker 1ÖTW 2022
NK, 14 %. Kräftiges Rubingranat, violette Reflexe, zarte Randaufhellung. Zart nach Kirschen, ein Hauch von Roten Johannisbeeren, Nuancen von Orangenzesten. Mittlere Komplexität, Noten von Herzkirschen, feine Tannine, frisch strukturiert, mineralisch und gut anhaftend, ein facettenreicher Speisenbegleiter, gutes Potenzial. € 24,–

Ing. Johannes Pitnauer
Weinbergstraße 4-6, 2464 Göttlesbrunn
T: +43 (2162) 8249, www.pitnauer.com

93 Zweigelt Carnuntum DAC Ried Kirchweingarten 1ÖTW 2022
NK, 13,5 %. Dunkles Rubingranat, violette Reflexe, zarte Randaufhellung. Zarte Holzwürze, reife Zwetschken, Brombeerkonfit, tabakige Noten, etwas Wacholder. Kräftig, würzig, dunkle Beerenfrucht, reife Tannine, etwas Nougat, mineralisch im Abgang, wird von weiterer Flaschenreife profitieren. € 35,–

Weingut Gerhard Markowitsch
Pfarrgasse 6, 2464 Göttlesbrunn
T: +43 (2162) 8222, www.markowitsch.at

93 Zweigelt Ried Holzspur Reserve 2022
DIAM, 14 %. Tiefdunkles Rubingranat, opaker Kern, violette Reflexe. Etwas Edelholzwürze, ein Hauch von Lakritze, Waldbeerenkonfit, mit Cassis unterlegt. Gute Komplexität, saftig, engmaschig, mineralisch, würziger Abgang, schokoladiger Nachhall, schwarze Beerenfrucht im Rückgeschmack, kraftvoller Speisenbegleiter. € 25,–

Burgundermacher Weingut Johann Gisperg
Hauptstraße 14, 2524 Teesdorf
T: +43 (2253) 81464, www.weingut-gisperg.at

93 Zweigelt Carnuntum DAC Höflein Ried Bärnreiser 1ÖTW 2022
NK, 14,5 %. Dunkles Rubingranat, violette Reflexe, zarte Randaufhellung. Zarte Edelholzwürze, dunkle Beerenfrucht, schwarze Kirschen, Cassis, einladendes Bukett. Stoffig, elegant, Herzkirschen, reife Tannine, mineralisch und gut anhaftend, zartes Nougat im Nachhall, ein komplexer Begleiter bei Tisch. € 25,–

Weingut Gerhard Pimpel
Kirchenstraße 19, 2464 Göttlesbrunn
T: +43 (664) 4636650, www.gerhardpimpel.at

92 Blauer Zweigelt Neusiedlersee DAC 2022
DV, 13,5 %. Kräftiges Rubingranat, violette Reflexe, zarte Ockerrandaufhellung. Reife Zwetschken, etwas Nougat, ein Hauch von Goudron, würziges Bukett. Saftig, reife Herzkirschen, zarte rotbeerige Noten, gut integrierte reife Tannine, bleibt haften, ein komplexer Speisenwein mit Entwicklungspotenzial. € 8,90
Best Buy

Weingut Jacqueline Klein
Baumhöhäcker 10, 7163 Andau
T: +43 (664) 75124505, www.klein-wein.at

93 Zweigelt Carnuntum DAC Göttlesbrunn Ried Schüttenberg 1ÖTW 2022 B
NK, 14 %. Kräftiges Rubingranat, violette Reflexe, dezente Randaufhellung. Frische rote Waldbeeren, ein Hauch von Preiselbeeren, Mandarinenzesten, mit zarter Holzwürze unterlegt. Mittlere Komplexität, rotbeerige Textur, feine Tannine, gute Frische, bereits zugänglich und entwickelt, Kirschen im Nachhall. € 28,–

Weingut Philipp Grassl
Am Graben 4–6, 2464 Göttlesbrunn
T: +43 (2162) 8483, www.grassl.wine

92 Zweigelt Ferabam Premium 2022 B V
NK, 13 %. Dunkles Rubingranat, violette Reflexe, dezente Randaufhellung. Feine Brombeernoten, schwarze Kirschfrucht, etwas nach Mandarinenzesten, ein Hauch von Holzwürze. Saftig, gute Komplexität, feine Weichselnoten, rotbeerig, lebendiges Tannin, guter Speisenbegleiter mit Potenzial. € 12,50

Weingut Christian Fischer
Hauptstraße 33, 2504 Sooß
T: +43 (676) 6035550, www.weingut-fischer.com

92 Zweigelt Carnuntum DAC Göttlesbrunn Dornenvogel 2022 Ⓑ

NK, 13,5 %. Kräftiges Rubingranat, violette Reflexe, dezente Randaufhellung. Frische Kirschen, ein Hauch von Zwetschken, feinfruchtiges Bukett. Saftig, elegant, zeigt gute Frische, rotbeerige Nuancen im Abgang, mineralisch, wirkt relativ leichtfüßig, trinkfreudige Stilistik. € 13,50

Weingut Walter Glatzer
Rosenbergstraße 5, 2464 Göttlesbrunn
T: +43 (2162) 8486, www.weingutglatzer.at

92 Zweigelt Neusiedlersee DAC Reserve Ried Seeweingärten Meisterstück 2022

DIAM, 14 %. Kräftiges Rubingranat, Ockerreflexe, breitere Randaufhellung. Rote Waldbeeren, zart florale Nuancen, etwas Cassis, mit Mandarinenzesten unterlegt. Saftig, feine Fruchtsüße, rote Herzkirschen, gut integrierte Tannine, mineralisch, weißes Nougat im Abgang, ein eleganter Speisenbegleiter. € 13,50

Weingut Neff
Neubaugasse 11, 7141 Podersdorf am See
T: +43 (660) 3456980, www.neff-wein.at

92 Zweigelt Carnuntum DAC Hoher Weg 2022

NK, 14 %. Kräftiges Rubingranat, violette Reflexe, zarte Randaufhellung. Feine Zwetschkennoten, ein Hauch von Gewürzen, Nougattouch, mit kandierten Veilchen unterlegt. Saftig, straff, feine Säurestruktur, ein Hauch von Gewürzen, dunkles Waldbeerenkonfit im Abgang, salziger Rückgeschmack, guter Speisenbegleiter. € 14,50

Weinbau Gottschuly-Grassl
Dorfstraße 28, 2465 Höflein
T: +43 (2162) 62293, www.gottschuly.at

92 Zweigelt Neusiedlersee DAC Reserve Ried Römerstein 2022 Ⓑ Ⓥ

DIAM, 13,5 %. Kräftiges Rubingranat, violette Reflexe, zarter Wasserrand. Dunkles Beerenkonfit, etwas nach Mandarinenzesten, floraler Touch, ein Hauch von Pflaumen. Saftig, fruchtsüß, mineralisch, rote Beerenfrucht im Abgang, würziger Nachhall, gut eingebundene Tanninstruktur, guter Speisenbegleiter. € 13,90

Bio-Weingut Ettl
Seestraße 48–52, 7141 Podersdorf am See
T: +43 (2177) 2483, www.bioweingut-ettl.at

92 Zweigelt Neusiedlersee DAC Reserve Halbturn Ried Waldacker 2022

DIAM, 14 %. Kräftiges Rubingranat, violette Reflexe, zarte Ockerrandaufhellung. Reife Zwetschkenfrucht, ein Hauch von Nougat, mit Anklängen von Feigen unterlegt. Saftig, kraftvoll, rote Kirschfrucht, feine Tannine, frischer Säurebogen, mineralisch-zitroniger Touch im Nachhall, bereits gut antrinkbar. € 15,–

Weingut Harald Kiss
Erzherzog-Friedrich-Straße 32, 7131 Halbturn
T: +43 (699) 12674845, www.weingutkiss.at

92 Zweigelt Ried Kaiserberg 2022 Ⓥ

NK, 13,5 %. Kräftiges Karmingranat, Ockerreflexe, breitere Randaufhellung. Frische Orangenzesten, etwas Nougat, schwarze Kirschen, ein Hauch von Brombeerkonfit. Saftig, elegant, Herzkirschen, feiner Säurebogen, zarte Extraktsüße, elegant und gut anhaftend, ein facettenreicher und bereits gut antrinkbarer Speisenbegleiter. € 14,–

Weingut Unger
Quergasse 25, 7131 Halbturn
T: +43 (2172) 8080, www.weingut-unger.at

92 Zweigelt Ried Ungerberg 2022
NK, 14 %. Dunkles Rubingranat, violette Reflexe, zarte Ockerrandaufhellung. Dunkle Beerenfrucht, ein Hauch von Gewürzen, Vanilletouch, zart nach reifen Zwetschken. Saftig, gute Komplexität, kraftvoll, gut eingebundene, präsente Tannine, schokoladiger Touch, Brombeeren im Nachhall, guter Speisenbegleiter. € 16,40

Weingut Markus Iro
Neubaugasse 55, 7122 Gols
T: +43 (2173) 2139, www.markusiro.at

92 Blauer Zweigelt Neusiedlersee DAC Reserve 100 Days 2022
NK, 14,5 %. Kräftiges Rubingranat, violette Reflexe, zarte Randaufhellung. Etwas Pflaumen, zart nach Gewürzen, ein Hauch von Schokolade, floraler Touch. Saftig, balancierte, samtige Tannine, Vanilletouch, dunkles Waldbeerenkonfit im Finish, guter Speisenbegleiter. € 17,–

Weingut Keringer
Wiener Straße 22a, 7123 Mönchhof
T: +43 (2173) 80380, www.keringer.at

92 Zweigelt Neusiedlersee DAC Reserve 2022 B H V
VL, 14 %. Dunkles Rubingranat, schwarzer Kern, violette Reflexe. Floraler Touch, zart nach Brombeeren, ein Hauch von Mandarinenzesten, mit Cassis unterlegte Holzwürze. Mittlere Komplexität, kraftvoll, salzig, dunkelbeerig, samtiges Tannin, etwas Lakritze im Rückgeschmack, vielfältig einsetzbar. € 17,10

Bioweingut Christian & Thomas Weiss
Volksfestgasse 12, 7122 Gols
T: +43 (2173) 2123, www.weingut-weiss.at

92 Zweigelt Reserve Burg 2022
NK, 14 %. Tiefdunkles Rubingranat, violette Reflexe, zarte Randaufhellung. Zart nach Zwetschken und kandierten Orangenzesten, feine Holzwürze, wirkt entwickelt. Mittlere Komplexität, präsentes Tannin, Vanilletouch im Abgang, dunkles Waldbeerenkonfit im Rückgeschmack, wird von Flaschenreife profitieren. € 21,–

Weingut R&A Pfaffl
Schulgasse 21, 2100 Stetten
T: +43 (2262) 673423, www.pfaffl.at

92 Zweigelt Ried Oberkirchen 2022 V
DIAM, 14 %. Tiefdunkles Rubingranat, opaker Kern, violette Reflexe, zarte Randaufhellung. Dunkle Beerenfrucht, zart nach Weichseln, ein Hauch von Edelholzwürze, dezente Nougatnoten, jugendliches Bukett. Mittlere Komplexität, Zartbitterschoko, balancierte Tanninstruktur, eingelegte Kirschen, dezente Würze im Nachhall. € 22,–

Leo Aumann
Oberwaltersdorfer Straße 105, 2512 Tribuswinkel
T: +43 (2252) 80502, www.aumann.at

92 Zweigelt Wagram DAC Ottenthal V.E.1 2022
NK, 13,5 %. Dunkles Rubingranat, schwarzer Kern, violette Reflexe, zarte Randaufhellung. Floraler Touch, kandierte Orangenzesten, etwas nach Heidelbeeren, zart nach Pflaumen, fruchtiges Bukett. Saftig, balancierte Fruchtsüße, Dörrobst im Abgang, schokoladiger Nachhall, guter Speisenbegleiter, bereits entwickelt. € 22,–

Weingut Emil Bauer
Ottenthal 26, 3470 Kirchberg am Wagram
T: +43 (2279) 228115, www.emilbauer.at

92 Zweigelt Carnuntum DAC Höflein Ried Bühl 2022 Ⓑ
NK, 13,5 %. Dunkles Rubingranat, tiefer Farbkern, violette Reflexe, zarte Randaufhellung. Nuancen von frischen Zwetschken, Brombeerkonfit, ein Hauch von Kräuterwürze, tabakige Noten. Saftig, schwarze Waldbeeren, frischer Abgang, reife Tannine, salzig-zitroniger Nachhall, ein feinwürziger Speisenbegleiter. € 23,50

Weingut Michael Auer
Hoher Weg, 2465 Höflein
T: +43 (699) 11608281, www.weingut-auer.com

92 Zweigelt Carnuntum DAC Ried Stixbergen 2022 Ⓑ
NK, 13,5 %. Dunkles Rubingranat, violette Reflexe, zarte Randaufhellung. Etwas nach Cassis, ein Hauch von Zwetschken, zarte Orangenzesten, Holznuancen. Mittlerer Körper, saftig, straffe Säurestruktur, Kirschfrucht, rotbeeriger Abgang, salzig-mineralischer Nachhall, lebendiges Trinkvergnügen. € 24,–

Weingut Andreas Muhr
Hauptstraße 7, 2463 Stixneusiedl
T: +43 (699) 11463502, www.amuhr.at

91 Blauer Zweigelt Ried Wieser SeraVino 2022
DV, 14 %. Dunkles Rubingranat, violette Reflexe, zarte Randaufhellung. Rotes Waldbeerenkonfit, frische Kirschen, kandierte Mandarinenzesten, einladendes Bukett. Stoffig, seidige Textur, feine Fruchtsüße im Kern, runde Tannine, mineralisch und gut anhaftend, ein vielseitiger Speisenbegleiter. € 11,–

Weingut Kranixfeld – Familie Fischl
Steinergasse 3, 7072 Mörbisch
T: +43 (2685) 83 48, www.kranixfeld-fischl.at

91 Zweigelt Kalkstein 2022 Ⓥ
DV, 13 %. Kräftiges Rubingranat, violette Reflexe, zarte Randaufhellung. Dezente Holzwürze, dunkle Mineralik, etwas nach Bleistift, schwarze Beerenfrucht, mit Cassis unterlegt. Leichtfüßig, engmaschig, dezente Tanninstruktur, schwarze Kirschfrucht im Abgang, salziger Rückgeschmack. € 12,–

Weingut Wagentristl
Rosengasse 2, 7051 Großhöflein
T: +43 (2682) 61415, www.wagentristl.com

91 Zweigelt Neusiedlersee DAC Reserve BodenSchatz 2022
NK, 13,5 %. Mittleres Rubingranat, violette Reflexe, zarte Randaufhellung. Feine Holzwürze, etwas nach Vanille, ein Hauch von Johannisbeeren, zart nach frischen Feigen, floraler Touch. Saftig, mittlere Komplexität, zart nussig, tragendes Tannin, rotbeeriger Abgang, mineralisch, guter Speisenbegleiter. € 13,–

Winzerhof Michael Gartner
Ufergasse 23, 7142 Illmitz
T: +43 (699) 11852536, www.gartner-illmitz.at

91 Blauer Zweigelt Pesac 2022
DV, 14 %. Tiefdunkles Rubingranat, opaker Kern, zarte Randaufhellung. Dunkles Waldbeerenkonfit, ein Hauch von kandierten Orangenschalen, reife Pflaumen, schokoladiger Touch. Feinwürzig, schwarze Beeren, tabakig, gut eingebundene Tanninstruktur, mineralisch, Nuancen von Cassis im Finish, unkomplizierter Speisenbegleiter. € 13,40

Weingut Mariel
Untere Hauptstraße 51, 7041 Wulkaprodersdorf
T: +43 (2687) 62995, www.mariel.at

91 Zweigelt Ried Neugebirge 2022
DV, 13,5 %. Dunkles Rubingranat, violette Reflexe, zarte Randaufhellung. Dunkles Waldbeerenkonfit, zart nach Feigen, feine Würze, Orangenschalen. Mittlere Komplexität, würzig, gut eingebundene Tanninstruktur, dunkles Beerenkonfit, bereits sehr gut antrinkbar. € 15,–

Weingut MAD
Antonigasse 1, 7063 Oggau
T: +43 (2685) 7207, www.weingut-mad.at

91 Zweigelt Ried Gestein Reserve 2022
DV, 13,5 %. Kräftiges Karmingranat, violette Reflexe, dezente Randaufhellung. Ein Hauch von Gewürznelken, Vanille, rotes Beerenkonfit, eingelegte Kirschen, kandierte Mandarinenzesten. Saftig, lebendig strukturiert, rote Kirschen, mineralisch und frisch, gut anhaftend, elegant und vielfältig einsetzbar. € 20,40

Bio-Weingut Frühwirth
Wiener Neustädter Straße 75, 2524 Teesdorf
T: +43 (2253) 81216, fruehwirth.bio

91 Zweigelt Reserve 2022
VL, 13,5 %. Kräftiges Rubingranat, violette Reflexe, zarte Ockerrandaufhellung. Ein Hauch von Weichseln und zarter vegetaler Touch, etwas tabakig, Holznuancen. Mittlerer Körper, dunkles Waldbeerenkonfit, etwas Zwetschken, präsentes Tannin, mineralischer Nachhall. € 16,90

Zantho Weingut
Dammweg 1a, 7163 Andau
T: +43 (2176) 27077, www.zantho.com

90 Zweigelt Reserve 2022
DV, 13 %. Kräftiges Karmingranat, Ockerreflexe, breitere Randaufhellung. Zart nach Zwetschken und Erdbeerkonfit, ein Hauch von eingelegten Kirschen und Orangenzesten. Mittlere Komplexität, fruchtsüße Textur, rund und zugänglich, bereits gut entwickelt. € 7,50 Best Buy

Weingut Alfred Fischer
Rosenthalgasse 2–6, 7023 Stöttera
T: +43 (2626) 5238, www.alfredfischer.com

91 Blauer Zweigelt Reserve Alte Reben 2022
NK, 13,5 %. Kräftiges Rubingranat, violette Reflexe, zarte Randaufhellung. Florales Bukett, ein Hauch von Holzwürze, Brombeernuancen, zart nussiger Touch. Mittlere Komplexität, feinwürzig, balancierte Tanninstruktur, mineralisch, Nougattouch im Abgang, kraftvoller Speisenbegleiter. € 17,50

Weingut Gerhard Deim
Kalvarienberg 8, 3562 Schönberg am Kamp
T: +43 (2733) 8763, www.gerharddeim.at

90 Zweigelt Ried Klausen 2022
DV, 14 %. Tiefdunkles Rubingranat, violette Reflexe, zarte Randaufhellung. Reife Zwetschkenfrucht, ein Hauch von Brombeerkonfit, kandierte Orangenzesten. Mittlere Komplexität, rotbeerige Textur, zarte Tannine, gute Frische, etwas Nougat im Abgang, ein zugänglicher Speisenbegleiter. € 7,50 Best Buy

Weingut Schneider
Hauptstraße 134, 7062 St. Margarethen
T: +43 (2680) 2890, www.weingut-schneider.at

91 Zweigelt Reserve 2022
NK, 13,5 %. Kräftiges Rubingranat, violette Reflexe, breitere Randaufhellung. Zart nach Weichseln und frischen Kirschen, ein Hauch von Kräutern, dezente Veilchennoten. Saftig, fruchtsüß, rotbeerige Fruchtnuancen, gut eingebundene Säurestruktur, mineralisch, Vanille im Finish, bereits sehr gut antrinkbar. € 17,50

Familienweingut Kolkmann
Kremser Straße 53, 3481 Fels am Wagram
T: +43 (2738) 2436, www.kolkmann.at

90 Blauer Zweigelt Neusiedlersee DAC EveryDAYS 2022
DV, 13,5 %. Dunkles Kirschrot, violette Reflexe, breitere Randaufhellung. Dezente Zwetschkenfrucht, etwas nach Brombeeren, dezente Würze, feiner Nougattouch. Saftig, balancierte Tanninstruktur, fruchtsüß nach schwarzen Beeren, bleibt gut haften, unkompliziertes Trinkvergnügen. € 7,90 Best Buy

Weingut Keringer
Wiener Straße 22a, 7123 Mönchhof
T: +43 (2173) 80380, www.keringer.at

90 Zweigelt Reserve Sophie Marie 2022
DV/DIAM, 14 %. Dunkles Rubingranat, violette Reflexe, zarte Randaufhellung. Etwas Kräuternoten, Feigen, ein Hauch von Rhabarber, Orangenschalen. Saftig, mittlere Komplexität, feinwürzig, schwarze Kirschfrucht, Tabaknuancen im Abgang, bereits gut antrinkbar. € 7,90 Best Buy

Weingut Familie Schlager
Hauptstraße 32, 2504 Sooß
T: +43 (2252) 88988, www.weingutschlager.at

90 Zweigelt Ried Wieser Exclusive 2022
DV, 13,5 %. Kräftiges Rubingranat, violette Reflexe, dezente Ockerrandaufhellung. Feine Kräuterwürze, Brombeerkonfit, dunkle Kirschen, etwas Nougat. Mittlerer Körper, rotbeerige Nuancen, ausgewogen, mineralisch im Abgang, bereits gut antrinkbar, rote Herzkirschen im Nachhall. € 8,–
Best Buy

Weingut Kranixfeld – Familie Fischl
Steinergasse 3, 7072 Mörbisch
T: +43 (2685) 83 48, www.kranixfeld-fischl.at

90 Blauer Zweigelt 2022
DV, 13 %. Tiefdunkles Rubingranat, violette Reflexe, zarte Randaufhellung. Schwarze Beeren, dunkle Würze, ein Hauch von Johannisbeeren, Kräuternuancen klingen an, einladendes Bukett. Saftig, mittlere Komplexität, engmaschige Tanninstruktur, feinwürzig, dunkle Frucht, unkompliziertes Trinkvergnügen. € 8,40 Best Buy

Weingut Hagn
Hauptstraße 154, 2024 Mailberg
T: +43 (2943) 2256, www.hagn-weingut.at

90 Zweigelt Neusiedlersee DAC 2022
DV, 13,5 %. Kräftiges Karmingranat, violette Reflexe, breitere Randaufhellung. Feines rotes Waldbeerenkonfit, ein Hauch von Weichseln, einladendes Bukett, zart nach Kumquats. Saftig, straff, balancierter Säurebogen, zart nach Erdbeeren, zartes Tanningerüst, unkompliziert antrinkbar. € 9,30 Best Buy

Weingut Alexander Egermann
Apetlonerstraße 28, 7142 Illmitz
T: +43 (2175) 3293, www.alexander-egermann.at

90 Zweigelt vom Heideboden 2022
DV, 14 %. Kräftiges Rubingranat, violette Reflexe, Ockerrandaufhellung. Zartes Waldbeerenkonfit, ein Hauch von Mandarinenzesten, floraler Touch, Pflaumennoten. Saftig, mittlere Komplexität, reife Kirschfrucht, balanciert, salziger Nachhall, bereits gut antrinkbar. € 9,90 Best Buy

Weingut Keringer
Wiener Straße 22a, 7123 Mönchhof
T: +43 (2173) 80380, www.keringer.at

90 Zweigelt Barrique BodenSchatz 2022
NK, 13,5 %. Mittleres Rubingranat, violette Reflexe, breiter Wasserrand. Frische Kirschfrucht, zarte Wiesenkräuter, Noten von Minze, ein Hauch von kandierter Blutorange, würzig unterlegt. Mittlerer Körper, feinwürzig, salzig, gut eingebundenes Tannin, Nuancen von roter Frucht, bleibt haften, bereits gut antrinkbar. € 10,– Best Buy

Winzerhof Michael Gartner
Ufergasse 23, 7142 Illmitz
T: +43 (699) 11852536, www.gartner-illmitz.at

90 Zweigelt Reserve JOE 2022
DV, 13 %. Kräftiges Rubingranat, violette Reflexe, breiterer Wasserrand. Feine Kräuterwürze, zart nach schwarzen Kirschen, ein Hauch von Mandarinenzesten, tabakig. Saftig, würzig, zarte Tanninstruktur, rotbeerige Nuancen, Kirschfrucht im Abgang, bereits gut antrinkbar. € 11,–

Winzerhof Familie Dockner
Ortsstraße 30, 3508 Höbenbach
T: +43 (2736) 7262, www.dockner.at

---

90 Zweigelt Neusiedlersee DAC Reserve Heideboden 2022
DIAM, 13,5 %. Tiefdunkles Rubingranat, opaker Kern, violette Reflexe, zarte Randaufhellung. Feine Brombeernoten, ein Hauch von Vanille, zart nach Gewürzen und Kardamom, floraler Touch. Saftig, feinwürzig, Holznuancen, Noten von dunklen Waldbeeren im Abgang, bleibt gut haften, unkompliziert antrinkbar. € 12,90

Weingut Pillinger
Neustiftgasse 78, 7123 Mönchhof
T: +43 (664) 4010476, www.weingut-pillinger.at

---

90 Blauer Zweigelt Ultimo 2022
DV, 14 %. Tiefdunkles Rubingranat, opaker Kern, violette Reflexe, zarte Randaufhellung. Reife Zwetschken, zarter Vanille-Holz-Touch, feinwürzig, Nougat klingt an. Saftig, engmaschig, feinwürzig, gut integrierte Tannine, schwarzes Beerenkonfit, fruchtsüß im Abgang, unkompliziert antrinkbar. € 14,–

Weingut Werner Auer
Untere Hauptstraße 63, 7093 Jois
T: +43 (699) 19980063, www.auerwerner.at

---

90 Zweigelt Neusiedlersee DAC Reserve 2022 B
DV, 14 %. Dunkles Rubingranat, violette Reflexe, zarte Randaufhellung. Zarter Vanilletouch, etwas nach Brombeeren, ein Hauch von Nougat, dezente Holzwürze. Saftig, gut eingebundene Tannine, Herzkirschen, mineralisch, moderner Stil, etwas Röstaromatik, bereits gut antrinkbar. € 14,–

Weingut Hautzinger KG
Untere Hauptstraße 26, 7162 Tadten
T: +43 (2176) 2315, www.hautzinger.at

---

90 Blauer Zweigelt Ried Breiten Alte Reben 2022 B
DV, 12,5 %. Tiefdunkles Rubingranat, violette Reflexe, zarte Randaufhellung. Schwarzes Waldbeerenkonfit, feine Kräuternoten, ein Hauch von Orangenschalen, Nuancen von Brombeeren. Saftig, feine Tanninstruktur, mineralisch-salzig, Cassis im Abgang, schokoladig, unkompliziert antrinkbar. € 16,–

weinbau h.p.göbel
Stammersdorfer Kellergasse 131, 1210 Wien
T: +43 (1) 2903692, www.weinbaugoebel.at

---

90 Zweigelt Wagram DAC Reserve 2022
DV, 14 %. Tiefdunkles Rubingranat, opaker Kern, zarte Ockerrandaufhellung. Zart nach Vanille und Nougat, mit reifen Herzkirschen unterlegt, dunkle Beerenfrucht im Hintergrund. Kraftvoll, saftig, Zwetschken, gut integrierte Tannine, ein Hauch von Schokolade im Abgang, zeigt Länge und Reifepotenzial. € 16,–

Weingut Josef Zeitlberger & Josef Zeitlberger
Tiefenthal 4, 3701 Großweikersdorf
T: +43 (2955) 70369, www.zeitlberger.at

---

90 Zweigelt Reserve Rubin 2022 V
NK, 13,5 %. Mittleres Rubingranat, violette Reflexe, breitere Randaufhellung. Zart tabakig, etwas nach Gewürzen, ein Hauch von Orangenschalen und Herzkirschen, rotbeeriges Bukett. Saftig, mittlere Komplexität, salzig, feinwürziger Abgang, Johannisbeeren im Nachhall, guter Speisenbegleiter. € 16,40

Weingut Jordan
Groß-Reipersdorf 12, 3741 Pulkau
T: +43 (2946) 2464, www.weingut-jordan.at

---

90 Blauer Zweigelt Ried Haidacker 2022 B
DV, 13,5 %. Kräftiges Rubingranat, violette Reflexe, breitere Randaufhellung. Reife Brombeernoten, ein Hauch von Nougat, dezente Bleistiftnuancen. Mittlerer Körper, würzig, zart tabakig, präsentes Tannin, Kirschtouch im Nachhall, bereits gut antrinkbar. € 18,–

Nepomukhof
Dorfstraße 2, 2464 Göttlesbrunn
T: +43 (699) 11799700, www.nepomukhof.at

90 Blauer Zweigelt Carnuntum DAC Ried Haidacker 1ÖTW 2022 (H) (V)
NK, 14 %. Dunkles Rubingranat, violette Reflexe, dezente Ockerrandaufhellung. Frische Zwetschken, ein Hauch von Kirschen, zart nach Mandarinenzesten. Mittlere Komplexität, Brombeernuancen, frischer Säurebogen, gut integrierte Tannine, mineralisch und anhaftend, ein lebendiger Speisenbegleiter. € 20,–

Weingut Oppelmayer
Kirchenstraße 9, 2464 Göttlesbrunn
T: +43 (2162) 8237, www.oppelmayer.at

89 Zweigelt Ostara 2022
DV, 13,5 %. Dunkles Rubingranat, violette Reflexe, zarte Randaufhellung. Feine Kräuternoten, ein Hauch von Brombeeren, etwas Cassis, Mandarinenzesten, frisches Bukett. Saftig, fruchtsüß, kraftvoll, etwas nach Weichseln, dezente Kräuternoten im Abgang, individuell einsetzbar. € 6,80
Best Buy

Magdalenenhof – Familie Stefan Kaiser
Kleinhöfleiner Hauptstraße 86, 7000 Eisenstadt
T: +43 (2682) 68624, www.magdalenenhof.at

89 Zweigelt Neusiedlersee DAC 2022 (B)
DV, 13 %. Dunkles Rubingranat, violette Reflexe, zarte Randaufhellung. Feine Tabakwürze, etwas nach Zwetschken, ein Hauch von Kardamom, frisches Bukett, Waldbeerenkonfit klingt an. Mittlerer Körper, fruchtsüß, zart salzig, Himbeertouch im Abgang, unkompliziert antrinkbar. € 7,– Best Buy

Weingut Tischler
Quergasse 23, 7131 Halbturn
T: +43 (2172) 8857, www.weingut-tischler.at

89 Zweigelt 2022
DV, 13,5 %. Mittleres Rubingranat, violette Reflexe, breitere Randaufhellung. Feine Tabakwürze, Brombeeren, ein Hauch von Mandarinenzesten, mit Cassis unterlegt. Etwas Zwetschken, feine Würze, präsente Tannine, rotbeeriges Finish, bereits gut antrinkbar. € 7,30 Best Buy

Weingut Eberherr
Hauptstraße 116, 7062 St. Margarethen
T: +43 (2680) 2875, www.eberherr.at

89 Zweigelt Heideboden 2022
DV, 13,5 %. Tiefdunkles Rubingranat, violette Reflexe, zarte Randaufhellung. Zarte Kräuterwürze, Preiselbeeren, etwas vegetales Bukett, feine Kumquatnoten, Bleistifttouch. Mittlerer Körper, frisch und fruchtig, lebendige Säurestruktur, mineralischer Abgang, rotbeeriges Finish. € 7,50 Best Buy

Weingut Stadlmann
Hauptstraße 12, 7161 St. Andrä am Zicksee
T: +43 (2176) 2384, www.weingut-stadlmann.com

89 Zweigelt Neusiedlersee DAC 2022
DV, 13 %. Kräftiges Rubingranat, violette Reflexe, zarte Randaufhellung. Frische Kräuternoten, zart nach Weichseln, feine Holzwürze, Lakritze klingt an. Mittlerer Körper, salzig, etwas nach Cassis, feinwürziger Nachhall, unkomplizierter Speisenbegleiter. € 7,50 Best Buy

Preinerwein
Sportplatzgasse 21, 7143 Apetlon
T: +43 (660) 4781867, preinerwein.at

89 Zweigelt Leopoldiwein 2022 Ⓗ
DV, 13 %. Kräftiges Rubingranat, violette Reflexe, breitere Randaufhellung. Reife Kirschfrucht, zart fleischig, ein Hauch von Heidelbeeren, Kräuternoten. Rote Beerenfrucht, mineralisch, frisch und lebendig, etwas zerfließend, unkomplizierter Trinkgenuss. € 8,– Best Buy

Weingut Günter Pratsch
Winzerstraße 50, 2223 Martinsdorf
T: +43 (2574) 8393, www.weingutpratsch.at

---

89 Zweigelt 2022 Ⓑ Ⓥ
DV, 13,5 %. Dunkles Rubingranat, violette Reflexe, zarte Randaufhellung. Zarte Brombeernoten, ein Hauch von Gewürzen, floraler Touch, etwas Orangenschalen, unkompliziertes Bukett. Saftig, straff, feine Tanninstruktur, zarte Kirschfrucht, salzig, bereits gut anzutrinken. € 8,– Best Buy

Weingut Erich Sattler
Obere Hauptstraße 10, 7162 Tadten
T: +43 (699) 11658571, www.erichsattler.at

---

89 Zweigelt 2022
DV, 13,5 %. Tiefdunkles Rubingranat, violette Reflexe, zarte Randaufhellung. Nougat, ein Hauch von reifen Zwetschken, zart nach Kardamom, floraler Touch, würzige Nuancen. Mittlerer Körper, würzig, Brombeernoten, Lakritze im Abgang, Vanille, fruchtsüßer Nachhall, unkomplizierter Speisenbegleiter. € 8,10 Best Buy

Weingut Erich & Birgit Pittnauer
Alte Satz 24, 7122 Gols
T: +43 (2173) 20070, www.pittnauerwein.at

---

89 Zweigelt Reserve 2022
NK, 13,5 %. Kräftiges Karmingranat, violette Reflexe, dezente Randaufhellung. Zart floral unterlegtes rotes Waldbeerenkonfit, Nuancen von Johannisbeeren, dezente Kräuterwürze. Mittlere Komplexität, reife Kirschen, zarte Fruchtsüße im Kern, bereits entwickelt, vielfältig einsetzbar. € 8,50 Best Buy

Weinbau Kaiser
Am Anger 21, 2214 Auersthal
T: +43 (664) 1443818, www.weinbau-kaiser.at

---

89 Zweigelt Sooss Ried in Schön 2022
DV, 13,5 %. Tiefdunkles Rubingranat, violette Reflexe, zarter Wasserrand. Dunkle Weichselnoten, zarte Holzwürze, ein Hauch von Gewürzen, schwarze Beerenfrucht. Mittlerer Körper, Johannisbeertouch, feiner Gerbstoff, balancierte Säurestruktur, bereits gut antrinkbar. € 8,50 Best Buy

Weingut Schwertführer »35«
Hauptstraße 35, 2504 Sooß
T: +43 (660) 5654543, www.schwertfuehrer.at

---

89 Zweigelt Prometheus No. 24 2022
DV, 13 %. Kräftiges Rubingranat, violette Reflexe, zarte Randaufhellung. Frische rotbeerige Nuancen, zart nach Herzkirschen, ein Hauch von Orangenzesten, etwas nach Feigen, floraler Touch. Mittlerer Körper, salzig, rote Beerenfrucht im Abgang, Johannisbeeren im Nachhall, bereits gut antrinkbar. € 9,– Best Buy

Weingut Drexler-Leeb
Hochstraße 65, 2380 Perchtoldsdorf
T: +43 (1) 8697660, www.drexler-leeb.at

---

89 Zweigelt Dobermannsdorf Ried Schilling Glücksmoment 2022 Ⓥ
DV, 13,5 %. Dunkles Rubingranat, violette Reflexe, ockerfarbene Randaufhellung. Dezente rote Beerenfrucht, zart nach Gewürzen, etwas nach Preiselbeeren und Orangen. Mittlerer Körper, salzig, rote Kirschfrucht im Abgang, frischer Säurebogen, etwas Kräuterwürze im Nachhall, bereits gut antrinkbar. € 9,30 Best Buy

Weingut Georg & Lisa Weinwurm
Hauptstraße 65, 2181 Dobermannsdorf
T: +43 (2533) 8581, www.weinwurms.at

---

88 Zweigelt Classic BodenSchatz 2022
NK, 13,5 %. Mittleres Karmingranat, violette Reflexe, breiter Wasserrand. Frisch nach Weichseln, dazu Zitrusnuancen, etwas Wiesenkräuter, Wacholderbeeren, vegetal. Mittlerer Körper, weitmaschig, Noten von roter Frucht, salzig, individuell einsetzbar. € 6,– Best Buy

Winzerhof Michael Gartner
Ufergasse 23, 7142 Illmitz
T: +43 (699) 11852536, www.gartner-illmitz.at

88 Zweigelt Klassik 2022
DV, 13,5 %. Kräftiges Karmingranat, violette Reflexe, breitere Randaufhellung. Zarte Kräuterwürze, rotes Waldbeerenkonfit, etwas Kirschen, tabakige Nuancen. Schlank, rotbeerige Textur, zarte Tannine, frischer Säurebogen, bietet unkompliziertes Trinkvergnügen. € 6,90 Best Buy

Eichenwald Weine
Kellerei: Günser Straße 54, 7312 Horitschon
T: +43 (2610) 42321, www.eichenwald.at

88 Zweigelt | Die Ritterehre 2022
DV, 13 %. Mittleres Karmingranat, violette Reflexe, breitere Randaufhellung. Verhalten, ein Hauch von Zwetschken, Nuancen von Kirschen, tabakige Würze. Schlank, rotbeerig, frische Säurestruktur, zitronig-mineralischer Abgang, mittlere Länge. € 6,90 Best Buy

Eichenwald Weine
Kellerei: Günser Straße 54, 7312 Horitschon
T: +43 (2610) 42321, www.eichenwald.at

88 Zweigelt Reserve 2022
DV, 13,5 %. Tiefdunkles Rubingranat, opaker Kern, violette Reflexe, zarte Randaufhellung. Zart rauchig-tabakig, etwas Orangenschalen, dunkle Beerenfrucht, zartes Brett. Mittlerer Körper, unkompliziert, Cassisnoten im Abgang, individuell einsetzbar. € 7,– Best Buy

Weinbau Gunhold
Hartergasse 16, 2500 Baden
T: +43 (676) 4362929, feine-weine-gunhold.at

88 Zweigelt Ried Zwiefanger 2022 Ⓑ
DV, 12,6 %. Dunkles Rubingranat, violette Reflexe, zarter Wasserrand. Cassis und Kräuterwürze, ein Hauch von Zitrusnoten, feiner Ribiseltouch, frisches Bukett. Mittlerer Körper, frisch, rotbeeriger Abgang, präsenter Gerbstoff, salziger Nachhall, würziger Rückgeschmack. € 7,50 Best Buy

Weingut Ernst Semmler
Untere Hauptstraße 14, 2223 Hohenruppersdorf
T: +43 (676) 7331585, www.weingut-semmler.at

88 Zweigelt klassik 2022
DV, 13 %. Mittleres Karmingranat, violette Reflexe, breitere Randaufhellung. Zart nach Erdbeeren, ein Hauch von Wiesenkräutern, etwas Holznuancen, dunkle Mineralik. Weitmaschig, feinwürzig, etwas dumpf, rote Beerenfrucht, gut integrierte Tanninstruktur, unkompliziert antrinkbar. € 8,– Best Buy

Weingut Schmidt
Schlossgasse 23, 2102 Hagenbrunn
T: +43 (664) 4200744, www.weingutschmidt.at

88 Zweigelt Ried In Ölbergen Prestige 2022 Ⓗ
NK, 13 %. Dunkles Rubingranat, violette Reflexe, Ockerrandaufhellung. Zarte Tabak-Holz-Würze, ein Hauch von Brombeeren, etwas vegetal. Mittlerer Körper, frisch, Krischtouch, individuell, Noten von roter Frucht. € 8,40 Best Buy

Winzerhof Scheit
Laaer Straße 11, 2113 Karnabrunn
T: +43 (2263) 6744, www.winzerhof-scheit.at

Ⓑ biologisch Ⓕ fruktosearm Ⓗ histaminarm Ⓢ schwefelarm Ⓥ vegan

BLAU-FRÄNKISCH

Foto: WSNA

Der Blaufränkisch gilt vielen Winzern und Rotweinliebhabern als die Spitzensorte im österreichischen Rebsortiment.

Der Blaufränkisch ist bezüglich seiner Anbaufläche nicht die meistvertretene Rotweinrebsorte in Österreich. Er liegt rückläufig mit rund 2.632 Hektar auf Platz zwei. Dennoch ist er für viele heimische Rotweinwinzer die wichtigste Sorte. Die genaue Herkunft ließ sich bisher nicht bestimmen, die Rebsorte ist aber mit Sicherheit schon seit dem 18. Jahrhundert in unseren Weinbergen heimisch. Neueste Forschungen haben nun nachgewiesen, dass es sich beim Blaufränkisch um eine natürliche Kreuzung aus der Blauen Zimmettraube mit Weißem Heunisch handelt. Da die Zimmettraube einst in der ehemaligen Untersteiermark im heutigen nördlichen Slowenien stark verbreitet war, liegt es nahe, dass dort auch die Wiege des Blaufränkisch gestanden hat. Man kann also mit Fug und Recht von einer altösterreichischen Rotweinsorte sprechen.
Der Elternteil Blaue Zimmettraube hat übrigens mit dem Grünen Silvaner auch den Blauen Portugieser hervorgebracht.
Der Blaufränkisch schätzt tiefgründige Lössböden, auch Kalk verträgt er einigermaßen gut. Die Trauben reifen relativ spät und werden auch entsprechend spät gelesen. Gegen Fäulnis sind sie nicht sehr empfindlich, jedoch können Oidium, Peronospora und durch Botrytis bedingte Stielfäule ein Problem darstellen.

INTERNATIONALE BEACHTUNG

Der Blaufränkisch ergibt charaktervolle Weine mit einer deutlich ausgeprägten Säure und zeichnet sich durch gute Farbe und Tanninreichtum aus. In ihrer typischen Ausprägung entwickeln Weine aus der Rebsorte Blaufränkisch einen dunkelbeerigen Duft mit Anklängen von Brombeeren und Weichseln, aber auch die mineralischen Noten des Terroirs kommen oft gut zum Ausdruck. Speziell Böden mit Schieferverwitterungsanteilen kommen der Sorte offensichtlich sehr entgegen.
Die meisten Blaufränkisch-Weine erreichen frühestens nach zwei Jahren eine erste Trinkreife. Weine aus guten Jahrgängen weisen ein erstaunliches Lagerpotenzial auf.
Die besten und auch klassischen Anbaugebiete für den Blaufränkisch in Österreich sind das Mittel- und das Südburgenland sowie Zonen rund um den Neusiedler See mit Schwerpunkt Gols, aber auch Rust, Leithaberg DAC und Rosalia DAC sowie der Spitzerberg in Carnuntum DAC im benachbarten Niederösterreich. Die besten Blaufränkischen finden mittlerweile auch international Beachtung, immer wieder können sich die Erzeuger über hohe Bewertungen freuen. So kann der Blaufränkisch seinen Teil zum guten Image der heimischen Rotweine beitragen.

DIE BESTEN DER KATEGORIE BLAUFRÄNKISCH 2022

99 1. Platz – 1. Falstaff-Sieger
Blaufränkisch Sankt Margarethen Ried Lamer 2022
Weingut Rosi Schuster, St. Margarethen – Leithaberg

99 2. Platz – 2. Falstaff-Sieger
Blaufränkisch Perwolff 2022
Weingut Krutzler, Deutsch Schützen – Eisenberg

98 3. Platz – ex aequo
Blaufränkisch Mittelburgenland DAC Reserve Ried Mitterberg 2022
Weingut Gager, Deutschkreutz – Mittelburgenland

98 3. Platz – ex aequo
Blaufränkisch Lutzmannsburg Alte Reben 2022
Weingut Moric, Großhöflein – Leithaberg

1. Platz

99 Blaufränkisch Sankt Margarethen Ried Lamer 2022 Ⓑ

NK/DIAM, 13,5 %. Dunkles Rubingranat, opaker Kern, violette Reflexe. Feine Kirschfrucht, floraler Touch, zarte Kräuterwürze, kandierte Orangenzesten, einladendes Bukett. Komplex, saftig, feine Waldbeeren, ein Hauch von Süße, reife Tannine, seidig und lange anhaftend, kühler rotbeeriger Abgang, große Länge, sicheres Reifepotenzial. € 75,–

Weingut Rosi Schuster
Prangergasse 2, 7062 St. Margarethen
T: +43 (2680) 26 24, www.rosischuster.at

2. Platz

99 Blaufränkisch Perwolff 2022

NK, 13,5 %. Leuchtendes dunkles Rubingranat, violette Reflexe, zarte Randaufhellung. Intensive schwarze Waldbeerenfrucht, tabakige Kräuterwürze, Nuancen von Brombeeren, dunkle Herzkirschen, mit kandierten Orangenzesten unterlegt. Saftig, elegant, feine Extraktsüße, wieder reife Kirschen, runde, samtige Tannine, mineralisch im Abgang, ein Hauch von Nougat im Nachhall, zeigt sehr gute Länge und Frische, sicheres Reifepotenzial. € 65,–

Weingut Krutzler Ⓢ
Untere Hauptstraße 6, 7474 Deutsch Schützen
T: +43 (664) 1431983, www.krutzler.at

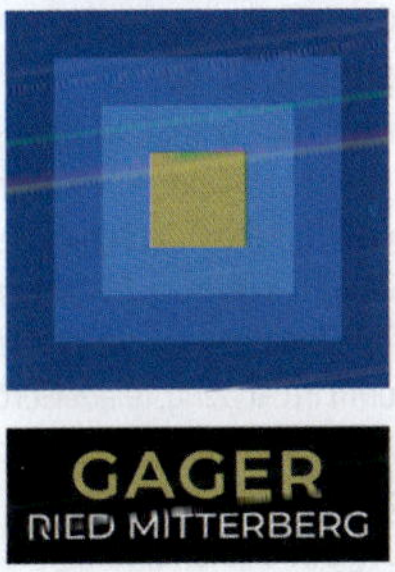

3. Platz (ex aequo)

98 Blaufränkisch Mittelburgenland DAC Reserve Ried Mitterberg 2022

NK, 14,5 %. Dunkles Rubingranat, opaker Kern, violette Reflexe, zarte Randaufhellung. Floraler Touch, zart nach Nougat, ein Hauch von reifen Brombeeren, schwarze Kirschen, ein Hauch von Cassis, tabakig-nussige Anklänge. Gute Komplexität, kraftvoll, feine Tabakwürze, etwas dunkles Waldbeerenkonfit, Hagebuttenkonfitüre im Rückgeschmack, gutes Entwicklungspotenzial. € 27,–

Weingut Gager Ⓢ
Karrnergasse 2 und 8, 7301 Deutschkreutz
T: +43 (2613) 80385, www.weingut-gager.at

3. Platz (ex aequo)

98 Blaufränkisch Lutzmannsburg Alte Reben 2022 Ⓑ

NK, 13,5 %. Dunkles Rubingranat, opaker Kern, violette Reflexe, zarte Randaufhellung. Feinwürzige rote Herzkirschfrucht, rote Waldbeeren, Lakritze, mit floralen Aspekten von Veilchen und Hibiskus unterlegt, Kräuter, aber auch Limettenzesten. Stoffig, elegant, saftige Textur, reife Herzkirschen, dezente Extraktsüße, feine, tragende Tannine, finessenreicher Säurebogen, mineralisch-straff und engmaschig im Abgang, bleibt sehr lange haften, sicheres Entwicklungspotenzial. € 95,–

Weingut Moric
Kirchengasse 3, 7051 Großhöflein
T: +43 (664) 4003231, www.moric.at

97 Blaufränkisch Ried Dürrau 2022

NK, 14 %. Dunkles Rubingranat, opaker Kern, violette Reflexe, zarte Randaufhellung. Zart tabakig-würzige Cassisnoten, ein Hauch von Nougat, Kardamom, Nelken, mineralischer Touch. Gute Komplexität, feinwürzig, beerige Frucht, präsentes Tannin, Lakritze, feine Röstaromen, Kirschen im Rückgeschmack, zeigt Länge und Reifepotenzial. € 25,90

Weingut Kerschbaum
Hauptstraße 111, 7312 Horitschon
T: +43 (2610) 42392, www.kerschbaum.at

Ⓑ biologisch Ⓕ fruktosearm Ⓗ histaminarm Ⓢ schwefelarm Ⓥ vegan

97 Blaufränkisch Ried Glagsatz 2022
NK, 14 %. Dunkles Rubingranat, violette Reflexe, dezente Ockerrandaufhellung. Zarte Edelholzwürze, dunkle Waldbeeren, etwas Nougat und Kräuter, mit kandierten Orangenzesten unterlegt. Saftig, harmonisch und komplex, feine Extraktsüße, finessenreich strukturiert, elegant, mit reifen Tanninen ausgestattet, zeigt Länge und sicheres Potenzial. € 27,–

Weingut Leberl
Hauptstraße 91, 7051 Großhöflein
T: +43 (2682) 67800, www.leberl.at

96 Blaufränkisch Well Alte Reben 2022 Ⓑ
NK, 13 %. Tiefdunkles Rubingranat, opaker Kern, violette Reflexe, zarte Randaufhellung. Feine Edelholzwürze, reife Pflaumen, eingelegte schwarze Kirschen, Feigen, kandierte Orangenzesten und Nougat. Kraftvoll, saftig, reife Kirschen, frischer Säurebogen, feine Tannine, mineralisch, zart nussiger Touch im Nachhall, zeigt Länge und Entwicklungspotenzial. € 32,–

Weingut Wellanschitz
Lange Zeile 28, 7311 Neckenmarkt
T: +43 (2610) 42302, www.wellanschitz.at

96 Blaufränkisch Gols Ried Spiegel 2022 Ⓑ Ⓗ
NK, 13,5 %. Dunkles Rubingranat, violette Reflexe, breite Ockerrandaufhellung. Floral, feine Brombeernoten, zart nach Pflaumen, kandierte Mandarinenzesten, zart nach Nougat, ein Hauch von Kräuterwürze. Gute Komplexität, engmaschig, finessenreich strukturiert, eingelegte rote Kirschfrucht, reife Tannine, etwas nach Vanille, präsente Edelholzwürze, ein charaktervoller Speisenbegleiter mit Potenzial. € 45,–
Weingut Paul Achs
Neubaugasse 13, 7122 Gols
T: +43 (2173) 2367, www.paul-achs.at

96 Blaufränkisch Gols Ried Ungerberg 2022 Ⓑ Ⓗ
NK, 13,5 %. Dunkles Rubingranat, opaker Kern, violette Reflexe, zarte Randaufhellung. Tabakwürze, reifes dunkles Waldbeerenkonfit, Gewürznuancen, Johannisbeeren klingen an, etwas Vanille und Nougat im Bukett. Engmaschig, reife Kirschen, feiner Säurebogen, Röstaromen, gut integrierte Tanninstruktur, dunkle Beerenfrucht, zarte Schokonuancen, wird von Flaschenreife profitieren, braucht noch Zeit. € 54,–
Weingut Paul Achs
Neubaugasse 13, 7122 Gols
T: +43 (2173) 2367, www.paul-achs.at

96 Blaufränkisch Lutzmannsburg Ried Schwemmer 2022 Ⓑ
DIAM, 13,5 %. Dunkles Rubingranat, violette Reflexe, dezente Randaufhellung. Dunkle Mineralik, schwarze Waldbeeren, Nuancen von Lakritze und kandierten Mandarinenzesten, kühles, facettenreiches Bukett. Komplex, saftig, seidige Textur, feines Säurespiel, mineralisch und minutenlang anhaftend, bereits sehr gut balanciert, reife Kirschen im Abgang, feine Süße im Nachhall, sicheres Entwicklungspotenzial. € 75,–
Weingut Moric
Kirchengasse 3, 7051 Großhöflein
T: +43 (664) 4003231, www.moric.at

96 Blaufränkisch Sankt Margarethen Ried Hinkenthal 2022 Ⓑ
NK/DIAM, 13,5 %. Tiefdunkles Rubingranat, opaker Kern, violette Reflexe. Zart floral unterlegte rote Waldbeeren, frische Herzkirschen, ein Hauch von Pflaumen, attraktives feinfruchtiges Bukett. Stoffig, elegant, finessenreich strukturiert, seidige Tannine, wirkt leichtfüßig, bereits gut entwickelt, frischer, saftiger Speisenbegleiter, mit gutem Potenzial ausgestattet, ein Zukunftsversprechen. € 75,–
Weingut Rosi Schuster
Prangergasse 2, 7062 St. Margarethen
T: +43 (2680) 26 24, www.rosischuster.at

96 Blaufränkisch Lutzmannsburg Ried Maissner 2022 Ⓑ
DIAM, 13,5 %. Dunkles Rubingranat, violette Reflexe, zarte Randaufhellung. Weißes Nougat, reife Kirschfrucht, ein Hauch von Erdbeeren, floraler Touch, facettenreiches, verspieltes Bukett. Saftig, leichtfüßig, fester Kern, kompakt, feine Extraktsüße, reife Tannine, harmonisch und lange anhaftend, Brombeerkonfit im Abgang, feiner Gerbstoff, ein vielschichtiger Speisenbegleiter, sicheres Reifepotenzial. € 90,–
Weingut Moric
Kirchengasse 3, 7051 Großhöflein
T: +43 (664) 4003231, www.moric.at

95 Blaufränkisch Leithaberg DAC Jois Ried Gritschenberg 2022 Ⓑ Ⓥ

NK, 13 %. Kräftiges Rubingranat, violette Reflexe, dezente Ockerrandaufhellung. Rotes Waldbeerenkonfit, eingelegte Herzkirschen, zart tabakig, dezente Kräuterwürze. Saftig, elegant, rotbeerige Textur, finessenreicher Säurebogen, gut integrierte Tannine, mineralisch-salzig im Abgang, bleibt haften, ein vielseitiger, leichtfüßiger Speisenwein mit Potenzial. € 26,90

Weingut Pasler
Untere Hauptstraße 30, 79093 Jois
T: +43 (2160) 7385, www.paslerwein.com

95 Blaufränkisch Mittelburgenland DAC Reserve Horitschon Quintus 2022 Ⓑ Ⓕ Ⓗ

VL, 13,5 %. Dunkles Rubingranat, violette Reflexe, zarte Randaufhellung. Kräuterwürzig, feine Edelholzanklänge, schwarze Kirschen, ein Hauch von Brombeeren, zart nach Nougat, einladendes Bukett. Saftig, rote Beerenfrucht, feine Tannine, mineralisch-salzig im Abgang, wirkt im Finale fast schlank, ein leichtfüßiger Begleiter bei Tisch, gutes weiteres Reifepotenzial. € 33,–

IBY Rotweingut Bio
Am Blaufränkischweg 3, 7312 Horitschon
T: +43 (2610) 42292, www.iby.at

95 Blaufränkisch Reserve 2022 Ⓑ

DIAM, 13,5 %. Dunkles Rubingranat, opaker Kern, violette Reflexe, zarte Randaufhellung. Zarte schwarzbeerige Nuancen, ein Hauch von Brombeeren und Lakritze, tabakige Würze, Orangenzesten klingen an. Kraftvoll, engmaschig, mineralische Textur, dunkle Waldbeeren, frischer Säurebogen, reife, tragende Tannine, salziger Touch im Abgang, sehr gute Länge, ein stoffiger Speisenbegleiter, sicheres Entwicklungspotenzial. € 38,–

Weingut Moric
Kirchengasse 3, 7051 Großhöflein
T: +43 (664) 4003231, www.moric.at

95 Blaufränkisch Müllendorf Ried Santen 2022

NK/DIAM, 13,5 %. Dunkles Rubingranat, opaker Kern, violette Reflexe. Schwarze Beerenfrucht, zart nach Brombeeren, Lakritze und frischen Herzkirschen, ein Hauch von Orangenzesten. Engmaschig, straff, elegant, feine, finessenreiche Süße, reife, tragende Tannine, mineralisch im Abgang, kalkig-zitronige Kühle im Nachhall, straff und anhaftend, sicheres Reifepotenzial. € 75,–

Weingut Rosi Schuster
Prangergasse 2, 7062 St. Margarethen
T: +43 (2680) 26 24, www.rosischuster.at

94 Blaufränkisch Eisenberg DAC Ried Fasching 2022

NK, 13,5 %. Dunkles Rubingranat, opaker Kern, violette Reflexe, dezente Randaufhellung. Zart nach Brombeeren und Weichseln, tabakige Nuancen, feine Kräuterwürze. Mittlere Komplexität, straff, rotbeerige Nuancen, reife Tannine, finessenreich strukturiert, saliner Abgang, zeigt Länge und Reifepotenzial. € 22,50

Weingut Jalits
Untere Dorfstraße 16, 7512 Badersdorf
T: +43 (664) 3303827, www.jalits.at

94 Blaufränkisch Ried Bergleiten 2022 Ⓥ
NK, 14 %. Dunkles Rubingranat, violette Reflexe, zarte Randaufhellung. Feinwürziges Bukett nach Edelholz, frischem Cassis und dunklen Herzkirschen, einladend. Elegant, fein strukturiert, reife Kirschen, samtiges Tannin, Pflaumen und Dörrobst im Abgang, schokoladiger Nachhall, bleibt haften, ein vielseitiger Speisenbegleiter, bereits antrinkbar. € 24,50

Weingut Josef Tesch
Herrengasse 26, 7311 Neckenmarkt
T: +43 (2610) 43610, www.tesch-wein.at

94 Blaufränkisch Ried Jungenberg 2022
NK, 14 %. Dunkles Rubingranat, opaker Kern, violette Reflexe, dezente Ockerrandaufhellung. Dunkle Kirschen, Brombeerkonfit, mit feiner Holzwürze unterlegt, tabakige Nuancen, kandierte Orangenzesten. Kraftvoll, saftig, wieder Brombeeren und reife Kirschen, gut integrierte Tannine, gute Frische, mineralischer Nachhall, rotbeerig-zitronig im Rückgeschmack, straff und anhaltend. € 34,–

Winzerhof Kiss Ronald
Joseph-Haydn-Gasse 1, 7093 Jois
T: +43 (2160) 8256, www.winzerhof-kiss.at

94 Blaufränkisch Carnuntum DAC Höflein Ried Bärnreiser 1ÖTW 2022 Ⓑ Ⓗ
NK, 13,5 %. Kräftiges Rubingranat, violette Reflexe, breitere Randaufhellung. Zart floral unterlegte reife Herzkirschfrucht, etwas Brombeerkonfit, kandierte Orangenzesten, etwas Edelholz. Mittlere Komplexität, rotbeerige Frucht, feine Tannine, frisch strukturiert, salziger Nachhall, bereits zugänglich, sicheres Reifepotenzial, lebendiger Stil. € 26,90

Weingut Walter Glatzer
Rosenbergstraße 5, 2464 Göttlesbrunn
T: +43 (2162) 8486, www.weingutglatzer.at

94 Blaufränkisch Reserve Tricata 2022 Ⓥ
NK, 16 %. Dunkles Rubingranat, opaker Kern, violette Reflexe, zarte Ockerrandaufhellung. Zart nach Vanille und Nougat, feine Dörrpflaumen, Brombeerkonfit, Gewürznelken. Stoffig, elegant, feine Extraktsüße, runde Tannine, schokoladig, trotz hohem Alkohol gut balanciert, feinwürzig im Nachhall, bleibt haften, ein komplexer Speisenwein mit sicherem Reifepotenzial. Kommt einem Vintage-Port aromatisch nahe. € 53,–

Weingut Juris
Marktgasse 12–18, 7122 Gols
T: +43 (2173) 2748, www.juris.at

94 Blaufränkisch Alte Reben 2022 Ⓥ
NK, 14 %. Dunkles Rubingranat, opaker Kern, violette Reflexe, zarte Randaufhellung. Kräuterwürzig, schwarze Kirschen und Weichseln, mit dunklem Waldbeerenkonfit unterlegt, zart nussiger Touch. Kraftvoll, straff, engmaschig, reife Herzkirschen, runde Tannine, feine Nougatnoten, mineralischer Nachhall, bleibt gut haften, ein frischer Begleiter bei Tisch, sicheres Reifepotenzial. € 29,–

Weingut Ceel
Hauptstraße 2, 7071 Rust
T: +43 (699) 10069331, www.weingut-ceel.at

93 Blaufränkisch Mittelburgenland DAC Reserve Horitschon Ried Hochäcker 2022 Ⓑ Ⓕ Ⓗ Ⓥ
VL, 13,5 %. Dunkles Rubingranat, opaker Kern, violette Reflexe, zarte Randaufhellung. Kräuterwürzig-tabakige Nuancen, reife Zwetschkenfrucht, Kirschen, Nougat, kandierte Orangenzesten. Saftig, mittlere Komplexität, rote Herzkirschen, feine Tannine, frisch strukturiert, mineralischer Nachhall, anregender Stil, bereits jetzt sehr einladend, gutes Reifepotenzial. € 13,–

IBY Rotweingut Bio
Am Blaufränkischweg 3, 7312 Horitschon
T: +43 (2610) 42292, www.iby.at

93 Blaufränkisch Ried Reisbühel 2022
NK, 14 %. Kräftiges Rubingranat, violette Reflexe, dezente Ockerrandaufhellung. Zart tabakig-kräuterwürzig unterlegte dunkle Kirschfrucht, Brombeerkonfit, ein Hauch von Nougat. Komplex, saftig und elegant, feine Extraktsüße, reife Tannine, schokoladiger Anklang, mineralisch-salzig im Nachhall, gute Länge, zeigt Reifepotenzial, vielfältig einsetzbar. € 17,–

Weingut Leberl
Hauptstraße 91, 7051 Großhöflein
T: +43 (2682) 67800, www.leberl.at

93 Blaufränkisch Ried Hochberg Reserve 2022
NK, 14 %. Dunkles Rubingranat, violette Reflexe, dezente Ockerrandaufhellung. Feiner Edelholztouch, etwas Nougat, reife Herzkirschen, ein Hauch von Brombeerkonfit. Mittlere Komplexität, frische Kirschen, zart nach Ribiseln, feine Tannine, mineralisch, lebendig strukturiert, bleibt gut haften, finessenreicher Stil. € 18,–

Weingut Ernst
Neubaugasse 21, 7301 Deutschkreutz
T: +43 (664) 3860220, www.weinguternst.at

93 Blaufränkisch Jois Ried Bakobel 2022
NK, 14,5 %. Dunkles Rubingranat, opaker Kern, violette Reflexe, dezente Ockerrandaufhellung. Zart floral, ein Hauch von Cassis, schwarze Kirschen, Gewürznelken klingen an, mit reifen Brombeeren und Nougat unterlegt. Kraftvoll, dunkle Waldbeeren, dezenter Säurebogen, feine Tannine, mineralisch-zitronig im Abgang, schokoladiger Touch im Rückgeschmack, wird von weiterer Flaschenreife profitieren. € 18,–

Weingut HST – Hannes Steurer
Bahnstraße 28, 7093 Jois
T: +43 (664) 5511780, www.hannessteurer.at

93 Blaufränkisch Halbturn Ried Kaiserberg 2022
DIAM, 13,5 %. Kräftiges Rubingranat, violette Reflexe, dezente Randaufhellung. Attraktive Edelholznoten, schwarze Waldbeeren, etwas Lakritze und Röstaromen. Komplex, saftig und frisch, reife Herzkirschen, feiner Säurebogen, runde Tannine, extraktsüßer Nachhall, bereits gut antrinkbar. € 19,50

Weingut Harald Kiss
Erzherzog-Friedrich-Straße 32, 7131 Halbturn
T: +43 (699) 12674845, www.weingutkiss.at

93 Blaufränkisch Mittelburgenland DAC Reserve Chevalier 2022 B F H
VL, 13,5 %. Dunkles Rubingranat, opaker Kern, violette Reflexe, dezente Randaufhellung. Zarte Edelholznuancen, schwarze Kirschen, einladendes, feinwürziges Bukett. Komplex, saftige Textur, dunkle Waldbeeren, feine Tannine, mineralisch-salzig im Abgang, gute Länge, ein leichtfüßiger Speisenbegleiter mit Entwicklungspotenzial. € 20,–

IBY Rotweingut Bio
Am Blaufränkischweg 3, 7312 Horitschon
T: +43 (2610) 42292, www.iby.at

93 Blaufränkisch Mittelburgenland DAC Reserve Creitzer 2022 Ⓑ

DV, 14 %. Tiefdunkles Rubingranat, violette Reflexe, zarte Randaufhellung. Brombeernoten, zart nach Toffee, ein Hauch von Nougat, Mandarinentouch, einladendes Bukett. Engmaschig, feinwürzig, rotbeerige Nuancen, frische Herzkirschen, feines Tannin, lebendig und elegant, bleibt gut haften, mineralischer Nachhall, bereits antrinkbar, sicheres Reifepotenzial. € 20,50

Weingut Gesellmann
Langegasse 65, 7301 Deutschkreutz
T: +43 (2613) 80360, www.gesellmann.at

93 Blaufränkisch Jois 2022 Ⓥ

NK, 13,5 %. Dunkles Rubingranat, opaker Kern, violette Reflexe, dezente Randaufhellung. Schwarze Waldbeeren, Brombeerkonfit, dunkle Herzkirschen, ein Hauch von Lakritze und Gewürznelken. Kraftvoll, saftig, extraktsüß, feinwürzig, reife Tannine, schokoladig im Abgang, zeigt gute Länge, sicheres Reifepotenzial. € 21,–

Weingut Scheiblhofer
Halbturner Straße 1a, 7163 Andau
T: +43 (2176) 2610, www.scheiblhofer.at

93 Blaufränkisch Mittelburgenland DAC Reserve Ried Bodigraben 2022

NK/DV, 14 %. Dunkles Rubingranat, violette Reflexe, dezente Ockerrandaufhellung. Dunkle Waldbeeren, rote Herzkirschen, mineralischer Touch, ein Hauch von Edelholz und Vanille. Kraftvoll, komplex, schokoladige Textur, dunkle Beerenfrucht, tragende Tannine, dezenter Säurebogen, mineralisch und anhaftend, salziger Nachhall, verfügt über Reifepotenzial. € 22,50

Weingut Juliana Wieder
Lange Zeile 76, 7311 Neckenmarkt
T: +43 (2610) 42438, www.weingut-juliana-wieder.at

93 Blaufränkisch Ried Gabarinza Reserve 2022

VL, 14,5 %. Dunkles Rubingranat, violette Reflexe, dezente Randaufhellung. Tabakig unterlegte Edelholznuancen, Lakritze, schwarze Waldbeeren, reife Zwetschken, etwas Nougat. Sehr kraftvoll, reife Kirschen, runde Tannine, mineralisch, etwas schokoladig im Abgang, ein stoffiger Speisenbegleiter mit weiterem Reifepotenzial. € 24,–

Weingut Horvath
Untere Hauptstraße 165, 7122 Gols
T: +43 (676) 923 66 52, www.weingut-horvath.at

93 Blaufränkisch Carnuntum DAC Ried Gaisberg 2022 Ⓑ

NK, 13,5 %. Dunkles Rubingranat, violette Reflexe, zarte Randaufhellung. Zarte Edelholznuancen, Brombeeren, schwarze Kirschen, etwas Nougat, ein Hauch von Vanille, Noten von Lakritze. Kraftvoll, komplex, süße Herzkirschen, reife, runde Tannine, schokoladiger Touch, mineralisch im Abgang, gutes Reifepotenzial. € 24,–

Weingut Andreas Muhr
Hauptstraße 7, 2463 Stixneusiedl
T: +43 (699) 11463502, www.amuhr.at

93 Blaufränkisch Ried Burgstall 2022 Ⓑ

NK, 13,5 %. Kräftiges Rubingranat, violette Reflexe, breitere Ockerrandaufhellung. Zarte rote Waldbeeren, ein Hauch von Sanddorn, Kirschen, floraler Touch, kandierte Orangenzesten. Mittlere Komplexität, rotbeerig, frisch strukturiert, feine Tannine, elegant und gut anhaftend, ein anregender Speisenbegleiter, bereits gut entwickelt. € 24,–

Weingut Wellanschitz
Lange Zeile 28, 7311 Neckenmarkt
T: +43 (2610) 42302, www.wellanschitz.at

93 Blaufränkisch Ried Lehmgrube 2022

NK, 13,5 %. Dunkles Rubingranat, violette Reflexe, zarte Ockerrandaufhellung. Frische Herzkirschen, zart nach Brombeeren, ein Hauch von Orangenzesten, dezentes Bukett. Komplex, saftig, reife Kirschfrucht, runde, tragende Tannine, kerniger Abgang, bleibt haften, verfügt über gutes Reifepotenzial. € 25,–

Weingut Franz Schindler
Neustiftgasse 6, 7072 Mörbisch
T: +43 (2685) 8326, www.weingut-schindler.at

93 Blaufränkisch Leithaberg DAC Ried Edelberg 2022 Ⓑ

DIAM, 13,5 %. Dunkles Rubingranat, violette Reflexe, zarte Ockerrandaufhellung. Dunkle Waldbeeren, zarter Nougattouch, ein Hauch von Lakritze, scheues Bukett. Mittlerer Körper, rote Kirschen, wirkt frisch und leichtfüßig, zarte Tannine, mineralisch-salzig im Abgang, lebendiger Stil, vielfältig einsetzbar. € 26,–

Weingut Toni Hartl
Florianigasse 7, 2440 Reisenberg
T: +43 (2234) 80636, www.toni-hartl.at

93 Blaufränkisch Carnuntum DAC Ried Kirchweingarten 1ÖTW 2022 Ⓑ

NK, 13,5 %. Dunkles Rubingranat, violette Reflexe, zarte Randaufhellung. Mit Kräuterwürze unterlegte dunkle Waldbeeren, etwas Lakritze, schwarze Kirschen klingen an. Saftig, feine Extraktsüße, reife Herzkirschen, reife Tannine, etwas Nougat, mineralisch-salzig im Abgang, ein stoffiger Speisenwein, gutes Reifepotenzial. € 30,–

Weingut Artner
Dorfstraße 93, 2465 Höflein
T: +43 (2162) 63142, www.artner.co.at

93 Blaufränkisch Reserve 2022 Ⓥ

DV, 14 %. Dunkles Rubingranat, opaker Kern, violette Reflexe, dezente Randaufhellung. Frische Brombeeren, dunkle Kirschen, mineralischer Touch, mit kandierten Orangenzesten unterlegt. Komplex, saftig, rotbeerige Nuancen, reife Tannine, frisch strukturiert, salzige Note, ein lebendiger Speisenbegleiter mit Entwicklungspotenzial. € 30,–

Günter + Regina Triebaumer
Neuegasse 18, 7071 Rust
T: +43 (676) 4728288, www.triebaumer.at

93 Blaufränkisch Carnuntum DAC Höflein Ried Aubühl 1ÖTW 2022
NK, 13,5 %. Dunkles Rubingranat, schwarzer Kern, violette Reflexe, zarte Randaufhellung. Dörrobst, ein Hauch von kandierten Orangenschalen, dezente Lakritznoten, floraler Touch, einladendes Bukett. Saftig, gute Komplexität, reife Herzkirschen, etwas Johannisbeere, tragende Tanninstruktur, Röstaromatik im Rückgeschmack, wird von Flaschenreife profitieren. € 30,50

Weingut Michael Auer
Hoher Weg, 2465 Höflein
T: +43 (699) 11608281, www.weingut-auer.com

93 Blaufränkisch Leithaberg DAC Ried Rosenberg 2022 Ⓑ
DIAM, 13,5 %. Dunkles Rubingranat, opaker Kern, violette Reflexe, zarte Randaufhellung. Zart nach Teer, schwarze Beeren, Kräuterwürze, ein Hauch von Lakritze und Orangenzesten, facettenreiches Bukett, braucht etwas Luft. Kräftig, etwas Nougat und reife schwarze Kirschen, präsente Tannine, salzig im Abgang, wird von Flaschenreife profitieren. € 35,–

Weingut Toni Hartl
Florianigasse 7, 2440 Reisenberg
T: +43 (2234) 80636, www.toni-hartl.at

93 Blaufränkisch Glimmerschiefer und Kalk 2022
DIAM, 14 %. Dunkles Rubingranat, violette Reflexe, zarte Ockerrandaufhellung. Rote Kirschfrucht, dezente Röstaromen, zart nach Gewürzen, ein Hauch von Preiselbeeren, Nougat klingt an. Saftig, mittlere Komplexität, salzig, rote Kirschfrucht auch am Gaumen, gut eingebundene Tannine, lebendig, balancierter Speisenbegleiter. € 32,–

Weingut PMC Münzenrieder
Triftgasse 31, 7143 Apetlon
T: +43 (2175) 26700, www.pmc-muenzenrieder.at

93 Blaufränkisch Horitschon Ried Edelgrund 2022
NK, 13,5 %. Dunkles Rubingranat, violette Reflexe, zarte Randaufhellung. Zart nach Dörrpflaumen, dunkle Waldbeeren, etwas Nougat, mit feiner Kräuterwürze unterlegt. Saftig, reife schwarze Kirschfrucht, lebendige Säurestruktur, runde Tannine, mineralisch-salzig im Abgang, zart nussig im Nachhall, individueller Stil. € 59,–

Kirchblau
Sonnenweg, 7301 Deutschkreutz
T: +43 (650) 4415329, www.weingut-kirnbauer.at

92 Blaufränkisch Ried Altenberg Reserve 2022
DIAM, 14 %. Dunkles Rubingranat, violette Reflexe, zarte Ockerrandaufhellung. Ein Hauch von Nougat und dunklen Kirschen, zarte Holzwürze, mit reifen Zwetschken und Vanille unterlegt. Saftig, rotbeerig, reife Kirschfrucht, gut integrierte Tannine, mineralisch, rotbeeriger Nachhall, ein lebendiger Speisenbegleiter. € 10,– Best Buy

Weingut Gebrüder Nittnaus
Untere Hauptstraße 105, 7122 Gols
T: +43 (2173) 2186, www.nittnaus.net

93 Blaufränkisch Rosalia DAC Exzellent 2022
NK, 14 %. Dunkles Rubingranat, violette Reflexe, dezente Randaufhellung. Tabakig-kräuterwürzig unterlegte schwarze Kirschen, zart nach Zwetschken, ein Hauch von Edelholz, einladendes Bukett. Komplex, frische Kirschen auch am Gaumen, feine Tannine, frisch strukturiert, etwas Nougat im Abgang, mineralischer Nachhall, gutes weiteres Reifepotenzial. € 34,–

Domaine Pöttelsdorf
Kellerweg 15, 7025 Pöttelsdorf
T: +43 (2626) 5200, www.domaine-pöttelsdorf.at

92 Blaufränkisch Leithaberg DAC Eisbachtal 2022
DV, 14,5 %. Dunkles Rubingranat, violette Reflexe, dezente Ockerrandaufhellung. Kräuterwürzig, ein Hauch von Schiefer, schwarze Beerenfrucht, mineralischer Touch. Kraftvoll, reife Zwetschkenfrucht, dezente Extraktsüße und Holznuancen, mineralisch-salzig im Abgang, eigenständiger, opulenter Stil. € 11,50

Köllerhaus – Weinbau Köller
Hotterweg 66, 7000 Eisenstadt
T: +43 (664) 3501277, www.koellerhaus.at

92 Blaufränkisch Schiefer & Lehm Central 2022 Ⓑ

DV, 13 %. Kräftiges Rubingranat, violette Reflexe, breitere Ockerrandaufhellung. Reifes rotes Waldbeerenkonfit, eingelegte Herzkirschen, feine Kräuterwürze, mit kandierten Orangenzesten unterlegt. Saftig, wirkt leichtfüßig, rote Kirschen, frisch strukturiert, feine Tannine, bereits gut entwickelt, mineralisch im Nachhall, ein vielseitiger Speisenbegleiter. € 11,90

Weingut Wellanschitz
Lange Zeile 28, 7311 Neckenmarkt
T: +43 (2610) 42302, www.wellanschitz.at

92 Blaufränkisch Eisenberg DAC 2022 Ⓑ Ⓥ

DV, 13 %. Dunkles Rubingranat, violette Reflexe, zarte Ockerrandaufhellung. Tabakig, Lakritze und Kräuter, ein Hauch von Sauerkirschen, Mandarinenzesten, mineralischer Touch. Saftig, mittlere Komplexität, schwarze Kirschen, frisch strukturiert, feine Tannine, salziger Abgang, ein frischer, leichtfüßiger Speisenbegleiter. € 12,50

Groszer Wein
Burg 95, 7473 Burg
T: +43 (664) 3863777, www.groszerwein.at

92 Blaufränkisch Ried Alter Satz 2022 Ⓑ Ⓥ

DIAM, 14 %. Kräftiges Rubingranat, violette Reflexe, dezente Ockerrandaufhellung. Zart nach Edelholz und Preiselbeeren, rote Herzkirschen, frische Orangenzesten, einladendes Bukett. Saftig, reife Zwetschkenfrucht, lebendige Struktur, seidige Tannine, etwas Nougat, bereits antrinkbar, ein kräftiger Speisenwein mit Charme. € 12,–

Bio-Weingut Ettl
Seestraße 48–52, 7141 Podersdorf am See
T: +43 (2177) 2483, www.bioweingut-ettl.at

92 Blaufränkisch Ried Hochäcker 2022

DV, 13,5 %. Dunkles Rubingranat, opaker Kern, violette Reflexe. Dunkles Waldbeerenkonfit, ein Hauch von Brombeeren, Zwetschken und Lakritze, kandierte Orangenzesten klingen an. Saftig, kraftvoll, gut integrierte, samtige Tannine, Nuancen von schwarzer Frucht, feinwürzig, Edelholztouch im Nachhall, bereits antrinkbar, guter Speisenbegleiter mit weiterem Potenzial. € 12,90

Weingut Kerschbaum
Hauptstraße 111, 7312 Horitschon
T: +43 (2610) 42392, www.kerschbaum.at

92 Blaufränkisch Ried Fabian 2022

DV, 14 %. Dunkles Rubingranat, opaker Kern, violette Reflexe, zarte Randaufhellung. Dunkles Waldbeerenkonfit, Herzkirschen, kandierte Orangenzesten, mit Holzwürze und Karamell unterlegt. Komplex und saftig, Brombeernoten, gut integrierter Säurebogen, reife Tannine, Vanilletouch im Abgang, bleibt haften, Herzkirschen im Nachhall. € 12,10

Weingut Gager
Karrnergasse 2 und 8, 7301 Deutschkreutz
T: +43 (2613) 80385, www.weingut-gager.at

92 Blaufränkisch Ried Goldberg Mörbischer Ochs auf Lerchenau 2022

DV, 14 %. Kräftiges Rubingranat, violette Reflexe, breitere Ockerrandaufhellung. Zart nach Nougat, reife Zwetschken, dunkle Kirschen, kandierte Orangenzesten. Saftig, kräftig, rund und süß, ein Hauch von Feigen, elegant, mineralisch, bleibt haften, schokoladig, ein stoffiger Begleiter bei Tisch, würziger Nachhall. € 13,–

Weingut Kranixfeld – Familie Fischl
Steinergasse 3, 7072 Mörbisch
T: +43 (2685) 83 48, www.kranixfeld-fischl.at

92 Blaufränkisch Reserve 2022 Ⓥ

DV, 13,5 %. Dunkles Rubingranat, violette Reflexe, breitere Ockerrandaufhellung. Zarte kräuterwürzige Nuancen, Efeu, Lakritze, etwas Sanddorn, schwarze Kirschen, tabakiger Anklang. Rotbeerige Textur, mittlerer Körper, straffe Tannine, frischer Säurebogen, salzige Mineralik, zitroniger Touch im Nachhall, lebendiger Stil, ein vielseitiger Speisenwein. € 15,–

Weingut Ceel
Hauptstraße 2, 7071 Rust
T: +43 (699) 10069331, www.weingut-ceel.at

92 Blaufränkisch TOB Tannenberg 2022

NK, 13,5 %. Dunkles Rubingranat, violette Reflexe, zarte Ockerrandaufhellung. Zart nach Lakritze, etwas Edelholz, Schiefertouch, schwarze Beerenfrucht, ein Hauch von Bourbon-Vanille. Saftig, elegant, etwas Nougat und Kirschen, reife Tannine, mineralisch-salzig im Abgang, gutes Entwicklungspotenzial. € 13,50

Weingut D & D Haider
Hauptplatz 10, 7093 Jois
T: +43 (699) 12565510, www.ddhaider.at

92 Blaufränkisch Eisenberg DAC im kleinen Eichenfass gereift 2022

NK/DIAM, 14 %. Kräftiges Rubingranat, violette Reflexe, dezente Ockerrandaufhellung. Zarte Edelholznuancen, Brombeerkonfit, ein Hauch von Kirschen und Nougat. Saftig, rote Waldbeeren, frischer Säurebogen, feine Tannine, salzig-mineralischer Abgang, bereits zugänglich, gutes Entwicklungspotenzial. € 15,–

Weingut Anton Mittl
Lindengasse 6, 7474 St. Kathrein im Burgenland
T: +43 (3365) 2588, www.mittl.at

92 Blaufränkisch Eisenberg DAC Ried Szapary 2022

NK, 13,5 %. Dunkles Rubingranat, violette Reflexe, dezente Ockerrandaufhellung. Feine rote Waldbeerenfrucht, ein Hauch von Herzkirschen, Erdbeerkonfitüre, mit reifen Zwetschken unterlegt, mineralisch, einladender Duft. Mittlerer Körper, rotbeerig, frisch strukturiert, reife, mürbe Tannine, mineralisch-salzig im Abgang, wirkt leichtfüßig, zitroniger Nachhall. € 15,50

Weingut Jalits
Untere Dorfstraße 16, 7512 Badersdorf
T: +43 (664) 3303827, www.jalits.at

92 Blaufränkisch Mittelburgenland DAC Reserve Rondo 2022

NK, 13,5 %. Dunkles Rubingranat, violette Reflexe, dezente Randaufhellung. Schwarze Kirschen, Brombeerkonfit, zarte Edelholzwürze, einladendes Bukett. Komplex, saftig, feinwürzig, dunkle Beerenfrucht, feine reife Tannine, mineralisch-salzig, bleibt gut haften, gutes Reifepotenzial. € 14,50

Wein-Gut Iby-Lehrner
Hauptstraße 34, 7312 Horitschon
T: +43 (2610) 42113, www.iby-lehrner.at

92 Blaufränkisch Tethys 2022
DIAM, 13,5 %. Dunkles Rubingranat, violette Reflexe, zarte Ockerrandaufhellung. Zart nach Brombeeren, dunkle Herzkirschen und feine Kräuterwürze, tabakiger Anklang. Straff, rote Kirschen und Waldbeeren, feine Tannine, lebendig strukturiert, mineralisch-salzig im Abgang, bleibt haften, gutes Entwicklungspotenzial. € 16,30

Weingut Eberherr
Hauptstraße 116, 7062 St. Margarethen
T: +43 (2680) 2875, www.eberherr.at

92 Blaufränkisch Leithaberg DAC 2022
NK, 14 %. Dunkles Rubingranat, opaker Kern, violette Reflexe, dezente Randaufhellung. Feine Kräuterwürze, rote Herzkirschen, Preiselbeeren, zart tabakig, mineralischer Touch. Kraftvoll, mittlere Komplexität, rote Waldbeeren, gut integrierte Tannine, frisch strukturiert, salzige Nuancen im Nachhall, verfügt über Entwicklungspotenzial. € 17,50

Weingut Sattler
Klausenberg 3, 7093 Jois
T: +43 (2160) 8206, www.sattler-seeblick.at

92 Blaufränkisch Carnuntum DAC Prellenkirchen 2022
DIAM, 13 %. Kräftiges Rubingranat, violette Reflexe, dezente Ockerrandaufhellung. Frische Herzkirschen, ein Hauch von Waldbeeren, Nuancen von Orangenzesten. Mittlerer Körper, rotbeerige Textur, frischer Säurebogen, feine Tannine, salzig-zitronig im Nachhall, ein animierender Speisenbegleiter. € 17,–

Weingut Josef Pimpel
Brucker Straße 6, 2404 Petronell
T: +43 (676) 6153365, www.pimpel.com

92 Blaufränkisch Mittelburgenland DAC Reserve Ried Goldberg 2022
NK, 14 %. Dunkles Rubingranat, violette Reflexe, dezente Ockerrandaufhellung. Zarte Kräuterwürze, Nuancen von reifen dunklen Waldbeeren, floraler Touch, facettenreiches Bukett. Stoffig, rote Kirschen, frischer Säurebogen, runde Tannine, mineralisch-salziger Abgang, bleibt haften, ein feinwürziger Begleiter bei Tisch. € 18,–

Weingut Ernst
Neubaugasse 21, 7301 Deutschkreutz
T: +43 (664) 3860220, www.weinguternst.at

92 Blaufränkisch Neckenmarkter Fahnenschwinger 2022 B V
NK, 13,5 %. Dunkles Rubingranat, violette Reflexe, dezente Randaufhellung. Rotbeeriger Touch, ein Hauch von Kirschen, kandierte Orangenzesten, floraler Anklang. Saftig, eingelegte Kirschen, frischer Säurebogen, feine Tannine, mineralisch-salzig im Abgang, gute Länge, vielfältig einsetzbar und bereits gut zu trinken. € 17,–

Weingut Wellanschitz
Lange Zeile 28, 7311 Neckenmarkt
T: +43 (2610) 42302, www.wellanschitz.at

92 Blaufränkisch Ried Fabian Reserve 2022
NK, 14,5 %. Kräftiges Rubingranat, violette Reflexe, dezente Randaufhellung. Frische rote Herzkirschen, ein Hauch von Waldbeeren, kandierte Orangenzesten, mineralischer Touch. Saftig, wieder rotbeerig in der Textur, versteckt seine Muskeln gut, reife Tannine, mineralisch-zitronig im Abgang, ein lebendiger Speisenbegleiter. € 18,–

Weingut Ernst
Neubaugasse 21, 7301 Deutschkreutz
T: +43 (664) 3860220, www.weinguternst.at

92 Blaufränkisch Leithaberg DAC Großhöflein 2022 B
NK, 12,5 %. Kräftiges Rubingranat, violette Reflexe, dezente Ockerrandaufhellung. Zart nach Erdbeerkonfit, ein Hauch von Lakritze und Cassis, mineralischer Anklang, einladendes Bukett. Schlank, rotbeerige Textur, frischer Säurebogen, zarte Tannine, salzig-zitroniger Nachhall, bereits gut antrinkbar. € 17,50

Weingut Esterházy
Trausdorf 1, 7061 Trausdorf an der Wulka
T: +43 (2682) 63348, www.esterhazywein.at

92 Blaufränkisch Ried Auflange 2022
NK, 14 %. Dunkles Rubingranat, violette Reflexe, dezente Ockerrandaufhellung. Zarte Röstaromen und Karamell, ein Hauch von schwarzen Beeren und Toffee. Kraftvoll, saftig, reife Kirschen, feine Extraktsüße, runde Tannine, Vanille und Nougat, würziger Abgang, bereits gut entwickelt. € 18,–

Winzerhof Kiss Ronald
Joseph-Haydn-Gasse 1, 7093 Jois
T: +43 (2160) 8256, www.winzerhof-kiss.at

92 Blaufränkisch Leithaberg DAC Sankt Georgen 2022 Ⓑ
NK, 12,5 %. Kräftiges Rubingranat, violette Reflexe, dezente Ockerrandaufhellung. Ein Hauch von Brombeeren und Kräuterwürze, mit kandierten Veilchen unterlegt, einladendes Bukett. Straff, rote Waldbeeren, sehr frische Textur, runde Tannine, saliner Nachhall, Limetten und Ribiseln im Rückgeschmack, bietet leichtfüßiges Trinkvergnügen. € 19,–

Weingut Esterházy
Trausdorf 1, 7061 Trausdorf an der Wulka
T: +43 (2682) 63348, www.esterhazywein.at

92 Blaufränkisch Deutschkreutz Ried Satz 2022
NK, 13,5 %. Dunkles Rubingranat, violette Reflexe, breitere Ockerrandaufhellung. Feine Edelholznuancen, reife Kirschen, ein Hauch von Brombeerkonfitüre, zart mit Nougat unterlegt. Saftig, rote Herzkirschen, mittlere Komplexität, präsente Tannine, mineralisch im Abgang, straff und anhaftend, wird von Flaschenreife profitieren. € 59,–

Kirchblau
Sonnenweg, 7301 Deutschkreutz
T: +43 (650) 4415329, www.weingut-kirnbauer.at

91 Blaufränkisch Eisenberg DAC 2022 Ⓗ
DV, 12,5 %. Kräftiges Rubingranat, violette Reflexe, dezente Randaufhellung. Floral, zart nach Lakritze und roten Kirschen, mineralischer Touch. Schlank, feine Frucht, seidige Tannine, salzig, leichtfüßiger Stil, eingelegte Kirschen im Abgang, ein vielseitiger, anregender Speisenbegleiter. € 8,90 Best Buy

Thom Wachter
Winzerweg 3, 7474 Eisenberg a.d.P.
T: +43 (664) 4622843, www.thomwachter.at

92 Blaufränkisch Ried Leiten 2022
DV, 13,5 %. Tiefdunkles Rubingranat, violette Reflexe, zarte Randaufhellung. Schwarze Beerenfrucht, Brombeerkonfit, Kirschen, ein Hauch von Orangenzesten, Nuancen von Gewürznelken. Saftig, elegant, Anklänge von roter Frucht, dezente Süße, feine Tannine, mineralisch und anhaftend, gutes Reifepotenzial, bereits gut antrinkbar. € 19,–

Weingut Niki Windisch
Kurze Zeile 66, 2212 Groß-Engersdorf
T: +43 (699) 12867471, www.weingut-windisch.at

91 Blaufränkisch Mittelburgenland DAC Ried Hochäcker 2022
DV, 13 %. Dunkles Rubingranat, violette Reflexe, dezente Randaufhellung. Zart floral, schwarze Herzkirschen, etwas Lakritze, mineralischer Touch. Saftig, feine Fruchtsüße, frisch strukturiert, reife Tannine, etwas Nougat im Abgang, elegant und vielfältig einsetzbar. € 9,– Best Buy

Wein-Gut Iby-Lehrner
Hauptstraße 34, 7312 Horitschon
T: +43 (2610) 42113, www.iby-lehrner.at

91 Blaufränkisch Eisenberg DAC 2022
DV, 13 %. Dunkles Rubingranat, violette Reflexe, zarte Ockerrandaufhellung. Zarte Kräuterwürze, rote Herzkirschen, tabakige Nuancen, mineralischer Touch. Rotbeerig, mittlerer Körper, frisch strukturiert, gut integrierte Tannine, salzig im Abgang, ein lebendiger Speisenbegleiter. € 9,50 Best Buy

Weingut Grosz
Gaas-Weinberg 135, 7521 Eberau
T: +43 (676) 9534490, www.weingut-grosz.at

91 Blaufränkisch Aviator 2022
DV, 14 %. Dunkles Rubingranat, violette Reflexe, dezente Randaufhellung. Schwarze Waldbeeren, feine Holzwürze, Lakritze, Nuancen von Nougat und Tabak, mit Herzkirschen unterlegt. Kräftig, rotbeerig-süße Textur, gut integrierte Tannine, lebendig und anhaftend, bereits zugänglich, ein vielseitiger Speisenbegleiter. € 9,90 Best Buy

Weingut Keringer
Wiener Straße 22a, 7123 Mönchhof
T: +43 (2173) 80380, www.keringer.at

91 Blaufränkisch Ried Hochbaum 2022 H V
DV, 14 %. Dunkles Rubingranat, opaker Kern, violette Reflexe, zarte Randaufhellung. Tabakig-kräuterwürzig unterlegte Brombeernoten, schwarze Beerenfrucht, ein Hauch von Nougat. Komplex, saftig, reife Herzkirschen, runde Tannine, mineralisch-salzig im Abgang, ein feinwürziger Speisenbegleiter. € 13,–

Grenzlandhof Weingut Familie Reumann
Friedlbrunngasse 1, 7301 Deutschkreutz
T: +43 (2613) 89847, www.grenzlandhof-reumann.at

91 Blaufränkisch Leithaberg DAC 2022 B
DV, 12 %. Kräftiges Rubingranat, violette Reflexe, dezente Randaufhellung. Frische Herzkirschen, etwas Ribiseln, feine Kräuterwürze, kandierte Orangenzesten. Mittlere Komplexität, rotbeerig und frisch strukturiert, feine Tannine, mineralisch-salzig im Abgang, ein lebendiger, leichtfüßiger Speisenbegleiter. € 11,50

Weingut Esterházy
Trausdorf 1, 7061 Trausdorf an der Wulka
T: +43 (2682) 63348, www.esterhazywein.at

91 Blaufränkisch Leithaberg DAC 2022
DV, 14 %. Kräftiges Rubingranat, violette Reflexe, zarte Ockerrandaufhellung. Rotes Waldbeerenkonfit, reife Zwetschken klingen an, tabakige Kräuterwürze, kandierte Orangenzesten. Kraftvoll, gute Komplexität, süße Kirschfrucht, gut integrierte Tannine, mineralisch im Abgang, bereits gut antrinkbar. € 14,–

Weingut Kugler – Vinum Saxum
Heidegasse 4, 7062 Sankt Margarethen im Burgenland
T: +43 (2680) 70 61, www.kuglerwein.at

91 Blaufränkisch Vitikult 2022 V
NK, 14,5 %. Dunkles Rubingranat, violette Reflexe, zarte Randaufhellung. Einladendes Bukett nach schwarzem Waldbeerenkonfit, Brombeeren, kandierte Orangenzesten, feine tabakige Würze. Komplex, kraftvoll, reife Zwetschken, gut integrierte Tannine, mineralisch im Abgang, bereits gut entwickelt. € 11,90

Rotweine Lang
Lange Zeile 11, 7311 Neckenmarkt
T: +43 (2610) 42384, www.rotweinelang.at

91 Blaufränkisch Rosalia DAC Amore 2022
NK, 14 %. Dunkles Rubingranat, violette Reflexe, dezente Randaufhellung. Reife Herzkirschen, dunkelbeeriges Konfit, tabakige Nuancen, zart floral, etwas Kräuterwürze. Mittlerer Körper, rotbeerige Textur, reife Tannine, mineralisch-salzig im Abgang, bleibt haften, ein vielseitiger Speisenbegleiter. € 16,–

Domaine Pöttelsdorf
Kellerweg 15, 7025 Pöttelsdorf
T: +43 (2626) 5200, www.domaine-pöttelsdorf.at

91 Blaufränkisch Leithaberg DAC 2022 B
NK, 14 %. Kräftiges Rubingranat, violette Reflexe, zarte Ockerrandaufhellung. Zart kräuterwürzig unterlegte schwarze Herzkirschfrucht, tabakig, ein Hauch von Teer. Kraftvoll, straff, dezente Süße, etwas fordernde Tannine, dunkles Nougat im Nachhall, braucht noch Zeit. € 17,40

Winzerschlössl Kaiser
Satzriedgasse 1, 7000 Eisenstadt
T: +43 (2682) 67100, www.winzerschloessl.at

91 Blaufränkisch Prellenkirchen 2022
NK, 13,5 %. Dunkles Rubingranat, violette Reflexe, dezente Randaufhellung. Feine Kräuterwürze, schwarze Kirschfrucht, etwas Cassis, ein Hauch von Edelholz, einladendes Bukett. Saftig, elegant, rotbeeriger Touch, feine Tannine, mineralisch, frisch im Abgang, bleibt gut haften, ein feinwürziger Speisenbegleiter. € 17,50

Weingut Franz und Christine Netzl
Rosenbergstraße 17, 2464 Göttlesbrunn
T: +43 (2162) 8236, www.netzl.com

91 Blaufränkisch Ried Hummelbühel 2022 Ⓗ
DV, 13,5 %. Kräftiges Rubingranat, violette Reflexe, dezente Ockerrandaufhellung. Zart nach Lakritze und Edelholz, schwarze Beerenfrucht, mit dunklem Nougat unterlegt. Mittlerer Körper, rote Kirschen, gut integrierte Tannine, mineralisch im Abgang, salziger Nachhall, gutes Reifepotenzial. € 19,–

Weinbau Erbhof Nährer
St. Georgener Hauptstraße 24, 7000 Eisenstadt
T: +43 (2682) 64430, www.erbhof-naehrer.at

91 Blaufränkisch Carnuntum DAC Ried Schüttenberg 2022
NK, 14 %. Dunkles Rubingranat, violette Reflexe, zarte Ockerrandaufhellung. Reife Zwetschkenfrucht, Brombeerkonfit, Herzkirschen, feine Edelholzwürze. Straff, elegant, finessenreich strukturiert, rotbeerige Textur, feine Tannine, salziger Abgang, zitroniger Rückgeschmack. € 25,–

Weingut Gerhard Pimpel
Kirchenstraße 19, 2464 Göttlesbrunn
T: +43 (664) 4636650, www.gerhardpimpel.at

91 Blaufränkisch Ried Lüss 2022 Ⓥ
NK, 13,5 %. Kräftiges Karmingranat, violette Reflexe, dezente Ockerrandaufhellung. Zart nach Lakritze und Erdbeerkonfit, mit reifen Herzkirschen unterlegt, floraler Touch, einladendes Bukett. Saftig, rotbeerig, gut integrierte Tannine, bleibt haften, mineralisch-salzig im Nachhall, feinwürziger Rückgeschmack. € 30,–

Seegut Lentsch
Neusiedler Straße 40, 7141 Podersdorf am See
T: +43 (2177) 2398, www.seegut-lentsch.com

90 Blaufränkisch Ried Spiegelberg 2022
DV, 14 %. Dunkles Rubingranat, violette Reflexe, zarte Ockerrandaufhellung. Kräuter, schwarze Beerenfrucht, mit etwas Vanille und Nougat unterlegt. Saftig, frische Kirschen, lebendige Struktur, runde Tannine, zugänglich, bereits gut gereift, facettenreicher Speisenbegleiter. € 6,–
Best Buy

Weingut Racz
Herrengasse 66, 7311 Neckenmarkt
T: +43 (664) 1629340, www.weingut-racz.at

90 Blaufränkisch 2022
DV, 13,5 %. Dunkles, opakes Rubingranat, violette Reflexe, zarte Ockerrandaufhellung. Reife schwarze Herzkirschen, Nuancen von Zwetschken, mit etwas Tabak und Nougat unterlegt. Saftig, rotbeerige Textur, runde Tannine, frisch strukturiert, ein Hauch von Ribiseln im Abgang, ein lebendiger Speisenbegleiter. € 7,30
Best Buy

Weingut Eberherr
Hauptstraße 116, 7062 St. Margarethen
T: +43 (2680) 2875, www.eberherr.at

90 Blaufränkisch 2022 Ⓥ
DV, 12,5 %. Kräftiges Rubingranat, violette Reflexe, dezente Randaufhellung. Feines Brombeerkonfit, schwarze Kirschen, feine Kräuterwürze, kandierte Orangenzesten. Schlank, feine Fruchtsüße, etwas Nougat und Nelken, frisch strukturiert, ein unkomplizierter Speisenbegleiter. € 8,–
Best Buy

Seegut Lentsch
Neusiedler Straße 40, 7141 Podersdorf am See
T: +43 (2177) 2398, www.seegut-lentsch.com

90 Blaufränkisch Exklusiv 2022
DV, 13,5 %. Dunkles Rubingranat, violette Reflexe, zarte Randaufhellung. Reife Waldbeerenfrucht, rote Herzkirschen, ein Hauch von Preiselbeeren, tabakige Würze. Mittlere Komplexität, eingelegte Kirschen, reife Tannine, mineralisch-salzig im Abgang, bereits gut entwickelt. € 10,50

Weingut Strommer.wine
Friedhofgasse 11a, 7083 Purbach am Neusiedler See
T: +43 (664) 400 93 22, www.strommer.wine

---

90 Blaufränkisch Eisenberg DAC Kathalena 2022
DV, 14 %. Kräftiges Rubingranat, violette Reflexe, zarte Randaufhellung. Nuancen von reifen Herzkirschen, zart nach Zwetschken, tabakige Noten. Mittlerer Körper, rotbeerige Frucht, zarte Tannine, salzig im Abgang, ein frisch strukturierter Speisenbegleiter. € 8,– Best Buy

Weingut Anton Mittl
Lindengasse 6, 7474 St. Kathrein im Burgenland
T: +43 (3365) 2588, www.mittl.at

90 Blaufränkisch Ried Kohlberg 2022
NK, 13,5 %. Kräftiges Rubingranat, violette Reflexe, dezente Ockerrandaufhellung. Zart nach Vanille und Zwetschken, zarte Kräuterwürze, tabakige Noten. Mittlerer Körper, rotbeerige Textur, zarte Tannine, frisch strukturiert, mineralisch-zitronig im Nachhall, bietet leichtfüßiges Trinkvergnügen. € 11,–

Winzerhof Leo Rögner
Kurze Zeile 62, 2212 Großengersdorf
T: +43 (2245) 88113, www.leoroegner.at

---

90 Blaufränkisch Urkraft 2022 Ⓗ Ⓥ
DV, 13,5 %. Dunkles Rubingranat, violette Reflexe, zarte Ockerrandaufhellung. Frische Brombeeren, dunkle Johannisbeeren, zarte tabakige Würze, mit kandierten Orangenzesten unterlegt. Saftig, elegant, reife Kirschfrucht, feine Tannine, gute Frische, zugänglich und vielfältig einsetzbar. € 8,– Best Buy

Grenzlandhof Weingut Familie Reumann
Friedlbrunngasse 1, 7301 Deutschkreutz
T: +43 (2613) 89847, www.grenzlandhof-reumann.at

---

90 Blaufränkisch Rosalia DAC Abendrot 2022
DV, 13,5 %. Kräftiges Rubingranat, violette Reflexe, breitere Ockerrandaufhellung. Nuancen von Herzkirschen, mit dezenter Kräuterwürze unterlegt, ein Hauch von Nougat, kandierte Orangenzesten klingen an. Mittlere Komplexität, zart nach Pflaumen, dezente Tannine, ausgewogen, zugänglich und vielfältig einsetzbar. € 9,90 Best Buy

Domaine Pöttelsdorf
Kellerweg 15, 7025 Pöttelsdorf
T: +43 (2626) 5200, www.domaine-pöttelsdorf.at

90 Blaufränkisch Mönch 2022
DV, 13,5 %. Dunkles Rubingranat, violette Reflexe, zarte Ockerrandaufhellung. Zart nach Schwarzen Johannisbeeren, etwas Brombeerkonfit, florale Nuancen. Mittlere Komplexität, fruchtige Süße im Kern, reife Tannine, mineralisch im Abgang, zarte Blätterwürze im Nachhall. € 12,–

Remushof Jagschitz
Untere Lerchengasse 15, 7064 Oslip
T: +43 (664) 432 8320, www.remushof.at

89 Blaufränkisch 2022
DV, 14 %. Kräftiges Rubingranat, violette Reflexe, dezente Ockerrandaufhellung. Nuancen von frischer Erdbeerkonfitüre, floraler Touch, süße Fruchtnuancen. Kraftvoll, saftig, rotbeerig, dezenter Nougattouch, bleibt haften, rund und zugänglich, etwas Dörrobst im Finish, individueller Sortencharakter. € 6,–
Best Buy

Weingut Werner Auer
Untere Hauptstraße 63, 7093 Jois
T: +43 (699) 19980063, www.auerwerner.at

89 Blaufränkisch | Der Traubendieb 2022
DV, 13 %. Kräftiges Rubingranat, violette Reflexe, dezente Randaufhellung. Zart tabakig, ein Hauch von Brombeerkonfit, etwas Ribiseln, verhaltenes Bukett. Schlank, rotbeerig, frisch strukturiert, zarte Tannine, bereits entwickelt und antrinkbar. € 6,90
Best Buy

Eichenwald Weine
Kellerei: Günser Straße 54, 7312 Horitschon
T: +43 (2610) 42321, www.eichenwald.at

89 Blaufränkisch Leithaberg DAC 2022
DIAM, 13,5 %. Dunkles Rubingranat, violette Reflexe, dezente Ockerrandaufhellung. Reife schwarze Kirschen, zart nach Zwetschken, etwas Nougat. Mittlerer Körper, rotbeerig, zart nach Minze, dezente Tannine, schokoladige Nuancen im Abgang, ein unkomplizierter Speisenbegleiter. € 6,50
Best Buy

Weingut Schneider
Hauptstraße 134, 7062 St. Margarethen
T: +43 (2680) 2890, www.weingut-schneider.at

89 Blaufränkisch 2022

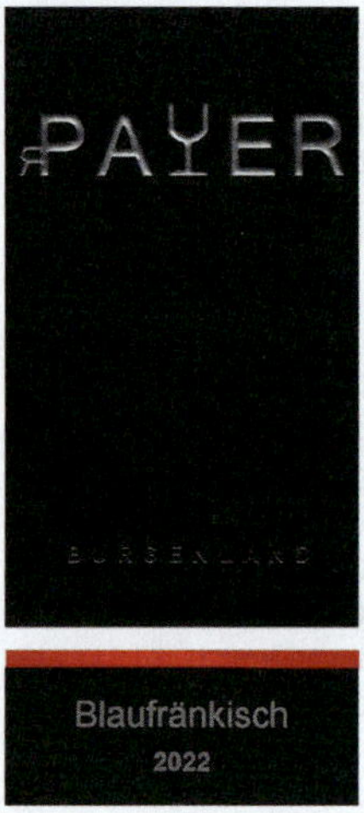

DV, 13,5 %. Dunkles Rubingranat, violette Reflexe, dezente Ockerrandaufhellung. Nuancen von roten Waldbeeren, frische Kirschen, zart nach Himbeeren, einladendes frisches Bukett. Mittlerer Körper, fast schlank wirkend, zarte Tannine, rotbeerig, mineralisch, bietet unkompliziertes Trinkvergnügen. € 7,20
Best Buy

Prädikatsweingut Payer
Sportplatzgasse 17, 7143 Apetlon
T: +43 (2175) 24091, www.weingut-payer.at

89 Blaufränkisch Die Schöpfung 2022
DV, 14 %. Dunkles Rubingranat, violette Reflexe, dezente Ockerrandaufhellung. Zarte Nuancen von frischen Herzkirschen, etwas scheues Bukett, ein Hauch von Tabak, Orangenzesten. Mittlerer Körper, dezente Süße, etwas Nougat, bereits trinkreif, bietet unkomplizierten Trinkspaß. € 7,30
Best Buy

Magdalenenhof – Familie Stefan Kaiser
Kleinhöfleiner Hauptstraße 86, 7000 Eisenstadt
T: +43 (2682) 68624, www.magdalenenhof.at

89 Blaufränkisch Ried Ungerberg 2022
DV, 13,5 %. Kräftiges Rubingranat, violette Reflexe, breitere Randaufhellung. Tabakig-kräuterwürzig unterlegte Brombeerfrucht, auch rotbeerige Aspekte, zarte erdige Komponenten. Mittlere Komplexität, rotbeerig, präsentes Säurespiel, salzig-zitronig im Abgang, schlanker Weinstil. € 9,90
Best Buy

Achs-Wendelin Weine
Neustiftgasse 77, 7122 Gols
T: +43 (699) 19924284, www.achs-wendelin.at

89 Blaufränkisch Steinbruch 2022
DV, 13,5 %. Dunkles Rubingranat, violette Reflexe, zarte Randaufhellung. Kräuterwürzig unterlegtes rotes Waldbeerenkonfit, Kirschen, etwas Minze. Saftig, süße Textur, schokoladiger Abgang, mittlere Länge, bereits gut gereift. € 12,–

Weingut Schneider
Hauptstraße 134, 7062 St. Margarethen
T: +43 (2680) 2890, www.weingut-schneider.at

88 Blaufränkisch Abendrot 2022
DV, 13,8 %. Kräftiges Rubingranat, violette Reflexe, dezente Randaufhellung. Zart nach frischen Kirschen, Brombeerkonfit, Nuancen von Orangenzesten. Mittlere Komplexität, schlank, etwas feurig, rotbeerig, zarte Tannine, bietet unkomplizierten Trinkspaß. € 6,50 Best Buy

Weingut Familie Ehrlich
Hauptstraße 49, 7051 Großhöflein
T: +43 (664) 1615569, www.ehrlich-wein.at

88 Blaufränkisch 2022
DV, 14 %. Kräftiges Karmingranat, Ockerreflexe, breitere Randaufhellung. Rotes Waldbeerenkonfit, eingelegte Kirschen, ein Hauch von Karamell. Mittlere Komplexität, zart nach Erdbeeren, dezenter Säurebogen, süßer Touch im Finish, unkomplizierter Stil. € 6,50 Best Buy

Weingut Schneider
Hauptstraße 134, 7062 St. Margarethen
T: +43 (2680) 2890, www.weingut-schneider.at

88 Blaufränkisch Klassik 2022
DV, 13,5 %. Kräftiges Karmingranat, Ockerreflexe, breitere Randaufhellung. Zart tabakig, rotbeeriger Anklang, ein Hauch von Kirschen. Mittlerer Körper, schlanke Textur, zarte Fruchtsüße, weitmaschig, komplizierter, sauberer Alltagswein. € 6,90 Best Buy

Eichenwald Weine
Kellerei: Günser Straße 54, 7312 Horitschon
T: +43 (2610) 42321, www.eichenwald.at

CABERNET SAUVIGNON

Foto: WSNA

Kaum eine Qualitätsrebsorte ist weltweit derart verbreitet wie der Cabernet Sauvignon, der unter guten Bedingungen kraftvolle, lagerfähige und gut strukturierte Weine ergibt.

Von Bordeaux aus hat sich die berühmteste Rotweinsorte ihren Weg in die weite Welt gebahnt, wobei sie vor den Rebbergen Österreichs noch bis vor wenigen Jahrzehnten haltmachen musste. Zwar hat bereits im 19. Jahrhundert der Pionier Robert Schlumberger auf seinem Gut in Bad Vöslau sowohl Cabernet als auch Merlot ausgepflanzt, um daraus Tafelweine zu erzeugen, aber die guten Erfahrungen gerieten wieder in Vergessenheit. Der Erste, der es mit der Edelsorte wieder versuchte, war Anton Kollwentz aus dem Burgenland, in Niederösterreich stellte Lenz Moser auf dem Schlossweingut des Malteser Ritterordens in Mailberg im Weinviertel durchaus motivierende Versuche an. Den Cabernet Sauvignon mussten sich die fortschrittlichen Winzer in unserem Land regelrecht erkämpfen.

INTERNATIONALER KLASSIKER

Nach einer Phase der Versuchsweingärten und den erwarteten guten Ergebnissen fielen dann endlich auch die bürokratischen Hürden. Seit dem 11. Juni 1986 ist Cabernet Sauvignon nun amtlich zugelassen. Und im Gegensatz zu vielen falschen Prophezeiungen hat sich Cabernet Sauvignon keineswegs wie eine Lawine ausgebreitet und alle guten alten heimischen Sorten unter sich begraben. Die Traube wächst fast überall ohne Probleme, auch Trockenheit nimmt die Cabernet-Rebe gelassen, und selbst die größte Kälte lässt sie unberührt. Eine Wundersorte? Keineswegs, denn wenn man sich nicht als Urwaldgärtner, sondern als Weinbauer mit ihr auseinandersetzt, dann hat man Arbeit genug. Die Erträge sind niedrig, und dennoch sind zusätzliche Ertragsbeschränkung und rigorose Grünernte nötig, wenn man zur Lesezeit reifes Material einbringen will. Mit dem wachsenden Alter der Rebstöcke zeigt der Cabernet Sauvignon mehr und mehr seine überragenden Fähigkeiten. Kenner schätzen sein signifikantes Cassis-Bukett, seine Saftigkeit und die Harmonie, die er mitbringt. Besonders gut eignet er sich als Verschnittpartner mit heimischen Sorten, wobei ein geringer Anteil genügt, um den Rest so richtig aufblühen zu lassen. Wenn aber die Witterungsbedingungen ein Ausreifen der Trauben nicht zulassen, muss man starke qualitative Einbußen in Kauf nehmen. Mit einer Rebfläche von 570 Hektar (Stand 2021) hat die Sorte Cabernet Sauvignon in den letzten Jahren leicht verloren, sie nimmt gerade noch 1,3 Prozent der heimischen Weinberge ein.

DIE BESTEN DER KATEGORIE CABERNET SAUVIGNON 2022

95 **1. Platz**
Cabernet Sauvignon Calx 2022
Weingut Leberl, Großhöflein – Leithaberg

94 **2. Platz**
Cabernet Sauvignon Ried Neuberg 2022
Winzerhof Kiss Ronald, Jois – Leithaberg

94 **3. Platz**
The Cabernet Sauvignon 2022
Weingut Scheiblhofer, Andau – Neusiedlersee

1. Platz
95 Cabernet Sauvignon Calx 2022
NK, 14,5 %. Kräftiges Rubingranat, violette Reflexe, dezente Ockerrandaufhellung. Feine Edelholznuancen, schwarzes Beerenkonfit, reife Herzkirschen, zart nach Orangenzesten und Cassis, einladendes Bukett. Saftig, elegant, angenehme Extraktsüße, gut eingebundene reife Tannine, bleibt lange haften, sicheres Reifepotenzial. € 60,–

Weingut Leberl
Hauptstraße 91, 7051 Großhöflein
T: +43 (2682) 67800, www.leberl.at

93 Cabernet Sauvignon 2022
DV, 14 %. Dunkles Rubingranat, violette Reflexe, dezente Ockerrandaufhellung. Feine Nuancen von schwarzen Waldbeeren, Brombeeren, etwas Vanille, einladendes Bukett. Saftig, schwarze Kirschen, elegant und frisch strukturiert, feine, gut integrierte Tannine, ein stoffiger, animierender Speisenbegleiter. € 18,–

Kraft aus Rust [B]
Conradplatz 11, 7071 Rust
T: +43 (664) 1206630, www.kraftausrust.at

2. Platz
94 Cabernet Sauvignon Ried Neuberg 2022
NK, 14,5 %. Dunkles Rubingranat, opaker Kern, violette Reflexe, zarte Randaufhellung. Attraktives Bukett nach Karamell und Vanille, dunkle Beerenfrucht, Noten von Cassis, Brombeeren und Nougat, facettenreich. Komplex, elegant und frisch, versteckt seine Muskeln gekonnt, gut integrierte reife Tannine, Nelken im Abgang, mineralisch, gute Länge. € 31,–

Winzerhof Kiss Ronald
Joseph-Haydn-Gasse 1, 7093 Jois
T: +43 (2160) 8256, www.winzerhof-kiss.at

3. Platz
94 The Cabernet Sauvignon 2022 [H]

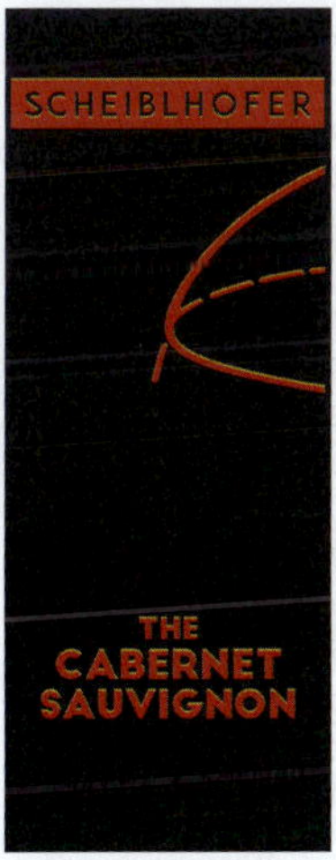

DIAM, 14,5 %. Tiefdunkles Rubingranat, opaker Kern, violette Reflexe, zarte Randaufhellung. Feine schwarze Beerenfrucht, etwas Cassis, zarte Edelholzwürze, mit etwas Nougat und Vanille unterlegt. Kraftvoll, engmaschig, reife Herzkirschen, tragende reife Tannine, etwas Edelschokolade und Gewürznelken im Abgang, besitzt Länge und Potenzial, ein stoffiger Speisenbegleiter. € 21,–

Weingut Scheiblhofer [B]
Halbturner Straße 1a, 7163 Andau
T: +43 (2176) 2610, www.scheiblhofer.at

93 Cabernet Sauvignon Marthal 2022
NK, 14 %. Dunkles Rubingranat, violette Reflexe, dezente Ockerrandaufhellung. Zart nach Cassis und Lakritze, kandierte Mandarinenzesten, feine Kräuterwürze, einladendes Bukett. Saftig, dezente Extraktsüße, rotbeerige Nuancen, gut integrierte Tannine, mineralisch und gut anhaftend, sicheres Reifepotenzial. € 24,–

Weingut HST – Hannes Steurer
Bahnstraße 28, 7093 Jois
T: +43 (664) 5511780, www.hannessteurer.at

93 Cabernet Sauvignon Tribun 2022
NK, 14 %. Dunkles Rubingranat, opaker Kern, violette Reflexe, zarte Randaufhellung. Reife schwarze Herzkirschen, Brombeerkonfit, zart nach Cassis und Minze, feines Nougat. Stoffig, elegant, dunkle Beeren, dezente Süße, tragende Tannine, würzig und gut anhaftend, schokoladiger Rückgeschmack, hat Potenzial. € 30,–

Weingut Taferner
Pfarrgasse 2, 2464 Göttlesbrunn
T: +43 (2162) 8465, www.tafi.at

93 Cabernet Sauvignon Ried Reisbühel 2022
NK, 14 %. Dunkles Rubingranat, opaker Kern, violette Reflexe, dezente Ockerrandaufhellung. Zart nach Karamell und Nougat, dunkle Waldbeeren, ein Hauch von Cassis, angenehme Edelholzwürze. Saftig, komplex, frische Fruchtnuancen, gut integrierte Tannine, mineralisch, dunkles Nougat, braucht noch weitere Flaschenreife. € 33,–

Weingut Leberl
Hauptstraße 91, 7051 Großhöflein
T: +43 (2682) 67800, www.leberl.at

93 Cabernet Sauvignon Tabea 2022
NK, 14 %. Dunkles Rubingranat, opaker Kern, violette Reflexe, dezente Ockerrandaufhellung. Zart floral unterlegte frische Waldbeeren, Nuancen von Cassis und Edelholz, etwas verhaltenes Bukett. Kraftvoll, engmaschig, rotbeeriger Touch, gut integrierte Tannine, mineralisch und straff im Abgang, zeigt Länge, wird von Flaschenreife profitieren. € 37,–

Weingut Josef Tesch
Herrengasse 26, 7311 Neckenmarkt
T: +43 (2610) 43610, www.tesch-wein.at

92 Cabernet Sauvignon Steinfeld Reserve 2022
DIAM, 14 %. Dunkles Rubingranat, violette Reflexe, breitere Ockerrandaufhellung. Einladende Cassisnuancen, etwas Nougat, feine Holzwürze, mit einem Hauch von Karamell unterlegt. Mittlere Komplexität, rotbeerige Nuancen, frischer Säurebogen, etwas weitmaschig am Gaumen, zart blättrige Würze im Nachhall. € 18,–

Burgundermacher Weingut Johann Gisperg
Hauptstraße 14, 2524 Teesdorf
T: +43 (2253) 81464, www.weingut-gisperg.at

92 Cabernet Sauvignon Reserve 2022
NK, 13,5 %. Dunkles Rubingranat, violette Reflexe, dezente Ockerrandaufhellung. Kandierte Mandarinenzesten, rote Waldbeeren, feine Edelholznoten, mit Lakritze und Preiselbeeren unterlegt. Mittlere Komplexität, rote Kirschen, dezente Fruchtsüße, reife Tannine, zart nach Nougat im Abgang, ein stoffiger Speisenbegleiter. € 19,–

Weingut Alexander Egermann
Apetlonerstraße 28, 7142 Illmitz
T: +43 (2175) 3293, www.alexander-egermann.at

91 Cabernet Sauvignon Reserve 2022
NK, 14 %. Dunkles Rubingranat, violette Reflexe, dezente Ockerrandaufhellung. Reife schwarze Waldbeeren, ein Hauch von Zwetschken, Brombeerkonfitüre, tabakige Würze unterlegt. Saftig, reife Herzkirschen, feine Tannine, mineralisch im Abgang, bereits gut antrinkbar, vielseitiger Speisenbegleiter. € 11,–

Weingut Hecher
Hauptstraße 37, 2504 Sooß
T: +43 (2252) 87190, www.hecherwein.at

91 Cabernet Sauvignon Reserve Ganassler 2022
DV, 14,5 %. Dunkles Rubingranat, violette Reflexe, breitere Ockerrandaufhellung. Attraktive schwarze Beerenfrucht, Johannisbeertouch, zarte Edelholznuancen, mit kandierten Orangenzesten unterlegt. Mittlere Komplexität, rote Herzkirschen, reife Tannine, mineralisch-salzig, gut anhaftend, bereits entwickelt. € 12,50

Köllerhaus – Weinbau Köller
Hotterweg 66, 7000 Eisenstadt
T: +43 (664) 3501277, www.koellerhaus.at

90 Cabernet Sauvignon Exklusiv 2022
DV, 14 %. Kräftiges Rubingranat, violette Reflexe, dezente Ockerrandaufhellung. Nuancen von Vanille, Nougat, Brombeeren und Cassis. Kraftvoll, holzwürzig, dezente Süße, blättrige Nuancen im Abgang, schokoladiger Rückgeschmack. € 8,50 Best Buy

Weingut Erich & Birgit Pittnauer
Alte Satz 24, 7122 Gols
T: +43 (2173) 20070, www.pittnauerwein.at

91 Cabernet Sauvignon 2022
NK, 13,5 %. Kräftiges Rubingranat, violette Reflexe, dezente Ockerrandaufhellung. Kräuterwürzig unterlegte dunkle Beerenfrucht, zart nach Cassis und Brombeeren, dezente Edelholznoten, mit kandierten Orangenzesten unterlegt. Saftig, elegant, rotbeerige Nuancen, feine Tannine, dezente Süße im Abgang, bleibt haften, ein vielseitiger Speisenbegleiter. € 13,50

Weingut Lentsch
Hauptstraße 68b, 7082 Donnerskirchen
T: +43 (2683) 8108, www.weingut-lentsch.at

90 Cabernet Sauvignon 2022
NK, 13,5 %. Dunkles Rubingranat, violette Reflexe, dezente Ockerrandaufhellung. Rotes Waldbeerenkonfit, zarte florale Noten, Herzkirschen, feine tabakige Nuancen. Mittlere Komplexität, rotbeerig und frisch, dezente Tannine, mineralisch-zitronig im Abgang, bereits gut antrinkbar. € 10,–
Best Buy

Weinbau Müllner
Obere Hauptstraße 9-11, 7100 Neusiedl am See
T: +43 (2167) 3395, www.weinbau-muellner.com

91 Cabernet Sauvignon 2022
DV, 13,5 %. Dunkles Rubingranat, violette Reflexe, breitere Ockerrandaufhellung. Zarte Kräuterwürze, etwas Brombeerkonfit, Nuancen von Cassis, ein Hauch von Teer, facettenreiches Bukett. Kraftvoll, komplex, rote Herzkirschen, frisch strukturiert, präsente Tannine, zitronig-salzig im Abgang, braucht noch etwas Zeit. € 16,–

Weingut Grenzhof-Fiedler (B)
Weinzeile 2, 7072 Mörbisch
T: +43 (2685) 8276, www.grenzhof-fiedler.at

90 Cabernet Sauvignon 2022
DV, 13,5 %. Kräftiges Rubingranat, violette Reflexe, dezente Ockerrandaufhellung. Rotes Waldbeerenkonfit, zart nach Sanddorn, kandierte Orangenzesten, mit Brombeeren unterlegt. Kraftvoll, saftig, süße Textur, reife Tannine, frisch strukturiert, etwas Nougat, bereits gut antrinkbar. € 10,90

Weingut Migsich (B)
Kleine Zeile 66, 7042 Antau
T: +43 (2687) 62253, www.migsich.at

91 Cabernet Sauvignon 2022
NK, 14 %. Dunkles Rubingranat, violette Reflexe, dezente Ockerrandaufhellung. Feiner Edelholztouch, Nuancen von Cassis, Brombeeren, mit Mandarinenzesten und Nougat unterlegt. Komplex, saftig, rote Herzkirschen, gut integrierte reife Tannine, mineralisch-salzig im Abgang, zitronig im Rückgeschmack. € 26,–

Wein-Gut Iby-Lehrner
Hauptstraße 34, 7312 Horitschon
T: +43 (2610) 42113, www.iby-lehrner.at

90 Cabernet Sauvignon Barrique 2022
NK, 13,5 %. Dunkles Rubingranat, violette Reflexe, dezente Ockerrandaufhellung. Nuancen von Lakritze und Kräutern, schwarze Beerenfrucht, mit kandierten Orangenzesten unterlegt. Mittlerer Körper, rotbeerige Frucht, etwas Nougat, mineralisch im Abgang, ein feinwürziger Speisenbegleiter. € 13,40

Weingut Heiderer-Mayer
Baumgarten am Wagram 25, 3701 Großweikersdorf
T: +43 (2955) 70368, www.heiderer-mayer.at

90 Cabernet Sauvignon Ried Jungenberg Fabian 2022
NK, 14 %. Kräftiges Rubingranat, violette Reflexe, dezente Ockerrandaufhellung. Florale Nuancen, rotbeeriger Touch, zart nach Johannisbeeren, tabakige Würze. Mittlerer Körper, rotbeerige Nuancen, reife Tannine, frisch strukturiert, ein lebendiger Speisenbegleiter. € 13,50

Weingut D & D Haider
Hauptplatz 10, 7093 Jois
T: +43 (699) 12565510, www.ddhaider.at

88 Cabernet Sauvignon 2022
DV, 14 %. Dunkles Rubingranat, violette Reflexe, dezente Ockerrandaufhellung. Florale Noten nach Hibiskus, rotbeeriger Touch, tabakige Würze. Erdig, präsente, fordernde Tannine, reife Zwetschken, gerbstoffig im Abgang, spröder Stil. € 13,–

Weingut Schneider
Hauptstraße 134, 7062 St. Margarethen
T: +43 (2680) 2890, www.weingut-schneider.at

PLATZ FÜR IHRE
WEINNOTIZEN

CUVÉE

Foto: WSNA

Der Verschnitt mehrerer Rotweinsorten bietet kundigen Winzern die Flexibilität, auf die Stärken und Schwächen des jeweiligen Jahrgangs optimal einzugehen.

Jene Kategorie, in der die Kombination aus verschiedenen Rebsorten zu einer neuen Harmonie vereint wird, erfreut sich bei den österreichischen Rotweinproduzenten großer Beliebtheit. Mit Respektabstand zur zweiten großen Gruppe der Blaufränkisch-Weine stellten die Cuvées 2022 klar die größte Zahl an Mustern. Hatte der »Verschnitt« in früheren Jahren den Beigeschmack, nicht gerade die Top-Qualität eines Winzers zu repräsentieren, so führen die Cuvées heute bereits sehr oft die Qualitätsspitze an. Der Winzer hat hier die Möglichkeit, seinen persönlichen und stilistischen Vorlieben Raum zu geben. Daher sind die Cuvées oft sehr stark von der Handschrift des jeweiligen Produzenten geprägt. Nach dem Vorbild des italienischen Vino da Tavola haben sie prägnante Namen, die dem Weinliebhaber genauso ein Begriff geworden sind wie die Riedennamen bei den Weißweinen. Sie tragen fantasievolle Bezeichnungen, die aus höchst unterschiedlichen Begriffswelten entlehnt sind. Vom Haushund bis zum Weltall, von der Mythologie bis zu Songtiteln – erlaubt ist, was gefällt und was im Gedächtnis des Konsumenten haften bleibt. Die österreichischen Rotweincuvées sind zumeist im neuen französischen Barriquefass ausgebaut und weisen oft einen gewissen Anteil an Cabernet Sauvignon, Merlot oder manchmal auch Syrah auf, Rebsorten, die sich mit heimischen Sorten wie Blaufränkisch oder Zweigelt sehr gut verbinden lassen. In aller Regel brauchen diese Weine eine ausreichende Lagerung, bis sich alle Komponenten homogenisiert haben. Die Kategorie »Cuvée« bietet auch einen gewissen Schutz vor den Jahrgangsschwankungen, weil hier der Winzer besser aussteuern kann als bei einem reinsortigen Wein. Bei den Cuvées des Jahrgangs 2022 haben wir wieder die verwendeten Rebsorten in der Reihenfolge ihrer mengenmäßigen Bedeutung angeführt, wobei die Sorte mit dem größten Anteil an erster Stelle steht.

ABKÜRZUNGEN DER ROTWEINSORTEN

BB	Blauburger
BF	Blaufränkisch
BP	Blauer Portugieser
CF	Cabernet Franc
CS	Cabernet Sauvignon
MA	Malbec
ME	Merlot
PN	Pinot Noir/Blauburgunder
RÖ	Roesler
SL	Sankt Laurent
SY	Syrah
ZW	Blauer Zweigelt

DIE BESTEN DER KATEGORIE CUVÉE 2022

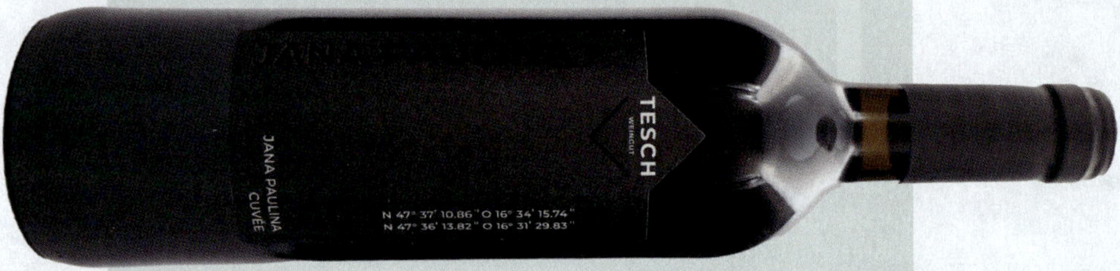

98 **1. Platz – 3. Falstaff-Sieger**
Jana Paulina 2022 ME/CS
Weingut Josef Tesch, Neckenmarkt – Mittelburgenland

97 **2. Platz**
Meisterwerk 2022 ME/CF/ZW
Weingut Markus Iro, Gols – Neusiedlersee

97 **3. Platz**
XUR 2022 ZW/BF/SL
Weingut Werner Achs, Gols – Neusiedlersee

1. Platz

98 Jana Paulina 2022 ME/CS

NK, 14,5 %. Tiefdunkles Rubingranat, violette Reflexe, zarte Randaufhellung. Einladendes Bukett nach dunkler Kirschfrucht, dazu Johannisbeeren, ein Hauch von Holzwürze, schwarze Beerenfrucht, Kräuternoten klingen an. Gute Komplexität, straff, samtiges Tannin, hohes Trinkanimo, fruchtsüß nach Brombeeren, schokoladiger Nachhall, sicheres Potenzial. € 37,–

Weingut Josef Tesch
Herrengasse 26, 7311 Neckenmarkt
T: +43 (2610) 43610, www.tesch-wein.at

2. Platz

97 Meisterwerk 2022 ME/CF/ZW

NK, 14 %. Dunkles Rubingranat, violette Reflexe, zarte Randaufhellung. Rotes Waldbeerenkonfit, zart nach Kräutern und Edelholzwürze, ein Hauch von Orangenschalen, mit Cassis unterlegt. Saftig, gute Komplexität, feinwürzig, gut integriertes, tragendes Tannin, schwarze Frucht im Abgang, tabakiger Nachhall, sicheres Potenzial. € 25,40

Weingut Markus Iro
Neubaugasse 55, 7122 Gols
T: +43 (2173) 2139, www.markusiro.at

3. Platz

97 XUR 2022 ZW/BF/SL

NK, 14,5 %. Dunkles Rubingranat, opaker Kern, violette Reflexe, zarte Randaufhellung. Dunkle Kirschen, etwas Edelholzwürze, zart nach Nougat und Vanille, Brombeernuancen, einladendes Bukett. Gute Komplexität, kraftvoll, gut integriertes Tannin, reife Zwetschken, bleibt sehr gut haften, sicheres Reifepotenzial. € 32,–

Weingut Werner Achs
Goldberg 5, 7122 Gols
T: +43 (2173) 23900, www.wernerachs.at

97 Cuvée d'Or 2022 BF/ME/CS

NK, 14 %. Dunkles Rubingranat, violette Reflexe, zarte Randaufhellung. Schwarzes Waldbeerenkonfit, etwas Röstaromatik, ein Hauch von Pflaumen, etwas nach Zartbitterschokolade, einladendes Bukett. Saftig, gute Komplexität, straff, engmaschig, samtige Tanninstruktur, Brombeernoten im Abgang, facettenreiches Finish. € 25,–

Weingut Franz Schindler
Neustiftgasse 6, 7072 Mörbisch
T: +43 (2685) 8326, www.weingut-schindler.at

97 Carnuntum DAC Höflein Ried Bärnreiser 1ÖTW 2022 ZW/ME/BF Ⓑ

NK, 14,5 %. Dunkles Rubingranat, violette Reflexe, zarte Ockerrandaufhellung. Feine Kräuterwürze, etwas Cassis und Brombeeren, schwarze Herzkirschen, kandierte Mandarinenzesten, etwas Vanille. Stoffig, komplex, feines süßes Waldbeerenkonfit, reife Tannine, etwas Nougat, bleibt sehr lange haften, bereits entwickelt und zugänglich, sicheres Reifepotenzial. € 33,–

Weingut Philipp Grassl
Am Graben 4–6, 2464 Göttlesbrunn
T: +43 (2162) 8483, www.grassl.wine

97 Carnuntum DAC Ried Rosenberg 1ÖTW 2022 ZW/BF/ME

NK, 14 %. Dunkles Rubingranat, violette Reflexe, zarte Randaufhellung. Zart nach Gewürznelken und Vanille, Herzkirschen, unterlegt mit einem feinen Edelholztouch, Preiselbeeren klingen an. Saftig, komplex, rotes Waldbeerenkonfit, reife, tragende Tannine, etwas Nougat, sehr gute Länge, sicheres Entwicklungspotenzial. € 40,–

Weingut Gerhard Markowitsch
Pfarrgasse 6, 2464 Göttlesbrunn
T: +43 (2162) 8222, www.markowitsch.at

97 Cuvée Impresario 2022 BF/ZW/ME/CS

NK, 14 %. Tiefdunkles Rubingranat, opaker Kern, violette Reflexe. Etwas Brombeeren, kandierte Orangenschalen, ein Hauch von Nougat, einladendes Bukett. Gute Komplexität, gut integrierte Tanninstruktur, mineralisch, schwarze Beerenfrucht, Karamell im Abgang, salzig im Rückgeschmack, wird von Flaschenreife profitieren. € 33,–

Weingut Kerschbaum
Hauptstraße 111, 7312 Horitschon
T: +43 (2610) 42392, www.kerschbaum.at

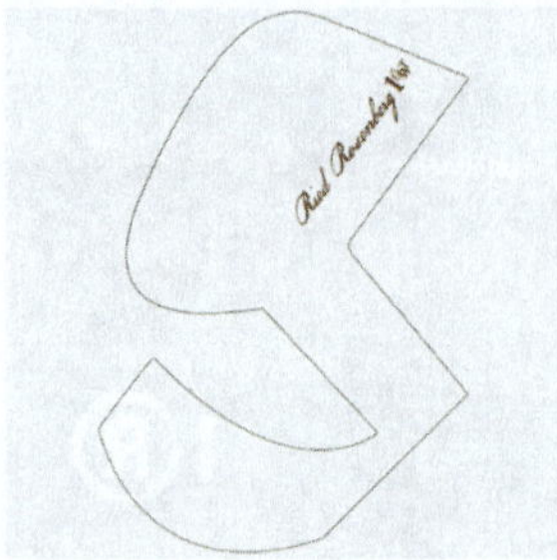

96 Carnuntum DAC Göttlesbrunn Ried Rosenberg 1ÖTW 2022 BF/ZW/ME Ⓑ Ⓗ

NK, 14 %. Kräftiges Rubingranat, violette Reflexe, dezente Randaufhellung. Feine Edelholzwürze, einladendes Brombeerkonfit, schwarze Kirschen, ein Hauch von Nougat. Komplex, saftig, reife Beerenfrucht, präsente, gut integrierte Tannine, mineralisch im Abgang, schokoladiger Nachhall, wird von weiterer Flaschenreife profitieren. € 26,90

Weingut Walter Glatzer
Rosenbergstraße 5, 2464 Göttlesbrunn
T: +43 (2162) 8486, www.weingutglatzer.at

97 Ina'mera 2022 Reserve CS/BF/ME Ⓥ

NK, 16 %. Dunkles Rubingranat, violette Reflexe, zarte Randaufhellung. Schwarze Kirschfrucht, Cassis, feine Kräuternuancen, tabakig, dunkle Würze, dichtes Bukett. Saftig, komplex, engmaschige, tragende Tanninstruktur, mineralisch, Johannisbeeren im Abgang, guter Speisenbegleiter mit Reifepotenzial. € 34,–

Weingut Juris
Marktgasse 12–18, 7122 Gols
T: +43 (2173) 2748, www.juris.at

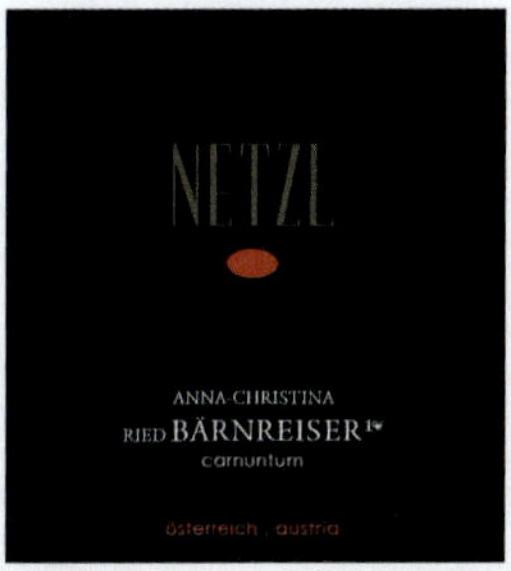

96 Carnuntum DAC Ried Bärnreiser 1ÖTW Anna-Christina 2022 ZW/BF/ME (B) (V)

NK, 14 %. Dunkles Rubingranat, opaker Kern, violette Reflexe, zarte Randaufhellung. Einladende dunkle Waldfrüchte, Brombeeren, schwarze Kirschen klingen an, mit etwas Tabak und Orangenzesten unterlegt. Kräftig, saftig, eingelegte Kirschen, gute Frische, reife, tragende Tannine, mineralisch, zarte Extraktsüße im Nachhall, gute Länge, sicheres Reifepotenzial. € 34,–

Weingut Franz und Christine Netzl
Rosenbergstraße 17, 2464 Göttlesbrunn
T: +43 (2162) 8236, www.netzl.com

---

96 Inkognito 2022 ME/CS/SY/CF (B)

DIAM, 14 %. Dunkles Rubingranat, violette Reflexe, zarte Randaufhellung. Einladendes Bukett nach Brombeeren, etwas Zwetschken, zart floral, Nougatnuancen klingen an. Saftig, komplex, facettenreiche Säurestruktur, gut integrierte Tannine, Kirschfrucht im Abgang, Pflaumen im Nachhall, vielfältig einsetzbar, sicheres Potenzial. € 36,–

Weingut Toni Hartl
Florianigasse 7, 2440 Reisenberg
T: +43 (2234) 80636, www.toni-hartl.at

---

96 Titan 2022 BF/ME/CS (V)

NK, 14,5 %. Tiefdunkles Rubingranat, violette Reflexe, zarte Randaufhellung. Zarte Nuancen von Lakritze, etwas tabakig, ein Hauch von Gewürzen, frische Pflaumennoten, schwarze Beerenfrucht. Gute Komplexität, engmaschig, schwarze Kirschfrucht, samtiges Tannin, vielschichtig, lang anhaltend, schokoladiger Nachhall, sicheres Reifepotenzial. € 37,–

Weingut Josef Tesch
Herrengasse 26, 7311 Neckenmarkt
T: +43 (2610) 43610, www.tesch-wein.at

96 Admiral 2022 ZW/ME/CS/CF

NK, 15 %. Tiefdunkles Rubingranat, opaker Kern, violette Reflexe, zarte Randaufhellung. Saftiges Bukett nach schwarzen Kirschen und Brombeerkonfit, feine Röstaromatik, dezenter Nougattouch. Gute Komplexität, gut integriertes samtiges Tannin, Preiselbeersüße im Abgang, facettenreich, Beerenmix im Rückgeschmack, ein vielschichtiger Speisenbegleiter. € 44,–

Weingut Pöckl
Zwergäcker 1, 7123 Mönchhof
T: +43 (2173) 80258, www.poeckl.com

96 Rêve de Jeunesse 43 2022 ZW/ME/SY/CS

NK, 15 %. Tiefdunkles Rubingranat, opaker Kern, violette Reflexe, zarte Randaufhellung. Etwas nach Cassis und reifen Pflaumen, mit Holzwürze unterlegte schwarze Beerenfrucht, kandierte Orangenschalen, schokoladiger Touch, balanciertes Bukett. Komplex, engmaschig, präsentes, tragendes Tannin, reife Zwetschken im Abgang, lang anhaltend, sicheres Reifepotenzial. € 58,–

Weingut Pöckl
Zwergäcker 1, 7123 Mönchhof
T: +43 (2173) 80258, www.poeckl.com

95 Carnuntum DAC Göttlesbrunn Gotinsprun 2022 BF/ZW/ME/SY

NK, 13,5 %. Dunkles Rubingranat, violette Reflexe, zarte Randaufhellung. Dezente dunkle Beerenfrucht, zart nach Orangenschalen, etwas Holzwürze, ein Hauch von Cassis, einladendes Bukett. Gute Komplexität, gut eingebundene samtige Tannine, zart nach Johannisbeeren, tabakiges Finish, vielseitiger Speisenbegleiter mit Potenzial. € 21,90

Weingut Walter Glatzer
Rosenbergstraße 5, 2464 Göttlesbrunn
T: +43 (2162) 8486, www.weingutglatzer.at

95 Carnuntum DAC Ried Aubühl 1ÖTW 2022 ZW/BF

NK, 14 %. Tiefdunkles Rubingranat, schwarzer Kern, zarte Randaufhellung. Brombeernuancen, etwas Orangenschalen, zart nach Cassis, ein Hauch von Toffee, Edelholzwürze klingt an. Komplex, straff, engmaschig, tragendes Tannin, rote Kirschfrucht im Abgang, zitroniger Nachhall, sicheres Reifepotenzial. € 30,–

Weingut Artner
Dorfstraße 93, 2465 Höflein
T: +43 (2162) 63142, www.artner.co.at

95 Weite Welt 2022 CF/CS/SY/ME

DV, 15 %. Tiefdunkles Rubingranat, schwarzer Kern, violette Reflexe, zarte Randaufhellung. Feine Tabak-Edelholz-Würze, etwas Nougat, dunkles Waldbeerenkonfit, etwas Cassis, floraler Touch, einladendes Bukett. Saftig, straff, fruchtsüß nach Heidelbeeren, feinwürzig, salzig, rote Beerenfrucht, samtige Tannine, vielschichtiger Speisenbegleiter. € 30,–

Günter + Regina Triebaumer
Neuegasse 18, 7071 Rust
T: +43 (676) 4728288, www.triebaumer.at

95 La Mission 2022 ME/CS

NK, 14 %. Dunkles Rubingranat, violette Reflexe, zarte Randaufhellung. Rotbeeriges Fruchtpotpourri, feine Kräuterwürze, zart nach Hibiskus, floraler Touch. Saftig, fruchtsüß, feine Würze, gut integrierte Tanninstruktur, mineralisch-salzig, Kirschfrucht im Abgang, vielfältig einsetzbar. € 35,–

Weingut Ernst
Neubaugasse 21, 7301 Deutschkreutz
T: +43 (664) 3860220, www.weinguternst.at

95 Cablot 2022 CS/ME/CF
NK, 15 %. Tiefdunkles Rubingranat, opaker Kern, zarte Randaufhellung. Zarte Tabakwürze, schokoladiger Touch, schwarzes Beerenkonfit, etwas Preiselbeeren, mit einem Hauch von Nelken unterlegt. Komplex, straff, gut integrierte, tragende Tanninstruktur, mineralisch, feine Brombeernuancen, feinwürzig, sicheres Reifepotenzial. € 37,–

Weingut Gager
Karrnergasse 2 und 8, 7301 Deutschkreutz
T: +43 (2613) 80385, www.weingut-gager.at

95 FAM Steurer 2022 BF/ZW/CS/SY
NK, 14 %. Dunkles Rubingranat, opaker Kern, violette Reflexe, zarte Randaufhellung. Dunkle Beerenfrucht, dicht und elegant, zart nach Nougat, Brombeernuancen, floraler Touch, Kräuterwürze. Gute Komplexität, straff, frisch, mineralisch, finessenreiche Säurestruktur, gut eingebundene Tannine, Herzkirschen im Abgang, lebendiger Speisenbegleiter. € 38,–

Weingut HST – Hannes Steurer
Bahnstraße 28, 7093 Jois
T: +43 (664) 5511780, www.hannessteurer.at

95 1st bayer 2022 CF/CS
NK, 16,5 %. Tiefdunkles Rubingranat, opaker Kern, violette Reflexe, zarte Randaufhellung. Einladendes Bukett nach Waldbeerenkonfit und Dörrobst, Nuancen von schwarzer Frucht, Zartbitterschokolade, kandierte Veilchen. Komplex, saftig, feine Säurestruktur, samtiges Tannin, Schokotouch auch im Abgang, sattes Finish, facettenreicher Speisenbegleiter mit Potenzial. € 150,–

Weingut St. Bayer
Seepark-Feriendorf 1, 7121 Weiden am See
T: +43 (699) 10620478, www.stbayer.wine

94 Peccatum 2022 BF/ME/CS
NK, 14 %. Dunkles Rubingranat, violette Reflexe, zarte Randaufhellung. Einladendes Bukett nach Brombeeren und Vanilleschoten, ein Hauch von Gewürzen, Preiselbeertouch, frisches Bukett. Saftig, straff, feine Struktur, tragendes Tannin, Lakritze im Abgang, salziger Rückgeschmack, sicheres Potenzial. € 27,–

Weingut Leberl
Hauptstraße 91, 7051 Großhöflein
T: +43 (2682) 67800, www.leberl.at

94 Pannobile 2022 BF/ZW Ⓑ

NK, 13,5 %. Dunkles Rubingranat, violette Reflexe, dezente Randaufhellung. Zarte Holzwürze, nussig, ein Hauch von kandierten Veilchen, schwarze Kirschen, etwas Bergamottezesten. Gute Komplexität, straff, gut eingebundene Tannine, frisches Finish mit Noten von Pflaumen, mineralischer Touch, sicheres Potenzial, facettenreicher Speisenbegleiter. € 27,–

Weingut Anita und Hans Nittnaus
Untere Hauptstraße 49, 7122 Gols
T: +43 (2173) 2248, www.nittnaus.at

93 HST 2022 ZW/CS

NK, 14 %. Dunkles Rubingranat, opaker Kern, violette Reflexe, zarte Randaufhellung. Feiner Duft nach Lakritze und Preiselbeeren, kandierte Veilchen, Vanilletouch, einladendes Bukett. Komplex, rotbeerige Nuancen, zartes Tannin, frisch und lebendig, salziger Nachhall, lang anhaftend, bereits gut antrinkbar. € 15,–

Weingut HST – Hannes Steurer
Bahnstraße 28, 7093 Jois
T: +43 (664) 5511780, www.hannessteurer.at

94 The Great Bustard 2022 ME/CS/ZW Ⓗ Ⓥ

DIAM, 14,5 %. Tiefdunkles Rubingranat, opaker Kern, violette Reflexe, zarte Randaufhellung. Einladendes Bukett nach Cassis und Herzkirschen, unterlegt mit einem Vanille-Nougat-Touch, feine Edelholznuancen. Kraftvoll, präsente, tragende Tannine, schwarze Beerenfrucht, feinwürzig, bleibt lange haften, wird von Flaschenreife profitieren. € 28,–

Weingut Scheiblhofer
Halbturner Straße 1a, 7163 Andau
T: +43 (2176) 2610, www.scheiblhofer.at

93 The Legends 2022 CS/ME Ⓗ

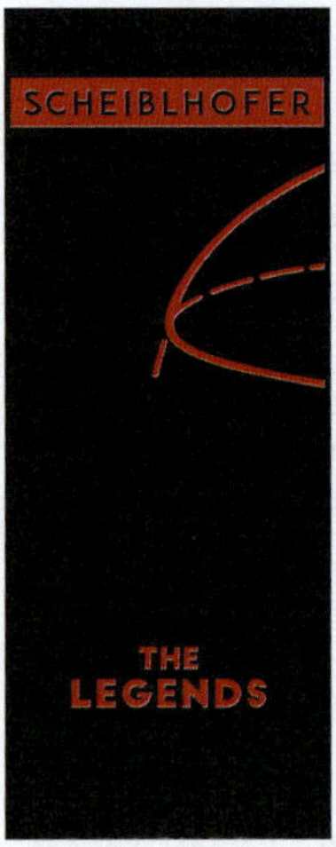

DIAM, 14 %. Dunkles Rubingranat, opaker Kern, violette Reflexe, zarte Randaufhellung. Feine Vanille, ein Hauch von Lakritze, reife Zwetschken, etwas nach Nougat, einladendes Bukett. Saftig, straff, feine Tanninstruktur, mineralisch, süße Zwetschkenfrucht im Abgang, bleibt sehr gut haften, mineralischer Nachhall, gutes Potenzial. € 15,90

Weingut Scheiblhofer
Halbturner Straße 1a, 7163 Andau
T: +43 (2176) 2610, www.scheiblhofer.at

94 Pannobile 2022 BF/ZW Ⓑ Ⓥ

NK, 13,5 %. Tiefdunkles Rubingranat, violette Reflexe, zarte Randaufhellung. Feine Edelholzwürze, zart nach reifen Zwetschken, reife Johannisbeeren, ein Hauch von Gewürznelken, einladendes Bukett. Saftig, engmaschig, rote Kirschfrucht, fruchtsüßer Abgang, samtiges Tannin, trinkanimierender Stil, feinwürziger Nachhall, sicheres Reifepotenzial. € 29,–

Weingut Paul Achs
Neubaugasse 13, 7122 Gols
T: +43 (2173) 2367, www.paul-achs.at

93 Mordor 2022 BF/CS/ME/SY Ⓗ

DIAM, 14 %. Dunkles Rubingranat, violette Reflexe, zarte Randaufhellung. Einladendes Bukett nach Brombeeren und kandierten Veilchen, mit Nougat unterlegte reife Pflaumen, Gewürznuancen klingen an. Saftig, gute Komplexität, reife Kirschfrucht, gut integrierte Tanninstruktur, Holzsüße im Abgang, bleibt gut haften, kraftvolles Finish. € 16,90

Weingut Scheiblhofer
Halbturner Straße 1a, 7163 Andau
T: +43 (2176) 2610, www.scheiblhofer.at

93 Grand Pri' 2022 BF/ME/CS/ZW Ⓥ

NK, 14 %. Dunkles Rubingranat, violette Reflexe, zarte Randaufhellung. Feine Holzwürze, Cassisnoten, ein Hauch von Tabak, schwarze Kirschfrucht. Komplex, fruchtsüß nach schwarzen Beeren, samtiges Tannin, anhaltend, facettenreicher Speisenbegleiter mit Potenzial. € 17,50

Rotweingut Prickler
Birkenhain 1, 7361 Lutzmannsburg
T: +43 (2615) 87742, www.prickler.at

93 Carnuntum DAC Göttlesbrunn Edles Tal 2022 ZW/ME/SY Ⓑ Ⓥ

NK, 14 %. Dunkles Rubingranat, violette Reflexe, zarte Randaufhellung. Dunkle Kirschfrucht, kandierte Orangenschalen, frische Feigen, Gewürznuancen klingen an. Saftig, engmaschig, zarte Tanninstruktur, mineralisch, schwarze Beerenfrucht, salziger Nachhall, bleibt gut haften, vielfältig einsetzbar. € 17,50

Weingut Franz und Christine Netzl
Rosenbergstraße 17, 2464 Göttlesbrunn
T: +43 (2162) 8236, www.netzl.com

93 The Peak of Glory 2022 ZW/ME/CS Ⓗ

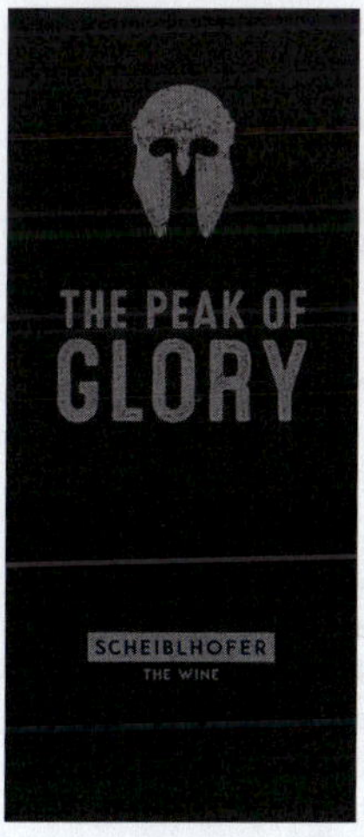

DIAM, 14 %. Dunkles Rubingranat, schwarzer Kern, violette Reflexe, zarte Randaufhellung. Zarte Edelholz-Tabak-Würze, schwarze Waldbeerenfrucht, etwas nach Pflaumen, Zimttouch, kandierte Orangenschalen. Saftig, straff, gut integrierte Tanninstruktur, feinwürzig, reife Herzkirschen im Abgang, bleibt gut haften, vielfältig einsetzbar. € 17,90

Weingut Scheiblhofer
Halbturner Straße 1a, 7163 Andau
T: +43 (2176) 2610, www.scheiblhofer.at

Ⓑ biologisch Ⓕ fruktosearm Ⓗ histaminarm Ⓢ schwefelarm Ⓥ vegan

93 Podersdorfer Alte Reben 2022 ME/BF Ⓑ
DIAM, 14,5 %. Dunkles Rubingranat, violette Reflexe, zarte Randaufhellung. Dunkle Beerenfrucht, unterlegt mit Edelholzwürze, ein Hauch von Vanille und kandierten Veilchen, Zwetschken klingen an. Saftig, kraftvoll, fruchtsüß nach Brombeeren, bleibt sehr gut haften, Dörrobst im Rückgeschmack, vielschichtiger Speisenbegleiter. € 19,50

Bio-Weingut Ettl
Seestraße 48–52, 7141 Podersdorf am See
T: +43 (2177) 2483, www.bioweingut-ettl.at

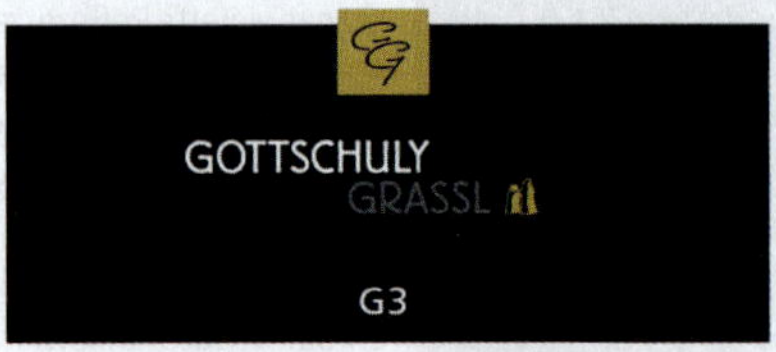

93 Carnuntum DAC G3 Cuvée 2022 ZW/ME/BF
NK, 14 %. Kräftiges Rubingranat, violette Reflexe, zarte Randaufhellung. Dunkles Waldbeerenkonfit, Nougat, ein Hauch von Holzwürze, Heidelbeeren, mit Vanille unterlegt. Komplex, würzig, moderner Stil, feine Kräuternuancen, Brombeernoten im Rückgeschmack, vielfältig einsetzbar. € 20,50

Weinbau Gottschuly-Grassl
Dorfstraße 28, 2465 Höflein
T: +43 (2162) 62293, www.gottschuly.at

93 Ried Altenberg 2022 SL/ME/CS
VL, 14,5 %. Tiefdunkles Rubingranat, opaker Kern, violette Reflexe, zarte Randaufhellung. Feine Edelholzwürze, zart nach Schokolade, dunkles Beerenkonfit, kandierte Orangenschalen. Saftig, komplex, feine Tanninstruktur, mineralisch, Brombeernuancen, Nougat im Abgang, bleibt gut haften, sicheres Potenzial. € 20,–

Allacher Vinum Pannonia
Salzbergweg 4, 7122 Gols
T: +43 (2173) 3380, www.allacher.com

93 DS Limited Edition 2022 SY/ME
NK, 14 %. Tiefdunkles Rubingranat, opaker Kern, zarte violette Randaufhellung. Dunkles Waldbeerenkonfit, etwas Edelholz-Tabak-Würze, feine Nougatnuancen, Cassis klingt an. Saftig, engmaschig, gut eingebundene, tragende Tannine, würziger Abgang, lang anhaltend, Zartbitterschoko und Herzkirschen im Nachhall. € 21,50

Weingut Sattler
Klausenberg 3, 7093 Jois
T: +43 (2160) 8206, www.sattler-seeblick.at

93 Barrique de Beurse 2022 ME/BF/CS/SY/SL
NK, 14,5 %. Dunkles Rubingranat, violette Reflexe, zarte Ockerrandaufhellung. Dörrpflaumen, Holzwürze, ein Hauch von Gewürzen, dunkles Beerenkonfit, nussiger Touch. Saftig, engmaschig, tragendes Tannin, schwarze Beerenfrucht im Abgang, tabakiger Nachhall, guter Speisenbegleiter. € 22,–

Rotweine Lang
Lange Zeile 11, 7311 Neckenmarkt
T: +43 (2610) 42384, www.rotweinelang.at

93 Phoenix N°27 2022 BF/ME/CS/SY

NK, 14 %. Tiefdunkles Rubingranat, violette Reflexe, zarte Randaufhellung. Dezente Tabakwürze, ein Hauch von Cassis, schwarzes Beerenkonfit, kandierte Orangenschalen klingen an. Gute Komplexität, tragendes Tannin, rotbeeriger Touch, salzig, lang anhaftend, fruchtsüß im Nachhall, sicheres Reifepotenzial. € 22,–

Weingut Josef und Maria Reumann
Neubaugasse 39, 7301 Deutschkreutz
T: +43 (2613) 80421, www.weingut-reumann.at

93 Morandus 2022 BF/ZW/CS/ME

NK/DV, 14,5 %. Kräftiges Rubingranat, violette Reflexe, dezente Ockerrandaufhellung. Zarte Holzwürze, rotes Waldbeerenkonfit, eingelegte Kirschen, einladendes Bukett. Saftig, elegant, dezente Extraktsüße, reife, gut integrierte Tannine, etwas Nougat im Abgang, bleibt haften, zeigt Länge und Potenzial. € 22,–

Weingut Juliana Wieder
Lange Zeile 76, 7311 Neckenmarkt
T: +43 (2610) 42438, www.weingut-juliana-wieder.at

93 Carnuntum DAC Amarok 2022 ZW/BF/ME/SY (B)

NK, 14 %. Tiefdunkles Rubingranat, opaker Kern, violette Reflexe, zarte Randaufhellung. Feine Edelholzwürze, zart nach Nougat, ein Hauch von Brombeeren, floraler Touch, Röstaromatik. Gute Komplexität, tabakig, zart nach Cassis, gut integrierte Tannine, Karamell im Nachhall, guter Speisenbegleiter. € 24,–

Weingut Artner
Dorfstraße 93, 2465 Höflein
T: +43 (2162) 63142, www.artner.co.at

93 Vin Anton 2022 BF/ME (B) (F) (H) (S) (V)

VL, 13,5 %. Dunkles Rubingranat, violette Reflexe, zarte Ockerrandaufhellung. Feine Holzwürze, ein Hauch von Brombeeren, dezente Nougatnoten, mit Cassis und Orangenschalen unterlegt. Saftig, straff, frisch und lebendig, salziger Touch, rote Kirschfrucht im Abgang, samtiges Tannin, bleibt sehr gut haften. € 24,–

IBY Rotweingut Bio
Am Blaufränkischweg 3, 7312 Horitschon
T: +43 (2610) 42292, www.iby.at

(B) biologisch (F) fruktosearm (H) histaminarm (S) schwefelarm (V) vegan

93 Markus 2022 BF/ZW/SL
NK, 14,5 %. Tiefdunkles Rubingranat, opaker Kern, violette Reflexe, zarte Randaufhellung. Etwas Cassis, zart nach Pflaumen, ein Hauch von Holzwürze, mit Vanille unterlegt. Saftig, elegant, mineralisch, feiner Nougattouch, schwarze Kirschfrucht im Abgang, bleibt gut haften, moderner, trinkanimierender Stil. € 24,–

Weingut Markus Weiss
Marktgasse 1, 7122 Gols
T: +43 (2173) 2630, www.familieweiss.at

93 Furore reserve cuvée Ried Hutweide 2022 ME/CS/SY B V
DV, 13,5 %. Tiefdunkles Rubingranat, violette Reflexe, zarte Randaufhellung. Feine Weichselnoten, zart nach eingelegten Kirschen, kandierte Orangenschalen, floraler Touch. Saftig, elegant, balancierte Tanninstruktur, Brombeernoten, etwas mineralisch, Nougat im Nachhall, guter Speisenbegleiter, vielfältig einsetzbar. € 25,20

Bio-Weingut Frühwirth
Wiener Neustädter Straße 75, 2524 Teesdorf
T: +43 (2253) 81216, fruehwirth.bio

93 Dankbarkeit Grande Cuvée 2022 CS/ME/CF
DIAM, 14 %. Kräftiges Rubingranat, ockerfarbene Reflexe, breiterer Wasserrand. Zart nach Weichseln und Preiselbeeren, ein Hauch von Grapefruitzesten, floraler Touch, Gewürznoten klingen an. Komplex, feinwürzig, Edelholznuancen, samtige Tanninstruktur, schwarze Beerenfrucht, vielfältig einsetzbar, guter Speisenbegleiter. € 25,–

Weingut Zur Dankbarkeit
P. A. Winklergasse 30, 7141 Podersdorf am See
T: +43 (2177) 2829, www.weingutzurdankbarkeit.at

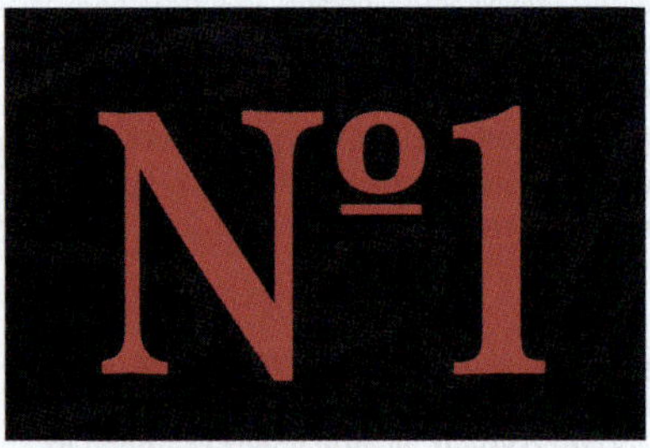

93 N°1 2022 CS/ME
NK, 14,5 %. Dunkles Rubingranat, violette Reflexe, breitere Randaufhellung. Zart nach Gewürznelken und schwarzen Kirschen, etwas nach Pflaumen, feinwürziger Touch. Saftig, straff, Kirschnoten im Abgang, dezente Fruchtsüße, gut eingebundene Tannine, kraftvoller Rückgeschmack, mineralischer Nachhall, bereits gut antrinkbar. € 25,50

Weingut Sattler
Klausenberg 3, 7093 Jois
T: +43 (2160) 8206, www.sattler-seeblick.at

93 Carnuntum DAC Göttlesbrunn Ried Rosenberg 1ÖTW 2022 ZW/ME
NK, 14,5 %. Dunkles Rubingranat, violette Reflexe, breitere Randaufhellung. Frische rote Herzkirschen, ein Hauch von Waldbeeren, feine Würze, mit kandierten Orangenzesten unterlegt. Saftig, zarte Extraktsüße, eingelegte Kirschen, runde Tannine, frisch strukturiert, salziger Nachhall, bereits zugänglich, mit Reifepotenzial ausgestattet. € 25,–

Weingut Gerhard Pimpel
Kirchenstraße 19, 2464 Göttlesbrunn
T: +43 (664) 4636650, www.gerhardpimpel.at

93 Carnuntum DAC Höflein Ried Bärnreiser 1ÖTW 2022 ZW/BF B
NK, 13 %. Kräftiges Rubingranat, violette Reflexe. Feinwürzig unterlegte Rote Johannisbeeren, floraler Touch, ein Hauch von Erdbeerkonfitüre, einladendes Bukett. Mittlere Komplexität, eingelegte Herzkirschen, feine Süße, mineralisch und anhaftend, ein eleganter Begleiter bei Tisch. € 27,–

Weingut Taferner
Pfarrgasse 2, 2464 Göttlesbrunn
T: +43 (2162) 8465, www.tafi.at

93 Carnuntum DAC Göttlesbrunn Ried Haidacker 1ÖTW Excalibur 2022 ZW/CS/ME (B)

NK, 13,5 %. Dunkles Rubingranat, violette Reflexe, zarte Ockerrandaufhellung. Zart nach Edelholz und Grafit, mit einem Hauch von Cassis und Preiselbeeren unterlegt, einladendes Bukett. Saftig, gute Komplexität, rote Kirschen, reife Tannine, frisch strukturiert, bleibt gut haften, bereits zugänglich, ein vielseitiger Speisenwein. € 29,–

Weingut Taferner
Pfarrgasse 2, 2464 Göttlesbrunn
T: +43 (2162) 8465, www.tafi.at

93 Badener Berg 2022 SL/ME (V)

DIAM, 14,5 %. Dunkles Rubingranat, violette Reflexe, zarte Randaufhellung. Mit feiner Holzwürze unterlegte Brombeernoten, ein Hauch von Toffee, schwarze Frucht, feuchter Waldboden. Saftig, präsente Tanninstruktur, mineralisch, Zwetschken klingen an, nussige Aromatik im Rückgeschmack, wird von Flaschenreife profitieren. € 35,–

Leo Aumann
Oberwaltersdorfer Straße 105, 2512 Tribuswinkel
T: +43 (2252) 80502, www.aumann.at

93 Strangers 2022 BF/ME

DIAM, 14,5 %. Dunkles Rubingranat, opaker Kern, violette Reflexe, zarte Randaufhellung. Feine Kräuternoten, zart nach Lakritze, nussiges Aroma, feine Brombeernuancen klingen an. Saftig, komplex, gut eingebundene, samtige Tanninstruktur, schokoladiger Touch, schwarze Beerenfrucht im Nachhall, guter Speisenbegleiter. € 45,–

Weingut Migsich
Kleine Zeile 66, 7042 Antau
T: +43 (2687) 62253, www.migsich.at

92 Cuvée Gerard 2022 ZW/BF

VL, 14 %. Dunkles Rubingranat, violette Reflexe, zarte Randaufhellung. Schwarzes Waldbeerenkonfit, ein Hauch von Edelholz, Brombeernuancen, zart nach Lakritze. Saftig, straff, mittlere Komplexität, feinwürzig, Herzkirschen klingen an, Cassis im Rückgeschmack, bereits gut antrinkbar. € 14,–

Allacher Vinum Pannonia
Salzbergweg 4, 7122 Gols
T: +43 (2173) 3380, www.allacher.com

92 Fusion One 2022 ME/BF (H)

NK, 14,5 %. Tiefdunkles Rubingranat, violette Reflexe, zarte Randaufhellung. Dunkles Waldbeerenkonfit, unterlegt mit Kräutern, reife Zwetschken, floraler Touch, Orangenöl, einladendes Bukett. Saftig, komplex, schwarzes Waldbeerenkonfit, tragendes Tannin, feinwürzig im Nachhall, sicheres Potenzial. € 14,20

Rotweine Lang
Lange Zeile 11, 7311 Neckenmarkt
T: +43 (2610) 42384, www.rotweinelang.at

92 Privat 2022 ME/SL

NK, 14 %. Dunkles Rubingranat, violette Reflexe, zarte Randaufhellung. Feine Kräuterwürze, ein Hauch von Cassis und Zwetschken, mit Holznuancen unterlegte Bergamotte. Saftig, präsentes, tragendes Tannin, schwarze Beerenfrucht, Holzwürze im Rückgeschmack, guter Speisenbegleiter. € 14,50

Weingut R&A Pfaffl
Schulgasse 21, 2100 Stetten
T: +43 (2262) 673423, www.pfaffl.at

92 Villa Nomine Lusman 2022 BF/ME/CS/ZW
NK, 14 %. Kräftiges Rubingranat, violette Reflexe, zarte Randaufhellung. Zarter Vanilletouch, rote Beerenfrucht, kandierte Veilchen, Brombeeren, einladendes Bukett. Saftig, engmaschig, gut integrierte Tanninstruktur, salzig-frisch, feinwürzig im Abgang, Herzkirschen im Rückgeschmack. € 14,50

Weingut Familie Weber
Neustiftgasse 15, 7361 Lutzmannsburg
T: +43 (664) 5032378, www.weingut-fam-weber.at

---

92 Big John 2022 ZW/CS/PN Ⓗ

DIAM, 14 %. Dunkles Rubingranat, opaker Kern, violette Reflexe, zarte Randaufhellung. Zarte Holzwürze, Vanilleschoten, dunkle Kirschfrucht, etwas Toffee, floraler Touch, einladendes Bukett. Saftig, gute Komplexität, kraftvoll, Cassis im Abgang, gut integrierte Tanninstruktur, mineralisch im Nachhall, gute Länge. € 15,90

Weingut Scheiblhofer
Halbturner Straße 1a, 7163 Andau
T: +43 (2176) 2610, www.scheiblhofer.at

---

92 Renommee 2022 ZW/CS/BF
NK, 14 %. Dunkles Rubingranat, violette Reflexe, zarte Randaufhellung. Reife Zwetschken, schwarze Waldbeeren, ein Hauch von Edelholzwürze, einladendes Bukett. Saftig, komplex, feine Beerenfrucht, Herzkirschen, salzig, feines Tannin, Milchschoko im Nachhall. € 16,50

Weingut HST – Hannes Steurer
Bahnstraße 28, 7093 Jois
T: +43 (664) 5511780, www.hannessteurer.at

92 Renommee 2022 ZW/CS/ME
NK, 14 %. Tiefdunkles Rubingranat, violette Reflexe, opaker Kern, zarte Randaufhellung. Feine Holzwürze, zart nach dunklen Beeren, etwas Toffee, ein Hauch von Cassis, tabakiger Touch. Mittlere Komplexität, fruchtsüß, rotbeeriger Abgang, dezente Tanninstruktur, mineralischer Nachhall, vielfältig einsetzbar. € 17,50

Weingut Sattler
Klausenberg 3, 7093 Jois
T: +43 (2160) 8206, www.sattler-seeblick.at

92 Patronus 2022 CS/ME Ⓥ

NK, 14 %. Kräftiges Rubingranat, violette Reflexe, zarte Randaufhellung. Feine Holzwürze, zart tabakig, dunkle Beerenfrucht, ein Hauch von Cassis. Mittlerer Körper, saftig, feine Tanninstruktur, schwarze Kirschfrucht im Abgang, bleibt gut haften, schokoladiger Nachhall, guter Speisenbegleiter. € 19,–

Weingut und Alpakahof Pinetz
Haydngasse 32, 7132 Frauenkirchen
T: +43 (660) 7351518, www.pinetz.com

92 Excellent Reserve 2022 ZW/ME/CS

NK, 14 %. Dunkles Rubingranat, violette Reflexe, zarte Randaufhellung. Dunkles Waldbeerenkonfit, reife Pflaumen, feine Holzwürze, mit Bourbon-Vanille unterlegt. Saftig, mittlere Komplexität, feinwürzig, salzig, dezente Fruchtsüße, bleibt gut haften, frischer Speisenbegleiter. € 21,–

Weingut R&A Pfaffl
Schulgasse 21, 2100 Stetten
T: +43 (2262) 673423, www.pfaffl.at

92 Barcaso 2022 BF/ZW/CS

VL, 14 %. Tiefdunkles Rubingranat, violette Reflexe, zarte Randaufhellung. Feine Nougat-Holz-Nuancen, feine Kirschfrucht, etwas Cassis, nussige Aromatik, dunkles Beerenkonfit. Samtig, mittlere Komplexität, feine Fruchtsüße, gut integrier tes Tannin, Brombeernoten im Abgang, bleibt haften, guter Speisenbegleiter. € 19,–

Weingut Horst und Georg Schmelzer
Neubaugasse 29, 7122 Gols
T: +43 (2173) 3490, www.wein-schmelzer.at

92 Cuvée Janna 2022 BF/CS/ME

NK/DV, 14,5 %. Dunkles Rubingranat, violette Reflexe, zarte Randaufhellung. Zart nach Brombeeren, ein Hauch von Zwetschken, etwas Vanille, mit Nougat und kandierten Orangenzesten unterlegt. Kräftig, komplex, reife Herzkirschen, reife Tannine, feine Süße im Abgang, zart nach Nougat, mineralisch-salzig im Rückgeschmack. € 20,–

Weingut Juliana Wieder
Lange Zeile 76, 7311 Neckenmarkt
T: +43 (2610) 42438, www.weingut-juliana-wieder.at

92 Quattro 2022 BF/CS/ZW/ME

NK/DV, 14,5 %. Tiefdunkles Rubingranat, opaker Kern, violette Reflexe, zarte Randaufhellung. Einladendes Bukett nach Holzwürze, zart nach Bourbon-Vanille, schwarze Beerenfrucht, Lakritze, feine Mandarinenzesten. Komplex, saftig, schokoladiger Touch, feine Beerennoten, tragendes Tannin im Rückgeschmack. € 22,10

Weingut Gager
Karrnergasse 2 und 8, 7301 Deutschkreutz
T: +43 (2613) 80385, www.weingut-gager.at

92 Falke Ried Fruschau by Michael 2022 BF/CS/ME
NK, 14,5 %. Tiefdunkles Rubingranat, opaker Kern, violette Reflexe, zarter Wasserrand. Feine Edelholzwürze, Bourbon-Vanille, ein Hauch von Brombeeren, Röstaromatik, schwarze Kirschen. Mittlere Komplexität, feinwürzig, tabakig, Amarenakirschen im Abgang, fruchtsüßer Nachhall, schokoladiges Finish. € 23,–

Winzerhof Kiss Ronald
Joseph-Haydn-Gasse 1, 7093 Jois
T: +43 (2160) 8256, www.winzerhof-kiss.at

92 Tenno 2022 CS/BF/ZW
NK, 13,5 %. Dunkles Rubingranat, violette Reflexe, dezente Randaufhellung. Rote Waldbeeren, ein Hauch von Ribiseln, feine Holzwürze, zartes Nougat, mit Gewürznuancen unterlegt. Saftig, engmaschig, Cassisnoten im Abgang, mineralisch-salzig, Johannisbeeren im Rückgeschmack, trinkanimierender Stil. € 27,20

Winzerschlössl Kaiser
Satzriedgasse 1, 7000 Eisenstadt
T: +43 (2682) 67100, www.winzerschloessl.at

92 Domino.2 2022 ME/CF/BF
DIAM, 15 %. Kräftiges Rubingranat, violette Reflexe, breitere Ockerrandaufhellung. Rotes Waldbeerenkonfit, ein Hauch von frischen Zwetschken, etwas Nougat, mit Orangenzesten unterlegt. Stoffig, kräftig, reife süße Kirschen, runde Tannine, frisch strukturiert, schokoladig im Nachhall, bereits gut antrinkbar. € 24,90

Weingut Hoffmann Doris & Michael
Wiener Strasse 2, 7123 Mönchhof
T: +43 (2173) 80264, www.hoffmann-wein.at

91 Charisma 2022 ME/ZW/CS
DV, 14 %. Dunkles Rubingranat, violette Reflexe, zarte Randaufhellung. Johannisbeeren, etwas frische Orangenzesten, ein Hauch von Feigen, würzig. Saftig, straff, salzig, rotbeerige Nuancen, Weichselnoten im Abgang, guter Speisenbegleiter. € 9,90 Best Buy

Weingut Hautzinger KG
Untere Hauptstraße 26, 7162 Tadten
T: +43 (2176) 2315, www.hautzinger.at

92 Fraternitas 2022 BF/CS
NK, 13,5 %. Dunkles Rubingranat, violette Reflexe, zarte Randaufhellung. Zartes rotes Waldbeerenkonfit, ein Hauch von Kirschen, etwas Vanille und Nougat, einladendes Bukett. Saftig, balanciert, frische Beerenfrucht, feine Tannine, ein lebendiger Speisenbegleiter, bereits gut antrinkbar. € 25,–

Weingut Wellanschitz
Lange Zeile 28, 7311 Neckenmarkt
T: +43 (2610) 42302, www.wellanschitz.at

91 Equinox "365" 2022 BF/ZW/ME
DV, 14 %. Dunkles Rubingranat, violette Reflexe, zarte Randaufhellung. Feine Tabak-Holz-Würze, schwarze Kirschfrucht, Heidelbeeren, Kräutertouch. Saftig, zart mit kandierten Orangenschalen unterlegtes Beerenkonfit im Abgang, feine Tanninstruktur, würziges Finish, guter Speisenbegleiter. € 10,90

Weingut Josef und Maria Reumann
Neubaugasse 39, 7301 Deutschkreutz
T: +43 (2613) 80421, www.weingut-reumann.at

91 Carnuntum DAC Höflein Rot 2022 ZW/BF/ME
NK, 13,5 %. Dunkles Rubingranat, opaker Kern, violette Reflexe, zarte Randaufhellung. Dezente Kirschfrucht, ein Hauch von Preiselbeeren, etwas Mandarinenzesten, einladendes Bukett. Mittlere Komplexität, dezente Zwetschkenfrucht, feine Säurestruktur, gut integrierte Tanninstruktur, mineralisches Finish. € 11,50

Weingut Artner
Dorfstraße 93, 2465 Höflein
T: +43 (2162) 63142, www.artner.co.at

91 Q2 2022 BF/CS/SY
DV, 14 %. Tiefdunkles Rubingranat, opaker Kern, violette Reflexe, zarte Randaufhellung. Schwarze Waldbeerenfrucht, feine Edelholzwürze, Zartbitterschoko, ein Hauch von Cassis. Saftig, straff, feines Tannin, Cassis, frisches Finish, bleibt gut haften, vielfältig einsetzbar. € 13,20

Weingut Gager (V)
Karrnergasse 2 und 8, 7301 Deutschkreutz
T: +43 (2613) 80385, www.weingut-gager.at

91 Big Blend 2022 ZW/ME (B)(F)(H)
VL, 13,5 %. Dunkles Rubingranat, violette Reflexe, dezente Randaufhellung. Mit Edelholzwürze unterlegtes reifes Waldbeerenkonfit, ein Hauch von Zwetschken und Orangenblüten. Saftig, mittlere Komplexität, leichtfüßig, samtiges Tannin, Kirschfrucht, bereits gut antrinkbar. € 13,–

IBY Rotweingut Bio
Am Blaufränkischweg 3, 7312 Horitschon
T: +43 (2610) 42292, www.iby.at

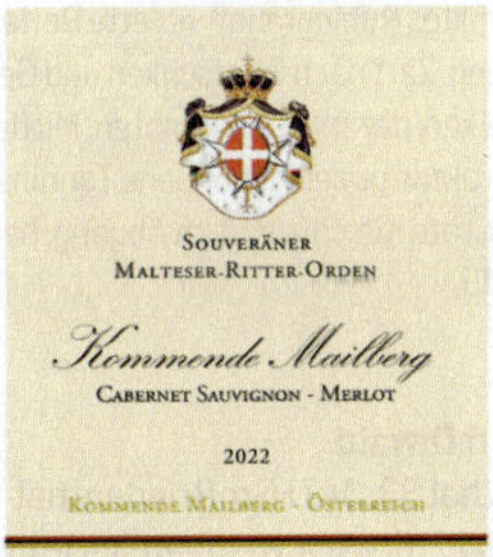

91 Gladiator Cuvée 2022 ZW/ME/CS
DIAM, 14 %. Tiefdunkles Rubingranat, violette Reflexe, zarte Randaufhellung. Zart nach Zwetschken und kandierten Orangenschalen, etwas nach Dörrobst, ein Hauch von Nougat, floraler Touch. Mittlerer Körper, kraftvoll, Johannisbeeren im Abgang, feinwürziger Nachhall, fruchtiger Speisenbegleiter. € 13,–

Weingut Schwertführer »47er« (V)
Hauptstraße 47, 2504 Sooß
T: +43 (2252) 87191, www.47er.at

91 Malteser-Ritter-Orden Kommende Mailberg 2022 CS/ME
NK, 14 %. Dunkles Rubingranat, violette Reflexe, zarte Randaufhellung. Zart nach Beerenkonfit, etwas kandierte Mandarinenzesten, ein Hauch von Edelholz, Veilchentouch, einladendes Bukett. Saftig, frische Struktur, samtiges Tannin, Kirschfrucht im Abgang, bereits gut antrinkbar. € 13,20

Weinkellerei Lenz Moser (V)
Lenz-Moser-Straße 1, 3495 Rohrendorf
T: +43 (2732) 85541, www.lenzmoser.at

91 Trio vom Löss 2022 SL/ZW/ME
DV, 13,5 %. Kräftiges Rubingranat, violette Reflexe, zarte Randaufhellung. Feine rotbeerige Nuancen, floraler Touch, kandierte Orangenschalen, lebendiges Bukett. Mittlerer Körper, fruchtsüß, Himbeernuancen, feinwürzig, gut eingebundene Tanninstruktur, unkomplizierter Speisenbegleiter. € 13,50

Familienweingut Kolkmann
Kremser Straße 53, 3481 Fels am Wagram
T: +43 (2738) 2436, www.kolkmann.at

91 Terra Rubra 2022 ZW/ME/CS
NK, 13,5 %. Dunkles Rubingranat, violette Reflexe, zarte Randaufhellung. Zart nach Zwetschken und Gewürzen, ein Hauch von Nelken, dezente Lakritznoten. Mittlerer Körper, feine Säurestruktur, gut eingebundene Tanninstruktur, Röstaromatik, rote Kirschfrucht im Abgang, bereits gut antrinkbar. € 15,–

Weingut Karl Diwald
Großriedenthal 33, 3471 Großriedenthal
T: +43 (2279) 7218, www.weinbau-karl-diwald.at

91 Anaconda 2022 ZW/BF/ME
DV, 13,5 %. Dunkles Rubingranat, violette Reflexe, dezente Randaufhellung. Zart nach Lakritze und Brombeeren, floraler Touch, Edelholz, einladendes Bukett. Saftig, mittlere Komplexität, rotbeerige Nuancen, tragendes Tannin, guter Speisenbegleiter. € 15,50

Weingut Niki Windisch
Kurze Zeile 66, 2212 Groß-Engersdorf
T: +43 (699) 12867471, www.weingut-windisch.at

91 S-Klasse Cabernet x Merlot 2022 CS/ME
DV, 13,5 %. Tiefdunkles Rubingranat, violette Reflexe, zarte Randaufhellung. Dunkle Beerenfrucht, zart nach Cassis, mit Kräuterwürze unterlegt, etwas nach Paprika, Kardamom klingt an. Komplex, engmaschig, rote Beerenfrucht, frisches, gut integriertes Tannin, Holzwürze im Abgang, wird von Flaschenreife profitieren. € 16,–

Weinbau Barbach
Rudolfgasse 8, 2380 Perchtoldsdorf
T: +43 (1) 8698378, www.weinbau-barbach.at

91 Cuvée Heidentor 2022 ZW/ME/CS
NK, 14 %. Dunkles Rubingranat, violette Reflexe, zarte Randaufhellung. Dunkle Beerenfrucht, ein Hauch von Cassis, Holzwürze und schokoladige Nuancen. Saftig, straff, samtige Tanninstruktur, fruchtsüß nach Brombeeren im Abgang, bleibt gut haften. € 16,–

Weingut Manfred Edelmann
Rosenbergstraße 31, 2464 Göttlesbrunn
T: +43 (2162) 8455, www.edelmann.co.at

91 Capello 2022 BF/ME/ZW
NK, 13,5 %. Kräftiges Rubingranat, violette Reflexe, zarte Randaufhellung. Feine Tabak-Holz-Würze, zart nach Nougat, ein Hauch von Brombeeren, Kräuternoten. Saftig, elegant, frisch, gut integrierte Tanninstruktur, mineralisch, rote Beerenfrucht im Abgang, bleibt gut haften, unkompliziert antrinkbar. € 16,–

Weingut Unger
Quergasse 25, 7131 Halbturn
T: +43 (2172) 8080, www.weingut-unger.at

91 Condre 2022 ME/CS/CF
NK/DV, 14,5 %. Tiefdunkles Rubingranat, violette Reflexe, zarte Randaufhellung. Dunkles Waldbeerenkonfit, etwas kandierte Orangenzesten, Dörrobst klingt an, Veilchen im Hintergrund. Mittlerer Körper, präsente Tannine, Cassisnoten im Abgang, würziger Nachhall, bereits gut antrinkbar. € 18,90

Weingut Mariel
Untere Hauptstraße 51, 7041 Wulkaprodersdorf
T: +43 (2687) 62995, www.mariel.at

91 Ried Herrschaftsfelder Cuvée Rot 2022 BF/ZW/CS/ME
DIAM, 14 %. Kräftiges Rubingranat, violette Reflexe, zarte Randaufhellung. Feine Kräuterwürze, rote Kirschfrucht, ein Hauch von Feigen, Kardamom klingt an. Mittlerer Körper, präsente Tanninstruktur, Zwetschkentouch im Abgang, Gewürznuancen im Rückgeschmack, unkompliziertes Trinkvergnügen. € 16,90

Weingut Migsich
Kleine Zeile 66, 7042 Antau
T: +43 (2687) 62253, www.migsich.at

91 Sacra 2022 CS/ME/ZW
NK, 13 %. Dunkles Rubingranat, violette Reflexe, zarte Randaufhellung. Feine Tabakwürze, Kirschfrucht, ein Hauch von Orangenschalen, dazu etwas Cassis, einladendes Bukett. Saftig, straff, feine Säurestruktur, mineralisch, gut eingebundene Tanninstruktur, fruchtsüß, Brombeeren im Abgang. € 22,–

Winzerhof Familie Dockner
Ortsstraße 30, 3508 Höbenbach
T: +43 (2736) 7262, www.dockner.at

91 Zinn 2022 BF/ZW/ME/CS
NK, 14 %. Kräftiges Rubingranat, violette Reflexe, zarte Randaufhellung. Rotes Beerenkonfit, zart nach Bergamotte, ein Hauch von Feigen, kandierte Veilchen. Saftig, straff, präsente Tanninstruktur, schwarze Beerenfrucht, mineralisch, bleibt gut haften, wird von Flaschenreife profitieren. € 18,–

Weingut Ernst
Neubaugasse 21, 7301 Deutschkreutz
T: +43 (664) 3860220, www.weinguternst.at

90 M.C.S Ried St. Michael 2022 ME/CS (B)
DV, 13,5 %. Tiefdunkles Rubingranat, violette Reflexe, zarte Randaufhellung. Feine Kräuterwürze, dunkles Waldbeerenkonfit, etwas Haselnussaromatik, floraler Touch, Lakritze klingt an. Mittlerer Körper, straff, frisch, gut integrierte Tanninstruktur, schwarze Beerenfrucht, würziger Nachhall. € 7,– Best Buy

Weingut Hautzinger KG
Untere Hauptstraße 26, 7162 Tadten
T: +43 (2176) 2315, www.hautzinger.at

91 Carnuntum DAC Göttlesbrunn 2022 BF/ZW/ME
NK, 14 %. Tiefdunkles Rubingranat, opaker Kern, zarte Randaufhellung. Feine Holzwürze, zart nach Brombeeren, ein Hauch von Karamell, schwarze Kirschen klingen an. Saftig, straff, präsente Tanninstruktur, dunkle Beerenfrucht, mineralischer Nachhall, bleibt gut haften, vielfältig einsetzbar. € 18,–

Weingut Gerhard Pimpel
Kirchenstraße 19, 2464 Göttlesbrunn
T: +43 (664) 4636650, www.gerhardpimpel.at

90 Dankbarkeit Rot 2022 ZW/BF
DV, 12,5 %. Kräftiges Rubingranat, violette Reflexe, zarte Ockerrandaufhellung. Rote Kirschfrucht, mit Gewürzen unterlegte Zitrusnoten, frisches Bukett, mineralischer Touch. Mittlerer Körper, leichtfüßig, gut eingebundene Tanninstruktur, rotbeeriges Finish, trinkanimierender Stil. € 7,90 Best Buy

Weingut Zur Dankbarkeit
P. A. Winklergasse 30, 7141 Podersdorf am See
T: +43 (2177) 2829, www.weingutzurdankbarkeit.at

(B) biologisch (F) fruktosearm (H) histaminarm (S) schwefelarm (V) vegan

90 Vis Terrae XII 2022 ZW/SY/ME
DIAM, 14 %. Dunkles Rubingranat, ockerfarbene Reflexe, zarte Randaufhellung. Dunkles Waldbeerenkonfit, zart nach Pflaumen, Nuancen von Nougat, kandierte Veilchen klingen an. Saftig, straff, mittlere Komplexität, Holzwürze im Abgang, Kirschen im Rückgeschmack, bereits gut entwickelt und antrinkbar. € 7,90 Best Buy

Weingut Georg und Katharina Krutzler
Gerichtswiese 50, 7122 Gols
T: +43 (660) 6126340,

90 Johannes Cuvée 2022 SL/ME
DV, 14 %. Kräftiges Rubingranat, violette Reflexe, zarte Randaufhellung. Etwas nach Weichseln und reifen Kirschen, dezente Schokonoten, ein Hauch von Zwetschken. Saftig, fruchtsüß, etwas nach Brombeeren, kandierte Früchte, mineralisch, rotbeeriges Finish, guter Speisenbegleiter. € 7,90 Best Buy

Weingut Familie Schlager
Hauptstraße 32, 2504 Sooß
T: +43 (2252) 88988, www.weingutschlager.at

90 Merlot-Cabernet Sauvignon Ried Himmelstiege am Eichkogel 2022 ME/CS
DV, 14 %. Dunkles Rubingranat, violette Reflexe, dezente Ockerrandaufhellung. Zarte schwarze Beerenfrucht, Brombeernuancen, etwas Cassis, dezente Kräuterwürze. Mittlere Komplexität, reife Kirschen, frisch strukturiert, runde Tannine, mineralisch im Nachhall, zitronig-salziger Rückgeschmack. € 8,–

Weingut Leopold Nowak
Mühlgasse 2, 2353 Guntramsdorf
T: +43 (2236) 53004, www.wein-nowak.at

90 Cuvée aus gutem Grund 2022 ME/CS/BF/MA
DV, 14 %. Dunkles Rubingranat, violette Reflexe, zarte Randaufhellung. Feine Edelholzwürze, etwas nach Kardamom, ein Hauch von Brombeerkonfit, floraler Touch, Herzkirschnoten. Mittlerer Körper, Kirschfrucht auch im Abgang, gut integriertes Tannin, würziger Rückgeschmack, bereits gut antrinkbar. € 9,80 Best Buy

Kraft aus Rust
Conradplatz 11, 7071 Rust
T: +43 (664) 1206630, www.kraftausrust.at

90 Heideboden 2022 ZW/SL/CF
DV, 13 %. Dunkles Rubingranat, violette Reflexe, breite Ockerrandaufhellung. Zarte animalische Nuancen, ein Hauch von Gewürzen, Beerenfrucht, etwas Tabakwürze. Mittlerer Körper, weitmaschig, feine Kirschfrucht, gut eingebundenes Tannin, bereits gut antrinkbar. € 10,– Best Buy

Seegut Lentsch
Neusiedler Straße 40, 7141 Podersdorf am See
T: +43 (2177) 2398, www.seegut-lentsch.com

90 Heideboden Exklusiv 2022 ZW/ME/CS/BF
DV, 13,5 %. Tiefdunkles Rubingranat, schwarzer Kern, violette Reflexe, zarte Randaufhellung. Etwas Cassis, floraler Touch, kandierte Veilchen, feine Holzwürze, nussige Aromatik. Mittlerer Körper, frisch strukturiert, Holznuancen klingen an, Kirschen im Abgang, unkomplizierter Speisenbegleiter. € 10,– Best Buy

Weingut Gebrüder Nittnaus
Untere Hauptstraße 105, 7122 Gols
T: +43 (2173) 2186, www.nittnaus.net

90 Waasensteffl 2022 ZW/BF/ME
DV, 13,5 %. Tiefdunkles Rubingranat, violette Reflexe, zarte Randaufhellung. Dezente Nougatnoten, ein Hauch von Brombeeren, Toffee, einladendes Bukett. Saftig, mittlere Komplexität, feinwürzig, rote Kirschfrucht im Abgang, salziger Nachhall, guter Speisenbegleiter. € 10,50

Weingut Sattler
Klausenberg 3, 7093 Jois
T: +43 (2160) 8206, www.sattler-seeblick.at

90 Cabernet Merlot 2022 CS/ME
DV, 13,5 %. Tiefdunkles Rubingranat, opaker Kern, violette Reflexe, zarte Randaufhellung. Nuancen von Pflaumen, unterlegt mit Gewürzen, zart nach Johannisbeeren, kandierte Orangenschalen. Mittlere Komplexität, saftig, rotbeeriger Abgang, mineralisch, Brombeeren im Finish, bereits gut antrinkbar. € 10,50

Weingut Schwertführer »35«
Hauptstraße 35, 2504 Sooß
T: +43 (660) 5654543, www.schwertfuehrer.at

90 Carnuntum DAC Genesis 2022 ZW/ME
DV, 13 %. Kräftiges Rubingranat, violette Reflexe, breitere Randaufhellung. Feine Kirschfrucht, unterlegt mit Wiesenkräutern, zart nach Weichseln, Veloursleder klingt an. Mittlerer Körper, feinwürzig, rotbeerige Nuancen, zarte Tanninstruktur, floraler Touch, bereits gut antrinkbar. € 11,50

Weingut Walter Glatzer
Rosenbergstraße 5, 2464 Göttlesbrunn
T: +43 (2162) 8486, www.weingutglatzer.at

90 King LUI I Reserve 2022 ME/BF/ZW B
NK, 13,5 %. Dunkles Rubingranat, violette Reflexe, zarte Randaufhellung. Nougat und dunkles Waldbeerenkonfit, dezente Röstaromatik, schwarze Kirschen, feinwürzig. Mittlere Komplexität, gut eingebundene Tanninstruktur, würzig und tabakig, Cassisnoten im Abgang, mineralisch, Pflaumen im Nachhall. € 10,90

Weingut Wurzinger Pia
Obere Hauptstraße 11, 7162 Tadten
T: +43 (676) 4868757, www.weingut-wurzinger.at

90 Rossgraben Cuvée 2022 BF/CS/SY
DV, 14,5 %. Dunkles Rubingranat, violette Reflexe, zarte Randaufhellung. Kirschen und Feigen, ein Hauch von Holzwürze, tabakiger Touch. Mittlerer Körper, etwas Nougat, dezente Brombeernoten, gut eingebundene Tanninstruktur, unkomplizierter Speisenbegleiter. € 11,50

Köllerhaus – Weinbau Köller
Hotterweg 66, 7000 Eisenstadt
T: +43 (664) 3501277, www.koellerhaus.at

90 Troica 2022 SY/CS/ZW
DV, 13,5 %. Dunkles Rubingranat, violette Reflexe, zarte Randaufhellung. Feine Holzwürze, ein Hauch von Brombeeren, etwas Orangenschalen, mit Vanille unterlegt. Mittlerer Körper, fruchtsüß, rotes Beerenkonfit, gut eingebundene Tanninstruktur, bereits gut antrinkbar. € 11,–

Weingut Hahnenkamp
St. Georgener Hauptstraße 53, 7000 Eisenstadt
T: +43 (2682) 66700, www.weingut-hahnenkamp.at

90 Ried Kreuzjoch Reserve 2022 ZW/BF/CS/ME B
NK, 13 %. Dunkles Rubingranat, violette Reflexe, zarte Randaufhellung. Feine Holzwürze, zart nach Orangenschalen, schokoladiger Touch, mit dunkler Beerenfrucht unterlegt. Mittlerer Körper, straff, frisches Bukett, Cassis im Abgang, Holzwürze im Rückgeschmack, bereits gut antrinkbar. € 12,–

Weingut Wurzinger Pia
Obere Hauptstraße 11, 7162 Tadten
T: +43 (676) 4868757, www.weingut-wurzinger.at

90 Heideboden Rotweincuvée 2022 ZW/BF/SL/ME
DV, 13,5 %. Kräftiges Rubingranat, violette Reflexe, zarte Randaufhellung. Zarte Kräuter-Holz-Würze, Zwetschken, ein Hauch von Lakritze, mit etwas Nougat unterlegt. Mittlerer Körper, saftig, fruchtsüß nach Herzkirschen, mineralisch, feine Tanninstruktur, bereits gut antrinkbar. € 11,–

Weingut Keringer
Wiener Straße 22a, 7123 Mönchhof
T: +43 (2173) 80380, www.keringer.at

90 Zweigelt & Reserve CS 2022 ZW/CS V
DV, 14 %. Kräftiges Rubingranat, violette Reflexe, zarte Randaufhellung. Zart nach Zwetschken und Gewürzen ein Hauch von Waldbeerenkonfit, feine Tabaknoten. Mittlerer Körper, straff, feine Tanninstruktur, zart würzig, dunkelbeeriges Finish, bereits sehr gut antrinkbar. € 12,50

Leo Aumann
Oberwaltersdorfer Straße 105, 2512 Tribuswinkel
T: +43 (2252) 80502, www.aumann.at

B biologisch F fruktosearm H histaminarm S schwefelarm V vegan

90 Patronis 2022 SL/ZW/ME Ⓥ
NK, 13 %. Kräftiges Rubingranat, violette Reflexe, zarte Randaufhellung. Feine Zwetschkenfrucht, Kräuterwürze, etwas Brombeeren, mit Cassis unterlegt. Mittlerer Körper, fruchtsüß, rotes Beerenkonfit, einladender Trinkfluss, feines Tannin, Nougat im Nachhall, bereits gut antrinkbar. € 12,50

Weingut Stift Klosterneuburg GmbH
Stiftsplatz 1, 3400 Klosterneuburg
T: +43 (2243) 411, www.stift-klosterneuburg.at

90 Grand Reserve Cuvée 2022 ME/CS/ZW
DV, 14,3 %. Tiefdunkles Rubingranat, opaker Kern, violette Reflexe, zarte Randaufhellung. Feine Tabakwürze, zart nach Kräutern, rotbeerige Nuancen, etwas nach Feigen, floraler Touch. Mittlerer Körper, fruchtsüß, Brombeernuancen im Abgang, kraftvolles Finish, bereits gut antrinkbar. € 15,–

Weingut Schulz
Hauptstraße 69, 2181 Dobermannsdorf
T: +43 (2533) 89062, www.weingut-schulz.at

90 Neff Number one 2022 BF/ME/SL
DIAM, 14 %. Kräftiges Rubingranat, violette Reflexe, Ockerrandaufhellung. Etwas tabakig, zart nach Brombeeren, etwas Kräuterwürze, nussiger Touch. Mittlerer Körper, fruchtsüß nach Brombeerkonfit, floral, Nougattouch im Abgang, kraftvolles Finish, Vanille im Rückgeschmack. € 13,50

Weingut Neff
Neubaugasse 11, 7141 Podersdorf am See
T: +43 (660) 3456980, www.neff-wein.at

90 Vom Limes 2022 ZW/ME/BF
DIAM, 14 %. Tiefdunkles Rubingranat, violette Reflexe, zarte Randaufhellung. Feine Brombeernuancen, ein Hauch von Toffee, zarte Amarenakirschen, Gewürznuancen, einladendes Bukett. Stoffig, mittlere Komplexität, salzig, Herzkirschen im Abgang, bereits gut antrinkbar. € 17,–

Weingut Josef Pimpel
Brucker Straße 6, 2404 Petronell
T: +43 (676) 6153365, www.pimpel.com

90 Casanova 2022 BF/ZW/ME Ⓑ
DV, 14 %. Tiefdunkles Rubingranat, violette Reflexe, zarte Randaufhellung. Dunkles Waldbeerenkonfit, etwas nach Lakritze, zart nach Cassis, mit Holzwürze unterlegt. Saftig, fruchtsüß, etwas weitmaschig, dunkle Beerenfrucht, mineralisch, feine Tanninstruktur, guter Speisenbegleiter. € 13,90

Weinbau Thomas Windholz
Feldgasse 7, 2460 Bruck an der Leitha
T: +43 (664) 1266396, www.weinbau-windholz.at

90 Alesco 2022 ME/BF/ZW
DV, 13,5 %. Kräftiges Rubingranat, violette Reflexe, Ockerrandaufhellung. Feine Kräuternuancen, zarte Röstaromen, rote Kirschfrucht, zart blättrig, Cassis klingt an. Saftig, mittlere Komplexität, salzig, rotes Waldbeerenkonfit, Zitrusnuancen im Nachhall, lebendiger Speisenbegleiter. € 18,–

Weingut Kranixfeld – Familie Fischl
Steinergasse 3, 7072 Mörbisch
T: +43 (2685) 83 48, www.kranixfeld-fischl.at

90 Carnuntum DAC Stixneusiedl Rot 2022 BF/ZW Ⓑ
DV, 13,5 %. Kräftiges Rubingranat, violette Reflexe, zarte Randaufhellung. Etwas nach Nougat, Brombeeren, zart nach kandierten Orangenzesten, Holznuancen. Mittlerer Körper, saftig, leichtfüßig, mineralisch-salzig, rote Kirschfrucht, zitroniger Nachhall, lebendig, frischer Speisenbegleiter. € 14,–

Weingut Andreas Muhr
Hauptstraße 7, 2463 Stixneusiedl
T: +43 (699) 11463502, www.amuhr.at

89 Dock Cuveé Rot Selektion J.D. 2022 ZW/SL/CS/ME/PN
DV, 13 %. Kräftiges Rubingranat, violette Reflexe, zarte Ockerrandaufhellung. Feine Holz-Tabak-Würze, ein Hauch von dunklem Waldbeerenkonfit, dezenter Hagebuttentouch, mit kandierten Früchten unterlegen. Saftig, mittlere Komplexität, feinwürzig, Himbeeren, unterlegt mit feinem Tannin, bereits gut antrinkbar. € 6,50 Best Buy

Winzerhof Familie Dockner
Ortsstraße 30, 3508 Höbenbach
T: +43 (2736) 7262, www.dockner.at

89 Heideboden Samtpfote 2022 BB/BF
DV, 14 %. Kräftiges Rubingranat, violette Reflexe, zarte Ockerrandaufhellung. Frische Kräuter-Holz-Würze, ein Hauch von Brombeeren, zart nach Grapefruitzesten, etwas animalische Nuancen. Mittlerer Körper, frisch, rote Kirschfrucht, salzig-mineralisch, unkomplizierter Speisenbegleiter. € 9,10 Best Buy

Weingut Hoffmann Doris & Michael
Wiener Strasse 2, 7123 Mönchhof
T: +43 (2173) 80264, www.hoffmann-wein.at

89 Die Zeitreise | Cuvée 2022 BF/ZW/ME
DV, 13,5 %. Dunkles Rubingranat, violette Reflexe, zarte Randaufhellung. Frische Kirschen, zart nach Johannisbeeren, etwas Bergamotte. Mittlerer Körper, lebendig strukturiert, feine Würze, etwas tabakig, rotbeeriges Finish, bereits gut antrinkbar. € 9,90 Best Buy

Eichenwald Weine
Kellerei: Günser Straße 54, 7312 Horitschon
T: +43 (2610) 42321, www.eichenwald.at

89 Cuvée Sasso Rosso Reserve 2022 SL/ZW/CS/PN
NK, 14 %. Dunkles Rubingranat, violette Reflexe, zarte Randaufhellung. Zart floral, etwas nach Lavendel und Blutorangenzesten, zart nach Kräutern. Mittlerer Körper, fruchtsüß nach Kirschen, rotbeerige Nuancen, salziger Nachhall, unkompliziertes Trinkvergnügen. € 10,– Best Buy

Weingut Hecher
Hauptstraße 37, 2504 Sooß
T: +43 (2252) 87190, www.hecherwein.at

89 Dana 2022 CS/ME
NK, 14 %. Dunkles Rubingranat, violette Reflexe, dezente Randaufhellung. Etwas Edelholzwürze, feine Brombeernoten, etwas tabakig, frisches Bukett. Mittlerer Körper, etwas vegetal, rote Beerenfrucht, salziger Nachhall, bereits gut antrinkbar. € 10,50

Weingut D & D Haider
Hauptplatz 10, 7093 Jois
T: +43 (699) 12565510, www.ddhaider.at

89 Jimmy`s Cuvée 2022 ZW/SY
DV, 14,5 %. Dunkles Rubingranat, violette Reflexe, zarte Randaufhellung. Zarte Kräuterwürze, etwas nach Cassis, tabakig, schwarze Beerenfrucht, frisches Bukett. Mittlerer Körper, saftig, weitmaschig, Brombeernoten, präsentes Tannin, bereits gut antrinkbar. € 12,–

Weingut Werner Auer
Untere Hauptstraße 63, 7093 Jois
T: +43 (699) 19980063, www.auerwerner.at

89 Baronheide Barrique 2022 SL/ZW
DV, 13,5 %. Dunkles Rubingranat, violette Reflexe, zarte Ockerrandaufhellung. Rotes Waldbeerenkonfit, zart nach Cassis, ein Hauch von Nougat, zarte Edelholzwürze. Mittlerer Körper, salzig, etwas weitmaschig, rotbeerige Nuancen, Kräuternoten im Nachhall, bereits gut antrinkbar. € 12,–

Weingut Martin Frühwirth
Hauptstraße 4, 2524 Teesdorf
T: +43 (2253) 819 83, www.weingut-fruehwirth.at

89 Cabernet Merlot Sabeth 2022 CS/ME

DV, 14 %. Dunkles Rubingranat, violette Reflexe, zarte Randaufhellung. Tabakwürze, zart nach Kräutern, ein Hauch von dunkler Beerenfrucht, etwas Veloursleder. Mittlerer Körper, fruchtsüß, zart nach Herzkirschen, Orangentouch im Rückgeschmack, bereits gut antrinkbar. € 12,–

Weinbau Gunhold
Hartergasse 16, 2500 Baden
T: +43 (676) 4362929, feine-weine-gunhold.at

88 Pinot Cab Grande Reserve 2022 PN/CS

DV, 13,5 %. Kräftiges Rubingranat, violette Reflexe, zarte Randaufhellung. Etwas Kräuterwürze, zart nach Cassis, floraler Touch, individueller Duft. Mittlerer Körper, würzig, rote Kirschfrucht, etwas tabakig, unkompliziert antrinkbar, kraftvolles Finish. € 8,90 Best Buy

Weingut Hahnenkamp
St. Georgener Hauptstraße 53, 7000 Eisenstadt
T: +43 (2682) 66700, www.weingut-hahnenkamp.at

88 Herbstrot Cuvée 2022 ZW/SL/ME

NK, 13,5 %. Kräftiges Rubingranat, dezente Ockerreflexe, breitere Randaufhellung. Etwas nach gekochten Kirschen und Waldbeeren, zart würzig, floraler Touch. Mittlerer Körper, leichtfüßig, Zitrusnuancen, rotbeeriges Finish, individuell einsetzbar. € 11,50

Herbstwein
Krottendorf 118, 8563 Ligist
T: +43 (3143) 2626, www.herbstwein.com

88 Franz III Cuvée 2022 CS/ME/ZW

NK, 13,5 %. Mittleres Rubingranat, violette Reflexe, zarter Wasserrand. Feine Kräuterwürze, etwas rotes Beerenkonfit, Pistazientouch. Mittlerer Körper, frisch, Kirschfrucht im Abgang, salziger Rückgeschmack, unkompliziertes Trinkvergnügen. € 11,90

Winzer Krems – Sandgrube 13
Sandgrube 13, 3500 Krems an der Donau
T: +43 (2732) 85511, www.winzerkrems.at

88 the fusion 2022 ME/ZW

NK, 13 %. Mittleres Karmingranat, ockerfarbene Reflexe, breite Randaufhellung. Zart kräuterwürzig unterlegtes Kirschkonfit, tabakige Nuancen, rotes Waldbeergelee. Schlank, rotbeerig, zarte Tannine, dezente Fruchtsüße nach Erdbeerkonfit, zitronig-salziger Abgang, bereits entwickelt, sommerliche Stilistik. € 30,–

Spusu Wein GmbH
Resselstraße 16, 2120 Wolkersdorf im Weinviertel
T: +43 (670) 670 8000, wein.spusu.at

PLATZ FÜR IHRE
WEINNOTIZEN

MERLOT

Foto: WSNA

Die weltweit geschätzte Rebsorte hat in Österreich eine große Zukunft. Reinsortig abgefüllt, aber insbesondere auch als Cuvée-Partner findet der Merlot wachsenden Zuspruch.

Ganz im Gegensatz zu der schon länger einigermaßen flächendeckend in Österreich verbreiteten Bordeaux-Sorte Cabernet Sauvignon war Merlot viele Jahre noch eher eine Rarität. Die Weine dieser Sorte sind dunkelbeerig und geschmeidig sowie runder und kraftvoller als die meisten anderen Rotweinsorten. Der Merlot unterscheidet sich von seinem Kollegen Cabernet Sauvignon durch frühere Reife, seine dünnen Schalen vermitteln dem fertigen Wein weniger Tannine. Die Produkte sind früher zugänglich, und dank ihrer feinen Extraktsüße wirken sie elegant und charmant.

FRUCHT UND WÜRZE

Wichtig ist eine strikte Ertragsbeschränkung, denn Merlot tendiert zu sehr starkem Wuchs im Weingarten und setzt entsprechend viele Trauben an. Reduziert man diese nicht durch rigorose Grünernte, fallen die Weine eher uninteressant aus. Zwingt man die Merlot-Reben, sich auf wenige Trauben zu konzentrieren, dann entstehen auch auf heimischen Rieden Qualitäten, die sehr attraktive, kraftvolle Weine mit feiner Würze, reifen Zwetschkenaromen und seidiger Tanninstruktur ergeben.

EINE SORTE IM AUFWIND

Nach den ersten Jahren der Praxis haben sich zahlreiche prominente Winzer im Burgenland dazu entschlossen, Merlot gegenüber Cabernet Sauvignon den Vorzug zu geben. Es ist zwar nicht gleich von einem Merlot-Boom auszugehen, man wird aber noch öfters mit erstklassigen reinsortigen Vertretern dieser großen Bordeaux-Sorte rechnen dürfen. Mit 787 Hektar Anbaufläche (Stand 2021) hat der Merlot in Österreich inzwischen bereits den Cabernet Sauvignon in den Rebbergen überflügelt. Es gibt in Österreich mittlerweile einige sehr gute reinsortige Vertreter, aber in der Praxis werden die besten Chargen doch recht oft für die Top-Cuvées abgezweigt, in denen dem Merlot eine wertvolle Rolle zukommt.

DIE BESTEN DER KATEGORIE MERLOT 2022

95 **1. Platz**
Merlot Enya 2022
Weingut Josef Tesch, Neckenmarkt – Mittelburgenland

95 **2. Platz**
Merlot 2022
Weingut Krutzler, Deutsch Schützen – Eisenberg

94 **3. Platz**
Merlot 2022
Rotweingut Prickler, Lutzmannsburg – Mittelburgenland

1. Platz
95 Merlot Enya 2022 Ⓥ
NK, 14,5 %. Tiefdunkles Rubingranat, opaker Kern, zarte Ockerrandaufhellung. Zart nach Zwetschken, dunkle Beerenfrucht, eingelegte Kirschen, etwas Nougat, einladendes Bukett. Kraftvoll, komplex, Brombeeren, reife Tannine, frisch strukturiert, schokoladig im Abgang, bleibt haften, zeigt Länge und Reifepotenzial. € 37,–

Weingut Josef Tesch
Herrengasse 26, 7311 Neckenmarkt
T: +43 (2610) 43610, www.tesch-wein.at

2. Platz
95 Merlot 2022 Ⓗ
NK, 14 %. Dunkles Rubingranat, opaker Kern, zarte Randaufhellung. Würzig, Anklänge von Edelholz und Vanille, zart nach hellem Nougat, reife Herzkirschen, einladend. Stoffig, komplex, extraktsüß, seidige Textur, rotbeerige Nuancen, lebendig strukturiert, ausgewogene, tragende Tannine, feinwürziger Abgang, bleibt lange haften, sehr gutes weiteres Reifepotenzial. € 45,–

Weingut Krutzler
Untere Hauptstraße 6, 7474 Deutsch Schützen
T: +43 (664) 1431983, www.krutzler.at

3. Platz
94 Merlot 2022 Ⓥ

NK, 14 %. Dunkles, opakes Rubingranat, violette Reflexe, zarte Randaufhellung. Dezent tabakig unterlegtes Waldbeerenkonfit, Herzkirschen, Nuancen von roten Früchten, zart nach Lakritze. Saftig, elegant, wieder nach Waldbeeren, samtige Textur, reife Tannine, mineralisch und gut anhaftend, vielfältig einsetzbar, gutes Potenzial. € 14,–

Rotweingut Prickler
Birkenhain 1, 7361 Lutzmannsburg
T: +43 (2615) 87742, www.prickler.at

94 The Merlot 2022 Ⓗ

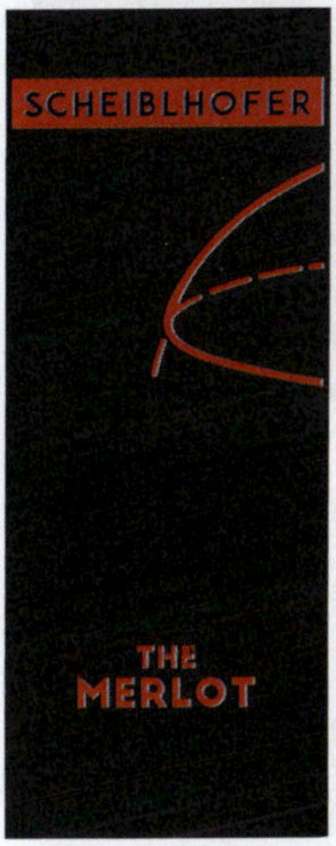

DIAM, 14,5 %. Dunkles Rubingranat, opaker Kern, violette Reflexe, zarte Randaufhellung. Reifes Brombeerkonfit, zart nach Nougat und schwarzen Kirschen, feiner Edelholztouch, einladendes Bukett. Saftig, reife Zwetschken, feine Würze, reife, tragende Tannine, mineralisch und gut anhaftend, salzig im Nachhall, bereits zugänglich, verfügt über sicheres Reifepotenzial. € 21,–

Weingut Scheiblhofer
Halbturner Straße 1a, 7163 Andau
T: +43 (2176) 2610, www.scheiblhofer.at

94 Merlot Vera & Flo 2022
NK, 15 %. Dunkles Rubingranat, violetter Kern, breitere Ockerrandaufhellung. Zart nach Nougat und Cassis, ein Hauch von Edelholz, kandierte Mandarinenzesten, tabakige Nuancen. Kraftvoll, straff, engmaschig, Johannisbeeren, reife Tannine, mineralisch-salzig, bleibt lange haften, sichres Reifepotenzial. € 36,–

Weingut Josef und Maria Reumann
Neubaugasse 39, 7301 Deutschkreutz
T: +43 (2613) 80421, www.weingut-reumann.at

93 Merlot Ried Mitterschossen 2022
DIAM, 14,5 %. Dunkles Rubingranat, violette Reflexe, zarte Randaufhellung. Reife Herzkirschen, Nuancen von Brombeerkonfit, ein Hauch von kandierten Orangenzesten, mit dezenter Edelholzwürze unterlegt. Mittlerer Körper, rotbeerige Nuancen, feine Tannine, frisch strukturiert, elegant und geschliffen, bleibt gut haften, verfügt über Länge und Potenzial. € 13,–

Weingut Schwertführer »47er«
Hauptstraße 47, 2504 Sooß
T: +43 (2252) 87191, www.47er.at

93 Merlot Jois Ried Jungenberg 2022

NK, 14,5 %. Dunkles Rubingranat, violette Reflexe, breitere Ockerrandaufhellung. Feine Edelholzwürze, Vanille und Nelken, schwarze Waldbeeren, etwas Cassis, einladendes Bukett. Stoffig, komplex, dunkle Beeren, frisch strukturiert, mineralisch und anhaftend, bereits sehr gut antrinkbar. € 19,–

Weingut HST – Hannes Steurer
Bahnstraße 28, 7093 Jois
T: +43 (664) 5511780, www.hannessteurer.at

93 Merlot Ried Langsatz 2022

NK, 15 %. Dunkles Rubingranat, violette Reflexe, breitere Ockerrandaufhellung. Schwarze Johannisbeeren, feine Kräuterwürze, mit Brombeerkonfit unterlegt, intensives Bukett. Sehr kraftvoll, komplex, dunkle Waldbeeren, präsente Tannine, feine Extraktsüße, mineralisch und anhaftend, braucht noch weitere Flaschenreife. € 25,–

Klosterkeller der Barmherzigen Brüder
Esterházystraße 26, 7000 Eisenstadt
T: +43 (2682) 6011675, www.klosterkeller.at

93 Merlot Premium 2022 Ⓑ Ⓥ

NK, 14 %. Dunkles, opakes Rubingranat, violette Reflexe, zarte Randaufhellung. Nuancen von reifen Zwetschken und Nougat, ein Hauch von Brombeeren und schwarzen Kirschen, feine Edelholzwürze. Kraftvoll, saftig, rote Kirschen, frisch strukturiert, mineralisch im Abgang, feiner Nougattouch im Rückgeschmack. € 25,–

Weingut Christian Fischer
Hauptstraße 33, 2504 Sooß
T: +43 (676) 6035550, www.weingut-fischer.com

93 Merlot Reserve Ried Altenberg 2022

VL, 15 %. Dunkles Rubingranat, tiefer Kern, violette Reflexe, dezente Randaufhellung. Zart nach reifen Weichseln, dunkle Beeren, feine Kräuterwürze, etwas Nougat und Edelholz. Kraftvoll, engmaschig, reife Zwetschken und Kirschen, runde Tannine, schokoladig im Abgang, zeigt Länge und Reifepotenzial. € 26,–

Weingut Horvath
Untere Hauptstraße 165, 7122 Gols
T: +43 (676) 923 66 52, www.weingut-horvath.at

93 Merlot Sandwühler 2022

DV, 14,5 %. Tiefdunkles Rubingranat, opaker Kern, zarte Ockerrandaufhellung. Reife Kirschen, Cassis und Brombeernuancen, dezente Edelholznoten, zart mit Nougat unterlegt. Komplex, saftig, rote Kirschen, gut integrierte reife Tannine, zarte Süße im Abgang, zeigt gute Länge, sicheres Reifepotenzial. € 27,–

Weingut Niki Windisch
Kurze Zeile 66, 2212 Groß-Engersdorf
T: +43 (699) 12867471, www.weingut-windisch.at

93 Merlot vom Schotter Große Reserve Quo Vadis® 2022

NK, 15 %. Dunkles Rubingranat, opaker Kern, dezente Ockerrandaufhellung. Nuancen von schwarzen Ribiseln, Brombeerkonfit, feinwürziges Bukett, pfeffrige Noten. Komplex, stoffig, feine Extraktsüße, reife, tragende Tannine, mineralisch, Nougat im Abgang, gute Länge, zeigt Reifepotenzial. € 28,–

Ing. Johannes Pitnauer
Weinbergstraße 4-6, 2464 Göttlesbrunn
T: +43 (2162) 8249, www.pitnauer.com

93 Merlot Ried Salzberg 2022

VL, 14 %. Tiefdunkles, opakes Rubingranat, violette Reflexe, zarte Ockerrandaufhellung. Reife Zwetschkenfrucht, dunkle Kirschen, dezente Edelholznuancen, einladendes Bukett. Saftig, rote Herzkirschen, lebendig strukturiert, runde Tannine, mineralisch-salzig im Abgang, bleibt gut haften, ein finessenreicher Speisenwein. € 32,–

Weingut Helmut Preisinger
Neubaugasse 19, 7122 Gols
T: +43 (2173) 2362, www.weingut-preisinger.at

92 Merlot 2022

DV, 14,5 %. Dunkles Rubingranat, opaker Kern, violette Reflexe, zarte Ockerrandaufhellung. Einladende schwarze Waldbeeren, ein Hauch von Cassis, kräuterwürzige Nuancen, mit kandierten Mandarinenzesten unterlegt. Saftig, Brombeeren, zarte Extraktsüße, mineralisch im Abgang, bereits zugänglich, ein vielseitiger, stoffiger Speisenbegleiter. € 9,90 Best Buy

Weingut Jacqueline Klein Ⓢ
Baumhöhäcker 10, 7163 Andau
T: +43 (664) 75124505, www.klein-wein.at

92 Merlot Ried Salzberg 2022

DV, 14,5 %. Dunkles Rubingranat, opaker Kern, violette Reflexe, zarte Ockerrandaufhellung. Reife schwarze Waldbeeren, ein Hauch von Cassis und Sanddorn, etwas Nougat, einladendes Bukett. Mittlere Komplexität, reife Kirschen, dezente Extraktsüße, rund Tannine, elegant und anhaftend, zarter Vanilletouch im Nachhall. € 12,–

Weingut Melanie & Gernot Zechmeister
Untere Hauptstraße 152, 7122 Gols
T: +43 (650) 781 44 46, www.zechmeister.wine

92 Merlot 2022
VL, 14,5 %. Dunkles Rubingranat, opaker Kern, violette Reflexe, zarte Ockerrandaufhellung. Zart nach Vanille und Edelholz, mit einem Hauch von Lakritze und Minze unterlegt, dunkle Kirschfrucht. Saftig, kraftvoll, süße Textur, reife Tannine, feinwürziger Abgang, ein stoffiger Speisenbegleiter. € 12,50

Allacher Vinum Pannonia
Salzbergweg 4, 7122 Gols
T: +43 (2173) 3380, www.allacher.com

92 Merlot Halbturn Ried Kaiserberg Nestor 2022 Ⓥ
DV, 13,5 %. Tiefdunkles Rubingranat, violette Reflexe, zarte Ockerrandaufhellung. Süße Gewürze, schwarze Waldbeeren, feine Edelholznuancen, kandierte Orangenzesten. Saftig, dezente Extraktsüße, reife Kirschen, präsente, tragende Tannine, mineralisch im Abgang, ein kräftiger Speisenbegleiter mit Entwicklungspotenzial. € 12,90

Nestor
Lerchengasse 6, 7131 Halbturn
T: +43 (1) 9418333, www.nestor.wine

92 Merlot Alte Reben 2022
DV, 14,5 %. Dunkles Rubingranat, opaker Kern, violette Reflexe, zarte Ockerrandaufhellung. Zart nach Lakritze, ein Hauch von Feigen, etwas Sanddorn, mit Orangenzesten unterlegt. Stoffig, dunkle Herzkirschen, feine Fruchtsüße, reife Tannine, mineralisch im Abgang, bereits gut antrinkbar. € 13,50

Weingut Kirchknopf
Johann-Kodatsch-Straße 15, 7000 Eisenstadt
T: +43 (2682) 62837, www.kirchknopf.at

92 Merlot 2022
DV, 14 %. Kräftiges Karmingranat, violette Reflexe, breitere Ockerrandaufhellung. Feine Kräuterwürze, tabakig unterlegte Herzkirschen, kandierte Orangenzesten. Mittlere Komplexität, rotbeerige Nuancen, frisch strukturiert, zarte Tannine, ausgewogen und gut antrinkbar. € 13,90

Weingut Migsich
Kleine Zeile 66, 7042 Antau
T: +43 (2687) 62253, www.migsich.at

92 Merlot Ried Leithen 2022 Ⓑ Ⓗ
NK, 14,5 %. Kräftiges Rubingranat, violette Reflexe, dezente Randaufhellung. Nuancen von Herzkirschen, rote Waldbeeren, dezente Kräuterwürze, ein Hauch von Orangenzesten. Kraftvoll, saftig, eingelegte Kirschen, feine Tannine, frisch und ausgewogen, ein eleganter Speisenbegleiter, salzig im Nachhall, bereits gut antrinkbar. € 17,20

Wein und Heuriger Pferschy-Seper
Friedrich-Schiller-Straße 6, 2340 Mödling
T: +43 (2236) 892845, www.pferschy-seper.at

92 Merlot Reserve 2022 Ⓑ
NK, 14 %. Kräftiges Rubingranat, violette Reflexe, breitere Ockerrandaufhellung. Einladende Herzkirschfrucht, zart floral unterlegt, Nuancen von frischen Zwetschken, mit kandierten Orangenzesten unterlegt. Saftig, elegant, rote Kirschen, frisch strukturiert, mineralisch und gut anhaftend, ein animierender Speisenbegleiter. € 17,50

Weingut Walter Glatzer
Rosenbergstraße 5, 2464 Göttlesbrunn
T: +43 (2162) 8486, www.weingutglatzer.at

92 Merlot Steinfeld Reserve 2022
DIAM, 14 %. Dunkles Rubingranat, violette Reflexe, breitere Ockerrandaufhellung. Zart nach Minze und Lakritze, schwarze Waldbeeren, einladendes Bukett. Kraftvoll, saftig, dunkle Kirschen, gute Säurestruktur, runde Tannine, mineralisch im Abgang, ein eleganter, bereits zugänglicher Speisenbegleiter mit Entwicklungspotenzial. € 18,–

Burgundermacher Weingut Johann Gisperg
Hauptstraße 14, 2524 Teesdorf
T: +43 (2253) 81464, www.weingut-gisperg.at

92 Merlot Rotundo 2022
NK, 14 %. Dunkles Rubingranat, violette Reflexe, zarte Ockerrandaufhellung. Reife Zwetschkenfrucht, dunkle Waldbeeren, kandierte Orangenzesten, etwas Nougat, einladendes Bukett. Saftig, reife Herzkirschen, elegant, frisch strukturiert, runde Tannine, ein vielseitiger Speisenbegleiter mit Entwicklungspotenzial. € 18,50

Weinbau Gottschuly-Grassl
Dorfstraße 28, 2465 Höflein
T: +43 (2162) 62293, www.gottschuly.at

92 Merlot Reserve 2022
NK, 14 %. Dunkles Rubingranat, opaker Kern, violette Reflexe, breitere Ockerrandaufhellung. Reife schwarze Herzkirschen, ein Hauch von Nougat, reife Zwetschken, attraktives Bukett. Mittlere Komplexität, frische Kirschen, gut integrierte Tannine, mineralisch und anhaftend, ein feinwürziger Speisenbegleiter. € 19,–

Weingut Alexander Egermann
Apetlonerstraße 28, 7142 Illmitz
T: +43 (2175) 3293, www.alexander-egermann.at

92 Merlot Reserve 2022 B F H S V
VL, 13,5 %. Tiefdunkles Rubingranat, opaker Kern, violette Reflexe, breitere Ockerrandaufhellung. Schwarze Kirsche, etwas Veloursleder, dunkle Waldbeeren, tabakige Nuancen. Komplex, Brombeeren, gut integrierte Tannine, mineralisch, etwas Nougat im Abgang, frisch und gut anhaftend, wird von Flaschenreife profitieren. € 20,–

IBY Rotweingut Bio
Am Blaufränkischweg 3, 7312 Horitschon
T: +43 (2610) 42292, www.iby.at

92 Merlot Distelwiese 2022
NK, 14 %. Kräftiges Rubingranat, violette Reflexe, breitere Ockerrandaufhellung. Zart nach Schwarzen Johannisbeeren und dunklen Herzkirschen, mit einem Hauch von Vanille und Nougat unterlegt. Saftig, elegant, feine Extraktsüße, reife Kirschen, schokoladige Nuancen im Nachhall, ein feinwürziger Speisenbegleiter. € 22,–

Weingut Unger
Quergasse 25, 7131 Halbturn
T: +43 (2172) 8080, www.weingut-unger.at

92 Merlot Ried Hutweide Reserve 2022 Ⓑ Ⓥ
DV, 13,5 %. Dunkles Rubingranat, violette Reflexe, zarte Randaufhellung. Zart nach Vanille und Nougat, dezente Edelholznuancen, mit reifen roten Herzkirschen unterlegt. Mittlerer Körper, rotbeerige Frucht im Kern, frisch strukturiert, ein Hauch von Brombeeren im Abgang, harmonisch, ein facettenreicher Speisenbegleiter. € 22,80

Bio-Weingut Frühwirth
Wiener Neustädter Straße 75, 2524 Teesdorf
T: +43 (2253) 81216, fruehwirth.bio

92 Merlot Optime 2022
NK, 14,5 %. Dunkles Rubingranat, violette Reflexe, zarte Randaufhellung. Reife Zwetschkenfrucht, dunkle Herzkirschen, ein Hauch von Vanille, weißes Nougat, einladendes Bukett. Kraftvoll, saftig, zarte Fruchtsüße, runde Tannine, etwas Nougat im Abgang, feinwürziger Nachhall, zeigt Länge und Entwicklungspotenzial. € 25,–

Weingut Gerhard Pimpel
Kirchenstraße 19, 2464 Göttlesbrunn
T: +43 (664) 4636650, www.gerhardpimpel.at

91 Merlot Exklusiv 2022
DV, 14 %. Kräftiges Rubingranat, violette Reflexe, dezente Ockerrandaufhellung. Einladende reife Zwetschkenfrucht, Nuancen von Herzkirschen, feine Kräuterwürze, ein Hauch von Orangenzesten. Kraftvoll, Beerenkonfit, gut integrierte, angenehme Extraktsüße, runde Tannine, ein Hauch von Nougatkaramell im Abgang, bereits gut antrinkbar. € 9,50
Best Buy

Weingut Schwertführer »35«
Hauptstraße 35, 2504 Sooß
T: +43 (660) 5654543, www.schwertfuehrer.at

91 Merlot Reserve 2022 Ⓥ
DV, 14 %. Tiefdunkles Rubingranat, violette Reflexe, dezente Ockerrandaufhellung. Feine schwarze Waldbeerenfrucht, ein Hauch von Brombeerkonfit, mit etwas Nougat unterlegt. Saftig, elegant, reife Kirschen, dezente Fruchtsüße, runde Tannine, mineralisch und bereits zugänglich. € 12,90

Leo Aumann
Oberwaltersdorfer Straße 105, 2512 Tribuswinkel
T: +43 (2252) 80502, www.aumann.at

91 Merlot Ried Bruckweingarten Reserve 2022 Ⓥ
NK, 13,5 %. Mittleres Karmingranat, Ockerreflexe, breite Randaufhellung. Einladende Kirschfrucht, ein Hauch von Zwetschken, dezente Edelholzwürze, etwas Vanille. Saftig, rund und harmonisch, ein Hauch von eingelegten Kirschen und Nougat im Kern, bereits gut trinkbar, vielfältig einsetzbar. € 13,50

Weingut Jordan
Groß-Reipersdorf 12, 3741 Pulkau
T: +43 (2946) 2464, www.weingut-jordan.at

91 Merlot Ried Loisland Reserve 2022 Ⓥ
DV, 13 %. Dunkles Rubingranat, violette Reflexe, zarte Randaufhellung. Tabakig unterlegte Kräuterwürze, dunkle Waldbeeren, reife Kirschen, etwas Nougat klingt an. Mittlere Komplexität, rote Kirschfrucht, frischer Säurebogen, gut integrierte Tannine, rotbeeriger Nachhall. € 15,–

Weingut MAD
Antonigasse 1, 7063 Oggau
T: +43 (2685) 7207, www.weingut-mad.at

91 Merlot Tadten Ried Kreuzjoch Reserve 2022 Ⓑ

DV, 14 %. Tiefdunkles Rubingranat, opaker Kern, violette Reflexe, zarte Ockerrandaufhellung. Frisches Brombeerkonfit, Nuancen von Vanille, kandierte Orangenzesten klingen an. Kräftig, rotbeerige Nuancen, straffe, präsente Tannine, mineralisch im Nachhall, wird von weiterer Flaschenreife profitieren. € 15,40

Weingut Hautzinger KG
Untere Hauptstraße 26, 7162 Tadten
T: +43 (2176) 2315, www.hautzinger.at

90 Merlot Ried Gaisbiegel Reserve 2022

DV, 14 %. Dunkles Rubingranat, violette Reflexe, zarte Ockerrandaufhellung. Zart nach Karamell und Nougat, zarte Feigennuancen, eingelegte Kirschen, tabakige Würze. Saftig, frisch strukturiert, dezente Süße im Kern, reife Tannine, schokoladiger Nachhall, bereits gut antrinkbar. € 8,50
Best Buy

Weingut & Rustikalschenke Tinhof
Hausgraben 1, 2443 Leithaprodersdorf
T: +43 (699) 12222838, www.weingut-tinhof.at

90 Merlot 2022

DIAM, 15 %. Dunkles Rubingranat, violette Reflexe, dezente Ockerrandaufhellung. Zarte Kräuterwürze, reife Kirschen, mit Orangenzesten unterlegt. Kraftvoll, süße Zwetschkenfrucht, runde Tannine, etwas Nougat im Abgang, stoffig und anhaftend, kirschiger Nachhall. € 8,70 Best Buy

Weingut Georg und Katharina Krutzler
Gerichtswiese 50, 7122 Gols
T: +43 (660) 6126340,

91 Merlot Ried Ungerberg 2022 Ⓑ

NK, 15 %. Kräftiges Karmingranat, violette Reflexe, dezente Ockerrandaufhellung. Zart nach Lakritze und Cassis, mit einem Hauch von Edelholz und kandierten Orangenzesten unterlegt. Saftig, elegant, schwarze Beeren, präsente, gut eingebundene Tannine, etwas Nougat im Abgang, feinwürziger Rückgeschmack. € 23,50

Weinbau Thomas Windholz
Feldgasse 7, 2460 Bruck an der Leitha
T: +43 (664) 1266396, www.weinbau-windholz.at

90 Merlot | Das hohe Ross 2022

DV, 14 %. Kräftiges Karmingranat, violette Reflexe, dezente Ockerrandaufhellung. Dunkle Waldbeeren, schwarze Kirschen, zarte Kräuterwürze. Kraftvoll, Zwetschkenfrucht, reife Kirschen, dezente Süße, runde Tannine, schokoladiger Touch im Abgang, bereits gut antrinkbar. € 9,90 Best Buy

Eichenwald Weine
Kellerei: Günser Straße 54, 7312 Horitschon
T: +43 (2610) 42321, www.eichenwald.at

90 Merlot 2022

DV, 14 %. Kräftiges Karmingranat, violette Reflexe, breitere Ockerrandaufhellung. Blumig unterlegte reife rote Herzkirschfrucht, zarte Kräuterwürze, mit etwas Erdbeerkonfit unterlegt. Saftig, dezente Süße im Kern, ein Hauch von Nougat im Abgang, ein zugänglicher, samtiger Speisenbegleiter. € 7,– Best Buy

Weingut Georg Wind
Hauptstraße 191, 7062 St. Margarethen
T: +43 (2680) 3136, www.weingut-georg-wind.at

Ⓑ biologisch Ⓕ fruktosearm Ⓗ histaminarm Ⓢ schwefelarm Ⓥ vegan

90 Merlot Reserve 2022
NK, 14 %. Kräftiges Rubingranat, violette Reflexe, dezente Ockerrandaufhellung. Zarte Kräuterwürze, rote Herzkirschen, etwas Nougat, zart mit Johannisbeeren unterlegt. Saftig, reife Zwetschken, Kirschen, etwas Karamell im Abgang, bereits entwickelt und gut antrinkbar. € 10,– Best Buy

Weinbau Müllner
Obere Hauptstraße 9-11, 7100 Neusiedl am See
T: +43 (2167) 3395, www.weinbau-muellner.com

90 Merlot 2022
DV, 14,5 %. Kräftiges Karmingranat, violette Reflexe, dezente Ockerrandaufhellung. Zart tabakig unterlegte dunkle Waldbeerenfrucht, Nuancen von Kirschen und Zwetschken. Mittlere Komplexität, eingelegte Kirschen, dezente Süße, feinwürzig im Abgang, salziger Nachhall, bereits gut antrinkbar. € 10,50

Weingut Neff
Neubaugasse 11, 7141 Podersdorf am See
T: +43 (660) 3456980, www.neff-wein.at

90 Merlot Reserve Mythos 2022
NK, 14 %. Kräftiges Rubingranat, violette Reflexe, zarte Ockerrandaufhellung. Rotes Waldbeerenkonfit, eingelegte Kirschen, zart blättrige Würze, Mandarinenzesten im Hintergrund. Mittlere Komplexität, rotbeerige Textur, gut integrierte Tannine, frisch strukturiert, ein lebendiger Speisenbegleiter. € 25,–

Weingut Oppelmayer
Kirchenstraße 9, 2464 Göttlesbrunn
T: +43 (2162) 8237, www.oppelmayer.at

89 Merlot Exclusiv 2022
DV, 14 %. Dunkles Rubingranat, violette Reflexe, dezente Ockerrandaufhellung. Reife dunkle Beerenfrucht, zart nach Vanille, ein Hauch von Korinthen, einladendes Bukett. Kraftvoll, Edelholzaromen, dezente Süße, runde Tannine, angenehme Dörrobstaromatik, zart blättrig im Abgang, mittlere Länge, ein stoffiger Speisenbegleiter. € 8,50 Best Buy

Weingut Erich & Birgit Pittnauer
Alte Satz 24, 7122 Gols
T: +43 (2173) 20070, www.pittnauerwein.at

PLATZ FÜR IHRE
WEINNOTIZEN

PINOT NOIR

Foto: WSNA

Dieser Rotweinklassiker wird zu Recht als Diva unter den Rotweinsorten bezeichnet und stellt hohe Ansprüche an Winzer und Weingarten.

Die bekannte Sorte aus dem Burgund zählt zu den großen internationalen Klassikern unter den Rotweinsorten. In Österreich datiert die erste Erwähnung aus dem Jahr 1394, als die Rebsorte von Mönchen des Zisterzienserordens angepflanzt wurde, die sie wohl direkt aus dem Burgund in den Raum Gumpoldskirchen mitbrachten – das Freigut Thallern ist bis heute im Besitz des Stiftes Heiligenkreuz.

GUTE NERVEN SIND GEFRAGT

Die Pinot-Noir-Rebe gilt aber auch als die Primadonna unter den gängigen Sorten. Sie stellt sehr hohe Ansprüche an den Standort, die Böden müssen warm und fruchtbar sein – je geeigneter die Lagen, umso besser. Die Trauben sind eher klein und kompakt, die Beeren sind rund, sehr dünnschalig und haben viel Saft. Es bedarf eines großen Könnens des Winzers, um aus dem Blauen Burgunder die besten Seiten herauszuholen: die unerhörte Finesse im Duft, seine komplexe, fruchtige Aromatik, die seidenweiche Textur und eine Langlebigkeit, die über jene der meisten anderen Sorten hinausreichen kann. »Kann« ist aber das wichtigste Wort bei dieser heiklen Sorte, und die vielen Fragezeichen schrecken klarerweise bis heute viele Winzer ab, diese Herausforderung anzunehmen. Dennoch gibt es einige Beispiele, die immer wieder für Aufmerksamkeit sorgen, besonders in jenen Zonen, die sich in etwas kühleren Regionen befinden.

PINOT NOIR RÜCKLÄUFIG

Das erklärt auch die Tatsache, dass nur etwas mehr als 587 Hektar (Stand 2021), also 1,3 Prozent der gesamtösterreichischen Fläche – Tendenz wieder rückläufig – mit Pinot Noir bestockt sind, obwohl in den letzten zehn Jahren davor eher ein Zuwachs zu verzeichnen war. Die besten Produzenten werden mit charaktervollen Weinen belohnt, die weniger engagierten ernten leider allzu oft nur dünne, unreife, kleine Weine. Die besten Sortenvertreter findet man in der Thermenregion, im Weinviertel, in Carnuntum, in Wien sowie auf den Abhängen des Wagrams und der Parndorfer Platte zum Seewinkel.

DIE BESTEN DER KATEGORIE PINOT NOIR 2022

96 **1. Platz**
Pinot Noir Reserve 2022
Weingut Gerhard Markowitsch, Göttlesbrunn – Carnuntum

95 **2. Platz**
Pinot Noir Reserve 2022
Weingut Schneider, Tattendorf – Thermenregion

95 **3. Platz**
Pinot Noir Oberwaltersdorf Ried Graf Weingartl 1ÖTW 2022
Weingut Hartl, Oberwaltersdorf – Thermenregion

1. Platz
96 Pinot Noir Reserve 2022
NK, 13,5 %. Kräftiges Karmingranat, violette Reflexe, breiterer Wasserrand. Zarte Nuancen von Waldbeeren, ein Hauch von Orangenzesten und Herzkirschen, feine Holzwürze. Komplex, saftig, zarte Fruchtsüße, tabakig, Walderdbeeren im Abgang, salziger Nachhall, feiner Speisenbegleiter mit Potenzial. € 35,–

Weingut Gerhard Markowitsch
Pfarrgasse 6, 2464 Göttlesbrunn
T: +43 (2162) 8222, www.markowitsch.at

2. Platz
95 Pinot Noir Reserve 2022 B F V
NK, 13 %. Kräftiges Rubingranat, violette Reflexe, breitere Randaufhellung. Einladender Duft nach Herzkirschen und Orangenschalen, etwas nach Erdbeerkonfit, facettenreiches Bukett. Saftig, engmaschig, vielschichtig, rotbeerige Fruchtnuancen, feine Würze, bleibt sehr gut haften, fruchtsüßes Finish, sicheres Potenzial. € 24,–
Weingut Schneider
Badner Straße 3, 2523 Tattendorf
T: +43 (664) 73046101
www.weingut-schneider.co.at

3. Platz
95 Pinot Noir Oberwaltersdorf Ried Graf Weingartl 1ÖTW 2022 B V
NK/DV, 12,5 %. Helles Rubingranat, violette Reflexe, breite Randaufhellung. Attraktives Bukett, nach Himbeeren, Veilchen und Bergamotte, mit roten Herzkirschen unterlegt, verführerisch. Schlank, zarte Holzwürze, rote Waldbeeren, frisch strukturiert, mineralisch, ein Hauch von Gewürznelken im Nachhall, ein einleichtfüßiger, delikater Speisenbegleiter. € 32,80
Weingut Hartl
Trumauer Straße 24, 2522 Oberwaltersdorf
T: +43 (2253) 6289, www.weingut-hartl.at

95 Pinot Noir Ried Holzspur Reserve 2022
DIAM, 13,5 %. Mittleres Karmingranat, violette Reflexe, zarte Randaufhellung. Feine Noten von roten Waldbeeren, etwas nach Wacholderbeeren, zarte Gewürze, Himbeernuancen klingen an, einladendes Bukett. Engmaschig, zarter Gerbstoff, feine Himbeerfrucht, balancierter Säurebogen, guter Speisenbegleiter mit Potenzial. € 25,–

Burgundermacher Weingut Johann Gisperg
Hauptstraße 14, 2524 Teesdorf
T: +43 (2253) 81464, www.weingut-gisperg.at

95 Pinot Noir Reserve 2022
NK, 14 %. Kräftiges Rubingranat, violette Reflexe, zarte Ockerrandaufhellung. Zarte Gewürznelken, etwas nach Hibiskus und schwarzer Kirschfrucht, frische Zitrusnuancen. Mittlerer Körper, straff, gut integrierte, aber noch etwas fordernde Tannine, mineralisch, rote Beeren, benötigt Luft, guter Speisenbegleiter, wird von Flaschenreife profitieren. € 36,–

Weingut Pöckl
Zwergäcker 1, 7123 Mönchhof
T: +43 (2173) 80258, www.poeckl.com

95 Pinot Noir Gols Reserve Selektion P 2022

NK, 13,5 %. Mittleres Karmingranat, zarte Ockerreflexe, dezente Randaufhellung. Zarte rote Beerenfrucht, ein Hauch von Wiesenkräutern, feiner Weichseltouch, frisches Bukett. Saftig, engmaschig, samtige Tanninstruktur, Herzkirschfrucht, fruchtsüß, bleibt sehr gut haften, vielschichtiger Speisenbegleiter. € 41,–

Weingut Paul Achs
Neubaugasse 13, 7122 Gols
T: +43 (2173) 2367, www.paul-achs.at

95 Pinot Noir Grand Select 2022

DIAM, 13,5 %. Mittleres Karmingranat, violette Reflexe, breiterer Wasserrand. Zarte Holzwürze, Noten von reifen Kirschen, ein Hauch von Walderdbeeren, komplexes Bukett mit floralem Touch. Saftig, komplex, würzig, rote Beerenfrucht, salzig-mineralisch, bleibt sehr gut haften, sicheres Entwicklungspotenzial. € 72,–

Weingut Wieninger
Stammersdorfer Straße 31, 1210 Wien
T: +43 (1) 2901012, www.wieninger.at

94 Pinot Noir Tattendorf Ried Holzspur 2022

NK, 13,5 %. Kräftiges Rubingranat, violette Reflexe, breite Randaufhellung. Einladendes Bukett nach Himbeeren und reifer Kirschfrucht, kandierte Mandarinenzesten, feine Holzwürze. Gute Komplexität, saftig, engmaschig, wirkt leichtfüßig, dezente Fruchtsüße nach Kirschen, salzig unterlegt, seidige Tanninstruktur, sicheres Reifepotenzial. € 40,10

Weingut Familie Reinisch
Im Weingarten 1, 2523 Tattendorf
T: +43 (2253) 81423, www.j-r.at

94 Pinot Noir Ried Reysenperg 2022

DIAM, 13,5 %. Dunkles Karmingranat, violette Reflexe, breite Ockerrandaufhellung. Feine Tabak-Holz-Würze, zart nach Herzkirschen, dunkle Beerenfrucht, Noten von kandierten Kumquats, floraler Touch. Saftig, gute Komplexität, extraktsüß nach Heidelbeeren, bleibt sehr gut haften, gut integrierte Tanninstruktur, vielschichtiger Speisenbegleiter. € 46,–

Weingut Toni Hartl
Florianigasse 7, 2440 Reisenberg
T: +43 (2234) 80636, www.toni-hartl.at

94 Pinot Noir Ried Preussen 2022

DIAM, 13 %. Kräftiges Karmingranat, violette Reflexe, zarte Randaufhellung. Zart tabakig, etwas nach Weichseln, mit Orangenzesten unterlegt, feine Holzwürze, Cassis klingt an. Komplex, saftig, präsentes Tannin, feinwürzig, rote Kirschfrucht, bleibt gut haften, facettenreich, guter Speisenbegleiter. € 96,–

Weingut Wieninger
Stammersdorfer Straße 31, 1210 Wien
T: +43 (1) 2901012, www.wieninger.at

94 Pinot Noir Ried Rothen The Jungle 2022

DIAM, 13 %. Mittleres Rubingranat, violette Reflexe, zarte Randaufhellung. Reife rote Beerenfrucht, würzig, ein Hauch von Himbeermark, dezente Holznuancen, kandierte Orangenschalen. Gute Komplexität, feinwürzig, präsentes Tannin, Herzkirschen im Abgang, frisch und lebendig, salziger Rückgeschmack, wird von Flaschenreife profitieren. € 155,–

Weingut Wieninger
Stammersdorfer Straße 31, 1210 Wien
T: +43 (1) 2901012, www.wieninger.at

93 Pinot Noir Pfaffstätten Ried Tagelsteiner 1ÖTW 2022 B F V

DV, 13 %. Helles Rubingranat, violette Reflexe, breite Randaufhellung. Feine Edelholznuancen, ein Hauch von Erdbeerkonfit und reifen Pflaumen, floraler Touch, mit Himbeeren und Hibiskus unterlegt. Straff, engmaschig, feine Fruchtsüße, tragende Tannine, etwas Nougat, würziger Nachhall, braucht noch seine Zeit. € 20,–

Weingut Schneider
Badner Straße 3, 2523 Tattendorf
T: +43 (664) 73046101
www.weingut-schneider.co.at

93 Pinot Noir Ried Hochreit 2022

NK, 13,5 %. Kräftiges Karmingranat, violette Reflexe, zarte Randaufhellung. Dunkle Kirschfrucht, zart nach Orangenschalen, ein Hauch von Heidelbeeren, Gewürznuancen. Saftig, fruchtsüß, Himbeermark im Abgang, salzig-mineralisch, gut integrierte Tanninstruktur, bleibt sehr gut haften. € 16,40

Weingut Markus Iro
Neubaugasse 55, 7122 Gols
T: +43 (2173) 2139, www.markusiro.at

93 Pinot Noir Gumpoldskirchen Alte Reben 2022 B

NK, 13,5 %. Mittleres Karmingranat, violette Reflexe, zarte Randaufhellung. Rotes Waldbeerenkonfit, Herzkirschen, feinwürzig, kandierte Orangenzesten, lebendiges Bukett. Saftig, straff, dezent nach Himbeeren und Walderdbeeren, ausgewogener Säurebogen, zarte Fruchtsüße, vielschichtiger Speisenbegleiter. € 21,90

Weingut Familie Reinisch
Im Weingarten 1, 2523 Tattendorf
T: +43 (2253) 81423, www.j-r.at

93 Pinot Noir Ried Gradenthal Premium 2022 B V

NK, 13,5 %. Dunkles Rubingranat, violette Reflexe, zarte Randaufhellung. Dunkle Kirschfrucht, zart nach Waldbeerenkonfit, ein Hauch von Nougat, kandierte Orangenschalen. Saftig, engmaschig, dezente Fruchtsüße, Heidelbeernoten, gut integrierte Tanninstruktur, feiner Gerbstoff im Abgang, wird von Flaschenreife profitieren. € 23,–

Weingut Christian Fischer
Hauptstraße 33, 2504 Sooß
T: +43 (676) 6035550, www.weingut-fischer.com

93 Pinot Noir Kreideberg 2022 V

NK, 13,5 %. Mittleres Rubingranat, violette Reflexe, zarter Wasserrand. Zart nach Preiselbeeren und Gewürzen, feine Mineralik, Holznuancen, Himbeermark klingt an. Saftig, straff, facettenreiche Struktur, rote Waldbeerenfrucht, fruchtsüß, tragendes Tannin, guter Speisenbegleiter. € 19,–

Weingut Wagentristl
Rosengasse 2, 7051 Großhöflein
T: +43 (2682) 61415, www.wagentristl.com

93 Pinot Noir Ried Siglos 2022 B

NK/DV, 14 %. Kräftiges Rubingranat, Ockerreflexe, dezente Randaufhellung. Mit Orangenzesten unterlegte rote Waldbeeren, frische Kirschen, florale Nuancen, mineralischer Touch. Saftig, lebendig, rotbeerig, wirkt relativ leichtfüßig, finessenreiche Säurestruktur, mineralisch im Abgang, gut anhaftend, salziger Nachhall. € 32,–

Weingut Gesellmann
Langegasse 65, 7301 Deutschkreutz
T: +43 (2613) 80360, www.gesellmann.at

93 Pinot Noir Ried Dürr 2022
NK, 13 %. Kräftiges Rubingranat, violette Reflexe, breiter Wasserrand. Dezente Holzwürze, ein Hauch von Feuerstein, Herzkirschen und Feigen, einladendes Bukett. Saftig, straff, präsente Tannine, feine Tabakwürze, Noten von schwarzer Kirschfrucht, jugendlich, wird von Flaschenreife profitieren, vielfältig einsetzbar. € 44,–

Weingut Kollwentz
Hauptstraße 120, 7051 Großhöflein
T: +43 (2682) 65158, www.kollwentz.at

92 Pinot Noir Ried Berggrund 2022
DV, 13,5 %. Mittleres Karmingranat, Ockerreflexe, zarter Wasserrand. Etwas reife Kirschen, ein Hauch von Gewürzen, floraler Touch, mit kandierten Veilchen unterlegt. Saftig, frisch und lebendig, Vanilletouch im Abgang, rotbeeriges Finish, mit Holzwürze unterlegt, feiner Speisenbegleiter. € 15,50

Weingut Niki Windisch
Kurze Zeile 66, 2212 Groß-Engersdorf
T: +43 (699) 12867471, www.weingut-windisch.at

92 Pinot Noir Stift Schotten 2022 H
DV, 13 %. Kräftiges Rubingranat, Ockerreflexe, dezente Randaufhellung. Zart floral unterlegte rote Kirschfrucht, ein Hauch von Ribiseln, etwas Hibiskus. Mittlerer Körper, zarte Fruchtsüße im Kern, feiner Säurebogen, mineralisch-salzig im Abgang, lebendiger Stil, bereits gut antrinkbar. € 13,95

Weinbau Dr. Andreas Nemeth
Kunigundbergstraße 30, 2380 Perchtoldsdorf
T: +43 (664) 8230336, www.weinbau-nemeth.at

92 Pinot Noir Wagram DAC Fels am Wagram Reserve 2022
NK, 14 %. Mittleres Karmingranat, violette Reflexe, zarter Wasserrand. Rotes Waldbeerenkonfit, Gewürznelken, Herzkirschen, floraler Touch, einladendes Bukett. Saftig, engmaschig, rote Beeren, zart mineralisch im Abgang, gut integrierte Tannine, bleibt gut haften, vielfältig einsetzbar. € 18,–

Familienweingut Kolkmann
Kremser Straße 53, 3481 Fels am Wagram
T: +43 (2738) 2436, www.kolkmann.at

92 Pinot Noir Ried Tatschler 2022
NK, 14,5 %. Mittleres Karmingranat, Ockerreflexe, zarte Randaufhellung. Rote Beerenfrucht, reife Kirschen, floraler Touch, ein Hauch von Holzwürze, einladendes Bukett. Saftig, fruchtsüß, seidiges Tannin, Johannisbeernoten im Abgang, trinkanimierender Stil, guter Speisenbegleiter. € 14,50

Klosterkeller der Barmherzigen Brüder
Esterházystraße 26, 7000 Eisenstadt
T: +43 (2682) 6011675, www.klosterkeller.at

92 Pinot Noir 2022
DV, 14 %. Mittleres Karmingranat, ockerfarbene Reflexe, zarte Randaufhellung. Dezente Kräuterwürze, Kirschfrucht, ein Hauch von Mandarinenzesten, Waldbeeren klingen an. Saftig, straff, gut integrierte Tanninstruktur, mineralisch, Herzkirschen im Abgang, lang anhaltend, guter Speisenbegleiter. € 19,–

Weingut Zur Dankbarkeit
P. A. Winklergasse 30, 7141 Podersdorf am See
T: +43 (2177) 2829, www.weingutzurdankbarkeit.at

92 Pinot Noir Großhöflein 2022 Ⓑ
NK, 12,5 %. Mittleres Karmingranat, violette Reflexe, zarte Randaufhellung. Etwas tabakig, ein Hauch von roter Kirschfrucht, kandierte Mandarinenzesten, floraler Touch. Mittlerer Körper, kraftvoll, rotes Beerenkonfit, gut integrierte Tannine, mineralischer Nachhall, wird von Flaschenreife profitieren. € 19,–

Weingut Esterházy
Trausdorf 1, 7061 Trausdorf an der Wulka
T: +43 (2682) 63348, www.esterhazywein.at

92 Pinot Noir Reserve 2022 Ⓑ
NK/DV, 13,5 %. Kräftiges Karmingranat, violette Reflexe, breiter Wasserrand. Rote Kirschfrucht, ein Hauch von Feigen, floraler Touch, einladendes Bukett, Orangenzesten klingen an. Saftig, gute Komplexität, leichtfüßig, Erdbeernuancen, salziger Nachhall, bleibt gut haften, vielfältig einsetzbar. € 20,–

Weingut Leth
Kirchengasse 6, 3481 Fels am Wagram
T: +43 (2738) 2240, www.weingut-leth.at

92 Pinot Noir Teesdorf Ried Hutweide Reserve 2022 Ⓑ Ⓥ
DV, 13 %. Kräftiges Karmingranat, Ockerreflexe, breitere Randaufhellung. Frische schwarze Waldbeeren, etwas Cassis und Kräuterwürze, feiner Edelholztouch, einladendes Bukett. Komplex, saftig, feine Kirschfrucht, reife Tannine, mineralisch und gut anhaftend, verfügt über Entwicklungspotenzial. € 22,80

Bio-Weingut Frühwirth
Wiener Neustädter Straße 75, 2524 Teesdorf
T: +43 (2253) 81216, fruehwirth.bio

92 Pinot Noir Ried Lores 2022
DV, 13,5 %. Mittleres Karmingranat, ockerfarbene Reflexe, zarter Wasserrand. Floraler Touch, etwas nach Erdbeeren, ein Hauch von Vanille und Holzwürze, einladendes Bukett. Saftig, fruchtsüß, rotes Beerenkonfit, Edelholznoten im Abgang, bleibt sehr gut haften, leichtfüßiges Finish. € 24,60

Weingut Heggenberger
Badner Straße 6, 2523 Tattendorf
T: +43 (2253) 81432, www.heggenberger.at

92 Pinot Noir Ried Satzen 2022 Ⓑ
NK, 13 %. Kräftiges Karmingranat, violette Reflexe, ockerfarbene Randaufhellung. Tabak-Holz-Würze, etwas nach Preiselbeeren und Herzkirschen, florale Nuancen, dunkle Mineralik. Mittlere Komplexität, saftig, frische Struktur, Himbeernuancen, lebendiges Finish, bereits gut antrinkbar. € 38,50

Weingut Malat
Hafnerstraße 12, 3511 Furth
T: +43 (2732) 82934, www.malat.at

91 Pinot Noir Ried Ungerberg 2022 Ⓥ
DV, 14 %. Kräftiges Rubingranat, violette Reflexe, dezente Randaufhellung. Zart würzig unterlegte Herzkirschfrucht, ein Hauch von Orangenzesten, floraler Touch. Mittlere Komplexität, rotbeerige Textur, gut integrierte Tannine, salziger Touch im Abgang, bereits zugänglich. € 8,– Best Buy

Weingut Guttmann
Markt 43, 7121 Weiden am See
T: +43 (2167) 7329, www.weingut-guttmann.at

91 Pinot Noir Reserve 2022
DV, 13,5 %. Mittleres Karmingranat, violette Reflexe, dezente Randaufhellung. Rote Kirschfrucht, dazu etwas Gewürze, Himbeernuancen, ein Hauch von Ribiseln, floraler Touch. Mittlerer Körper, saftig, feine Würze, Kirschfrucht im Abgang, salziger Nachhall, bereits gut antrinkbar. € 12,–

Weingut Martin Frühwirth
Hauptstraße 4, 2524 Teesdorf
T: +43 (2253) 819 83, www.weingut-fruehwirth.at

91 Pinot Noir The Butcher 2022 Ⓥ
DV, 13 %. Kräftiges Rubingranat, violette Reflexe, ockerfarbene Randaufhellung. Feine Kräuternoten, zarte Kirschfrucht, ein Hauch von Erdbeeren. Mittlere Komplexität, feinwürzig, gut integriertes Tannin, balancierte Säurestruktur, Himbeernoten im Abgang, bereits gut antrinkbar. € 10,90

Weingut Schwarz
Baumhöhäcker 16, 7163 Andau
T: +43 (2176) 3231, www.schwarz-weine.at

91 Pinot Noir Tattendorf Exklusiv 2022
DIAM, 13,5 %. Mittleres Karmingranat, violette Reflexe, breite Randaufhellung. Zarte Weichselnoten, etwas Gewürznuancen, ein Hauch von Feigen, floraler Touch. Mittlere Komplexität, saftig, straff, fruchtsüß nach Walderdbeeren, bleibt gut haften, vielfältig einsetzbar. € 12,50

Burgundermacher Weingut Johann Gisperg
Hauptstraße 14, 2524 Teesdorf
T: +43 (2253) 81464, www.weingut-gisperg.at

91 Pinot Noir Ried Leithen 2022 Ⓑ Ⓗ
DV, 13 %. Kräftiges Karmingranat, Ockerreflexe, breitere Randaufhellung. Zarte Kräuterwürze, rotbeeriger Touch, ein Hauch von Orangenzesten. Mittlere Komplexität, rote Kirschen, feine Tannine, frisch strukturiert, ein leichtfüßiger, salziger Stil, vielfältig einsetzbar. € 11,–

Wein und Heuriger Pferschy-Seper
Friedrich-Schiller-Straße 6, 2340 Mödling
T: +43 (2236) 892845, www.pferschy-seper.at

91 Pinot Noir 2022 Ⓑ
DV, 13 %. Mittleres Karmingranat, violette Reflexe, Ockerrandaufhellung. Zarte Kirschfrucht, etwas nach Himbeeren, feine Kräuternoten, Vanilletouch, einladendes Bukett. Saftig, fruchtsüß, gut eingebundene Säurestruktur, feinwürzig, rotbeeriges Finish, salziger Nachhall, guter Speisenbegleiter. € 13,–

Weingut Esterházy
Trausdorf 1, 7061 Trausdorf an der Wulka
T: +43 (2682) 63348, www.esterhazywein.at

91 Pinot Noir Reserve 2022 Ⓥ
DV, 14 %. Kräftiges Rubingranat, Ockerreflexe, breiterer Wasserrand. Feine Kräuternoten, dezente Himbeerfrucht, ein Hauch von Kirschen, würziger Touch. Saftig, elegant, gut eingebundenes Tannin, etwas Nougat, feine Würze auch im Abgang, Pflaumentouch im Nachhall. € 11,50

Leo Aumann
Oberwaltersdorfer Straße 105, 2512 Tribuswinkel
T: +43 (2252) 80502, www.aumann.at

91 Pinot Noir Reserve 2022
DIAM, 13,5 %. Kräftiges Karmingranat, violette Reflexe, breitere Ockerrandaufhellung. Zarte Zwetschkenfrucht, etwas nach Kräutern, ein Hauch von Lakritze, rotbeerige Nuancen, kandierte Mandarinenzesten. Mittlerer Körper, saftig, feinwürziger Touch, rote Kirschfrucht im Abgang, mineralischer Rückgeschmack. € 14,–

Weingut Gebrüder Nittnaus
Untere Hauptstraße 105, 7122 Gols
T: +43 (2173) 2186, www.nittnaus.net

91 Pinot Noir 2022
DIAM, 13,5 %. Mittleres Rubingranat, violette Reflexe, zarte Randaufhellung. Feine Kirschfrucht, tabakiger Touch, Noten von roten Waldbeeren, Orangenschalen klingen an. Saftig, mittlere Komplexität, feinwürzig, Weichselnoten im Abgang, wird von Flaschenreife profitieren. € 15,10

Weingut Robert Goldenits
Untere Hauptstraße 8, 7162 Tadten
T: +43 (2176) 2294, www.goldenits.at

91 Pinot Noir Reserve 2022
NK, 14 %. Mittleres Karmingranat, ockerfarbene Reflexe, zarte Randaufhellung. Dezente Zwetschkenfrucht, feine Holzwürze, ein Hauch von Nelken, dezente rote Beerenfrucht. Feine Fruchtsüße, zarte Tanninstruktur, kraftvoll, Beerenkonfit im Abgang, schokoladiger Nachhall, bereits gut antrinkbar. € 21,–

Weingut R&A Pfaffl
Schulgasse 21, 2100 Stetten
T: +43 (2262) 673423, www.pfaffl.at

91 Pinot Noir Reserve 2022 V
NK, 13 %. Mittleres Karmingranat, violette Reflexe, breiterer Wasserrand. Zart nach Zwetschken und rotem Waldbeerenkonfit, kandierte Orangenschalen, bereits gut entwickeltes Bukett. Feinwürzig, mineralisch, Holznuancen, gut integriertes Tannin, Feigentouch, bereits gut antrinkbar. € 28,–

Domäne Wachau
Dürnstein 107, 3601 Dürnstein
T: +43 (2711) 371, www.domaene-wachau.at

91 Pinot Noir Ried Raflerjoch Reserve 2022 V
NK, 13,5 %. Kräftiges Karmingranat, violette Reflexe, breiterer Wasserrand. Feine Holzwürze, rauchig, zart nach Lakritze, ein Hauch von Herzkirschen, kandierte Orangenzesten. Saftig, präsentes Tannin, tabakig, dezente rote Beerenfrucht im Abgang, guter Speisenbegleiter. € 27,–

Weingut Stift Klosterneuburg GmbH
Stiftsplatz 1, 3400 Klosterneuburg
T: +43 (2243) 411, www.stift-klosterneuburg.at

90 Pinot Noir 2022
DV, 13,5 %. Mittleres Karmingranat, ockerfarbene Reflexe, breiter Wasserrand. Rotes Beerenkonfit, Orangenzesten, ein Hauch von Kräutern, Himbeermark. Saftig, straff, gut eingebundene Säurestruktur, feinwürzig, rotes Beerenkonfit im Abgang, fruchtsüßer Nachhall, bereits gut antrinkbar. € 9,10 Best Buy

Weingut Dopler
Pottendorfer Straße 8, 2523 Tattendorf
T: +43 (2253) 81266, www.weingut-dopler.at

91 Pinot Noir 2022 V
DV, 14 %. Mittleres Karmingranat, violette Reflexe, breite Randaufhellung. Zarte Herzkirschen, etwas nach Feigen, ein Hauch von Orangenschalen, dezenter Schokoladentouch. Saftig, engmaschig, tragendes Tannin, rotes Waldbeerenkonfit, frisches Finish, wird von Flaschenreife profitieren. € 27,50

Wein-Gut Nigl
Kirchenberg 1, 3541 Senftenberg
T: +43 (2719) 2609, www.weingutnigl.at

90 Pinot Noir Ried Vogelsang 2022
DV, 13,5 %. Mittleres Karmingranat, ockerfarbene Reflexe, breiter Wasserrand. Rote Waldbeerenfrucht, etwas nach Johannisbeeren, Holzwürze, frische Zitrusnoten, floraler Touch. Saftig, straff, gut integrierte Tannine, fruchtsüß nach Kirschen, mineralisch, bereits gut antrinkbar. € 12,50

Weingut Lentsch
Hauptstraße 68b, 7082 Donnerskirchen
T: +43 (2683) 8108, www.weingut-lentsch.at

90 Pinot Noir Riede in den Bergen 2022 B
VL, 13,5 %. Mittleres Karmingranat, violette Reflexe, zarte Ockerrandaufhellung. Frische Kirschfrucht, etwas nach Weichseln, ein Hauch von Gewürzen, zart nach Orangenschalen. Saftig, straff, rotbeerige Nuancen, balanciert, fruchtsüß, Zitrustouch, bereits gut antrinkbar. € 13,50

Weingut Ernst Semmler
Untere Hauptstraße 14, 2223 Hohenruppersdorf
T: +43 (676) 7331585, www.weingut-semmler.at

90 Pinot Noir Reserve 2022 V
NK, 14 %. Kräftiges Karmingranat, violette Reflexe, zarte Randaufhellung. Rote Beerenfrucht, ein Hauch von Johannisbeeren, feine Wacholderbeeren, würziges Bukett. Saftig, feine Tanninstruktur, mineralisch, frische Beerenfrucht, unkompliziert antrinkbar. € 16,–

Weingut Biegler
Wiener Straße 16–18, 2352 Gumpoldskirchen
T: +43 (2252) 62196, www.weingut-biegler.at

90 Pinot Noir Ried Rosenberg 2022
DIAM, 13 %. Kräftiges Rubingranat, violette Reflexe, zarter Wasserrand. Rote Kirschfrucht, ein Hauch von Weichseln, zart tabakig, etwas Orangenschalen, Kräutertouch. Mittlerer Körper, fruchtsüß, dazu Nuancen von Erdbeeren, saftig, gut integrierter Säurebogen, florales Finish, bereits gut antrinkbar. € 18,50

Weingut Strommer.wine
Friedhofgasse 11a, 7083 Purbach am Neusiedler See
T: +43 (664) 400 93 22, www.strommer.wine

90 Pinot Noir Tattendorf 2022
DV, 13,5 %. Mittleres Karmingranat, violette Reflexe, breite Randaufhellung. Etwas nach Kräutern, Herzkirschen und Walderdbeeren klingen an, mit kandierten Veilchen unterlegen. Saftig, rote Frucht, gut integrierte Tannine, Vanilletouch im Abgang, fruchtsüß im Nachhall, bereits gut antrinkbar. € 19,40

Weingut Heggenberger
Badner Straße 6, 2523 Tattendorf
T: +43 (2253) 81432, www.heggenberger.at

90 Pinot Noir Reserve 2022
NK, 14 %. Kräftiges Karmingranat, violette Reflexe, ockerfarbene Randaufhellung. Zart nach Weichseln und Gewürzen, ein Hauch von Kardamom, floraler Touch. Saftig, präsente Tanninstruktur, zarte Kirschfrucht, etwas vegetal, fruchtsüß im Nachhall, bereits gut antrinkbar. € 24,–

Weingut Handler
Sandhöhe 35, 7123 Mönchhof
T: +43 (650) 7042152, www.weinguthandler.at

89 Pinot Noir Lehmgrube 2022
DV, 13,5 %. Mittleres Karmingranat, violette Reflexe, breiter Wasserrand. Feine Tabak-Holz-Würze, etwas nach Walderdbeeren, ein Hauch von Kirschen. Mittlerer Körper, fruchtsüß nach Erdbeeren, zarte Tanninstruktur, leichtfüßig, unkomplizierter Speisenbegleiter. € 6,90 Best Buy

Weingut Hahnenkamp
St. Georgener Hauptstraße 53, 7000 Eisenstadt
T: +43 (2682) 66700, www.weingut-hahnenkamp.at

---

89 Pinot Noir 2022 (B)
NK, 13 %. Mittleres Karmingranat, violette Reflexe, zarte Randaufhellung. Holzwürze, etwas reife Kirschen, Wiesenkräuter, Feigen klingen an. Saftig, elegant, feine Tabakwürze, samtiges Tannin, rote Beerenfrucht, wird von Flaschenreife profitieren. € 11,50

Weingut Tischler
Quergasse 23, 7131 Halbturn
T: +43 (2172) 8857, www.weingut-tischler.at

---

89 Pinot Noir Kellermeister Reserve 2022
NK, 14 %. Mittleres Karmingranat, Ockerreflexe, zarte Randaufhellung. Etwas Holzwürze, zarte Herzkirschfrucht, ein Hauch von Paprika, gut entwickeltes Bukett. Saftig, frisch, feine Säurestruktur, gut eingebundene Tannine, rotbeeriger Touch, würziges Finish, unkompliziertes Trinkvergnügen. € 15,90

Winzer Krems – Sandgrube 13
Sandgrube 13, 3500 Krems an der Donau
T: +43 (2732) 85511, www.winzerkrems.at

---

88 Pinot Noir 2022
DV, 13,5 %. Mittleres Karmingranat, Ockerreflexe, breiterer Wasserrand. Feine Tabakwürze, etwas nach Kardamom, ein Hauch von Weichseln, etwas vegetal. Mittlerer Körper, frisch, präsentes, etwas forderndes Tannin, rotbeeriges Finish, bereits gut antrinkbar. € 7,50 Best Buy

Weinbau Schweifer
Kleinhöfleiner Hauptstraße 31, 7000 Eisenstadt
T: +43 (2682) 68465, www.weinbau-schweifer.at

SANKT LAURENT

Foto: WSNA

Der St. Laurent kann mit Fug und Recht als autochthone österreichische Rebsorte bezeichnet werden, sie bringt eigenständige Rotweine hervor, die immer gefragter werden.

Der 1. August ist der Tag des heiligen Laurentius, und ab diesem Datum beginnen die Trauben normalerweise auszureifen. Immer wieder hat man den gleichnamigen Ort im Bordeaux mit der Abstammungsgeschichte der Sorte in Verbindung gebracht, richtig entdeckt hat sie 1870 ein gewisser Herr Bronner aus Wiesloch im Elsass. Er gab ihr die Bezeichnung »Schwarzer« und legte ihr eine französische Urheimat nahe. Tatsächlich spricht einiges für eine Verwandtschaft mit dem Pinot Noir, denn die beiden Sorten zeigen so manche Übereinstimmung, aber natürlich unterscheiden sie sich auch in einigen Punkten. Es wird vermutet, dass Mönche, die von Kloster zu Kloster zogen, die Rebsorte St. Laurent ins Stift Klosterneuburg in Niederösterreich gebracht haben. Urkundlich belegbar ist, dass das Stift Klosterneuburg der Obst- und Weinbauschule Klosterneuburg bei ihrer Gründung im Jahr 1860 »Laurenzer Trauben« schenkte.
1863 wurden erste Versuchsweingärten angelegt. Ab diesem Zeitpunkt begann August Willhelm Freiherr von Babo, der erste Direktor der Weinbaufachschule Klosterneuburg, mit der »Laurenzer Traube« zu experimentieren. Die erste urkundliche Erwähnung einer Anpflanzung der Sorte St. Laurent durch das Stift Klosterneuburg stammt aus Kellerbüchern aus dem Jahr 1893 im Kahlenbergerdorf in Wien: »gepflanzt auf Riparia, 2497 Stock auf 2778 Quadratmeter«.

WÜRZE UND ELEGANZ

Der St. Laurent mag wie der Burgunder leichtere Böden, treibt aber sehr früh aus. Er weist eher dicke Traubenschalen auf und erbringt dunkle, würzige Rotweine, zeigt aber manchmal auch florale Noten. Man muss diese Sorte im Ertrag sehr beschränken, um eine gute Konzentration und eine gewisse Lagerfähigkeit zu erreichen. Sein weichselfruchtiges, manchmal zart herbes Bukett hat viele Freunde gewonnen, eine angemessene Reifezeit in der Flasche nützt dieser Sorte sehr. Positive Erfahrungen wurden mit dem St. Laurent als Verschnittpartner gemacht.
Die Anbaufläche hat sich zwar vorerst sehr gesteigert, und mit 621 Hektar (Stand 2021) liegt sie noch immer vor dem Pinot Noir, in den vergangenen Jahren war St. Laurent in der Gunst der Winzer aber wieder leicht rückläufig.

DIE BESTEN DER KATEGORIE SANKT LAURENT 2022

96 **1. Platz**
St. Laurent Tattendorf Ried Holzspur 2022
Weingut Familie Reinisch, Tattendorf – Thermenregion

96 **2. Platz**
Sankt Laurent Zagersdorf Ried Repistye 2022
Weingut Rosi Schuster, St. Margarethen – Leithaberg

95 **3. Platz**
St. Laurent Ried Holzspur Reserve 2022
Burgundermacher Weingut Johann Gisperg
Teesdorf – Thermenregion

1. Platz
96 St. Laurent Tattendorf Ried Holzspur 2022 Ⓑ

NK, 13 %. Kräftiges Rubingranat, violette Reflexe, zarte Randaufhellung. Zarte Nougatnoten, ein Hauch von Kirschen und Waldbeeren, dezenter Vanilletouch, mineralisch unterlegt. Engmaschig, samtige Tanninstruktur, frisch und elegant, reife Kirschfrucht, salziger Nachhall, vielschichtig, gutes Reifepotenzial. € 40,10

Weingut Familie Reinisch
Im Weingarten 1, 2523 Tattendorf
T: +43 (2253) 81423, www.j-r.at

2. Platz
96 Sankt Laurent Zagersdorf Ried Repistye 2022 Ⓑ

NK/DIAM, 12,5 %. Kräftiges Rubingranat, violette Reflexe, zarte Randaufhellung. Zarte Reduktion, ein Hauch von Herzkirschen, floraler Touch, zart nach Kräutern, Preiselbeernoten klingen an. Gute Komplexität, engmaschig, filigran, mineralisch, Weichselnoten, tragendes Tannin, lang anhaftend, wird von Flaschenreife profitieren. € 75,–

Weingut Rosi Schuster
Prangergasse 2, 7062 St. Margarethen
T: +43 (2680) 26 24, www.rosischuster.at

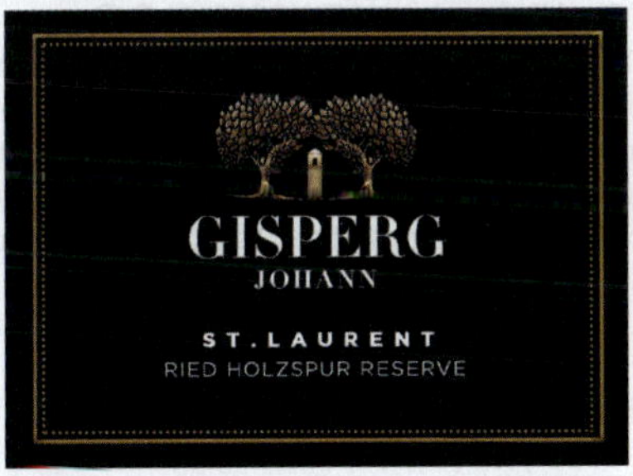

3. Platz
95 St. Laurent Ried Holzspur Reserve 2022

DIAM, 13 %. Dunkles Rubingranat, violette Reflexe, zarte Randaufhellung. Etwas tabakige Noten, feine dunkle Waldbeeren, floraler Touch, Erdbeernuancen, zart nach Vanille. Saftig, engmaschig, gut integrierte Tanninstruktur, mineralisch-salzig, rotbeerige Nuancen, lebendiges Finish, guter Speisenbegleiter. € 25,–

Burgundermacher Weingut Johann Gisperg
Hauptstraße 14, 2524 Teesdorf
T: +43 (2253) 81464, www.weingut-gisperg.at

94 St. Laurent Tattendorf Ried Frauenfeld 1ÖTW 2022 Ⓑ

NK, 13 %. Kräftiges Karmingranat, violette Reflexe, breitere Ockerrandaufhellung. Feine Edelholzwürze, schwarze Kirschen, zart nach Preiselbeeren, etwas Bergamotte, mineralisch unterlegt. Saftig, gute Komplexität, reife Kirschfrucht, gut integrierte Tannine, gute Frische, leichtfüßig und anhaftend, wird von weiterer Flaschenreife profitieren. € 21,90

Weingut Familie Reinisch
Im Weingarten 1, 2523 Tattendorf
T: +43 (2253) 81423, www.j-r.at

94 St. Laurent Ried Ronald 1ÖTW 2022 Ⓥ

DIAM, 13,5 %. Dunkles Rubingranat, violette Reflexe, zarte Randaufhellung. Feine Kräuterwürze, reife schwarze Herzkirschen, zart nach Edelholz, einladendes Bukett. Kraftvoll, frische Waldbeeren, florale Nuancen, seidige Tannine, etwas Nougat, zeigt gute Länge, bereits antrinkbar, mit sicherem Reifepotenzial ausgestattet. € 22,–

Leo Aumann
Oberwaltersdorfer Straße 105, 2512 Tribuswinkel
T: +43 (2252) 80502, www.aumann.at

93 St. Laurent Avus 2022

DV, 13,5 %. Dunkles Rubingranat, violette Reflexe, dezente Randaufhellung. Feine Edelholzwürze, Nuancen von Brombeeren und Nougat, mit schwarzen Kirschen unterlegt, einladendes Bukett. Saftig, elegant und frisch, feine Kirschnote auch im Abgang, bleibt haften, ein vielseitiger Speisenbegleiter mit Reifepotenzial. € 16,–

Weingut Melanie & Gernot Zechmeister
Untere Hauptstraße 152, 7122 Gols
T: +43 (650) 781 44 46, www.zechmeister.wine

93 St. Laurent Ried Herrschaftswald 2022
NK, 13,5 %. Tiefdunkles Rubingranat, violette Reflexe, zarte Randaufhellung. Etwas nach Vanille und kandierten Veilchen, ein Hauch von Cassis, zarte Zwetschkennoten, floraler Touch. Komplex, saftig, gut eingebundene Tanninstruktur, fruchtsüß nach Brombeeren, mineralischer Nachhall, Feigentouch im Rückgeschmack. € 18,90

Weingut Markus Iro
Neubaugasse 55, 7122 Gols
T: +43 (2173) 2139, www.markusiro.at

93 St. Laurent Tattendorf Ried Frauenfeld 1ÖTW 2022 B V
DV, 12 %. Kräftiges Rubingranat, violette Reflexe, dezente Ockerrandaufhellung. Zarte Kräuterwürze, feines rotes Waldbeerenkonfit, ein Hauch von Hagebutten, tabakig Nuancen. Schlank, feine rotbeerige Textur, zarte Tannine, frisch strukturiert, ein Hauch von Süße im Nachhall, bereits gut antrinkbar. € 21,70

Bioweingut Landauer-Gisperg; Winzerhof
Badner Straße 32, 2523 Tattendorf
T: +43 (2253) 81272, www.winzerhof.eu

93 St. Laurent Alte Reben 2022 B
NK, 13 %. Kräftiges Rubingranat, violette Reflexe, zarte Ockerrandaufhellung. Dezent tabakig, kräuterwürzig unterlegte rote Herzkirschen, dunkle Mineralik. Stoffig, rotbeerige Textur, feine Tannine, elegant und frisch im Abgang, kirschiger Nachall, bereits gut entwickelt, gutes weiteres Entwicklungspotenzial. € 19,50

Weingut Walter Glatzer
Rosenbergstraße 5, 2464 Göttlesbrunn
T: +43 (2162) 8486, www.weingutglatzer.at

93 Sankt Laurent Tattendorf Ried Frauenfeld 1ÖTW 2022 B F V
NK, 13 %. Kräftiges Rubingranat, violette Reflexe, dezente Randaufhellung. Zart rauchig-blättrig unterlegte schwarze Beerenfrucht, Mandarinenzesten, feine erdige Noten. Mittlerer Körper, rote Kirschen, zarte Tannine, mineralisch und frisch, dezente Süße im Nachhall, bereits antrinkbar, verfügt über Entwicklungspotenzial. € 24,–

Weingut Schneider
Badner Straße 3, 2523 Tattendorf
T: +43 (664) 73046101, www.weingut-schneider.co.at

92 St. Laurent Ried Leithen 2022 B H
DV, 13 %. Kräftiges Karmingranat, Ockerreflexe, breitere Randaufhellung. Dezente Kräuterwürze, feines dunkles Waldbeerenkonfit, ein Hauch von Kirschen, mineralischer Touch. Saftig, mittlere Komplexität, eingelegte rote Kirschen, frisch strukturiert, zitronig-salzig, ein feinwürziger Speisenbegleiter, bereits gut antrinkbar. € 11,–

Wein und Heuriger Pferschy-Seper
Friedrich-Schiller-Straße 6, 2340 Mödling
T: +43 (2236) 892845, www.pferschy-seper.at

92 St. Laurent Barrique 2022
DV, 14 %. Dunkles Karmingranat, violette Reflexe, dezente Randaufhellung. Zart ätherisch, ein Hauch von Himbeermark, Nuancen von roten Waldbeeren, dezente Kräuternoten im Hintergrund. Saftig, gute Komplexität, gut integriertes Tannin, etwas Nougat, bleibt haften, ein Hauch von Minze im Rückgeschmack, bereits zugänglich. € 12,–

Weingut Schneider
Hauptstraße 134, 7062 St. Margarethen
T: +43 (2680) 2890, www.weingut-schneider.at

92 St. Laurent Reserve 2022 B V
DIAM, 14 %. Kräftiges Rubingranat, violette Reflexe, zarter Wasserrand. Feine Vanillenoten, etwas Toffee und Holzwürze, Brombeernoten, ein Hauch von Zwetschken. Saftig, mittlerer Körper, zarte Tanninstruktur, mineralisch, dunkles Waldbeerenkonfit, Nougat im Nachhall, bereits gut antrinkbar. € 13,50

Weingut Erich Sattler
Obere Hauptstraße 10, 7162 Tadten
T: +43 (699) 11658571, www.erichsattler.at

92 St. Laurent Ried Kaiserberg Nestor 2022 V
DV, 13 %. Dunkles Rubingranat, violette Reflexe, zarter Wasserrand. Rote Kirschfrucht, ein Hauch von Preiselbeeren, Wiesenkräuter und Gewürze klingen an. Saftig, frisch strukturiert, leichtfüßig, rote Kirschfrucht auch am Gaumen, salzig-mineralisch, fruchtsüßer Abgang, bleibt gut haften. € 13,90

Nestor
Lerchengasse 6, 7131 Halbturn
T: +43 (1) 9418333, www.nestor.wine

92 St. Laurent Ried Apfelgrund 2022
VL, 14 %. Tiefdunkles Rubingranat, violette Reflexe, zarte Ockerrandaufhellung. Zart nach Holzwürze und Johannisbeeren, dezente Zwetschkennoten, ein Hauch von Lakritze. Mittlerer Körper, saftig, straff, feine Säurestruktur, mineralisch, Pflaumentouch im Abgang, dezente Extraktsüße, balancierte Tanninstruktur, Toffee im Nachhall. € 12,50

Allacher Vinum Pannonia
Salzbergweg 4, 7122 Gols
T: +43 (2173) 3380, www.allacher.com

92 Sankt Laurent Meisterstück 2022
DIAM, 13,5 %. Kräftiges Rubingranat, violette Reflexe, zarte Randaufhellung. Frisches Bukett, rotes Beerenkonfit, ein Hauch von Feigen, kandierte Veilchen, Wiesenkräuter. Saftig, engmaschig, rote Kirschfrucht, Himbeermark, gut eingebundene Tanninstruktur, mineralischer Nachhall, guter Speisenbegleiter. € 14,90

Weingut Neff
Neubaugasse 11, 7141 Podersdorf am See
T: +43 (660) 3456980, www.neff-wein.at

92 St. Laurent Ried Stiftsbreite Ausstich 2022 V
NK, 13 %. Kräftiges Rubingranat, violette Reflexe, zarter Wasserrand. Feine Holzwürze, etwas Nougat, Brombeernuancen, ein Hauch von Walderdbeeren, einladendes Bukett. Mittlere Komplexität, fruchtsüß, nach dunklem Waldbeerenkonfit, gut integrierte Tannine, wirkt leichtfüßig, salziger Nachhall. € 12,50

Weingut Stift Klosterneuburg GmbH
Stiftsplatz 1, 3400 Klosterneuburg
T: +43 (2243) 411, www.stift-klosterneuburg.at

92 Sankt Laurent Ried Herrschaftswald 2022
DV, 12,5 %. Dunkles Rubingranat, violette Reflexe, zarte Randaufhellung. Feine Tabak-Holz-Würze, Vanilletouch, schwarze Kirschfrucht, kandierte Veilchen, Mandarinenzesten. Saftig, feinwürzig, rotbeeriger Touch, frisch und lebendig, salziger Nachhall, bereits gut antrinkbar. € 15,–

Weingut Gernot Schuhmann
Marktgasse 2–6, 7122 Gols
T: +43 (2173) 2612, www.gernot-schuhmann.at

92 St. Laurent Ried Frauenfeld 2022 (B)
NK, 12,5 %. Mittleres Karmingranat, violette Reflexe, zarter Wasserrand. Feine Kirschfrucht, zart nach Heidelbeeren, ein Hauch von Orangen, mit Vanille unterlegt, floraler Touch. Saftig, engmaschig, rote Beerenfrucht, wirkt leichtfüßig, salziger Rückgeschmack, samtiges Tannin im Nachhall. € 19,–

Gratus Weinwerkstatt
Loaweg 4, 6091 Götzens
T: +43 (699) 10934467, www.gratus.at

92 St. Laurent Reserve Alten 2022
NK, 13,5 %. Kräftiges Rubingranat, violette Reflexe, zarte Randaufhellung. Zarte Holzwürze, etwas vegetal, ein Hauch von Vanille, dezente Pflaumenfrucht, Kräuternuancen. Mittlere Komplexität, feiner Gerbstoff, zarte Tanninstruktur, dunkle Beerenfrucht im Abgang, bleibt gut haften, wird von Flaschenreife profitieren. € 21,–

Weingut R&A Pfaffl
Schulgasse 21, 2100 Stetten
T: +43 (2262) 673423, www.pfaffl.at

92 St. Laurent Ried Gestein Reserve 2022 (B) (V)
DV, 13 %. Dunkles Rubingranat, violette Reflexe, dezente Ockerrandaufhellung. Ein Hauch von Gewürznelken und eingelegten Kirschen, zart floral, kandierte Mandarinenzesten. Mittlerer Körper, rotbeerig, frisch strukturiert, Ribisel im Abgang, mineralisch, gut anhaftend, bereits antrinkbar. € 22,80

Bio-Weingut Frühwirth
Wiener Neustädter Straße 75, 2524 Teesdorf
T: +43 (2253) 81216, fruehwirth.bio

92 Sankt Laurent Alte Reben 2022 (B)
NK, 12,5 %. Dunkles Rubingranat, violette Reflexe, zarte Randaufhellung. Reife Zwetschken, etwas nach Vanille und Nougat, ein Hauch von Orangenschalen, Brombeernuancen klingen an. Komplex, saftig, feine Tanninstruktur, mineralisch, Waldbeeren im Abgang, lang anhaltend, gutes Potenzial. € 26,–

Weingut Philipp Grassl
Am Graben 4–6, 2464 Göttlesbrunn
T: +43 (2162) 8483, www.grassl.wine

91 St. Laurent Ried Bühl 2022 (V)
DV, 13,5 %. Tiefdunkles Rubingranat, violette Reflexe, zarte Randaufhellung. Zart nach Nougat und Kräutern, mit dunklen Waldbeeren und schwarzen Kirschen unterlegt. Mittlere Komplexität, reife Zwetschken, gut integrierte Tannine, zart schokoladig im Abgang, gute Frische, bleibt haften, bereits antrinkbar. € 8,– Best Buy

Weingut Guttmann
Markt 43, 7121 Weiden am See
T: +43 (2167) 7329, www.weingut-guttmann.at

91 Sankt Laurent 2022 (V)
DV, 12,5 %. Dunkles Rubingranat, violette Reflexe, zarte Randaufhellung. Dunkles Waldbeerenkonfit, ein Hauch von Orangenschalen, zart nach Veilchen und Erdbeeren, einladendes Bukett. Saftig, elegant, feine Säurestruktur, fruchtsüß, rotes Beerenkonfit, samtige Tanninstruktur, mineralisch, bereits gut antrinkbar. € 9,– Best Buy

Seegut Lentsch
Neusiedler Straße 40, 7141 Podersdorf am See
T: +43 (2177) 2398, www.seegut-lentsch.com

91 St. Laurent Ried Römerberg 2022
DIAM, 13 %. Dunkles Rubingranat, violette Reflexe, zarter Wasserrand. Etwas Pflaumen und kandierte Orangenschalen, floraler Touch, feuchter Waldboden, würzige Nuancen. Saftig, mittlerer Körper, frisch und lebendig, dunkle Beerenfrucht, Heidelbeernuancen im Abgang, salziger Nachhall, bereits gut antrinkbar. € 11,–

Weingut Schwertführer »47er«
Hauptstraße 47, 2504 Sooß
T: +43 (2252) 87191, www.47er.at

91 St. Laurent Teesdorf Exklusiv 2022
DIAM, 13 %. Dunkles Rubingranat, violette Reflexe, zarte Randaufhellung. Feine Herzkirschnoten, zarte Röstaromatik, dunkle Beerenfrucht, etwas Kumquats. Saftig, straff, feine Säurestruktur, mineralisch, feinwürzig, Zwetschkentouch im Abgang, bereits gut antrinkbar. € 12,50

Burgundermacher Weingut Johann Gisperg
Hauptstraße 14, 2524 Teesdorf
T: +43 (2253) 81464, www.weingut-gisperg.at

91 Sankt Laurent Reserve 2022 V
DV, 13,5 %. Dunkles Rubingranat, violette Reflexe, zarte Randaufhellung. Tabak-Holz-Würze, ein Hauch von Kirschen, schwarzes Waldbeerenkonfit, dunkle Mineralik. Saftig, mittlere Komplexität, Zwetschkentouch, zart nach Nougat, bleibt gut haften, wird von Flaschenreife profitieren. € 13,50

Leo Aumann
Oberwaltersdorfer Straße 105, 2512 Tribuswinkel
T: +43 (2252) 80502, www.aumann.at

91 St. Laurent Ried Satzen 2022 B
NK, 12,5 %. Mittleres Karmingranat, violette Reflexe, ockerfarbene Randaufhellung. Feine Holz-Tabak-Würze, zart nach Cassis, etwas Reduktion, Herzkirschen klingen an. Saftig, würzig, rotes Beerenkonfit, vegetale Nuancen im Abgang, wird von Flaschenreife profitieren. € 27,50

Weingut Malat
Hafnerstraße 12, 3511 Furth
T: +43 (2732) 82934, www.malat.at

90 St. Laurent Reserve 2022
DV, 13,5 %. Kräftiges Rubingranat, violette Reflexe, zarte Randaufhellung. Dunkle Kirschfrucht, zart nach Kräutern, dezente Holzwürze, Feigen klingen an. Mittlerer Körper, fruchtsüß, Heidelbeernoten, mineralisch, etwas tabakig, unkompliziertes Trinkvergnügen. € 6,– Best Buy

Weingut Kleinl
Hauptstraße 139, 7081 Schützen am Gebirge
T: +43 (2684) 2249, www.kleinl.at

90 St. Laurent 2022 B V
DV, 13,5 %. Dunkles Rubingranat, violette Reflexe, zarte Ockerrandaufhellung. Rote Kirschfrucht, feinwürzig, zart nach Karamell, ein Hauch von Kardamom, Feigentouch. Saftig, elegant, feine Säurestruktur, mineralisch-salzig, Weichselnoten im Abgang, bleibt gut haften, unkompliziertes Trinkvergnügen. € 8,– Best Buy

Weingut Erich Sattler
Obere Hauptstraße 10, 7162 Tadten
T: +43 (699) 11658571, www.erichsattler.at

90 St. Laurent 2022
DV, 13 %. Kräftiges Rubingranat, violette Reflexe, zarter Wasserrand. Etwas nach Kardamom und Feigen, zart nach Weichseln, Gewürznuancen klingen an. Saftig, frisch und lebendig, salziger Touch, rote Kirschfrucht im Abgang, bereits gut antrinkbar. € 8,40 Best Buy

Weingut Dopler
Pottendorfer Straße 8, 2523 Tattendorf
T: +43 (2253) 81266, www.weingut-dopler.at

90 St. Laurent 2022 B
DV, 13,5 %. Mittleres Rubingranat, violette Reflexe, breiter Wasserrand. Rote Kirschfrucht, ein Hauch von Zitruszesten, Kräuternuancen, floraler Touch. Saftig, straff, frische Struktur, mineralisch-salzig, Weichselnoten, gut integriertes Tannin, tabakiger Nachhall, bereits gut antrinkbar. € 9,20 Best Buy

Familienweingut Kolkmann
Kremser Straße 53, 3481 Fels am Wagram
T: +43 (2738) 2436, www.kolkmann.at

90 St. Laurent Reserve 2022
NK, 13,5 %. Dunkles Rubingranat, violette Reflexe, zarte Randaufhellung. Zart nach Haselnuss, ein Hauch von Gewürzen und Holzwürze, Orangenzesten klingen an, mit Brombeernuancen unterlegt. Mittlerer Körper, feinwürzig, rote Kirschfrucht im Abgang, salzig, gut integrierte Tanninstruktur, unkompliziertes Trinkvergnügen. € 10,80

Weingut Hecher
Hauptstraße 37, 2504 Sooß
T: +43 (2252) 87190, www.hecherwein.at

90 St. Laurent Ried Satzen Reserve 2022 ⓥ
NK, 13 %. Kräftiges Rubingranat, violette Reflexe, zarte Randaufhellung. Feine Holznoten, ein Hauch von Brombeeren, Lakritze und kandierte Orangenschalen, Haselnussnoten. Saftig, mittlere Komplexität, dunkles Beerenkonfit, samtiges Tannin, fruchtbetontes Finish, bereits gut antrinkbar. € 13,50

Weingut Jordan
Groß-Reipersdorf 12, 3741 Pulkau
T: +43 (2946) 2464, www.weingut-jordan.at

90 St. Laurent Ried Hölzlstein 2022 ⓥ
DV, 13 %. Kräftiges Rubingranat, violette Reflexe, zarte Randaufhellung. Zart tabakig, dezente Kirschfrucht, etwas nach Kardamom, dunkle Beerenfrucht. Fruchtsüß, mittlerer Körper, frische Struktur, gut integrierte Tannine, salziger Nachhall. € 15,–

Weingut MAD
Antonigasse 1, 7063 Oggau
T: +43 (2685) 7207, www.weingut-mad.at

89 St. Laurent 2022
DIAM, 12,5 %. Kräftiges Karmingranat, violette Reflexe, zarte Randaufhellung. Holzwürze, unterlegt mit Herzkirschen, Kumquats, ein Hauch von Feigen. Mittlerer Körper, saftig, feine Würze, Kirschfrucht im Abgang, salziger Nachhall, unkomplizierter Trinkspaß. € 6,90 Best Buy

Weingut Georg und Katharina Krutzler
Gerichtswiese 50, 7122 Gols
T: +43 (660) 6126340,

89 St. Laurent Classic 2022 Ⓑ
DV, 11,5 %. Kräftiges Rubingranat, violette Reflexe, breiterer Wasserrand. Wiesenkräuter, rotbeeriges Konfit, ein Hauch von Feigen, kandierte Orangenzesten. Mittlerer Körper, leichtfüßig, frisch strukturiert, rote Kirschfrucht, zarte Tanninstruktur, salzig, Zitrustouch im Rückgeschmack. € 7,20 Best Buy

Bio-Weingut Ettl
Seestraße 48–52, 7141 Podersdorf am See
T: +43 (2177) 2483, www.bioweingut-ettl.at

89 St. Laurent Ried Hangenstein 2022
DV, 13,3 %. Dunkles Rubingranat, violette Reflexe, zarte Randaufhellung. Dunkle Beerenfrucht, Holzwürze, zart nach Nougat und Erdbeerkonfitüre. Mittlerer Körper, würzig, dunkle Beerenfrucht, gut integrierte Tannine, unkompliziertes Trinkvergnügen. € 7,20 Best Buy

Weingut Puhr
Obermarkersdorf 41, 2073 Obermarkersdorf
T: +43 (699) 19697758, www.weingutpuhr.at

89 St. Laurent 2022
DV, 12,5 %. Kräftiges Karmingranat, Ockerreflexe, breitere Randaufhellung. Zart tabakig unterlegtes rotes Beerenkonfit, eingelegte Kirschen klingen an. Mittlerer Körper, rotbeerig, zarte Kräuterwürze, blättrige Nuancen im Abgang, bietet unkompliziertes Trinkvergnügen. € 8,50 Best Buy

Weinbau Kaiser
Am Anger 21, 2214 Auersthal
T: +43 (664) 1443818, www.weinbau-kaiser.at

89 St. Laurent Exklusiv 2022
DV, 13,5 %. Tiefdunkles Rubingranat, violette Reflexe, zarte Randaufhellung. Cassis, kandierte Orangenschalen, Pflaumen, floraler Touch, fruchtbetont. Mittlerer Körper, feinwürzig, etwas weitmaschig, gut eingebundene Tanninstruktur, mineralisch, Brombeeren im Finish, unkompliziert antrinkbar. € 10,50

Weingut Strommer.wine
Friedhofgasse 11a, 7083 Purbach am Neusiedler See
T: +43 (664) 400 93 22, www.strommer.wine

89 Sankt Laurent Ried Kerscheln Reserve 2022
NK/DIAM, 13,5 %. Dunkles Rubingranat, violette Reflexe, zarte Randaufhellung. Etwas nach Pflaumen und Zwetschken, feine Wiesenkräuter, kandierte Veilchen, Mandarinenzesten, dichtes Bukett. Mittlerer Körper, würzig, gut integrierte Tanninstruktur, Brombeeren im Abgang, unkompliziert antrinkbar. € 13,–

Weingut Familie Schlager
Hauptstraße 32, 2504 Sooß
T: +43 (2252) 88988, www.weingutschlager.at

89 St. Laurent Ried Holzspur 2022
DV, 12,5 %. Kräftiges Rubingranat, violette Reflexe, breite Randaufhellung. Zarte Vanillenoten, ein Hauch von Brombeeren, kandierte Veilchen, rotbeerige Nuancen, Holzwürze klingt an. Mittlerer Körper, feinwürzig, salzig-mineralisch, frische Kirschfrucht, zitroniger Nachhall, bereits gut antrinkbar. € 24,60

Weingut Heggenberger
Badner Straße 6, 2523 Tattendorf
T: +43 (2253) 81432, www.heggenberger.at

---

88 St. Laurent 2022
DV, 12,5 %. Kräftiges Rubingranat, violette Reflexe, zarte Randaufhellung. Etwas Tabakwürze, zart nach Lakritze, Johannisbeeren, dunkle Beerenfrucht. Saftig, kraftvoll, würziger Abgang, gut eingebundene Tanninstruktur, etwas adstringierend im Nachhall. € 8,10 Best Buy

Weinbau Fam. Ramberger
Mühlgasse 14, 2500 Baden
T: +43 (2252) 45744, www.ramberger.at

CABERNET FRANC
& SORTENVIELFALT

Foto: WSNA

Neben den heimischen Größen wie Blauer Zweigelt und Blaufränkisch sowie international anerkannten Top-Sorten haben Österreichs Rotweinwinzer noch weitere interessante Varietäten zu bieten.

Vielfalt wird auch bei den Rotweinsorten, die zur Produktion in Österreich zugelassen sind, hochgehalten. Dennoch ist festzustellen, dass so manche traditionsreiche Rebsorte nicht mehr die Anerkennung bekommt, die ihr früher einmal zuteilgeworden ist. Der farbstarke Blauburger blickt auf eine lange Tradition zurück, ist aber heute stark rückläufig, seine Rolle könnte in Zukunft die Klosterneuburger Neuzüchtung Roesler übernehmen. Die Akzeptanz der neuen Rotweinsorten hält sich aber in Grenzen. Hingegen wird Cabernet Franc in den letzten Jahren immer öfter reinsortig gefüllt.

BLAUBURGER

Blauburger ist eine österreichische Züchtung, die durch Kreuzung von Blauem Portugieser und Blaufränkisch im Jahr 1923 entstand. Die Endsilbe »burger« weist in diesem Fall auf die Weinbauschule Klosterneuburg hin. Die Intention hinter dieser neuen Züchtung war es seinerzeit, mit dem Blauburger à la longue den Zweigelt zu überflügeln, was aber bis heute nicht gelungen ist. Da der Blauburger eine sehr dunkle Farbe ausbildet, wurde er bald zum Deckwein herabgestuft. Im Barrique vinifiziert, ergibt diese robuste Sorte fallweise durchaus Weine, die Beachtung verdienen.

CABERNET FRANC

Die Sorte kommt aus Frankreich, wo sie 1635 erstmals urkundlich erwähnt wurde. In Österreich darf sie seit 1986 für die Erzeugung von Qualitätswein genutzt werden. Die Sorte stellt keine hohen Ansprüche an Böden oder Klima und ist sehr frostsicher. Am wohlsten fühlt sie sich auf wüchsigen Lehmböden in warmen Lagen. Der kleine Bruder des Cabernet Sauvignon ist in Österreich noch recht spärlich vertreten, nur 90 Hektar sind mit Cabernet Franc ausgepflanzt. Größere geschlossene Flächen bestehen seit Längerem im burgenländischen Siegendorf, allerdings als Ergebnis einer Verwechslung beim Rebmaterial: Es hätte eigentlich Merlot sein sollen.

ROESLER

Im Jahr 1970 erfolgte die Neuzüchtung dieser Rotweinsorte aus Zweigelt, Seyve-Villard 18-402 und Blaufränkisch von Dr. Gertraud Mayer an der Weinbauschule Klosterneuburg beziehungsweise an der Rebschule Langenzersdorf. Benannt ist sie nach dem ehemaligen Schuldirektor Leonhard Roesler. Sie ergibt einen geschmacklich interessanten, extraktreichen Wein mit sehr dunkler Farbe. In der aktuellen Rebstatistik aus 2021 sind für Österreich 267 Hektar ausgewiesen.

DIE BESTEN DER KATEGORIE CABERNET FRANC & SORTENVIELFALT 2022

95 **1. Platz**
Cabernet Franc Rabensau 2022
Weingut Helmut Preisinger, Gols – Neusiedlersee

94 **2. Platz**
Cabernet Franc Reserve 2022
Weingut Markus Iro, Gols – Neusiedlersee

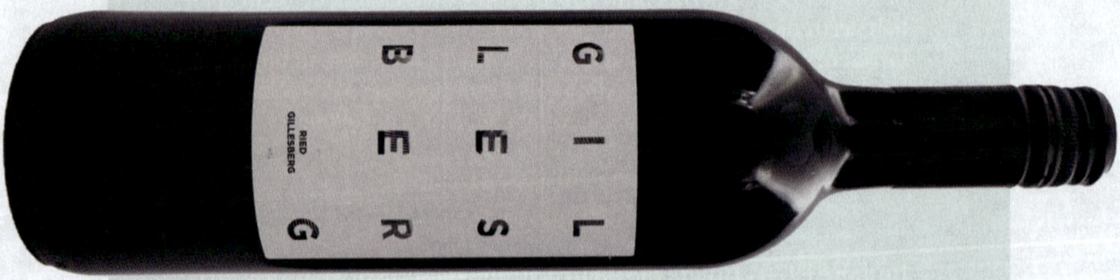

93 **3. Platz**
Cabernet Franc Ried Gillesberg 2022
Günter + Regina Triebaumer, Rust

1. Platz

95 Cabernet Franc Rabensau 2022

VL, 14,5 %. Tiefdunkles Rubingranat, opaker Kern, violette Reflexe, zarte Randaufhellung. Reife Zwetschken, dunkle Waldbeerenfrucht, dezente Edelholzwürze, tabakiger Touch, mit Lakritze unterlegt. Saftig, gute Komplexität, kraftvoll, zarter Nougattouch, samtiges Tannin, Kirschen im Rückgeschmack, sicheres Reifepotenzial. € 52,–

Weingut Helmut Preisinger
Neubaugasse 19, 7122 Gols
T: +43 (2173) 2362, www.weingut-preisinger.at

2. Platz

94 Cabernet Franc Reserve 2022

NK, 14,5 %. Dunkles Rubingranat, violette Reflexe, zarte Ockerrandaufhellung. Feiner Lakritztouch, etwas Orangenschalen, ein Hauch von Brombeeren, kandierte Veilchen, einladendes Bukett. Vielschichtig, zarte Edelholzwürze, Fruchtsüße im Abgang, schwarze Beerenfrucht, gut integrierte Tannine, vielschichtiger Speisenbegleiter mit Reifepotenzial. € 23,70

Weingut Markus Iro
Neubaugasse 55, 7122 Gols
T: +43 (2173) 2139, www.markusiro.at

3. Platz

93 Cabernet Franc Ried Gillesberg 2022 Ⓥ

DV, 14,5 %. Tiefdunkles Rubingranat, opaker Kern, violette Reflexe. Kräuternoten, Lakritze, Nougatnoten, Johannisbeere, floraler Touch, tabakig. Gute Komplexität, würzig, tragendes, etwas forderndes Tannin, Cassis im Abgang, bleibt sehr lang haften, wird von Flaschenreife profitieren. € 35,–

Günter + Regina Triebaumer
Neuegasse 18, 7071 Rust
T: +43 (676) 4728288, www.triebaumer.at

93 Cabernet Franc Halbturn Ried Haide Nestor 2022

DIAM, 13,5 %. Tiefdunkles Rubingranat, opaker Kern, violette Reflexe, zarte Randaufhellung. Zart nussig, etwas Bitterschokolade, ein Hauch von Cassis, Noten von reifen Johannisbeeren, feinwürziger Touch. Straff, engmaschig, rotbeerige Nuancen, frischer Rückgeschmack, dezente Würze im Finish, sicheres Entwicklungspotenzial. € 29,–

Nestor
Lerchengasse 6, 7131 Halbturn
T: +43 (1) 9418333, www.nestor.wine

92 Cabernet Franc Meisterstück 2022

DIAM, 14,5 %. Kräftiges Rubingranat, violette Reflexe, breitere Randaufhellung. Zart nach Minze und Weichseln, ein Hauch von Orangenzesten, tabakiger Touch, Kardamom. Saftig, straff, etwas Hagebutte im Abgang, mineralisch salzig, gut integrierte Tannine, bleibt gut haften, trinkanimierender Speisenbegleiter. € 19,–

Weingut Neff
Neubaugasse 11, 7141 Podersdorf am See
T: +43 (660) 3456980, www.neff-wein.at

92 Cabernet Franc Ried Alter Satz Two Leaves 2022

DV, 13,5 %. Kräftiges Rubingranat, violette Reflexe, breitere Ockerrandaufhellung. Feine Tabak-Holz-Würze, etwas nach Cassis, Nuancen von Lakritze klingen an, dezenter Vanilletouch. Mittlerer Körper, fruchtsüß nach Johannisbeeren, mit Schokolade unterlegte zarte Röstaromen im Nachhall, guter Speisenbegleiter. € 23,–

Behike Wein
Julagasse 5, 7141 Podersdorf am See
T: +43 (676) 9644387, www.wein-behike.at

Ⓑ biologisch Ⓕ fruktosearm Ⓗ histaminarm Ⓢ schwefelarm Ⓥ vegan

92 Cabernet Franc 2022
DIAM, 14 %. Dunkles Rubingranat, violette Reflexe, breite Randaufhellung. Rote Beerenfrucht, unterlegt mit Bergamotte, zart nach Anis, ein Hauch von schwarzen Kirschen, Holznuancen, frisches Bukett. Gute Komplexität, feinwürzig, präsentes Tannin, dunkle Beerenfrucht, tabakiger Nachhall, wird von Flaschenreife profitieren. € 26,50

Weingut Robert Goldenits
Untere Hauptstraße 8, 7162 Tadten
T: +43 (2176) 2294, www.goldenits.at

89 Roesler Ried Edelsbergen 2022
DV, 13,5 %. Dunkles Rubingranat, violette Reflexe, zarte Randaufhellung. Feine Edelholzwürze, zart nach Nougat, schwarzes Beerenkonfit, dunkle Mineralik. Saftig, mittlerer Körper, tabakig, Brombeernoten im Abgang, Gewürznuancen im Finish, unkompliziertes Trinkvergnügen. € 8,50
Best Buy

Weingut Kurz
Schwemmzeile 72, 2130 Paasdorf
T: +43 (2572) 2525, www.weingutkurz.at

91 Cabernet Franc Reserve 2022
NK, 14 %. Kräftiges Rubingranat, ockerfarbene Reflexe, breite Randaufhellung. Holzwürze, zart tabakig, ein Hauch von Kirschen, Mandarinenzesten klingen an. Straff, gut integrierte Tanninstruktur, feinwürzig, dunkle Beerenfrucht, Cassisnoten, wird von Flaschenreife profitieren. € 14,–

Seegut Lentsch
Neusiedler Straße 40, 7141 Podersdorf am See
T: +43 (2177) 2398, www.seegut-lentsch.com

89 Roesler 2022
DV, 13 %. Tiefdunkles Rubingranat, opaker Kern, violette Reflexe. Zart nach Kräutern und Cassis, schwarze Herzkirschen, tabakig, Nuancen von Lakritze. Saftig, kraftvoll, feinwürzig, Schwarze Johannisbeeren, gut integrierte Tanninstruktur, mineralisch, unkomplizierter Trinkgenuss. € 8,50
Best Buy

Die Schwertführerinnen
Hauptstraße 35, 2504 Sooß
T: +43 (660) 5654543,
www.dieschwertfuehrerinnen.at

90 Cabernet Franc Ried Bärenschwanzel 2022
DIAM, 14 %. Dunkles Rubingranat, violette Reflexe, breite Ockerrandaufhellung. Feine Tabak-Holz-Würze, dunkle Beerenfrucht, etwas nach Lavendel, floraler Touch, Cassis. Mittlerer Körper, feine Fruchtsüße, Herzkirschen im Abgang, mineralischer Nachhall, bereits gut antrinkbar. € 9,80
Best Buy

Weingut Schwertführer »47er«
Hauptstraße 47, 2504 Sooß
T: +43 (2252) 87191, www.47er.at

89 Blauburger Exklusiv 2022
DV, 13 %. Kräftiges Karmingranat, violette Reflexe, breiter Wasserrand. Rote Beerenfrucht, zart nach Pflaumen, ein Hauch von Kräutern, animalische Würze, floraler Touch. Mittlerer Körper, kraftvoll, feinwürzig, zart nach Nougat, Brombeeren im Finish, bereits gut antrinkbar. € 7,50
Best Buy

Weingut Hirtl
Brunngasse 72, 2170 Poysdorf
T: +43 (2552) 2182, www.weingut-hirtl.at

89 Cabernet Franc Black Pearl Rockstar 2022
DIAM, 15 %. Kräftiges Karmingranat, violette Reflexe, Ockerrandaufhellung. Tabakig, kandierte Veilchen, Holzwürze, Vanilletouch, dunkle Beerenfrucht, etwas Nelken. Mittlerer Körper, weitmaschig, gut eingebundene Tanninstruktur, Waldbeeren, unkompliziertes Trinkvergnügen. € 19,90

Weingut Hoffmann Doris & Michael
Wiener Strasse 2, 7123 Mönchhof
T: +43 (2173) 80264, www.hoffmann-wein.at

88 Rösler Großes Holzfass 2022 Ⓑ Ⓥ
DV, 13 %. Tiefdunkles Rubingranat, violette Reflexe, zarte Randaufhellung. Dezente Kräuterwürze, etwas Johannisbeeren, vegetaler Touch, zart tabakig. Mittlerer Körper, präsente Tannine, feinwürzig, schwarze Beeren, weitmaschiges Finish. € 9,– Best Buy

Weingut Siegert
Hornerstraße 22, 3701 Großweikersdorf
T: +43 (2955) 70385, www.weingut-siegert.at

SYRAH

Foto: WSNA

Egal, ob als Syrah wie in Frankreich oder als Shiraz wie beispielsweise in Australien bezeichnet: Diese dunkelwürzige, facettenreiche Sorte gewinnt auch bei uns an Boden.

Die hochwertige Sorte aus dem Rhônetal musste erst über den Umweg Australien so berühmt werden, dass sich auch Österreicher für sie zu interessieren begannen. Die Weine wurden bis 2001 ohne Jahrgang vermarktet, weil die Sorte vorerst nur im Versuch angebaut werden durfte. Sogar Cuvées, in denen diese Weine Verwendung fanden, durften bis dahin nicht als Qualitätswein vermarktet werden und mussten auch auf den Jahrgang am Etikett verzichten, was dazu führte, dass der eine oder andere Wein nur mit einer Zahl versehen wurde, um den Jahrgang irgendwie darzustellen. Das Ergebnis war deshalb zunächst auch nur ein »Landwein«. Mittlerweile wurde der Syrah offiziell in den Katalog der österreichischen Qualitätsweinsorten aufgenommen und ist seither auch als Cuvée-Partner legitimiert.

EINE NEUE ALTERNATIVE

Über den Ursprung der Sorte wurde oft gerätselt, die persische Stadt Shiraz, aber auch Ägypten, Zypern und Griechenland wurden als Heimat der noblen Sorte gehandelt. Seit 2001 steht die weniger poetische Wahrheit fest, denn als Ergebnis zahlreicher wissenschaftlicher Untersuchungen zur DNA, die von Professor Carole Meredith von der »University of California, Davis« gemeinsam mit dem führenden französischen Ampelografen Jean-Michel Boursiquot von der »École nationale supérieure agronomique« in Montpellier durchgeführt wurden, sind nun die Eltern des Syrah bekannt. Eine spontane Kreuzung zweier wenig bekannter französischer Reben brachte die prominente Sorte hervor: Eine ist die Mondeuse Blanche, eine Verwandte des aus Savoyen eher bekannten Mondeuse Noire, die andere Sorte heißt Dureza und wird vereinzelt in der nördlichen Ardèche-Region, also zwischen den Oberläufen von Rhône und Loire angetroffen. Die beiden Ampelografen hatten bereits 1997 mittels Genanalyse unzweifelhaft nachgewiesen, dass der Cabernet Sauvignon von Cabernet Franc und Sauvignon Blanc abstammt.

In Österreich sind nach Stand der letzten Rebstatistik aus dem Jahr 2021 ganze 148 Hektar mit Syrah bestockt. Vor allem als zusätzliche Würze in Cuvées wird der Syrah, so er nicht reinsortig abgefüllt wird, sehr gerne verwendet.

DIE BESTEN DER KATEGORIE SYRAH 2022

95 **1. Platz**
Syrah 2022
Weingut Gesellmann, Deutschkreutz – Neusiedlersee

94 **2. Platz**
Syrah and ever 2022
Weingut Artner, Höflein – Carnuntum

94 **3. Platz**
Syrah Anarchie Kolfok 2022
Weingut Wellanschitz, Neckenmarkt – Mittelburgenland

1. Platz

95 Syrah 2022 B

NK/DV, 14,5 %. Dunkles Rubingranat, opaker Kern, violette Reflexe, zarte Ockerrandaufhellung. Attraktive Gewürznoten, etwas Vanille und Nougat, schwarze Waldbeeren, etwas Lakritze, einladendes Bukett. Kraftvoll, dabei saftig und frisch strukturiert, seidige Tannine, feine Beerenfrucht im Abgang, mineralisch, gut anhaftend, bereits zugänglich, mit Reifepotenzial ausgestattet. € 32,–

Weingut Gesellmann
Langegasse 65, 7301 Deutschkreutz
T: +43 (2613) 80360, www.gesellmann.at

2. Platz

94 Syrah and ever 2022

NK, 13,5 %. Dunkles Rubingranat, violette Reflexe, dezente Ockerrandaufhellung. Angenehme Edelholznote, reife dunkle Herzkirschfrucht, zart nach Gewürzen und Nougat, einladendes Bukett. Saftig, elegant, gute Frische, präsente, gut integrierte Tannine, zeigt im Abgang Würze und Länge, gutes Reifepotenzial. € 30,–

Weingut Artner
Dorfstraße 93, 2465 Höflein
T: +43 (2162) 63142, www.artner.co.at

3. Platz

94 Syrah Anarchie Kolfok 2022 B

NK, 13 %. Kräftiges Rubingranat, violette Reflexe, dezente Ockerrandaufhellung. Würziges Bukett, reife rote Waldbeeren, florale Nuancen, zarte animalische Noten, einladendes Bukett. Straff, saftig, rotbeerig und finessenreich strukturiert, leichtfüßig und engmaschig zugleich, delikate Kirschfrucht im Abgang, verfügt über sehr gute Länge, tänzelt auf der Zunge. € 24,–

Weingut Wellanschitz
Lange Zeile 28, 7311 Neckenmarkt
T: +43 (2610) 42302, www.wellanschitz.at

94 The Shiraz 2022 H V

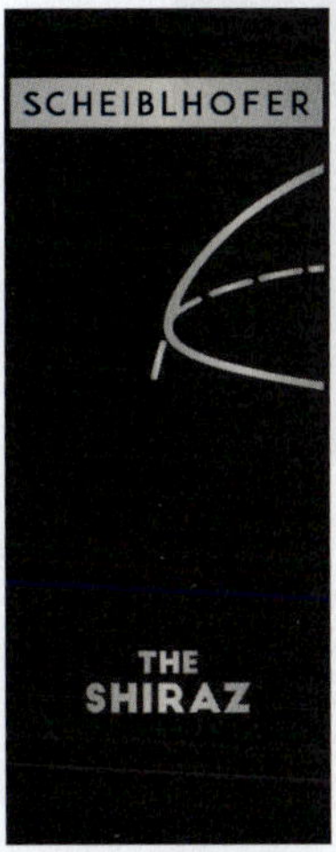

DIAM, 14,5 %. Tiefdunkles Rubingranat, opaker Kern, violette Reflexe, zarte Randaufhellung. Feine Kräuterwürze, Lakritze, schwarze Beerenfrucht, etwas Schokolade, facettenreiches Bukett. Kraftvoll, engmaschig und mineralisch, feine Pflaumenfrucht, tragende, präsente Tannine, reife Kirschen, Nougat, kandierte Orangen im Abgang, wird von Flaschenreife profitieren, sicheres Potenzial. € 26,–

Weingut Scheiblhofer
Halbturner Straße 1a, 7163 Andau
T: +43 (2176) 2610, www.scheiblhofer.at

94 Syrah Alte Reben 2022 V

NK, 14 %. Dunkles Rubingranat, opaker Kern, violette Reflexe, zarte Ockerrandaufhellung. Rauchig-würzig, etwas Nougat, schwarze Beerenfrucht, zart nach Brombeeren, etwas Goudron, facettenreiches Bukett. Komplex, saftig, reife Kirschfrucht, gut integrierte Tannine, gute Länge, bereits zugänglich, mit sicherem Reifepotenzial ausgestattet. € 29,–

Weingut Ceel
Hauptstraße 2, 7071 Rust
T: +43 (699) 10069331, www.weingut-ceel.at

B biologisch F fruktosearm H histaminarm S schwefelarm V vegan

94 Syrah Ried Bühl Reserve no name 2022

NK, 15 %. Kräftiges Rubingranat, violette Reflexe, zarte Ockerrandaufhellung. Zart nach Gewürznelken, Herzkirschen, etwas Vanille, mit Brombeerkonfit unterlegt, einladendes Bukett. Kraftvoll, deutliche Holzwürze, feiner Säurebogen, Waldbeeren im Abgang, schokoladiger Nachhall, braucht noch seine Zeit. € 38,–

Weingut St. Bayer
Seepark-Feriendorf 1, 7121 Weiden am See
T: +43 (699) 10620478, www.stbayer.wine

93 Syrah Ried Altenberg 2022

DV, 14 %. Dunkles, opakes Rubingranat, violette Reflexe, dezente Ockerrandaufhellung. Zart nach Vanille, dazu Edelholzaromen, schwarze Kirschen, ein Hauch von Nougat, zart nach Feigen, einladendes Bukett. Stoffig, elegant, feine Süße, seidige Tannine, mineralisch und relativ frisch, zeigt Länge und Entwicklungspotenzial. € 14,80

Weingut Gernot Schuhmann
Marktgasse 2–6, 7122 Gols
T: +43 (2173) 2612, www.gernot-schuhmann.at

93 Syrah Reserve 2022 Ⓑ

NK, 14,5 %. Dunkles Rubingranat, violette Reflexe, dezente Ockerrandaufhellung. Zarte Kräuterwürze, feine rote Beerenfrucht, ein Hauch von Herzkirschen, tabakige Nuancen, etwas Kardamom. Kraftvoll, engmaschig, zart nach Nougat, reife Tannine, mineralisch und lange anhaftend, sehr gutes Entwicklungspotenzial. € 33,–

Weingut Philipp Grassl
Am Graben 4–6, 2464 Göttlesbrunn
T: +43 (2162) 8483, www.grassl.wine

93 Syrah Ried Thenau 2022 Ⓑ

DIAM, 14 %. Tiefdunkles Rubingranat, opaker Kern, violette Reflexe, zarte Randaufhellung. Schwarze Waldbeeren, etwas Lakritze, feine Kräuterwürze, Nuancen von Orangenzesten, auch rotbeerige Noten. Kraftvoll, engmaschig, Brombeeren, feiner Säurebogen, reife Tannine, salzige Nuancen im Abgang, braucht noch Zeit. € 34,–

Weingut Toni Hartl
Florianigasse 7, 2440 Reisenberg
T: +43 (2234) 80636, www.toni-hartl.at

92 Syrah Selection 2022 Ⓗ

DIAM, 14 %. Tiefdunkles Rubingranat, opaker Kern, violette Reflexe, zarte Ockerrandaufhellung. Nuancen von dunklem Nougat und Oliven, feine Edelholzwürze, einladendes Bukett. Komplex, kraftvoll, schokoladiger Kern, runde Tannine, bleibt haften, ein stoffiger, bereits zugänglicher Speisenwein, mit gute Länge und Potenzial ausgestattet. € 11,90

Weingut Scheiblhofer
Halbturner Straße 1a, 7163 Andau
T: +43 (2176) 2610, www.scheiblhofer.at

92 Syrah Reserve 2022 Ⓥ

DV, 13,5 %. Dunkles Rubingranat, violette Reflexe, dezente Ockerrandaufhellung. Einladende dunkle Beerenfrucht, zart nach Kräutern und Nougat, reife Zwetschken, attraktives Bukett. Saftig, mittlere Komplexität, dezente Süße, reife Tannine, schokoladiger Nachhall, bereits gut entwickelt. € 15,–

Weingut Ceel
Hauptstraße 2, 7071 Rust
T: +43 (699) 10069331, www.weingut-ceel.at

92 Syrah 2022 Ⓥ
DV, 14,5 %. Dunkles Rubingranat, opaker Kern, violette Reflexe, zarte Ockerrandaufhellung. Zarte Röstaromen, ein Hauch von Brombeeren und Karamell, schwarze Herzkirschen klingen an, einladendes Bukett. Saftig, kraftvoll und würzig, gut integrierte Tannine, mineralischer Abgang, etwas feurig, ein stoffiger Speisenbegleiter. € 19,–

Weingut Wagentristl
Rosengasse 2, 7051 Großhöflein
T: +43 (2682) 61415, www.wagentristl.com

92 Syrah 2022
NK, 14 %. Kräftiges Rubingranat, violette Reflexe, breitere Ockerrandaufhellung. Reife Herzkirschen, feine Kräuterwürze, ein Hauch von Brombeerkonfit, zart nach Feigen und kandierte Orangenzesten. Kraftvoll, saftig, süße Textur, reife Tannine, mineralisch, etwas Nougat im Abgang, bereits gut antrinkbar. € 19,50

Weinbau Gottschuly-Grassl
Dorfstraße 28, 2465 Höflein
T: +43 (2162) 62293, www.gottschuly.at

92 Syrah 2022 Ⓓ Ⓥ
NK, 14,5 %. Dunkles Rubingranat, opaker Kern, violette Reflexe, zarte Ockerrandaufhellung. Frische schwarze Waldbeeren, zart nach Lakritze, feine Kräuterwürze, mit Orangenzesten und Nougat unterlegt. Kraftvoll, komplex, mineralische Textur, tragende Tannine, salzig im Abgang, ein kraftvoll-würziger Speisenwein. € 21,–

Weingut Franz und Christine Netzl
Rosenbergstraße 17, 2464 Göttlesbrunn
T: +43 (2162) 8236, www.netzl.com

92 Shiraz Maria´s Vineyard 2022
NK, 14,5 %. Kräftiges Rubingranat, violette Reflexe, dezente Ockerrandaufhellung. Orangenzesten, etwas Lakritze, feines Brombeerkonfit, mit dezenter Kräuterwürze unterlegt. Saftig, komplex, dunkle Beerenfrucht, feine Extraktsüße, reife Tannine, Nougat im Nachhall, ein stoffiger Speisenbegleiter mit Reifepotenzial. € 26,–

Weingut Lisa Pfneisl
Karrnergasse 30-32, 7301 Deutschkreutz
T: +43 (2613) 80048, www.weingutpfneisl.at

91 Syrah Ried Hochberg Reserve 2022
DV, 13 %. Dunkles Rubingranat, violette Reflexe, dezente Ockerrandaufhellung. Zart nach Vanille und Herzkirschen, rote Waldbeeren, kandierte Mandarinenzesten. Mittlere Komplexität, rotbeeriger Touch, zart nach Gewürznelken im Abgang, ausgewogen, mineralisch-salziger Nachhall. € 10,50

Weingut Hahnenkamp
St. Georgener Hauptstraße 53, 7000 Eisenstadt
T: +43 (2682) 66700, www.weingut-hahnenkamp.at

91 Syrah Eurydike 2022
NK/DIAM, 14,5 %. Kräftiges Rubingranat, violette Reflexe, dezente Ockerrandaufhellung. Zarte Kräuterwürze, tabakig unterlegte rote Waldbeerenfrucht, dezente Holznuancen. Stoffig, etwas Nougat und Karamell, süße Textur, polierte Tannine, bleibt haften, bereits gut antrinkbar. € 13,50

Weingut Familie Schlager
Hauptstraße 32, 2504 Sooß
T: +43 (2252) 88988, www.weingutschlager.at

91 Syrah Reserve 2022
NK, 13,5 %. Tiefdunkles, opakes Rubingranat, violette Reflexe, zarte Randaufhellung. Zart nach Vanille und Edelholz, dezente Dörrobstnuancen, etwas Nougat und Lakritze. Mittlere Komplexität, rote Kirschen, reife Tannine, mineralisch-salzig im Abgang, frische Stilistik, vielfältig einsetzbar. € 19,–

Wein-Gut Iby-Lehrner
Hauptstraße 34, 7312 Horitschon
T: +43 (2610) 42113, www.iby-lehrner.at

91 Syrah Wald und Schotter Große Reserve Pegasos® 2022
NK, 14,5 %. Dunkles Rubingranat, opaker Kern, violette Reflexe, zarte Randaufhellung. Schwarze Johannisbeeren, tabakige Würze, dunkle Kirschen, geröstete Zwiebel, ein Hauch von Nougat. Sehr kraftvoll, straff, präsente Tannine, etwas Cassis und Schokolade, noch sehr jung, bleibt haften, wird von Flaschenreife profitieren. € 28,–

Ing. Johannes Pitnauer
Weinbergstraße 4-6, 2464 Göttlesbrunn
T: +43 (2162) 8249, www.pitnauer.com

91 Syrah 2022 Ⓑ
NK, 13,5 %. Dunkles Rubingranat, opaker Kern, violette Reflexe, zarte Ockerrandaufhellung. Zarte oxidative Note, reife Zwetschkenfrucht, dunkles Nougat, balsamischer Touch, etwas Nussöl. Süß am Gaumen, etwas Dörrobst, präsente Tannine, etwas Gerbstoff im Abgang, wirkt noch etwas unbalanciert, braucht noch Zeit und Schliff. € 25,50

Weingut Michael Auer
Hoher Weg, 2465 Höflein
T: +43 (699) 11608281, www.weingut-auer.com

90 Syrah 2022
DIAM, 15 %. Kräftiges Rubingranat, violette Reflexe, dezente Ockerrandaufhellung. Tabakig-kräuterwürzig unterlegte schwarze Beerenfrucht, dunkle Herzkirschen, frische Orangenzesten. Saftig, elegant, rotbeerige Nuancen, feine Süße im Kern, mineralischer Abgang, ein lebendiger Speisenbegleiter. € 8,70 Best Buy

Weingut Georg und Katharina Krutzler
Gerichtswiese 50, 7122 Gols
T: +43 (660) 6126340,

90 Syrah Ried Gaisbiegel Reserve 2022
DV, 14 %. Dunkles Rubingranat, opaker Kern, violette Reflexe, zarte Randaufhellung. Reife Herzkirschen, frische Pflaumen, ein Hauch von Brombeerkonfit, mit Orangenzesten unterlegt. Kraftvoll, saftig, dezente Fruchtsüße, runde Tannine, frische Struktur, rotbeeriger Nachhall. € 9,50 Best Buy

Weingut & Rustikalschenke Tinhof
Hausgraben 1, 2443 Leithaprodersdorf
T: +43 (699) 12222838, www.weingut-tinhof.at

90 Syrah 2022 Ⓥ

NK, 14 %. Kräftiges Rubingranat, violette Reflexe, breitere Ockerrandaufhellung. Rotbeerige Frucht, zart nach Lakritze und Preiselbeeren, floraler Touch. Kräftig, süße Kirschfrucht, reife Tannine, feinwürzig im Abgang, dezentes Nougat im Nachhall. € 13,–

Weingut und Alpakahof Pinetz
Haydngasse 32, 7132 Frauenkirchen
T: +43 (660) 7351518, www.pinetz.com

90 Shiraz 2022

NK, 13 %. Kräftiges Rubingranat, violette Reflexe, dezente Ockerrandaufhellung. Zart balsamisch unterlegte schwarze Beerenfrucht, Lakritze, kandierte Orangenzesten, individuelles Bukett. Mittlere Komplexität, nach Ribiseln, frischer Säurebogen, präsente Tannine, kalkig-mineralisch im Abgang. € 28,90

Weingut Gratl
Maria Bild 70, 8382 Weichselbaum
T: +43 (3329) 45056, www.gratl-wein.at

RESERVE TROPHY

Foto: WSNA

Ein guter Rotwein wird mit entsprechender Reife nur besser. Das wissen längst auch die österreichischen Winzer, die ihre Top-Weine erst auf den Markt bringen, nachdem diese genügend Zeit im Holzfass und auf der Flasche verbracht haben.

Es war in den vergangenen 45 Jahren stets das Bestreben der Falstaff-Redaktion, die Winzer zu ermutigen, ihre Rotweine nicht zu früh, sondern nach einer ausreichenden Reifeperiode auf den Markt zu bringen – eine Einstellung, die von der großen Mehrheit der Rotweinproduzenten längst als Selbstverständlichkeit übernommen wurde. Nun hat uns im Laufe der Zeit die Entwicklung überholt, und so hat die Redaktion bereits vor einigen Jahren entschieden, auf dieses Phänomen mit einer neuen Auszeichnung, der heuer bereits zum 21. Mal vergebenen »Reserve Trophy«, zu reagieren. Die Grundbedingung für eine Teilnahme in dieser Kategorie ist, dass der betreffende Wein frühestens zwei Jahre nach dem Erntezeitpunkt auf den Markt gebracht wird und daher an der regulären Falstaff-Prämierung nicht teilnehmen kann. Die Existenz dieser Kategorie soll sicherstellen, dass nicht gerade jene bestraft werden, die ihre Hausaufgaben besonders tüchtig erfüllt haben und ausgereifte Weine anbieten.

MEISTERKLASSE

Heuer waren die Reserveweine des Jahrgangs 2021 und älter auf dem Prüfstand. Die Reservekategorie ist sowohl für sortenreine Weine als auch für Cuvées offen. Die erzeugte Mindestmenge muss 1.200 Flaschen betragen (allerdings nicht zwingend verfügbar sein), damit der Titel »Falstaff Reserve-Trophy Sieger« gewonnen werden kann. Diese Regelung wendet sich gegen die sogenannten Garagenweine, die in nicht kommerziellen Mengen zu überaus kommerziell orientierten Preisen auf dem Markt sind. Grundsätzlich kann jeder Wein nur ein einziges Mal zur Falstaff-Prämierung eingereicht werden. Die Zahl der eingereichten Weine ist diesmal mit rund 360 Produkten wieder besonders hoch ausgefallen, und wie schon in den Jahren zuvor waren es hauptsächlich reinsortige Blaufränkisch-Weine und Cuvées. Die Falstaff-Redaktion hat sich dazu entschlossen, diesen Umstand noch stärker zu würdigen und so gibt es in der Gruppe der Blaufränkisch und auch jener der Cuvées und Sortenvielfalt jeweils einen ersten, zweiten und dritten Platz und damit zwei Sieger. Alle anderen reinsortigen Weine sind mit ihren Bewertungen im Kapitel der Cuvées integriert. Die Reservekategorie ist der beste Beweis für die ausgezeichnete Entwicklung der heimischen Rotweine. Es zeigt sich bei dieser Verkostung, dass die länger ausgebauten Premiumweine oftmals jetzt noch zu jung sind, um ihren ganzen Trinkspaß zu offerieren. Bleibt der Hinweis: Ein wirklich großer Rotwein wird nach einigen Jahren besser.

DIE BESTEN DER KATEGORIE RESERVE TROPHY BLAUFRÄNKISCH

98 **1. Platz**
Blaufränkisch Leithaberg DAC Rust Ried Oberer Wald 2021
Weingut Feiler-Artinger, Rust

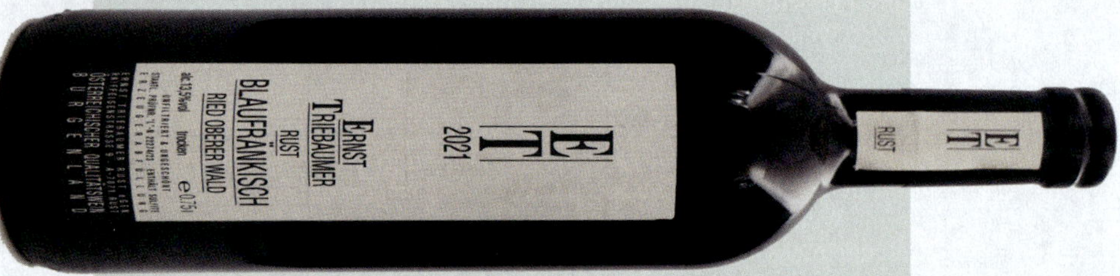

98 **2. Platz**
Blaufränkisch Ried Oberer Wald 2021
Weingut Ernst Triebaumer, Rust

98 **3. Platz**
Blaufränkisch Carnuntum DAC Prellenkirchen Ried Spitzerberg-Obere Roterd 1ÖTW 2021
Weingut Dorli Muhr, Prellenkrichen – Carnuntum

1. Platz

98 Blaufränkisch Leithaberg DAC Rust Ried Oberer Wald 2021 Ⓑ Ⓥ

NK, 14 %. Dunkles Rubingranat, violette Reflexe, zarte Ockerrandaufhellung. Frische Herzkirschen, rotes Waldbeerenkonfit, zart nach Lakritze, mit kandierten Mandarinenzesten unterlegt, zartes Nougat. Stoffig und mit süßen Kirschen unterlegt, seidige Tannine, mineralisch, gute Frische, bleibt sehr gut haften, ein eleganter Speisenbegleiter, sicheres Reifepotenzial, voller Finesse und Eleganz. € 32,50

Weingut Feiler-Artinger
Hauptstraße 3, 7071 Rust
T: +43 (2685) 237, www.feiler-artinger.at

2. Platz

98 Blaufränkisch Ried Oberer Wald 2021 Ⓑ

NK, 13,5 %. Dunkles Rubingranat, schwarzer Kern, violette Reflexe, breitere Randaufhellung. Reife Kirschfrucht, Veilchen und frische Blutorange, ein Hauch von Brombeeren, würziger Touch, mineralisch unterlegt. Komplex, feinwürzig, extraktsüß nach Cassis, zarte Nougatnoten, tragendes Tannin, das bereits gut integriert ist, zeigt Länge, vielschichtiger Speisenbegleiter, wirkt leichtfüßig und animierend. € 30,–

Weingut Ernst Triebaumer
Raiffeisenstraße 9, 7071 Rust
T: +43 (2685) 528, www.triebaumer.com

3. Platz

98 Blaufränkisch Carnuntum DAC Prellenkirchen Ried Spitzerberg-Obere Roterd 1ÖTW 2021 Ⓑ Ⓥ

NK, 13,5 %. Kräftiges Rubingranat, violette Reflexe, zarte Ockerrandaufhellung. Florale Nuancen, etwas Hibiskus und kandierte Veilchen, rotbeeriger Musigny-Touch, Nuancen von Himbeeren und Limettenzesten. Straff, saftig und elegant, feine Extraktsüße, seidige Tannine, finessenreicher Säurebogen, gut integrierter Gerbstoff, salziger Touch im Finale, zeigt sehr gute Länge, ein einnehmender Wein mit sicherem Reifepotenzial. € 85,–

Weingut Dorli Muhr
Weingartenweg 6, 2472 Prellenkirchen
T: +43 (664) 1804039, www.dorlimuhr.at

97 Blaufränkisch Eisenberg DAC Reserve Ried Saybritz 2021

NK, 13,5 %. Kräftiges Rubingranat, violette Reflexe, breitere Ockerrandaufhellung. Zart nach roten Waldbeeren, Kirschen, Lakritze, Nuancen von Cassis und Mandarinenzesten, floraler Touch. Saftig, elegant, reife Kirschen, finessenreich strukturiert, feine, tragende Tannine, salzig-mineralisch und präzise, zarte Extraktsüße im Abgang, zeigt gute Länge, sicheres Reifepotenzial. € 34,–

Weingut Kopfensteiner
Untere Hauptstraße 31, 7474 Deutsch Schützen
T: +43 (3365) 2236, www.kopfensteiner.at

97 Blaufränkisch Eisenberg DAC Reserve Ried Szapary 2021

NK, 13,5 %. Kräftiges Rubingranat, violette Reflexe, dezente Ockerrandaufhellung. Dunkle Herzkirschen, Brombeeren und Zwetschken, feine Kräuterwürze, dunkle Mineralik, facettenreiches Bukett. Saftig, elegant, finessenreiche Säurestruktur, reife, tragende Tannine, mineralisch und gut anhaftend, wirkt relativ leichtfüßig, rotbeerige Nuancen im Rückgeschmack, ein facettenreicher Speisenbegleiter. € 36,–

Groszer Wein
Burg 95, 7473 Burg
T: +43 (664) 3863777, www.groszerwein.at

97 Blaufränkisch Mittelburgenland DAC Reserve Privat 2021
NK/DV, 14,5 %. Dunkles Rubingranat, opaker Kern, violette Reflexe, dezente Ockerrandaufhellung. Feine Edelholzwürze, Lakritze und etwas Cassis, schwarze Kirschen, kandierte Orangenzesten, etwas Nougat. Engmaschig, komplex, reife Zwetschken, straffe Tannine, mineralisch, gute Frische, zeigt Länge, süße Frucht im Nachhall, ein feinwürziger Speisenbegleiter. € 40,–
Weingut Juliana Wieder
Lange Zeile 76, 7311 Neckenmarkt
T: +43 (2610) 42438, www.weingut-juliana-wieder.at

97 Blaufränkisch Ried Oberer Wald 2020
DV, 13,5 %. Dunkles Rubingranat, opaker Kern, violette Reflexe, zarte Randaufhellung. Mineralisch, Noten von Zwetschken und Brombeeren, dezente Kräuterwürze, ein Hauch von Orangenschalen, floraler Touch. Komplex, fruchtsüß, reife Kirschfrucht, dunkle Beeren, finessenreiches Säurespiel, gut integrierte seidige Tannine, engmaschig, bleibt sehr gut haften, sicheres Entwicklungspotenzial. € 43,–
Günter + Regina Triebaumer
Neuegasse 18, 7071 Rust
T: +43 (676) 4728288, www.triebaumer.at

97 Blaufränkisch hochberc 2021
NK/DV, 14,5 %. Dunkles Rubingranat, violette Reflexe, zarte Randaufhellung. Einladender Duft nach kandierten Veilchen, zart nach Brombeeren, ein Hauch von Lakritze, dezente Vanillenote, facettenreiches Bukett. Gute Komplexität, Noten von Beeren und Herzkirschen, präsentes, reifes Tannin, feinwürzig, kraftvoll, frische Säurestruktur, mineralisch, Kirschen und Nougat im Abgang, sicheres Reifepotenzial, hat Klasse. € 46,70
Weingut Gesellmann
Langegasse 65, 7301 Deutschkreutz
T: +43 (2613) 80360, www.gesellmann.at

97 Blaufränkisch Ried Point 2020
NK, 14 %. Dunkles Rubingranat, violette Reflexe, dezente Randaufhellung. Feine Nuancen von Lakritze, schwarze Waldbeeren, floraler Hauch, Hibiskus, zart nach Mandarinen und Kräutern, attraktives Bukett. Saftig, rassig und frisch, rote Kirschen, feiner Säurebogen, zarte Süße, präzise Tannine, mineralisch und anhaftend, etwas Nougat im Nachhall, zeigt sehr gute Länge, gutes weiteres Entwicklungspotenzial. € 58,–
Weingut Kollwentz
Hauptstraße 120, 7051 Großhöflein
T: +43 (2682) 65158, www.kollwentz.at

97 Blaufränkisch Ried Mariental Reserve 2021
NK, 13,5 %. Dunkles Rubingranat, violette Reflexe, zarte Randaufhellung. Facettenreiches Bukett, feine Kräuterwürze, reife Kirschfrucht, schwarze Beeren, Brombeeren und Lakritze, ein Hauch von Nougat. Gute Komplexität, engmaschig, straff, frische Säurestruktur, gut eingebundene Tannine, mineralisch, Herzkirschen im Abgang, vielschichtig und anhaltend, ein facettenreicher Speisenbegleiter, sichere Zukunft. € 58,–
Weingut Ernst Triebaumer
Raiffeisenstraße 9, 7071 Rust
T: +43 (2685) 528, www.triebaumer.com

97 Blaufränkisch Leithaberg DAC Jois Ried Jungenberg 2021
NK, 13,5 %. Dunkles Rubingranat, violette Reflexe, zarter Wasserrand. Zarte Kräuterwürze, tabakig, ein Hauch von Cassis, Feigentouch, frisches Bukett, Schiefernote, mineralisch, floraler Touch. Saftig, engmaschig, rote Beerenfrucht, extraktsüß, etwas animalisch, gereifte Zwetschken im Finish, mineralisch-salziger Rückgeschmack, ein facettenreicher Speisenbegleiter mit gutem Reifepotenzial. € 61,–
Weingut Anita und Hans Nittnaus
Untere Hauptstraße 49, 7122 Gols
T: +43 (2173) 2248, www.nittnaus.at

97 Blaufränkisch Leithaberg DAC Ried Marienthal 2021
NK, 13,5 %. Dunkles Rubingranat, violette Reflexe, zarte Ockerrandaufhellung. Zart nach Nougat und schwarzen Waldbeeren, tabakige Noten, reife Herzkirschen, kandierte Orangenzesten. Komplex, saftig, feine Extraktsüße, seidige, tragende Tannine, ein Hauch von Brombeeren und Schokolade, mineralisch-salzig im Abgang, zeigt Länge, sicheres Reifepotenzial. € 65,–
Weingut Prieler
Hauptstraße 181, 7081 Schützen am Gebirge
T: +43 (2684) 2229, www.prieler.at

97 Blaufränkisch Ried Reihburg 2021
NK, 14,5 %. Dunkles Rubingranat, opaker Kern, violette Reflexe, zarte Ockerrandaufhellung. Dunkle Waldbeeren, unterlegt mit Kräutern, Brombeeren und Lakritze, kandierte Orangenzesten. Stoffig, elegant, schwarze Kirschen, präsente, gut integrierte Tannine, würzig, sehr gute Frische, salzig und lange anhaftend, rotbeeriger Nachhall, zeigt Länge und sicheres Reifepotenzial. € 65,–

weingut schiefer.pur
Angerstraße 14, 7503 Welgersdorf
T: +43 (664) 5219047, www.weinbau-schiefer.at

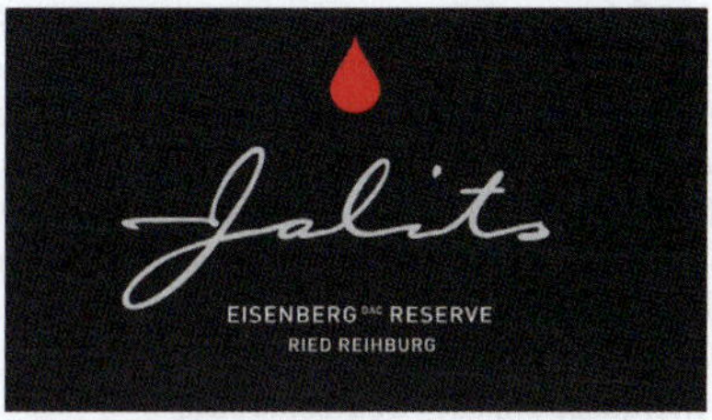

96 Blaufränkisch Eisenberg DAC Ried Reihburg 2021 (V)
NK, 13,5 %. Dunkles Rubingranat, violette Reflexe, zarte Ockerrandaufhellung. Zart nach Minze und Lakritze, schwarze Kirschen, feine dunkle Mineralik, einladendes Bukett. Kraftvoll, saftig, feine Extraktsüße, reife, tragende Tannine, zartes Nougat im Nachhall, würziger Rückgeschmack, wird von weiterer Flaschenreife profitieren. € 39,–
Weingut Jalits
Untere Dorfstraße 16, 7512 Badersdorf
T: +43 (664) 3303827, www.jalits.at

97 Blaufränkisch Leithaberg DAC Ried Goldberg 2021 (B)
NK, 13,5 %. Dunkles Rubingranat, violette Reflexe, zarte Randaufhellung. Tabakige Edelholzwürze, reife Kirschfrucht, zarte Blutorangennote, Nuancen von schwarzen Brombeeren, floraler Touch. Gute Komplexität, feine Würze, extraktsüßer Kern, gut integrierte Tannine, mineralisch, frisches Säuregerüst, Herzkirschen im Abgang, bleibt gut haften, wird von Flaschenreife profitieren. € 68,–
Weingut Prieler
Hauptstraße 181, 7081 Schützen am Gebirge
T: +43 (2684) 2229, www.prieler.at

96 Blaufränkisch Ried Sonnensteig 2021 (B)
NK, 13,5 %. Dunkles Rubingranat, violette Reflexe, dezente Randaufhellung. Feine Brombeernuancen, zart nach Kardamom und Wiesenkräutern, einladende Edelholzwürze, Nougat klingt an. Saftig, komplex, dunkles Waldbeerenkonfit, extraktsüß, Mandarinentouch, bleibt sehr gut haften, tabakiges Finish, sicheres Entwicklungspotenzial. € 45,–

Weingut Wellanschitz
Lange Zeile 28, 7311 Neckenmarkt
T: +43 (2610) 42302, www.wellanschitz.at

96 Blaufränkisch Kleinhöflein Ried Setz 2019
NK, 14,5 %. Kräftiges Rubingranat, violette Reflexe, zarte Ockerrandaufhellung. Zart nach Nougat und Edelholz, dunkle Beerenfrucht, reife Kirschen, mineralischer Touch, facettenreiches Bukett. Saftig, komplex und kraftvoll, Herzkirschen, feine Tannine, gut anhaftend, bereits entwickelt und antrinkbar, ein vielschichtiger Begleiter bei Tisch, ausgestattet mit Frische und Potenzial. € 57,–

Weingut Kollwentz
Hauptstraße 120, 7051 Großhöflein
T: +43 (2682) 65158, www.kollwentz.at

96 Blaufränkisch Alte Reben Silvia Heinrich Edition 2019

NK, 14,5 %. Dunkles Rubingranat, opaker Kern, violette Reflexe, zarte Randaufhellung. Brombeernuancen, Lakritze und Edelholzwürze, reifes Waldbeerenkonfit, ein Hauch von Zimt, floraler Touch, facettenreiches Bukett. Gute Komplexität, kraftvoll, engmaschig, dunkles Beerenkonfit, frisch und elegant, gut integrierte Säurestruktur, mineralisch, schokoladig, bleibt sehr gut haften, sicheres Reifepotenzial. € 65,–

Weingut Silvia Heinrich
Karrnergasse 59, 7301 Deutschkreutz
T: +43 (2613) 89615, www.weingut-heinrich.at

96 Blaufränkisch Carnuntum DAC Prellenkirchen Ried Spitzerberg-Kobeln 1ÖTW Liebkind 2021 Ⓑ Ⓥ

NK, 14,5 %. Kräftiges Rubingranat, violette Reflexe, breitere Ockerrandaufhellung. Feines rotes Waldbeerenkonfit, ein Hauch von eingelegten Kirschen, mit Mandarinenzesten unterlegt. Saftig, elegant, feine Extraktsüße, seidige Textur, mineralisch und frisch im Abgang, delikater, bereits zugänglicher Stil, feine salzige Nuancen im Abgang, gutes weiteres Reifepotenzial. € 67,–

Weingut Dorli Muhr
Weingartenweg 6, 2472 Prellenkirchen
T: +43 (664) 1804039, www.dorlimuhr.at

96 Blaufränkisch Gols Ried Altenberg 2021 Ⓑ Ⓗ

NK, 13,5 %. Tiefdunkles Rubingranat, opaker Kern, violette Reflexe, breitere Randaufhellung. Noten von Brombeeren, Herzkirschen, ein Hauch von Grafit, zart nach Nougat, feine Kräuternuancen. Gute Komplexität, feinwürzig, mineralisch, finessenreicher Säurebogen, dunkle Beerenfrucht, tabakig, vielseitiger Speisenbegleiter mit Potenzial. € 74,–

Weingut Paul Achs
Neubaugasse 13, 7122 Gols
T: +43 (2173) 2367, www.paul-achs.at

95 Blaufränkisch Leithaberg DAC Oggau Ried Marienthal 2021 Ⓥ

NK, 14 %. Dunkles Rubingranat, violette Reflexe, zarte Ockerrandaufhellung. Zarte rotbeerige Nuancen, ein Hauch von eingelegten Kirschen, mineralischer Touch, etwas scheues Bukett. Saftig, elegant, reife Herzkirschen, frischer Säurebogen, runde Tannine, extraktsüßer Nachhall, ausgewogen, bereits zugänglich, mit Frische und Länge ausgestattet. € 36,–

Weingut MAD
Antonigasse 1, 7063 Oggau
T: +43 (2685) 7207, www.weingut-mad.at

95 Blaufränkisch Carnuntum DAC Prellenkirchen Ried Spitzerberg-Kranzen 1ÖTW 2021 Ⓑ Ⓥ

NK, 13,5 %. Kräftiges Karmingranat, violette Reflexe, breitere Randaufhellung. Feine Kräuterwürze, tabakig unterlegte rote Kirschfrucht, zart nach Himbeeren, Orangenzesten im Hintergrund. Mittlere Komplexität, rotes Waldbeerenkonfit, zarte Süße im Kern, mineralisch und balanciert im Abgang, bleibt gut hängen, bereits zugänglich, ein facettenreicher Speisenbegleiter. € 42,–

Weingut Dorli Muhr
Weingartenweg 6, 2472 Prellenkirchen
T: +43 (664) 1804039, www.dorlimuhr.at

95 Blaufränkisch Eisenberg DAC Ried Weinberg 2018

NK, 13,5 %. Dunkles Rubingranat, violette Reflexe, dezente Ockerrandaufhellung. Zart nach Lakritze und Brombeeren, dunkle Mineralik, mit einem zarten Hauch von Nougat und kandierten Orangenzesten unterlegt. Komplex, rotbeerig, frisch strukturiert, feine Tannine, salzig im Abgang, ein finessenreicher Speisenbegleiter, vielfältig einsetzbar. € 45,–

Weingut Krutzler
Untere Hauptstraße 6, 7474 Deutsch Schützen
T: +43 (664) 1431983, www.krutzler.at

95 Blaufränkisch Ried Plachen 2021 Ⓥ

DV, 14,5 %. Dunkles Rubingranat, opaker Kern, violette Reflexe, zarte Randaufhellung. Attraktiv, nach kandierten Veilchen, dazu zarte Röstaromen, ein Hauch von Nougat und schwarzen Herzkirschen, facettenreiches Bukett. Komplex, vielschichtig, Brombeernoten, Kirschen, große Frische, zarte Tanninstruktur, feinwürzig, dezente Fruchtsüße, bleibt sehr gut haften, sehr guter Trinkfluss, sicheres Reifepotenzial. € 45,–

Günter + Regina Triebaumer
Neuegasse 18, 7071 Rust
T: +43 (676) 4728288, www.triebaumer.at

95 Blaufränkisch Leithaberg DAC Jois Ried Gritschenberg 2021 Ⓑ

NK, 13 %. Kräftiges Rubingranat, violette Reflexe, breitere Randaufhellung. Noten von Edelholz, feine Kräuterwürze, zart nach Brombeeren, ein Hauch von Lakritze, Röstaromen, einladendes Bukett. Gute Komplexität, facettenreich, mineralisch, leichtfüßig und frisch strukturiert, Nuancen von schwarzer Frucht, dunkle Mineralik, lang anhaftend, sicheres Entwicklungspotenzial. € 61,–

Weingut Anita und Hans Nittnaus
Untere Hauptstraße 49, 7122 Gols
T: +43 (2173) 2248, www.nittnaus.at

95 Blaufränkisch Sankt Margarethen 2021 Ⓑ Ⓗ

DIAM, 13,5 %. Kräftiges Rubingranat, Ockerreflexe, breitere Randaufhellung. Tabakige Kräuterwürze, feine rote Waldbeeren, eingelegte Kirschen, mineralischer Anklang, facettenreiches Bukett. Saftig, zarte florale Nuancen, rote Beerenfrucht auch am Gaumen, seidige Tannine, salzige Frische im Abgang, bereits ausgewogen, zitronige Noten im Nachhall, ein delikater Sortenvertreter. € 67,–

Weingut Rosi Schuster
Prangergasse 7, 7062 St. Margarethen
T: +43 (2680) 26 24, www.rosischuster.at

95 Blaufränkisch BFG 2021

NK, 14,5 %. Opakes dunkles Rubingranat, schwarzer Kern, violette Reflexe. Reife Pflaumen, Lakritze, kandierte Orangenblüten, reifes Dörrobst, mit Edelholzwürze unterlegter floraler Touch. Engmaschig, gute Komplexität, extraktsüße Textur, gut integrierte samtige Tannine, Nougat klingt an, frische Beerenfrucht im Rückgeschmack, sicheres Reifepotenzial. € 68,–

Weingut Gager
Karrnergasse 2 und 8, 7301 Deutschkreutz
T: +43 (2613) 80385, www.weingut-gager.at

95 Blaufränkisch Carnuntum DAC Prellenkirchen Ried Spitzerberg-Obere Spitzer 1ÖTW 2021 Ⓑ Ⓥ

NK, 13,5 %. Kräftiges Karmingranat, violette Reflexe, breitere Ockerrandaufhellung. Kräutrige Würze, dunkle Beerenfrucht, zart nach Bergamotte, Blutorangen, mineralisch unterlegt. Komplex, saftig, rote Herzkirschfrucht, finessenreicher Säurebogen, gut anhaftende Mineralik, noch sehr jugendlich, wird von weiterer Flaschenreife profitieren und an Strahlkraft zulegen. € 120,–

Weingut Dorli Muhr
Weingartenweg 6, 2472 Prellenkirchen
T: +43 (664) 1804039, www.dorlimuhr.at

94 Blaufränkisch Mittelburgenland DAC Reserve 2021

DIAM, 14,5 %. Dunkles Rubingranat, violette Reflexe, zarte Ockerrandaufhellung. Zart nach reifen Kirschen, ein Hauch von Brombeerkonfit, feine Kräuterwürze, kandierte Orangenzesten. Saftig, kraftvoll, reife Pflaumen, tragende Tannine, frisch strukturiert, etwas Nougat, bleibt gut haften, bereits gut einsetzbar, zeigt Länge und Reifepotenzial. € 18,80

Weingut Hundsdorfer
Lange Zeile 10, 7311 Neckenmarkt
T: +43 (2610) 42034, www.hundsdorfer.at

94 Blaufränkisch Leithaberg DAC Ried Föllikberg 2021

NK, 13,5 %. Kräftiges Rubingranat, violette Reflexe, zarte Randaufhellung. Frische Wiesenkräuter, zart nach Ribiseln, ein Hauch von Waldbeerenkonfit, rote Kirschen, dezente Holznuancen. Saftig, elegant, kirschige Fruchttextur, finessenreiche Struktur, süßes Tannin, Brombeernoten im Abgang, zeigt sehr gute Länge, wirkt leichtfüßig, guter Speisenbegleiter mit Reifepotenzial. € 20,–

Weingut Kirchknopf
Johann-Kodatsch-Straße 15, 7000 Eisenstadt
T: +43 (2682) 62837, www.kirchknopf.at

94 Blaufränkisch Leithaberg DAC Kleinhöflein Ried Reisbühl 2021 Ⓥ

NK, 14 %. Kräftiges Rubingranat, violette Reflexe, breitere Randaufhellung. Zart rauchig-kräuterwürzig unterlegte dunkle Beerenfrucht, schwarze Kirschen, etwas Nougat. Komplex, saftig, süßes Brombeerkonfit, reife Tannine, mineralisch-salzig im Abgang, Herzkirschen im Rückgeschmack, ein stoffiger Begleiter bei Tisch. € 25,60

Weingut Wagentristl
Rosengasse 2, 7051 Großhöflein
T: +43 (2682) 61415, www.wagentristl.com

94 Blaufränkisch Leithaberg DAC Großhöflein Ried Point 2021 Ⓥ

NK, 14 %. Kräftiges Rubingranat, violette Reflexe, breitere Randaufhellung. Floraler Hauch, rote Herzkirschen, etwas Waldbeeren, mineralischer Touch, zartes Nougat. Saftig, feine Extraktsüße, rote Kirschen, frischer Säurebogen, seidige Tannine, elegant und gut anhaftend, ein facettenreicher Speisenbegleiter, sehr gutes Herkunftsprofil, gutes Entwicklungspotenzial. € 25,60

Weingut Wagentristl
Rosengasse 2, 7051 Großhöflein
T: +43 (2682) 61415, www.wagentristl.com

94 Blaufränkisch Leithaberg DAC Ried Pratschweingarten 2021 Ⓑ

NK, 13,5 %. Kräftiges Karmingranat, violette Reflexe, breitere Randaufhellung. Feine Kräuterwürze, ein Hauch von Brombeerkonfit, etwas Cassis, kandierte Limettenzesten, mineralischer Touch. Mittlere Komplexität, saftig, rote Kirschfrucht, feine Extraktsüße, reife Tannine, frisch und mineralisch, ein anregender Speisenbegleiter mit Entwicklungspotenzial. € 29,–

Weingut Prieler
Hauptstraße 181, 7081 Schützen am Gebirge
T: +43 (2684) 2229, www.prieler.at

94 Blaufränkisch Eisenberg DAC Ried Szapary alter garten 2021

NK, 13,5 %. Kräftiges Rubingranat, violette Reflexe, breitere Ockerrandaufhellung. Zart tabakig, gewürzig unterlegte reife Herzkirschfrucht, Zwetschken, kandierte Orangenzesten. Komplex, saftig, feine Extraktsüße, mineralische Textur, reife Tannine, mineralisch-salzig im Abgang, wird von weiterer Flaschenreife profitieren. € 29,–

Thom Wachter
Winzerweg 3, 7474 Eisenberg a.d.P.
T: +43 (664) 4622843, www.thomwachter.at

94 Blaufränkisch Eisenberg DAC Reserve Ried Königsberg 2021

NK, 13,5 %. Kräftiges Rubingranat, violette Reflexe, dezente Ockerrandaufhellung. Feine Kräuterwürze, dunkle Beerenfrucht, schwarze Kirschen, zart nach Nougat, mit kandierten Orangenzesten unterlegt. Saftig und frisch, feine Beerennoten, Ribiseln, reife Tannine, dunkle Mineralik, salzig und gut anhaftend, sicheres Reifepotenzial. € 29,–

Thom Wachter
Winzerweg 3, 7474 Eisenberg a.d.P.
T: +43 (664) 4622843, www.thomwachter.at

94 Blaufränkisch Leithaberg DAC Ried Reisbühl 2021

NK, 13,5 %. Dunkles Rubingranat, violette Reflexe, zarte Randaufhellung. Dunkles Waldbeerenkonfit, zarte Würze, ein Hauch von Cassis, Brombeeren und Orangenschalen, floraler Touch, attraktives Bukett. Saftig, straff, dunkle Kirschen, feine, gut integrierte Tanninstruktur, lebendiger Stil, mineralisch-salzig, dunkles Waldbeerenkonfit im Abgang, bereits gut antrinkbar. € 33,–

Weingut Kirchknopf
Johann-Kodatsch-Straße 15, 7000 Eisenstadt
T: +43 (2682) 62837, www.kirchknopf.at

94 Blaufränkisch Ried Oberer Wald Reserve 2019
NK, 14 %. Kräftiges Karmingranat, Ockerreflexe, breitere Randaufhellung. Zarte Edelholznuancen, feine Kräuterwürze, ein Hauch von Preiselbeeren und Cassis, eingelegte Kirschen, mit kandierten Orangenzesten unterlegt. Mittlere Komplexität, kräuterwürzig, rotbeerige Textur, Herzkirschen, präsente Tannine, extraktreich, salzige Mineralik im Abgang, ein straffer Speisenbegleiter. € 34,–
Weingut Giefing
Hauptstraße 13, 7071 Rust
T: +43 (2685) 379, www.wein-rust.at

94 Blaufränkisch In Signo Sagittarii 2020
NK, 13,5 %. Kräftiges Rubingranat, violette Reflexe, breitere Randaufhellung. Feine Kräuterwürze, reife Pflaumen, schwarze Kirschen, Brombeeren, dezente Holznuancen, kandierte Mandarinenzesten. Saftig, elegant, rote Herzkirschen, feiner Säurebogen, reife, tragende Tannine, mineralisch, zitroniger Touch, Nuancen von Brombeeren im Abgang, bereits gut entwickelt und antrinkbar. € 37,20
Heribert Bayer Kellerei In Signo Leonis
Wirtschaftspark 5, 7311 Neckenmarkt
T: +43 (2610) 42644, www.weinfreund.at

94 Blaufränkisch hundred cases 2017 B V
NK, 13,5 %. Kräftiges Rubingranat, violette Reflexe, breitere Randaufhellung. Zart nach roten Waldbeeren, eingelegte Kirschen, Erdbeerkonfit, tabakige Würze unterlegt. Saftig, rund und komplex, seidiger Textur, etwas Herzkirschen, frisch strukturiert, reife, tragende Tannine, mineralisch, bereits gut gereift, ein facettenreicher Speisenbegleiter. € 35,–
Weingut Christian Fischer
Hauptstraße 33, 2504 Sooß
T: +43 (676) 6035550, www.weingut-fischer.com

94 Blaufränkisch Grande Reserve V-MAX 2020 V

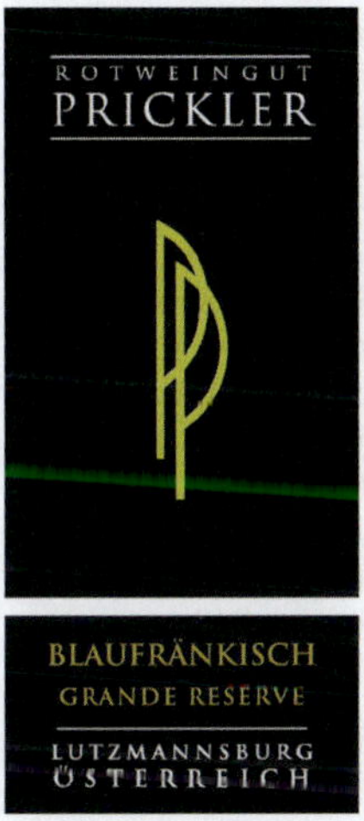

NK, 14,5 %. Kräftiges Karmingranat, violette Reflexe, breitere Ockerrandaufhellung. Nuancen von Edelholz, tabakiger Anklang, etwas Nougat, Orangenzesten, feine Kräuterwürze. Komplex und kraftvoll, saftig, reife Kirschen, lebendig strukturiert, gut integrierte Tannine, mineralisch-salzig im Abgang, zeigt Länge und gutes Reifepotenzial, bereits gut antrinkbar. € 39,–
Rotweingut Prickler
Birkenhain 1, 7361 Lutzmannsburg
T: +43 (2615) 87742, www.prickler.at

94 Blaufränkisch Eisenberg DAC Reserve Ried Saybritz 2021
NK, 13,5 %. Kräftiges Rubingranat, violette Reflexe, breitere Ockerrandaufhellung. Schwarze Herzkirschen, Brombeeren, schokoladige Note, Orangenzesten, ein Hauch von Schiefer, mineralischer Touch. Saftig, elegant, rote Frucht, zarter Säurebogen, feine reife Tannine, straff, gut anhaftend, zeigt gute Länge, salzige Nuancen im Rückgeschmack, sicheres Potenzial, gut antrinkbar. € 36,–
Groszer Wein
Burg 95, 7473 Burg
T: +43 (664) 3863777, www.groszerwein.at

94 Blaufränkisch Carnuntum DAC Ried Bärnreiser 1ÖTW 2021
NK, 13,5 %. Kräftiges Rubingranat, violette Reflexe, dezente Randaufhellung. Frische reife Herzkirschen, zart nach Brombeeren, ein Hauch von Edelholz und kandierten Orangenzesten. Stoffig, komplex, rotes Waldbeerenkonfit, feine Extraktsüße, seidige Tannine, elegant und gut anhaftend, ein facettenreicher, zugänglicher Speisenbegleiter. € 40,–
Weingut Gerhard Markowitsch
Pfarrgasse 6, 2464 Göttlesbrunn
T: +43 (2162) 8222, www.markowitsch.at

94 Blaufränkisch Carnuntum DAC Höflein Ried Kirchweingarten 1ÖTW 2021

NK, 13 %. Kräftiges Karmingranat, violette Reflexe, breite Ockerrandaufhellung. Zart nach rotem Waldbeerenkonfit, Nuancen von Wiesenkräutern, kandierte Orangenzesten, eher scheues Bukett. Saftig, elegant, eingelegte Herzkirschen, feine Extraktsüße, rund und harmonisch, seidige Tannine, bleibt gut haften, bereits entwickelt und antrinkbar, gutes Zukunftspotenzial. € 45,–

Weingut Dorli Muhr
Weingartenweg 6, 2472 Prellenkirchen
T: +43 (664) 1804039, www.dorlimuhr.at

94 Blaufränkisch V86 2016

VL, 14,5 %. Dunkles Rubingranat, tiefer Kern, violette Reflexe, dezente Ockerrandaufhellung. Zart nussig-würzig unterlegte schwarze Beerenfrucht, gereiftes Bukett, feiner Amontillado-Touch, dunkles Nougat, Röstaromen, facettenreiches Bukett. Kraftvoll, komplex, zarte dunkle Frucht und feine nussige Rancio-Nuancen, lebendig strukturiert, salzig-zitronig, ein individueller Speisenbegleiter. € 48,–

Weingut AmSee
Neubaugasse 19, 7122 Gols
T: +43 (664) 75038676, www.wein-amsee.at

94 Blaufränkisch Leithaberg DAC Ried Schildten 2021

NK, 14,5 %. Dunkles Rubingranat, violette Reflexe, dezente Ockerrandaufhellung. Feine Edelholznuancen, Nougat, ein Hauch von Lakritze, schwarze Kirschen, tabakig, kandierte Orangenzesten. Komplex, straff, rotbeeriger Touch, etwas Ribiseln, feine, gut integrierte Tannine, lebendig strukturiert, engmaschig und gut anhaftend, gutes Entwicklungspotenzial. € 48,–

Weingut Esterházy
Trausdorf 1, 7061 Trausdorf an der Wulka
T: +43 (2682) 63348, www.esterhazywein.at

94 Blaufränkisch Ried Utiger Rappbühl 2021

NK, 13 %. Kräftiges Rubingranat, Ockerreflexe, dezente Randaufhellung. Zart nach roten Herzkirschen, Waldbeeren, Preiselbeeren, Nuancen von Orangenzesten, tabakige Noten. Saftig, elegant, floraler Touch, frisch strukturiert, wirkt leichtfüßig, reife Tannine, mineralisch-salzig im Abgang, bereits gut entwickelt und antrinkbar. € 51,–

Weingut Pöckl
Zwergäcker 1, 7123 Mönchhof
T: +43 (2173) 80258, www.poeckl.com

93 Blaufränkisch Ried Fasching 2021

NK, 14,5 %. Kräftiges Rubingranat, violette Reflexe, dezente Ockerrandaufhellung. Blumig unterlegter Lakritztouch, zart nach dunklen Waldbeeren und Kardamom, individuelles Bukett. Stoffig, saftig, reife Brombeeren, frischer Säurebogen, runde Tannine, mineralisch-salzig im Abgang, bereits entwickelt, ein facettenreicher Speisenbegleiter. € 15,–

Weingut Stubits
Hofzimmer 89, 7474 Eisenberg an der Pinka
T: +43 (664) 1022196, www.weinbau-stubits.at

93 Blaufränkisch Ried Goldberg 2021

DV, 13,5 %. Dunkles Rubingranat, violette Reflexe, zarte Ockerrandaufhellung. Reife Zwetschken, ein Hauch von Brombeerkonfitüre, tabakig, mineralischer Touch. Saftig, elegant, zart nach Gewürznelken, reife Kirschen, feine Tannine, ein Hauch von Nougat im salzigen Abgang, ein ausgewogener Speisenbegleiter. € 18,50

Weingut Lentsch
Hauptstraße 68b, 7082 Donnerskirchen
T: +43 (2683) 8108, www.weingut-lentsch.at

93 Blaufränkisch Reserve L1 2021 (H)

NK, 14,5 %. Dunkles Rubingranat, opaker Kern, violette Reflexe, dezente Randaufhellung. Etwas Nougat, schwarze Brombeerfrucht, reife Zwetschken, ein Hauch von Edelholz. Kraftvoll, stoffig, saftige Kirschen, dunkle Frucht, reife Tannine, feines Karamell im Abgang, zeigt Länge und Potenzial, ein facettenreicher Speisenbegleiter. € 18,90

Rotweine Lang
Lange Zeile 11, 7311 Neckenmarkt
T: +43 (2610) 42384, www.rotweinelang.at

93 Blaufränkisch Ried Salzberg 2021

VL, 14 %. Dunkles Rubingranat, violette Reflexe, dezente Ockerrandaufhellung. Zart nach Lakritze und Edelholz, schwarze Waldbeeren, Johannisbeeren, mit etwas Vanille und Karamell unterlegt. Kraftvoll, saftig, reife Kirschen, präsente, tragende Tannine, etwas Nougat im Abgang, ein stoffig-würziger Speisenbegleiter. € 19,–

Allacher Vinum Pannonia
Salzbergweg 4, 7122 Gols
T: +43 (2173) 3380, www.allacher.com

93 Blaufränkisch Grande Réserve 2020

DIAM, 14 %. Kräftiges Rubingranat, violette Reflexe, zarte Randaufhellung. Feine Kirschfrucht, etwas nach Brombeeren, ein Hauch von Kräutern, zarte Holzwürze, unterlegt mit Vanille und Kardamom, frisches Bukett. Saftig, kraftvoll, dabei elegant, reife Kirschfrucht, feine Tanninstruktur, dunkles Waldbeerenkonfit im Abgang, ein samtiger Speisenbegleiter. € 19,50

Weingut Migsich (vegan-Symbol)
Kleine Zeile 66, 7042 Antau
T: +43 (2687) 62253, www.migsich.at

93 Blaufränkisch Ried Altenberg 2021 Ⓥ

NK, 13,5 %. Dunkles Rubingranat, opaker Kern, violette Reflexe, zarte Ockerrandaufhellung. Nuancen von Gewürznelken, Edelholz, schwarze Beerenfrucht, reife Herzkirschen, etwas Nougat, einladendes Bukett. Saftig, elegant, reife Kirschen, mineralisch, feine Säurestruktur, runde Tannine, salzig im Nachhall, bereits antrinkbar, zeigt Länge und Reifepotenzial. € 19,90

Weingut Stiegelmar
Goldberg 6, 7122 Gols
T: +43 (2173) 2317, www.stiegelmar.com

93 Blaufränkisch Prellenkirchen Ried Spitzerberg-Obere Spitzer 1ÖTW 2021

NK, 15 %. Kräftiges Rubingranat, violette Reflexe, dezente Randaufhellung. Zart floral unterlegte rote Herzkirschfrucht, Nuancen von Preiselbeeren, mit Mandarinenzesten unterlegt. Saftig, rotbeerig, eingelegte Kirschen, reife Tannine, versteckt seine Muskeln gekonnt, feine Süße im Abgang, mineralischer Nachhall, zeigt Länge und Potenzial. € 22,–

Weingut Dietrich
Hauptstraße 36, 2404 Petronell-Carnuntum
T: +43 (2163) 2818, www.dietrich-weine.at

93 Blaufränkisch Carnuntum DAC Prellenkirchen Samt & Seide 2021 Ⓑ

DIAM, 13,5 %. Kräftiges Rubingranat, violette Reflexe, breitere Randaufhellung. Zarte Kräuterwürze, rotbeeriger Touch, eingelegte Kirschen, etwas Lakritze und Tabak im Hintergrund. Mittlerer Körper, zart nach Roten Johannisbeeren, ein Hauch von Extraktsüße, reife Tannine, salzig-zitronig im Abgang, ein delikater Speisenwein. € 23,–

Weingut Dorli Muhr
Weingartenweg 6, 2472 Prellenkirchen
T: +43 (664) 1804039, www.dorlimuhr.at

93 Blaufränkisch Oslip Staramati 2021

DIAM, 14,5 %. Kräftiges Karmingranat, violette Reflexe, breitere Randaufhellung. Zarte Kräuterwürze, ein Hauch von Brombeerkonfit, eingelegte Kirschen klingen an, attraktives Bukett. Saftig, kraftvoll, rotbeerige Textur, feine Tannine, mineralisch-salzig im Abgang, zitroniger Nachhall, ein animierender Speisenbegleiter. € 24,–

Robitza Wein
Rosengasse 4, 7064 Oslip
T: +43 (699) 12338540, www.robitza-wein.at

93 Blaufränkisch Carnuntum DAC Prellenkirchen Ried Spitzerberg 1ÖTW 2021

DIAM, 13,5 %. Kräftiges Karmingranat, violette Reflexe, breitere Randaufhellung. Frische rote Herzkirschen, ein Hauch von Preiselbeeren, kandierte Mandarinenzesten, mit feiner Kräuterwürze unterlegt. Mittlere Komplexität, rotes Waldbeerenkonfit, runde Tannine, frisch strukturiert, bleibt gut haften, ein eleganter Speisenwein mit Potenzial. € 25,–

Weingut Klemens und Horst Pelzmann
Hauptstraße 27, 2413 Berg
T: +43 (664) 373 21 75, www.weingut-pelzmann.at

93 Blaufränkisch Eisenberg DAC Ried Saybritz 2021

NK, 14 %. Dunkles Rubingranat, violette Reflexe, dezente Ockerrandaufhellung. Zart floral unterlegte Nuancen von roten Waldbeeren, ein Hauch von Lakritze, mineralischer Touch, kandierte Orangenzesten. Mittlerer Körper, rotbeerig und frisch, reife Tannine, salzig im Abgang, dezente Extraktsüße im Rückgeschmack. € 25,–

Thom Wachter
Winzerweg 3, 7474 Eisenberg a.d.P.
T: +43 (664) 4622843, www.thomwachter.at

93 Blaufränkisch Mittelburgenland DAC Horitschon Ried Edelgrund 2019

NK, 14 %. Kräftiges Rubingranat, violette Reflexe, breitere Ockerrandaufhellung. Frische Herzkirschen, ein Hauch von Edelholz, mit Waldbeeren unterlegt, mineralischer Touch. Kraftvoll, straffe Mineralik, rote Kirschen, feine Tannine, balanciert und gut anhaftend, bereits antrinkbar, verfügt über Reifepotenzial. € 27,–

Weingut Strass
Mühlgasse 24, 7372 Draßmarkt
T: +43 (664) 4300663, www.weingut-strass.at

93 Blaufränkisch Leithaberg DAC Ried Umriss 2019 (B)

NK, 13 %. Kräftiges Karmingranat, violette Reflexe, breiterer Ockerrand. Einladendes Brombeerkonfit, reife Zwetschkenfrucht, kandierte Orangenzesten, rotbeeriger Touch. Saftig, mittlere Komplexität, reife Kirschen, reife Tannine, frische Struktur, mineralisch-salziger Abgang, Ribiselfrucht im Nachhall, ein lebendiger Speisenbegleiter. € 29,90

Weingut Leo Hillinger
Hill 1, 7093 Jois
T: +43 (2160) 8317, www.leo-hillinger.com

93 Blaufränkisch Eisenberg DAC Reserve Ried Janoschberg 2021

NK, 14 %. Kräftiges Rubingranat, violette Reflexe, breitere Ockerrandaufhellung. Schwarze Waldbeeren, etwas Cassis und Lakritze, kandierte Orangenzesten, mineralischer Touch. Kraftvoll, saftig, rotbeerige Nuancen, reife Tannine, Herzkirschen im Abgang, gute Frische, salziger Nachhall, bereits gut entwickelt. € 28,–

Weingut Grosz
Gaas-Weinberg 135, 7521 Eberau
T: +43 (676) 9534490, www.weingut-grosz.at

93 Blaufränkisch Leithaberg DAC Rust Ried Ludmaisch 2021 (B) (V)

NK, 14 %. Kräftiges Rubingranat, violette Reflexe, dezente Ockerrandaufhellung. Feine Edelholzwürze, Kräuter, schwarze Herzkirschen, ein Hauch von Lakritze im Hintergrund. Stoffig, kräftig, reife Kirschen, Zwetschken, seidige Tannine, feine Extraktsüße, salzig-mineralisch im Abgang, bleibt gut haften, ein facettenreicher Speisenbegleiter. € 32,50

Weingut Feiler-Artinger
Hauptstraße 3, 7071 Rust
T: +43 (2685) 237, www.feiler-artinger.at

93 Blaufränkisch Carnuntum DAC Ried Spitzerberg 2021

DIAM, 14 %. Kräftiges Rubingranat, violette Reflexe, breitere Ockerrandaufhellung. Zart nach Himbeermark, etwas Cassis, floraler Touch. Mittlere Komplexität, rotbeeriger Anklang, feine Tannine, mineralisch-salzig im Abgang, dezente Extraktsüße im Nachhall, ein feinwürziger Speisenbegleiter, fruchtige Stilistik. € 28,–

Weingut Thomas & Michaela Perger
Sulzgasse 11, 2405 Bad Deutsch Altenburg
T: +43 (650) 5275011, www.weingut-perger.at

93 Blaufränkisch Rusterberg Reserve 2019 (B)

NK, 13,5 %. Kräftiges Rubingranat, violette Reflexe, dezente Ockerrandaufhellung. Zart nach Nougat und Lakritze, mit dunkler Waldbeerenfrucht unterlegt, mineralisch tabakiger Anklang, einladendes Bukett. Mittlere Komplexität, rotbeerige Textur, feine Tannine, mineralisch-salzig im Abgang, bleibt haften, zitroniger Touch, Ribiseln im Rückgeschmack, bietet leichtfüßiges Trinkvergnügen. € 33,90

Hammer Wein Rust
Hauptstraße 9, 7071 Rust
T: +43 (2685) 231, www.hammerwein.at

(B) biologisch (F) fruktosearm (H) histaminarm (S) schwefelarm (V) vegan

93 Blaufränkisch Mittelburgenland DAC Reserve Ried Altes Weingebirge 2020

NK, 15 %. Kräftiges Rubingranat, violette Reflexe, dezenter Ockerrand. Kräuterwürzig unterlegte dunkle Waldbeerenfrucht, reife Pflaumen, etwas Nougat, gewürzige Nuancen. Kraftvoll, komplex, schokoladige Textur, runde Tannine, bleibt haften, zart nach Karamell im Nachhall, ein stoffiger Speisenbegleiter. € 35,–

Weingut Lisa Pfneisl
Karrnergasse 30-32, 7301 Deutschkreutz
T: +43 (2613) 80048, www.weingutpfneisl.at

93 Blaufränkisch one step more 2021

DV, 14 %. Tiefdunkles Rubingranat, violette Reflexe, zarte Randaufhellung. Einladendes Bukett nach Brombeerkonfit, Lakritze, feine Edelholzwürze, Nougat, schwarze Waldbeeren. Dunkles Waldbeerenkonfit, engmaschig, Brombeeren, reifes Tannin, mineralisch, salziger Nachhall, sicheres Potenzial. € 42,–

Weingut Niki Windisch
Kurze Zeile 66, 2212 Groß-Engersdorf
T: +43 (699) 12867471, www.weingut-windisch.at

93 Blaufränkisch Fat Boy 2021

DIAM, 14,5 %. Kräftiges Rubingranat, violette Reflexe, dezente Ockerrandaufhellung. Floral unterlegtes rotes Waldbeerenkonfit, zart nach Himbeermark und roten Kirschen, mit kandierten Mandarinenzesten unterlegt. Saftig, kraftvoll, engmaschig, reife Kirschen, dezente Süße, runde Tannine, etwas Nougat und Holzwürze im Abgang, zeigt Länge und Potenzial. € 62,–

Weingut Migsich
Kleine Zeile 66, 7042 Antau
T: +43 (2687) 62253, www.migsich.at

93 Blaufränkisch Mittelburgenland DAC Reserve Ried Dürrau 2012

VL, 13,5 %. Kräftiges Karmingranat, Ockerreflexe, breitere Randaufhellung. Reifes rotes Waldbeerenkonfit, zart nach Erdbeeren, Zwetschken, kandierte Orangenzesten, einladendes Bukett. Saftig, rotbeerig, frische Kirschfrucht, präsente, tragende Tannine, mineralischer Nachhall, ein gut entwickelter Speisenwein. € 55,–

IBY Rotweingut Bio
Am Blaufränkischweg 3, 7312 Horitschon
T: +43 (2610) 42292, www.iby.at

92 Blaufränkisch Mittelburgenland DAC Reserve Ried Himmelsthron 2021

NK, 14 %. Dunkles Rubingranat, opaker Kern, violette Reflexe, zarte Ockerrandaufhellung. Zarte Holzwürze, Nougat, dunkle Beerenfrucht, ein Hauch von Lakritze und Kräutern. Komplex, saftige Brombeerfrucht, gut integrierte Tannine, salzige Mineralik, schokoladig im Abgang, dezente Süße im Nachhall, bleibt haften, ein würziger Speisenbegleiter. € 12,–

Neckenmarkt die Winzer
Harkauerweg 2, 7311 Neckenmarkt
T: +43 (2610) 42388, www.neckenmarkt.at

92 Blaufränkisch Ried Gemärk Reserve 2021 Ⓑ
VL, 13 %. Dunkles Rubingranat, violette Reflexe, zarte Randaufhellung. Zarter Kräutertouch, zarte Holzwürze, schwarzes Waldbeerenkonfit, Kirschen, schokoladiger Touch, einladendes Bukett. Frisch und lebendig, gut eingebundene Säurestruktur, feinwürzig, reife Tannine, rote Kirschfrucht im Abgang, bereits gut antrinkbar. € 12,50

Weingut Ernst Triebaumer
Raiffeisenstraße 9, 7071 Rust
T: +43 (2685) 528, www.triebaumer.com

92 Blaufränkisch Ried Weiße Lacke 2021
NK, 15 %. Dunkles Rubingranat, violette Reflexe, dezente Ockerrandaufhellung. Feiner Edelholztouch, ein Hauch von Gewürznelken, schwarze Kirschen, mit Brombeeren und Nougat unterlegt. Kraftvoll, saftig, Nuancen von reifen Feigen, präsente, gut integrierte Tannine, schokoladig im Abgang, würziger Nachhall, gutes weiteres Reifepotenzial. € 16,–

Weingut und Gästehaus Dombi-Weiss
Seestraße 5, 7141 Podersdorf am See
T: +43 (2177) 2359, www.dombi-weiss.com

92 Blaufränkisch Leithaberg DAC Kalk & Schiefer 2021
DV, 13,5 %. Dunkles Karmingranat, violette Reflexe, dezente Ockerrandaufhellung. Tabakige Nuancen, rote Herzkirschen, floraler Touch nach Hibiskus, einladendes Bukett. Saftig, elegant, mineralischer Anklang, feine rotbeerige Frucht, dezentes Nougat, ein lebendiger Speisenbegleiter. € 13,50

Weingut Kirchknopf
Johann-Kodatsch-Straße 15, 7000 Eisenstadt
T: +43 (2682) 62837, www.kirchknopf.at

92 Blaufränkisch Ried Reihburg 2021
DV, 14 %. Kräftiges Rubingranat, violette Reflexe, zarte Randaufhellung. Feine Kräuterwürze, dunkle Mineralik, mit frischen Preiselbeeren unterlegt, tabakige Nuancen. Saftig, elegant, mineralische Textur, rote Kirschen, gut integrierte Tannine, salzig im Nachhall, ein vielseitiger Speisenwein. € 17,–

Weingut Stubits
Hofzimmer 89, 7474 Eisenberg an der Pinka
T: +43 (664) 1022196, www.weinbau-stubits.at

92 Blaufränkisch Ried Langsatz 2021
NK, 14,5 %. Dunkles Rubingranat, violette Reflexe, zarte Randaufhellung. Ein Hauch von Himbeermark, frische Kräuterwürze, Nuancen von Ribiseln, zart nach Cassis, florales Bukett. Saftig, gute Komplexität, reife Herzkirschen, feine Tannine, zarte Süße im Nachhall, bleibt gut haften, bereits entwickelt. € 15,–

Klosterkeller der Barmherzigen Brüder
Esterházystraße 26, 7000 Eisenstadt
T: +43 (2682) 6011675, www.klosterkeller.at

92 Blaufränkisch Mittelburgenland DAC Reserve Ried Dürrau | Der Geistesblitz 2019 Ⓥ
DIAM, 14,5 %. Dunkles Rubingranat, violette Reflexe, dezente Ockerrandaufhellung. Zarte Edelholzwürze, Nuancen von Kräutern und Kirschen, tabakiger Anklang. Kräftig, mittlere Komplexität, rotbeerig, etwas weitmaschig, präsente Tannine, salzig im Abgang, rote Kirschen im Nachhall. € 17,90

Eichenwald Weine
Kellerei: Günser Straße 54, 7312 Horitschon
T: +43 (2610) 42321, www.eichenwald.at

92 Blaufränkisch Mittelburgenland DAC Reserve Ried Kohlenberg 2021
NK/DV, 14 %. Dunkles Rubingranat, violette Reflexe, dezente Ockerrandaufhellung. Zarte Kräuterwürze, rote Waldbeeren, frische Herzkirschen, reife Zwetschken, tabakige Nuancen. Kräftig, mittlerer Körper, süße Frucht, zarte Säurestruktur, dezente Tannine, mineralisch im Nachhall, bleibt haften, ein vielseitiger Speisenbegleiter, gut antrinkbar. € 15,–

Weingut Juliana Wieder
Lange Zeile 76, 7311 Neckenmarkt
T: +43 (2610) 42438, www.weingut-juliana-wieder.at

92 Blaufränkisch Mittelburgenland DAC Reserve Ried Dürrau | Der Geistesblitz 2021
NK, 14 %. Dunkles Rubingranat, violette Reflexe, dezente Ockerrandaufhellung. Noten von Zwetschken, Vanille und kandierten Orangenzesten, Cassistouch, tabakige Würze. Mittlere Komplexität, Herzkirschen, feine Edelholzwürze, zart nach Brombeeren im Finish, gut eingebundene Tannine, etwas Schokolade, bereits gut antrinkbar. € 17,90

Eichenwald Weine
Kellerei: Günser Straße 54, 7312 Horitschon
T: +43 (2610) 42321, www.eichenwald.at

92 Blaufränkisch Ried Neugebirge Absalon Große Reserve 2021 Ⓥ

NK, 14 %. Tiefdunkles Rubingranat, violette Reflexe, zarte Randaufhellung. Feine Tabakwürze, Nuancen von Lakritze, floraler Touch, Heidelbeernoten, etwas nach Oliventapenade. Saftig, mineralisch-salzig, gut eingebundenes Tannin, Kirschfrucht im Abgang, gutes Potenzial. € 19,90

Weingut Markus Schuller
Triftgasse 40, 7063 Oggau
T: +43 (7475) 52709, www.schullerwein.at

92 Blaufränkisch Leithaberg DAC Ried Bakobel 2018

DV, 14,5 %. Kräftiges Karmingranat, Ockerreflexe, breitere Randaufhellung. Frisches Brombeerkonfit, etwas Cassis, ein Hauch von kandierten Orangenzesten, einladendes Bukett. Stoffig, saftig, süße Beerenfrucht, zart nach Feigen und Nougat, runde Tannine, bereits sehr gut entwickelt, ein stoffiger Begleiter bei Tisch. € 20,–

Weingut Rudolf und Verena Kiss
Bundesstraße 39, 7093 Jois
T: +43 (699) 170 43 220,

92 Blaufränkisch Mittelburgenland DAC Reserve Potio Magica 2021 Ⓗ

NK, 13,5 %. Dunkles Rubingranat, violette Reflexe, zarte Ockerrandaufhellung. Zarte dunkle Waldbeerenfrucht, schwarze Kirschen, ein Hauch von Edelholz, mit feinem Karamell unterlegt. Saftig, elegant, reife Herzkirschen, präsente Tannine, gute Frische, mineralisch-salzig im Abgang, ein straffer Speisenbegleiter. € 29,–

Neckenmarkt die Winzer
Harkauerweg 2, 7311 Neckenmarkt
T: +43 (2610) 42388, www.neckenmarkt.at

92 Blaufränkisch Carnuntum DAC Berg Ried Unterschilling 2021

DIAM, 13,5 %. Kräftiges Rubingranat, violette Reflexe, dezente Ockerrandaufhellung. Zarte Edelholznuancen, rote Kirschen, zart nach Zwetschken, mit kandierten Orangenzesten unterlegt. Mittlerer Körper, feines Waldbeerenkonfit, eingelegte Kirschen, frischer Säurebogen, zarte Tannine, rotbeerig, bereits gut antrinkbar. € 22,–

Weingut Klemens und Horst Pelzmann
Hauptstraße 27, 2413 Berg
T: +43 (664) 373 21 75, www.weingut-pelzmann.at

92 Blaufränkisch Eisenberg DAC Ried Weinberg 2018

NK, 14 %. Kräftiges Karmingranat, violette Reflexe, breitere Ockerrandaufhellung. Zart ätherisch unterlegte dunkle Waldbeerenfrucht, schwarze Kirschen, tabakige Würze, Nuancen von Bergamotte. Kraftvoll, dunkle Beeren, frischer Säurebogen, gut integrierte Tannine, mineralisch-salzig im Abgang, ein würziger Speisenbegleiter mit rotbeerigem Nachhall. € 32,–

StephanO Das-Wein-Gut
Unterer Weinweg 11, 7474 Deutsch Schützen
T: +43 (664) 2636939, www.stephano.at

91 Blaufränkisch Reserve Herosus 2021 Ⓗ

NK, 14 %. Dunkles Karmingranat, violette Reflexe, zarte Ockerrandaufhellung. Reife schwarze Kirschen, ein Hauch von Nougat und Brombeeren, zart tabakig unterlegt. Saftig, reife Herzkirschen, zarte Süße, gute Frische, lebendig, reife Tannine, mineralisch im Abgang, bereits gut entwickelt. € 12,–

Neckenmarkt die Winzer
Harkauerweg 2, 7311 Neckenmarkt
T: +43 (2610) 42388, www.neckenmarkt.at

91 Blaufränkisch Rosalia DAC Reserve 2021

DIAM, 14 %. Dunkles Rubingranat, violette Reflexe, dezente Randaufhellung. Zarte Edelholznuancen, etwas Nougat, schwarze Beerenfrucht, etwas Minze, zarte Kräuterwürze. Saftig, schwarze Kirschen, etwas Cassis, frisch strukturiert, präsente Tannine, Nougat im Abgang, straffer Nachhall. € 16,–

Weingut Alfred Fischer
Rosenthalgasse 2–6, 7023 Stöttera
T: +43 (2626) 5238, www.alfredfischer.com

91 Blaufränkisch Mittelburgenland DAC Reserve Ried Dürrau | Der Geistesblitz 2017 Ⓥ

DIAM, 14 %. Kräftiges Karmingranat, violette Reflexe, breitere Ockerrandaufhellung. Zart nach Minze und etwas Cassis, Brombeertouch, mit frischen Orangenzesten unterlegt. Mittlere Komplexität, rotes Waldbeerenkonfit, mineralisch, gut integrierte Tannine, feiner Gerbstoff im Abgang, salziger Nachhall. € 17,90

Eichenwald Weine
Kellerei: Günser Straße 54, 7312 Horitschon
T: +43 (2610) 42321, www.eichenwald.at

91 Blaufränkisch Eisenberg DAC Reserve Maria Weinberg 2021

NK, 14 %. Kräftiges Rubingranat, violette Reflexe, dezente Ockerrandaufhellung. Floral, zart nach Lakritze, schwarze Kirschen, ein Hauch von Bergamotte, facettenreiches Bukett. Kräftig, mittlere Komplexität, rote Kirschen, präsente Tannine, feiner Gerbstoff, mineralischer Nachhall. € 18,–

Weingut Grosz
Gaas-Weinberg 135, 7521 Eberau
T: +43 (676) 9534490, www.weingut-grosz.at

91 Blaufränkisch Mittelburgenland DAC Horitschon Ried Altes Weingebirge 2020

NK, 14 %. Kräftiges Karmingranat, violette Reflexe, breitere Ockerrandaufhellung. Zart nach reifen Zwetschken, etwas Erdbeerkonfit, ein Hauch von Nougat, gereiftes Bukett. Mittlere Komplexität, rote Kirschen, kraftvoll, gut integrierte Tannine, dezente Süße im Abgang, bereits gut entwickelt. € 18,–

Weingut Strass
Mühlgasse 24, 7372 Draßmarkt
T: +43 (664) 4300663, www.weingut-strass.at

91 Blaufränkisch Koacker 2019 Ⓑ

NK, 13 %. Dunkles Rubingranat, violette Reflexe, zarte Ockerrandaufhellung. Mit einem Hauch von Teer unterlegte dunkle Beerenfrucht, nussiger Touch, individuelles Bukett. Mittlerer Körper, rotbeerig, wieder etwas Goudron, frisch strukturiert, ein rassiger Speisenbegleiter. € 39,–

Weingut Tischler
Quergasse 23, 7131 Halbturn
T: +43 (2172) 8857, www.weingut-tischler.at

90 Blaufränkisch Ried Ungerberg 2021 Ⓥ

DV, 14 %. Dunkles Rubingranat, opaker Kern, violette Reflexe. Floral unterlegte schwarze Beerenfrucht, frische Orangenzesten, mineralischer Touch. Saftig, dezente Fruchtsüße, reife Tannine, zart blättrige Würze im Abgang, bereits zugänglich, guter Speisenbegleiter. € 8,– Best Buy

Weingut Guttmann
Markt 43, 7121 Weiden am See
T: +43 (2167) 7329, www.weingut-guttmann.at

90 Blaufränkisch Ried Hochberg 2020
DV, 14,5 %. Dunkles Rubingranat, opaker Kern, violette Reflexe, zarte Randaufhellung. Reife Zwetschken, dunkles Beerenkonfit, etwas Nougat, einladendes Bukett. Saftig, elegant, dezente Süße, reife Tannine, weiße Schokolade im Nachhall, rotbeeriger Rückgeschmack, bereits gut antrinkbar. € 8,– Best Buy

Weingut Racz
Herrengasse 66, 7311 Neckenmarkt
T: +43 (664) 1629340, www.weingut-racz.at

90 Blaufränkisch The Butcher 2021
DV, 13,5 %. Kräftiges Karmingranat, violette Reflexe, dezente Ockerrandaufhellung. Zarter Edelholzwürzetouch, etwas Nougat, reife Kirschen, etwas Brombeerkonfit. Mittlere Komplexität, rotbeerige Nuancen, präsente, gut integrierte Tannine, salzig im Abgang, bereits antrinkbar. € 10,50

Weingut Schwarz
Baumhöhäcker 16, 7163 Andau
T: +43 (2176) 3231, www.schwarz-weine.at

90 Blaufränkisch Reserve Satz 2021

DV, 14,5 %. Kräftiges Karmingranat, Ockerreflexe, breitere Randaufhellung. Zart nach Wiesenkräutern, Tabak und roter Beerenfrucht, würzige Nase. Mittlere Komplexität, rotbeerig, lebendiger Säurebogen, mineralisch, Kirschen im Nachhall, ein kräftiger Speisenbegleiter. € 14,–

Weinbau Familie Weber
Girmer Straße 49, 7301 Deutschkreutz
T: +43 (2613) 80373, www.weinbau-weber.at

90 Blaufränkisch Leithaberg DAC 2018
DV, 14 %. Kräftiges Karmingranat, Ockerreflexe, breitere Randaufhellung. Feine Nuancen von Erdbeerkonfit, zart nach eingelegten Kirschen, mit etwas Cassis unterlegt. Kräftig, reife Feigenfrucht, etwas Nougat, reife Tannine, süßer Nachhall, bereits entwickelt und gut antrinkbar. € 15,–

Weingut Rudolf und Verena Kiss
Bundesstraße 39, 7093 Jois
T: +43 (699) 170 43 220,

90 Blaufränkisch Topolone 2020
NK, 15,5 %. Dunkles Rubingranat, violette Reflexe, zarte Randaufhellung. Zart nach Ribiseln, ein Hauch von Limetten, zarte Kirschfrucht, mit Gewürzen unterlegen, floraler Touch. Saftig, mittlere Komplexität, feine Holzwürze, zarter Vanilletouch, dunkle Beerenfrucht im Finish, bereits gut antrinkbar. € 18,–

Weingut Mauser
Hauptstraße 41, 2120 Obersdorf
T: +43 (699) 11725496, www.mauser.at

89 Blaufränkisch 2021
DV, 13 %. Kräftiges Rubingranat, violette Reflexe, zarte Randaufhellung. Zarte Kräuterwürze, rote Waldbeeren, ein Hauch von Mandarinenzesten. Mittlerer Körper, rote Kirschen, präsente, gut integrierte Tannine, etwas Nougat im Abgang, bietet unkomplizierten Trinkspaß. € 6,50 Best Buy

Weinbau Schweifer
Kleinhöfleiner Hauptstraße 31, 7000 Eisenstadt
T: +43 (2682) 68465, www.weinbau-schweifer.at

PLATZ FÜR IHRE
WEINNOTIZEN

DIE BESTEN DER KATEGORIE RESERVE TROPHY CUVÉE & SORTENVIELFALT

99 **1. Platz**
Werner Achs Reserve 2021 BF/ME
Weingut Werner Achs, Gols – Neusiedlersee

98 **2. Platz**
M1 2021 ME/BF

Weingut Gerhard Markowitsch, Göttlesbrunn – Carnuntum

98 **3. Platz – ex aequo**
Grassl Reserve 2021 ME/BF/ZW
Weingut Philipp Grassl, Göttlesbrunn – Carnuntum

98 **3. Platz – ex aequo**
G 2020 BF/SL
Weingut Gesellmann, Deutschkreutz – Mittelburgenland

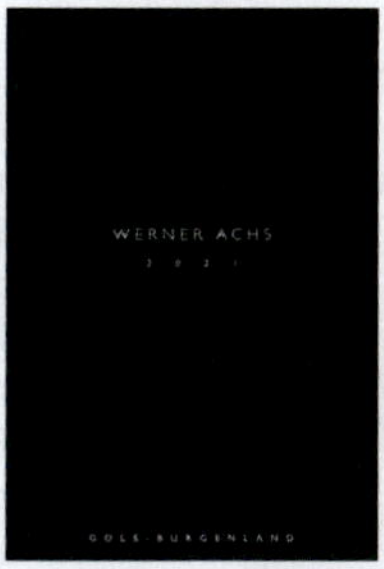

1. Platz
99 Werner Achs Reserve 2021 BF/ME

NK, 14 %. Tiefdunkles Rubingranat, opaker Kern, violette Reflexe, zarte Randaufhellung. Feine Kräuterwürze, Nuancen von Edelholz, reife dunkle Waldbeeren, Noten von Cassis und Brombeeren, mineralischer Touch. Komplex, stoffig, feine Extraktsüße, reife Herzkirschen, runde, tragende Tannine, schokoladige Nuancen im Abgang, bleibt haften, verfügt über große Länge und sicheres Reifepotenzial. € 90,–

Weingut Werner Achs
Goldberg 5, 7122 Gols
T: +43 (2173) 23900, www.wernerachs.at

2. Platz
98 M1 2021 ME/BF

NK, 14,5 %. Dunkles Rubingranat, violette Reflexe, dezente Ockerrandaufhellung. Einladendes Bukett nach Kirschen, etwas Sanddorn und Nougat, zarte Edelholzwürze, floraler Touch. Engmaschig, gute Komplexität, salzig, angenehme Extraktsüße, nach Brombeeren, samtiges, anhaftendes Tannin, komplexer Speisenbegleiter mit Reifepotenzial. € 75,–

Weingut Gerhard Markowitsch ⊜
Pfarrgasse 6, 2464 Göttlesbrunn
T: +43 (2162) 8222, www.markowitsch.at

3. Platz (ex aequo)
98 Grassl Reserve 2021 ME/BF/ZW (B)

NK, 14,5 %. Tiefdunkles Rubingranat, opaker Kern, violette Reflexe, zarte Randaufhellung. Kräuterwürzig, frische Feigen, zart nach Nougat, schwarze Waldbeerenfrucht, ein Hauch von Waldboden, Kräuternoten, einladendes Bukett. Komplex, feine Tanninstruktur, Vanilletouch, etwas schwarze Kirschfrucht, mineralisch, gute Frische, lang anhaltend, gutes Reifepotenzial. € 62,–

Weingut Philipp Grassl ⊜
Am Graben 4–6, 2464 Göttlesbrunn
T: +43 (2162) 8483, www.grassl.wine

3. Platz (ex aequo)
98 G 2020 BF/SL (B)

NK/DV, 14,5 %. Dunkles Rubingranat, violette Reflexe, zarte Randaufhellung. Feines Waldbeerenkonfit, zart nach Vanille, ein Hauch von kandierten Orangenzesten, etwas nach Minze, mit Nougat unterlegt. Saftig, gute Komplexität, feine Kräuternoten, balancierte Tanninstruktur, mineralisch, schwarze Frucht im Abgang, salziger Nachhall, lang anhaltend, entwickelt sich im Glas stetig weiter, sicheres Reifepotenzial. € 73,50

Weingut Gesellmann ⊜
Langegasse 65, 7301 Deutschkreutz
T: +43 (2613) 80360, www.gesellmann.at

(B) biologisch (F) fruktosearm (H) histaminarm (S) schwefelarm (V) vegan

98 Comondor 2020 ME/BF

NK, 14,5 %. Dunkles Rubingranat, violette Reflexe, zarte Randaufhellung. Einladendes Bukett nach Brombeeren und Lakritze, feine Kräuternoten, Nuancen von schwarzer Frucht, etwas Bergamotte, floraler Touch. Saftig, straff, feine Säurestruktur, rote Herzkirschen, präsente Tannine, zarte, gut integrierte Holznuancen, mineralisch und anhaltend, Cassis, tabakiger Rückgeschmack, gutes Reifepotenzial. € 58,–

Weingut Anita und Hans Nittnaus
Untere Hauptstraße 49, 7122 Gols
T: +43 (2173) 2248, www.nittnaus.at

98 Steinzeiler 2020 BF/CS/ZW

NK, 14 %. Dunkles Rubingranat, violette Reflexe, breitere Randaufhellung. Feine Edelholzwürze, reife Herzkirschen, ein Hauch von Cassis und Feigen, etwas Toffee, facettenreiches Bukett. Gute Komplexität, saftig, samtiges Tannin, bereits entwickelt, hohes Trinkanimo, frische rote Beerenfrucht im Rückgeschmack, sicheres Reifepotenzial. € 67,–

Weingut Kollwentz
Hauptstraße 120, 7051 Großhöflein
T: +43 (2682) 65158, www.kollwentz.at

97 Merlot Harterberg 2019

DIAM, 15 %. Dunkles Rubingranat, opaker Kern, violette Reflexe, zarte Randaufhellung. Lakritze, dunkle Waldbeeren, schwarze Herzkirschen, etwas Nougat, Karamell und Tabak, mit kandierten Orangenzesten unterlegt. Kraftvoll, saftig und komplex, etwas Zwetschken, gute Frische, reife, tragende Tannine, elegant und anhaftend, mineralisch-salzig im Nachhall, sicheres Potenzial. € 36,–

Leo Aumann
Oberwaltersdorfer Straße 105, 2512 Tribuswinkel
T: +43 (2252) 80502, www.aumann.at

97 Bela Rex 2021 CS/ME

NK/DV, 14,5 %. Tiefdunkles Rubingranat, violette Reflexe, zarte Randaufhellung. Dezente Edelholzwürze, tabakige Nuancen, zart nach schwarzen Kirschen, Cassis, ein Hauch von Brombeeren, einladendes Bukett. Komplex, kraftvoll, saftig, finessenreicher Säurebogen, samtige Tannine, schwarzes Waldbeerenkonfit, feine Mineralik, reife Herzkirschfrucht, vielseitiger, eleganter Speisenbegleiter mit großem Zukunftspotenzial. € 40,50

Weingut Gesellmann
Langegasse 65, 7301 Deutschkreutz
T: +43 (2613) 80360, www.gesellmann.at

97 massive a. [rot] 2021 SY/ZW/BF

NK, 14 %. Dunkles Rubingranat, opaker Kern, violette Reflexe, zarte Ockerrandaufhellung. Nuancen von Nougat und Vanille, reife rote Herzkirschen, zart nach Lakritze und Waldbeeren, ein Hauch von hellem Karamell, attraktives Bukett. Komplex, kraftvoll, saftig, rotbeerig, feine, tragende reife Tannine, frisch strukturiert, mineralisch und lange anhaftend, bereits antrinkbar, gutes weiteres Potenzial. € 60,–

Weingut Artner
Dorfstraße 93, 2465 Höflein
T: +43 (2162) 63142, www.artner.co.at

97 Grande Cuvée d´Or 2020 ME/CS

NK, 14 %. Dunkles Rubingranat, schwarzer Kern, violette Reflexe, zarte Randaufhellung. Nougat und dunkles Waldbeerenkonfit, ein Hauch von Zimt, floraler Touch, Brombeeren, einladende Edelholznote. Gute Komplexität, vielschichtig, gut integrierte, samtige Tannine, schokoladiger Touch, Herzkirschen im Abgang, sicheres Reifepotenzial. € 75,–

Weingut Franz Schindler
Neustiftgasse 6, 7072 Mörbisch
T: +43 (2685) 8326, www.weingut-schindler.at

97 Syrah Burgbach 2019 (B)

NK, 13,5 %. Dunkles Rubingranat, violette Reflexe, breiter Wasserrand. Feine Holzwürze, zart nach Karamell und Toffee, ein Hauch von Zwetschken, reife Kirschfrucht, kandierte Veilchen, tabakige Würze. Saftig, gute Komplexität, schokoladig, Kirschen, feine Tannine, Brombeernoten im Abgang, Oliven im Nachhall, Kardamom im Rückgeschmack, guter Speisenbegleiter mit sicherem Potenzial, bereits antrinkbar. € 250,–

Weingut Toni Hartl
Florianigasse 7, 2440 Reisenberg
T: +43 (2234) 80636, www.toni-hartl.at

97 Cabernet Franc 2021

NK, 15 %. Tiefdunkles Rubingranat, opaker Kern, violette Reflexe, zarte Randaufhellung. Etwas Preiselbeeren und Christstollen, feine Holzwürze, dunkles Waldbeerenkonfit, mit Nougat unterlegt. Gute Komplexität, kraftvoll, tragendes, gut integriertes Tannin, mineralisch, schwarze Kirschen, lebendige Säurestruktur, vielschichtiges Finish. € 149,–

Weingut Pöckl
Zwergäcker 1, 7123 Mönchhof
T: +43 (2173) 80258, www.poeckl.com

96 Merlot Nobody 2021

DIAM, 14,5 %. Tiefdunkles Rubingranat, violette Reflexe, zarte Randaufhellung. Zart vegetal, ein Hauch von Gewürzen, dezente Cassisnoten, frisch und lebendig, floral, schwarzes Waldbeerenkonfit. Gute Komplexität, mineralisch, dunkle Beerenfrucht, salzig, Zwetschken, lang anhaftend, Nougat im Rückgeschmack. € 28,–

Weingut Migsich
Kleine Zeile 66, 7042 Antau
T: +43 (2687) 62253, www.migsich.at

96 Praittenbrunn 2019 CS/ME

DIAM, 15 %. Tiefdunkles Rubingranat, opaker Kern, violette Reflexe, zarte Randaufhellung. Zarte Weichselnoten, etwas floral, kandierte Veilchen, ein Hauch von Cassis, Kakaonoten. Komplex, saftig, zart nach Schokolade und Heidelbeeren, kraftvoll, präsente Tannine, mineralisch, gute Länge, wird von Flaschenreife profitieren. € 43,–

Weingut Scheiblhofer
Halbturner Straße 1a, 7163 Andau
T: +43 (2176) 2610, www.scheiblhofer.at

96 Netzl Privat 2021 ZW/ME

NK, 14,5 %. Dunkles Rubingranat, opaker Kern, violette Reflexe, zarte Randaufhellung. Facettenreich, Preiselbeeren und Minze, reife Zwetschken, Nougat, mit Lakritze und Kirschen unterlegt. Saftig, komplex, gewürzig, reife Herzkirschen, gut integrierte Säurestruktur, dunkles Nougat, präsente Tannine, mineralisch, zeigt Länge und Potenzial, ein stoffiger Begleiter bei Tisch, bereits gut antrinkbar, weiteres Entwicklungspotenzial. € 58,–

Weingut Franz und Christine Netzl
Rosenbergstraße 17, 2464 Göttlesbrunn
T: +43 (2162) 8236, www.netzl.com

96 V.I.B. Very Important Bottle 2021 ME/CS

NK, 14 %. Dunkles Rubingranat, opaker Kern, violette Reflexe, zarte Randaufhellung. Reife Zwetschken, zart floral, ein Hauch von Edelholzwürze, Ribiseln klingen an, einladendes Bukett. Komplex, straff, engmaschige, süße Tanninstruktur, reife Würze, Brombeernoten im Rückgeschmack, mineralisch, sicheres Potenzial. € 55,–

Weingut Taferner
Pfarrgasse 2, 2464 Göttlesbrunn
T: +43 (2162) 8465, www.tafi.at

96 Privat 2021 CF/CS

NK, 14 %. Tiefdunkles Rubingranat, violette Reflexe, zarte Randaufhellung. Feine Edelholzwürze, zarte Röstaromen, dunkles Waldbeerenkonfit, etwas kandierte Orangenschalen, mit Zwetschken unterlegt. Engmaschig, dunkles Beerenkonfit, gut integrierte Tanninstruktur, mineralisch-salzig, tabakiges Finish, bleibt sehr gut haften, sicheres Potenzial. € 60,–

Weinmanufaktur Follner
Anzengruberstraße 77/17, 1140 Wien
T: +43 (664) 301 92 95, www.follner.at

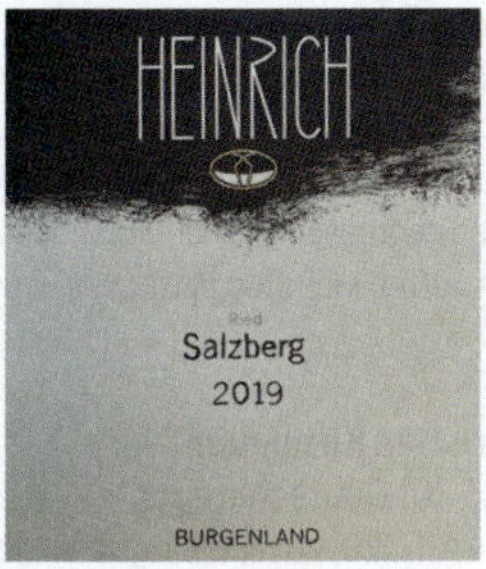

96 Ried Salzberg 2019 ME/BF (B)
NK, 14 %. Dunkles Rubingranat, opaker Kern, violette Reflexe, zarter Wasserrand. Einladendes Bukett, nach kandierten Veilchen, dazu etwas Orangenschalen, eingelegte Kirschen und Weichseln, ein Hauch von Kardamom, Brombeernuancen klingen an. Gute Komplexität, feiner Säurebogen, tragendes, reifes Tannin, feinwürzig, schwarze Kirschfrucht, Tabakwürze im Abgang, gutes Entwicklungspotenzial, bereits gut antrinkbar. € 68,–

Weingut Gernot und Heike Heinrich
Baumgarten 60, 7122 Gols
T: +43 (2173) 3176, www.heinrich.at

95 In Signo Leonis 2020 BF/CS/ZW
NK, 13,5 %. Kräftiges Rubingranat, violette Reflexe, breitere Randaufhellung. Dunkles Waldbeerenkonfit, ein Hauch von Bergamotte, Edelholzwürze, reife Kirschen, mit Kräuternoten unterlegt. Gute Komplexität, gut entwickelt, feine Extraktsüße, Kirschen auch im Abgang, tragendes Tannin, engmaschig, frisch, sicheres Reifepotenzial. € 42,90

Heribert Bayer Kellerei In Signo Leonis
Wirtschaftspark 5, 7311 Neckenmarkt
T: +43 (2610) 42644, www.weinfreund.at

96 Zweigelt Ried Bühl Reserve friend & foe 2021
NK, 15 %. Tiefdunkles Rubingranat, opaker Kern, violette Reflexe, zarte Randaufhellung. Feine Kräuterwürze, ein Hauch von Brombeeren, reife Herzkirschen, Schokotouch, kandierte Orangenzesten. Saftig, kraftvoll, komplex, dunkle Beerenfrucht, gute Frische, feine Tanninstruktur, samtig, lang anhaltend, Herzkirschen im Abgang, Zwetschken im Rückgeschmack. € 75,–

Weingut St. Bayer
Seepark-Feriendorf 1, 7121 Weiden am See
T: +43 (699) 10620478, www.stbayer.wine

95 Cabernet Franc 2021
NK, 15 %. Tiefdunkles Rubingranat, opaker Kern, violette Reflexe, zarte Randaufhellung. Noten von schwarzen Waldbeeren, feinwürzig, etwas nach Kardamom, etwas Salbei, Holznuancen klingen an. Mittlerer Körper, präsentes, zart vegetales Tannin, leichtfüßig, rote Kirschfrucht, Lakritze im Rückgeschmack, straffer Speisenbegleiter. € 57,–

Weingut Gager
Karrnergasse 2 und 8, 7301 Deutschkreutz
T: +43 (2613) 80385, www.weingut-gager.at

95 Merlot 2021
NK, 15 %. Kräftiges Rubingranat, violette Reflexe, zarte Ockerrandaufhellung. Schokoladig unterlegte vollreife Kirschfrucht, feine Edelholznuancen, ein Hauch von Vanille und Karamell, einladendes Bukett. Kraftvoll, komplex, süßer Fruchtkern, seidige Tannine, besitzt Länge und Potenzial, sehr vielversprechend. € 57,–

Weingut Gager
Karrnergasse 2 und 8, 7301 Deutschkreutz
T: +43 (2613) 80385, www.weingut-gager.at

95 Cuvée Paul Kerschbaum 2021 CS/ME
NK, 14 %. Dunkles Rubingranat, violette Reflexe, zarte Ockerrandaufhellung. Feine Tabakwürze, zart nach Lakritze und kandierten Orangenschalen, Herzkirschen, geröstete Mandeln, einladendes reifes Bukett. Saftig, engmaschig, frisch strukturiert, salzig-mineralisch, rote Herzkirschen im Abgang, bereits gut entwickelt, facettenreicher Speisenbegleiter. € 59,–

Weingut Kerschbaum
Hauptstraße 111, 7312 Horitschon
T: +43 (2610) 42392, www.kerschbaum.at

95 Johanna 2020 CF/BF
NK, 14 %. Dunkles Rubingranat, violette Reflexe, zarte Randaufhellung. Feiner Vanilletouch, kandierte Veilchen, Brombeernoten, dichtes Bukett, schokoladiger Touch, eingelegte Kirschen, Kräuterwürze. Gute Komplexität, etwas Lakritze, mineralisch und engmaschig, fruchtsüß nach Zwetschken, bleibt sehr gut haften, vielfältig einsetzbar. € 89,–

Weingut Christian Kirnbauer
Sonnenweg, 7301 Deutschkreutz
T: +43 (650) 4415329, www.weingut-kirnbauer.at

94 Vision Cuvée Big Five 2021 BF/RÖ/SY/CF/ME
DIAM, 14,5 %. Tiefdunkles Rubingranat, violette Reflexe, zarte Randaufhellung. Dezente Weichselnoten, etwas Holzwürze, ein Hauch von Kardamom und Vanille, floraler Touch. Saftig, straff, gute Komplexität, fruchtsüße Nuancen von Brombeeren, samtiges Tannin, sicheres Potenzial. € 22,–

Weingut Kugler – Vinum Saxum
Heidegasse 4, 7062 Sankt Margarethen im Burgenland
T: +43 (2680) 70 61, www.kuglerwein.at

94 Merlot Unplugged 2020
NK, 14,5 %. Dunkles Rubingranat, opaker Kern, violette Reflexe, zarte Ockerrandaufhellung. Nougat und Lakritze, schwarze Waldbeeren, mit feiner Kräuterwürze und Brombeerkonfit unterlegt. Kraftvoll, komplex, saftig, dunkle Kirschen, reife, tragende Tannine, schokoladig und anhaftend, zeigt Länge und Potenzial. € 23,–

Weingut Hannes Reeh
Augasse 11a, 7163 Andau
T: +43 (2176) 27011, www.hannesreeh.at

94 Excelsior 2021 BF/ME/CS/SY (H)

NK, 14,5 %. Dunkles Rubingranat, opaker Kern, violette Reflexe, dezente Randaufhellung. Feine Süße nach Dörrobst und Feigen, etwas Kräuterwürze, mit einem Hauch von Nougat unterlegt, dezente Edelholznote im Hintergrund. Komplex, dunkle Waldbeeren, Kirschen, zartes Säurespiel, reife, gut integrierte Tannine, mineralisch und anhaftend, verfügt über Länge und Reifepotenzial. € 24,–

Rotweine Lang
Lange Zeile 11, 7311 Neckenmarkt
T: +43 (2610) 42384, www.rotweinelang.at

94 Avus 2021 BF/ZW/CS/ME

NK, 14 %. Kräftiges Rubingranat, violette Reflexe, zarte Randaufhellung. Feiner Vanilletouch, dunkles Waldbeerenkonfit, Nougat, zart nussige Aromatik. Floral, Brombeernoten, einladender Abgang, trinkanimierend, gut integrierte Tanninstruktur, mineralischer Nachhall, vielfältig einsetzbar. € 24,50

Weingut Familie Weber
Neustiftgasse 15, 7361 Lutzmannsburg
T: +43 (664) 5032378, www.weingut-fam-weber.at

94 Opus Eximium No 34 2021 BF/SL/ZW (B)

NK/DV, 14,5 %. Dunkles Rubingranat, violette Reflexe, zarte Randaufhellung. Feine Tabakwürze, etwas nach Vanille, kandierte Veilchen, eingelegte Kirschen, Waldbeerenkonfit, einladendes Bukett. Saftig, mittlere Komplexität, feines Säurekleid, gut integrierte, samtige Tanninstruktur, feinwürzig, zart nach Zwetschken, Edelholztouch im Nachhall, bereits gut antrinkbar. € 25,80

Weingut Gesellmann
Langegasse 65, 7301 Deutschkreutz
T: +43 (2613) 80360, www.gesellmann.at

94 Merlot Schützner Stein® 2021 (B)

NK, 14,5 %. Dunkles Rubingranat, violette Reflexe, zarte Randaufhellung. Einladendes Bukett nach Brombeeren und Nougat, ein Hauch von Gewürzen, schokoladiger Touch, mit reifen Zwetschken unterlegt. Gute Komplexität, samtige Tannine, etwas fruchtsüß, dunkle Beerenfrucht, engmaschig, hohes Trinkanimo und sicheres Potenzial. € 26,–

Weingut Prieler
Hauptstraße 181, 7081 Schützen am Gebirge
T: +43 (2684) 2229, www.prieler.at

94 Harterberg Reserve 2021 ME/CS/ZW (V)

DIAM, 14,5 %. Dunkles Rubingranat, violette Reflexe, zarte Randaufhellung. Feine Holz-Tabak-Würze, etwas nach Kardamom, ein Hauch von Brombeeren, dunkle Waldbeeren, Cassis, kandierte Orangenzesten. Gute Komplexität, saftig, feine Würze, mineralisch, frisch strukturiert, süß und engmaschig im Abgang, sicheres Potenzial. € 27,–

Leo Aumann
Oberwaltersdorfer Straße 105, 2512 Tribuswinkel
T: +43 (2252) 80502, www.aumann.at

94 Cabernet Sauvignon Ried Langsatz 2021

NK, 14 %. Kräftiges Rubingranat, violette Reflexe, Ockerrandaufhellung. Feine Kräuterwürze, Lakritze, Cassis, etwas nach Zwetschken, floraler Touch. Saftig, gute Komplexität, feinwürzig, gut integrierte Tanninstruktur, mineralisch, Holznuancen im Abgang, rotbeeriges Finish, guter Speisenbegleiter. € 28,–

Klosterkeller der Barmherzigen Brüder
Esterházystraße 26, 7000 Eisenstadt
T: +43 (2682) 6011675, www.klosterkeller.at

94 Sempre 2021 CS/ME/BF
NK/DV, 14,5 %. Dunkles Rubingranat, violette Reflexe, dezente Randaufhellung. Einladend, schwarze Beeren, zart mit Vanille und Nougat unterlegt, ein Hauch von würzigem Edelholz. Kraftvoll, saftig, reife Kirschen, feine Extraktsüße, frisch strukturiert, tragende Tannine, mineralischer Nachhall, balanciert, zeigt Länge und Potenzial, bereits antrinkbar. € 29,–

Weingut Juliana Wieder
Lange Zeile 76, 7311 Neckenmarkt
T: +43 (2610) 42438, www.weingut-juliana-wieder.at

94 Lukas Grande Reserve 2021 ME/BF B V
DIAM, 15,5 %. Dunkles Rubingranat, violette Reflexe, zarte Randaufhellung. Reife Kirschfrucht, dunkles Waldbeerenkonfit, dezente Edelholzwürze, dichtes Bukett. Saftig, gute Komplexität, tragendes, samtiges Tannin, feine Nougatnoten, Johannisbeeren im Abgang, wird von Flaschenreife profitieren. € 32,–

Bio-Weingut Ettl
Seestraße 48–52, 7141 Podersdorf am See
T: +43 (2177) 2483, www.bioweingut-ettl.at

94 Pinot Noir Reserve 2021 V
NK, 13 %. Kräftiges Karmingranat, violette Reflexe, breite Ockerrandaufhellung. Frisches rotes Waldbeerenkonfit, ein Hauch von Herzkirschen, florale Nuancen, zart nach Tabak und Nougat, einladendes Bukett. Saftig, elegant, zarte Fruchtsüße im Kern, feines Säurespiel, mineralisch-zitronige Nuancen, Ribiselnoten im Nachhall. € 34,–

Weingut Schloss Gobelsburg
Schloss Straße 16, 3550 Gobelsburg
T: +43 (2734) 2422, www.gobelsburg.at

94 Mephisto 2021 SY/CS/ME
DIAM, 13,5 %. Dunkles Rubingranat, violette Reflexe, zarte Randaufhellung. Zarte Brombeernoten, ein Hauch von Vanille, Orangenschalen, Röstaromatik. Gute Komplexität, feinwürzig, mineralisch, gut integrierte, samtige Tanninstruktur, Edelholznoten, rotbeeriges Finish, etwas nach Oliven im Rückgeschmack, sicheres Potenzial. € 35,–

Weingut Robert Goldenits
Untere Hauptstraße 8, 7162 Tadten
T: +43 (2176) 2294, www.goldenits.at

94 Imperium 2021 ME/CS
VL, 14,5 %. Dunkles Rubingranat, opaker Kern, violette Reflexe, zarte Ockerrandaufhellung. Reife schwarze Kirschen, etwas Lakritze und Cassis, ein Hauch von Nougat, mit angenehmen Edelholznoten unterlegt. Komplex, saftig und kraftvoll, eingelegte Kirschen, reife Zwetschken, runde Tannine, bereits gut entwickelt und antrinkbar, sicheres Reifepotenzial. € 34,–

Allacher Vinum Pannonia
Salzbergweg 4, 7122 Gols
T: +43 (2173) 3380, www.allacher.com

94 Syrah Alte Reben Silvia Heinrich Edition 2019
NK, 13,5 %. Kräftiges Rubingranat, violette Reflexe, breitere Ockerrandaufhellung. Zart nach Nougat, reife Herzkirschfrucht, rotbeerige Nuancen, kandierte Orangenzesten, florale Noten. Saftig, elegant, komplexer Stil, feine Textur, runde Tannine, schokoladiger Touch im Abgang, ein facettenreicher Speisenbegleiter, bereits gut antrinkbar. € 35,–

Weingut Silvia Heinrich
Karrnergasse 59, 7301 Deutschkreutz
T: +43 (2613) 89615, www.weingut-heinrich.at

94 Solitaire 2021 BF/CS/ME Ⓑ Ⓥ

NK/DV, 14 %. Kräftiges Rubingranat, violette Reflexe, zarte Ockerrandaufhellung. Feine Tabakwürze, dunkles Beerenkonfit, Brombeeren, ein Hauch von kandierten Orangenschalen, mit Zwetschken unterlegt. Saftig, gute Komplexität, samtiges Tannin, mineralisch-salzig, bleibt sehr gut haften, schwarze Kirschen im Nachhall, gutes Reifepotenzial. € 36,–

Weingut Feiler-Artinger
Hauptstraße 3, 7071 Rust
T. +43 (2685) 237, www.feiler-artinger.at

94 Merlot Reserve vinum sine nomine L.E. 2021

NK, 14,5 %. Dunkles Rubingranat, ockerfarbene Reflexe, zarte Randaufhellung. Etwas nach Dörrobst, balsamisch unterlegt, ein Hauch von Gewürzen, Lakritze klingt an. Mittlerer Körper, tragendes Tannin, mineralisch, Cassisnoten im Abgang, salziger Nachhall, guter Speisenbegleiter, sicheres Entwicklungspotenzial. € 36,–

Weingut Josef und Maria Reumann
Neubaugasse 39, 7301 Deutschkreutz
T: +43 (2613) 80421, www.weingut-reumann.at

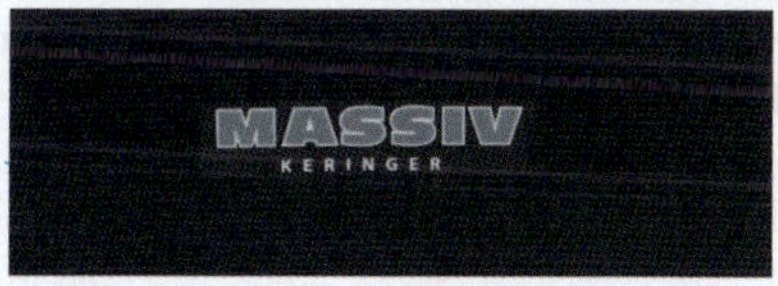

94 Massiv Top Rotweincuvée 2020 ZW/BF/RA/CS/ME

NK, 14,5 %. Dunkles Rubingranat, opaker Kern, violette Reflexe, zarte Ockerrandaufhellung. Feine Edelholznuancen, Vanille und Tabak, reife dunkle Beerenfrucht, schwarze Kirschen, etwas Nougat, facettenreiches Bukett. Kräftig, dabei elegant und feinwürzig, feine Säure, tragende Tannine, mineralisch, schokoladige Nuancen im Finale, stoffig und anhaftend, gutes weiteres Reifepotenzial. € 36,–

Weingut Keringer
Wiener Straße 22a, 7123 Mönchhof
T: +43 (2173) 80380, www.keringer.at

94 Merlot Grand Select 2020 Ⓑ

DIAM, 13,5 %. Kräftiges Karmingranat, violette Reflexe, zarte Ockerrandaufhellung. Reife Kirschen, zart mit Orangenzesten unterlegt, feine Holznuancen, dezente Kräuterwürze, einladendes Bukett. Komplex, saftige Textur, rotes Waldbeerenkonfit, gut integrierte Tannine, feiner Nougattouch, elegant und anhaftend, mineralischer Nachhall, sehr gute Länge, hat eine erste Trinkreife erreicht. € 36,–

Weingut Wieninger
Stammersdorfer Straße 31, 1210 Wien
T: +43 (1) 2901012, www.wieninger.at

94 St. Laurent Grand Select 2021 Ⓑ

DIAM, 13,5 %. Mittleres Rubingranat, violette Reflexe, breite Ockerrandaufhellung. Frische schwarze Waldbeeren, Brombeeren, dezente Kräuterwürze, rote Kirschen, Lakritze, mineralisch, kandierte Orangenzesten. Mittlerer Körper, rotbeerige Frucht, finessenreicher Säurebogen, feine, runde Tannine, saftig, salzig und elegant, bleibt gut haften, bereits gut antrinkbar, ein facettenreicher Speisenbegleiter. € 36,–

Weingut Wieninger
Stammersdorfer Straße 31, 1210 Wien
T: +43 (1) 2901012, www.wieninger.at

94 Zweigelt Ried Ungerberg 2021

NK, 13,5 %. Dunkles Rubingranat, opaker Kern, violette Reflexe, zarte Randaufhellung. Feine Holzwürze, dunkle Beerenfrucht, frisch und lebendig, Cassis, etwas Brennnessel. Gute Komplexität, feine Mineralik, schokoladiger Touch, Herzkirschnoten im Abgang, salzig, sicheres Reifepotenzial, guter Speisenbegleiter. € 37,30

Weingut Stiegelmar
Goldberg 6, 7122 Gols
T: +43 (2173) 2317, www.stiegelmar.com

94 Cabernet Franc Privat 2021

NK, 14 %. Dunkles Rubingranat, violette Reflexe, zarte Ockerrandaufhellung. Feine Holznuancen, schwarze Kirschen, etwas nach Cassis, floraler Touch, dezente Lakritznoten, Nelken und Gewürze. Gute Komplexität, straff, feine Säurestruktur, gut integrierte Tannine, mineralisch, Brombeernoten im Abgang, guter Speisenbegleiter. € 39,60

Weingut Josef und Maria Reumann
Neubaugasse 39, 7301 Deutschkreutz
T: +43 (2613) 80421, www.weingut-reumann.at

94 Ried Gabarinza 2019 ZW/BF/ME

NK/VL, 14 %. Tiefdunkles Rubingranat, violette Reflexe, zarte Randaufhellung. Kräuteraromatik, feine Preiselbeernoten, ein Hauch von Johannisbeeren, dezenter Touch nach Oliventapenade, einladendes Bukett. Gute Komplexität, saftig, feine Süße, Brombeernoten und schwarze Herzkirschen, vielschichtiger Speisenbegleiter. € 39,–

Weingut Gernot und Heike Heinrich
Baumgarten 60, 7122 Gols
T: +43 (2173) 3176, www.heinrich.at

94 Hill1 2018 ME/BF/ZW

NK, 14 %. Dunkles Rubingranat, violette Reflexe, zarte Randaufhellung. Dezente Brombeernoten und etwas Edelholznuancen, dezenter Vanilletouch, zart nach Ribiseln. Saftig, gute Komplexität, feinwürzig, mineralisch, reife Kirschen im Abgang, bleibt gut haften, sicheres Potenzial. € 39,90

Weingut Leo Hillinger
Hill 1, 7093 Jois
T: +43 (2160) 8317, www.leo-hillinger.com

94 Cabernet Franc Reserve 2019

NK, 13,5 %. Kräftiges Rubingranat, violette Reflexe, dezente Randaufhellung. Einladendes Bukett mit Pflaumen und floralem Touch, Edelholzwürze, ein Hauch von Brombeeren, Toffee, Mandarinenzesten. Gute Komplexität, facettenreiche Struktur, samtiges Tannin, Herzkirschen im Abgang, mineralisch-salzig, vielschichtiger Speisenbegleiter, sicheres Reifepotenzial. € 41,–

Weingut Bründlmayer
Zwettler Straße 23, 3550 Langenlois
T: +43 (2734) 21720, www.bruendlmayer.at

94 Danubis Grand Select 2020 CS/ME/ZW (B)
DIAM, 13,5 %. Kräftiges Karmingranat, Ockerreflexe, breitere Randaufhellung. Feine rotbeerige Nuancen, rote Herzkirschen, feine Kräuterwürze, ein Hauch von Vanille, mit Nougat unterlegt. Komplex, dunkle Beerenfrucht, finessenreich strukturiert, feine Tannine, angenehme Mineralik, rote Kirschen im Abgang, lebendig und gut entwickelt, zeigt Länge und gutes Reifepotenzial. € 41,–

Weingut Wieninger
Stammersdorfer Straße 31, 1210 Wien
T: +43 (1) 2901012, www.wieninger.at

94 Syrah 2021 (B)
NK, 14 %. Kräftiges Rubingranat, violette Reflexe, breitere Ockerrandaufhellung. Feine Kräuterwürze, rotes Waldbeerenkonfit, floraler Touch, eingelegte Kirschen, etwas Lakritze, kandierte Mandarinenzesten. Kraftvoll, saftig, süße Frucht im Kern, gut integrierte reife Tannine, elegant und anhaftend, bereits antrinkbar, verfügt über weiteres Reifepotenzial. € 42,–

Weingut Dorli Muhr
Weingartenweg 6, 2472 Prellenkirchen
T: +43 (664) 1804039, www.dorlimuhr.at

94 Liebe pur 2021 CS/ME (B) (V)
NK, 14 %. Dunkles Rubingranat, violette Reflexe, zarte Randaufhellung. Einladendes Bukett nach reifen Zwetschken, dezente Holzwürze, Schokonoten, mit Cassis unterlegt. Gute Komplexität, straff, schwarze Beerenfrucht im Abgang, bleibt gut haften, frische Struktur, Oliventouch im Abgang, salziger Nachhall, vielfältig einsetzbar. € 45,–

Weinmanufaktur Follner
Anzengruberstraße 77/17, 1140 Wien
T: +43 (664) 301 92 95, www.follner.at

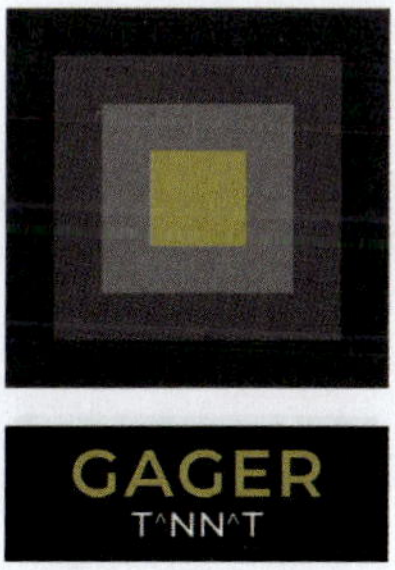

94 T^nn^t 21
NK, 14 %. Tiefdunkles Rubingranat, opaker Kern, violette Reflexe, zarte Randaufhellung. Feine Tabak-Holz-Würze, Cassis, zart nach Gewürzen, schwarzes Waldbeerenkonfit, mit Oliventapenade unterlegt. Gute Komplexität, fruchtsüß, Nougat, tragendes Tannin, Johannisbeeren im Rückgeschmack, wird von Flaschenreife profitieren. € 44,–

Weingut Gager
Karrnergasse 2 und 8, 7301 Deutschkreutz
T: +43 (2613) 80385, www.weingut-gager.at

94 JK 2021 CS/SY/ME
NK, 15 %. Tiefdunkles Rubingranat, violette Reflexe, zarte Randaufhellung. Feine Nougatnoten, reife Zwetschken, floral, etwas nach Lavendel, mit Kardamom unterlegt. Gute Komplexität, saftig, schwarze Beeren im Abgang, gut integrierte, präsente Tanninstruktur, schokoladig, mineralisch, Cassis im Rückgeschmack, sicheres Potenzial. € 45,–

Weingut Jacqueline Klein
Baumhöhäcker 10, 7163 Andau
T: +43 (664) 75124505, www.klein-wein.at

94 Merlot Große Liebe - Mr. Lover, Lover 2019 Ⓗ

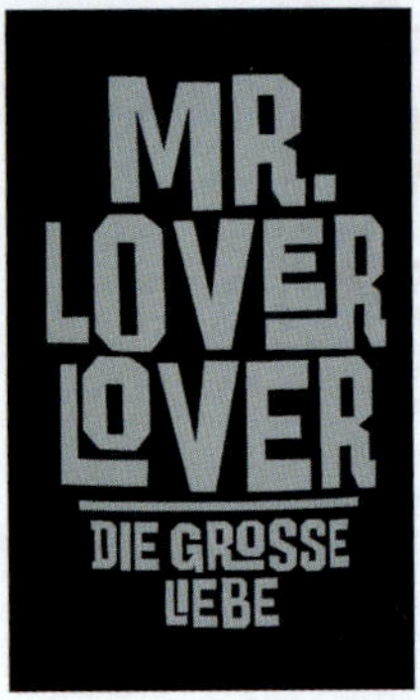

NK, 14,5 %. Tiefdunkles Rubingranat, opaker Kern, violette Reflexe, zarte Ockerrandaufhellung. Feine Kräuterwürze, ein Hauch von Dörrobst, zart nach Gewürznelken und Nougat, kandierte Orangenzesten. Kraftvoll, Noten von Feigen, etwas Karamell, komplex und dicht, reife Tannine, schokoladiger Abgang, zeigt Länge und Reife, ein kraftvoller Speisenbegleiter. € 45,–

Rotweine Lang
Lange Zeile 11, 7311 Neckenmarkt
T: +43 (2610) 42384, www.rotweinelang.at

94 Merlot 2018

NK, 14,5 %. Kräftiges Rubingranat, violette Reflexe, dezente Ockerrandaufhellung. Zart nach Nougat und Vanille, reife Herzkirschen, dunkles Waldbeerenkonfit, zarte tabakige Würze, mit Orangenzesten unterlegt. Saftig, elegant, süße Kirschen, feiner Säurebogen, reife Tannine, mineralisch und gut anhaftend, feiner Schokotouch im Abgang, bleibt gut haften, ein harmonischer, vielseitiger Speisenbegleiter. € 52,90

Hammer Wein Rust
Hauptstraße 9, 7071 Rust
T: +43 (2685) 231, www.hammerwein.at

94 Unplugged X Cuvée rot 2020 ME/CS/CF

NK, 15 %. Tiefdunkles Rubingranat, violette Reflexe, zarte Randaufhellung. Brombeernuancen, dezente Röstaromatik, Schokonoten, ein Hauch von Zwetschken, kandierte Orangen, floraler Touch. Gute Komplexität, dunkle Waldbeerenfrucht, straff, tragendes Tannin, feinwürzig im Abgang, Brombeernoten im Nachhall, sicheres Potenzial. € 49,–

Weingut Hannes Reeh
Augasse 11a, 7163 Andau
T: +43 (2176) 27011, www.hannesreeh.at

94 Tycoon 21 BF/TA/CS

NK, 14,5 %. Tiefdunkles Rubingranat, opaker Kern, violette Reflexe, zarte Randaufhellung. Intensiver Duft nach Vanille und eingelegten Kirschen, etwas Dörrobst, kandierte Mandarinenzesten, floraler Touch. Gute Komplexität, Cassis, schwarze Beerenfrucht, gut integriertes, tragendes Tannin, salzig, reife Frucht im Finish, sicheres Zukunftspotenzial. € 57,–

Weingut Gager
Karrnergasse 2 und 8, 7301 Deutschkreutz
T: +43 (2613) 80385, www.weingut-gager.at

94 Carnuntum DAC Monopol 2021 BF/CS Ⓑ
NK, 14,5 %. Dunkles Rubingranat, violette Reflexe, zarte Randaufhellung. Mit Johannisbeeren und Preiselbeeren unterlegte kandierte Mandarinenzesten, etwas Lakritze, frisches Bukett. Gute Komplexität, kraftvoll, fruchtsüß, samtiges Tannin, Heidelbeernoten im Nachhall, würziger Rückgeschmack. € 66,50

Weingut Michael Auer
Hoher Weg, 2465 Höflein
T: +43 (699) 11608281, www.weingut-auer.com

94 St. Laurent Große Reserve 2019 Ⓑ
NK, 13 %. Dunkles Rubingranat, violette Reflexe, breiter Wasserrand. Feine Kräuterwürze, zart nach Johannisbeeren, Feigentouch, Röstaromatik, dezente Reduktion. Mittlere Komplexität, würzig, reife Kirschen im Rückgeschmack, fruchtsüßer, tabakiger Nachhall, wird von Flaschenreife profitieren. € 80,–

Weingut Malat
Hafnerstraße 12, 3511 Furth
T: +43 (2732) 82934, www.malat.at

94 Pinot Noir Große Reserve 2016 Ⓑ
NK, 13 %. Dunkles Karmingranat, violette Reflexe, breitere Randaufhellung. Feine Kräuterwürze, zarte nach reifen Zwetschken, eingelegte Kirschen, tabakige Nuancen, kandierte Orangenzesten. Mittlere Komplexität, rotbeeriger Touch, feine, tragende Tannine, mineralischer-salziger Touch, bleibt haften, würzig, ein facettenreicher Speisenbegleiter mit weiterem Reifepotenzial. € 80,–

Weingut Malat
Hafnerstraße 12, 3511 Furth
T: +43 (2732) 82934, www.malat.at

93 Tridendron 2021 ME/BF/CS
VL, 14 %. Tiefdunkles Rubingranat, tiefer Kern, violette Reflexe, zarte Randaufhellung. Feines Waldbeerenkonfit, zart nach Lakritze, ein Hauch von Pflaumen, kandierte Veilchen klingen an. Saftig, gute Komplexität, engmaschig, zart tabakig, gut integrierte Tanninstruktur, Johannisbeeren im Rückgeschmack, facettenreiches Finish. € 15,50

Weingut Ernst Triebaumer
Raiffeisenstraße 9, 7071 Rust
T: +43 (2685) 528, www.triebaumer.com

93 Mephisto 2021 ZW/CS/ME Ⓥ
NK, 13 %. Dunkles Rubingranat, violette Reflexe, zarte Ockerrandaufhellung. Feine Kirschfrucht, dezente Haselnussnuancen, ein Hauch von Waldbeerenkonfit, einladendes Bukett. Saftig, gute Komplexität, feine Süße, Preiselbeeren im Abgang, salzig, bleibt sehr gut haften, guter Speisenbegleiter. € 16,50

Weingut Christ
Amtsstraße 10–14, 1210 Wien
T: +43 (1) 2925152, www.weingut-christ.at

93 Syrah Reserve 2021
DIAM, 14,5 %. Dunkles Rubingranat, opaker Kern, violette Reflexe, zarte Ockerrandaufhellung. Schwarze Waldbeerenfrucht, Brombeeren, etwas Lakritze, Nougat und kandierte Orangenzesten. Komplex, kraftvoll, etwas Nougat auch in der Textur, reife Tannine, rote Beerenfrucht im Abgang, mineralisch-zitronig im Nachhall, ein facettenreicher Speisenbegleiter. € 17,30

Weingut Hundsdorfer
Lange Zeile 10, 7311 Neckenmarkt
T: +43 (2610) 42034, www.hundsdorfer.at

93 Merlot 100 Days 2021
NK, 14,5 %. Kräftiges Rubingranat, violette Reflexe, breitere Randaufhellung. Tabakig-kräuterwürzig, dunkle Zwetschken, reife Kirschen, Brombeeren, etwas Nougat, Vanillenuancen. Saftig, elegant, frisch strukturiert, süße Kirschen und Zwetschken, reife, gut integrierte Tannine, komplex und anhaftend, mineralisch im Nachhall, gute Länge, sicheres Potenzial, ein facettenreicher, zugänglicher Speisenbegleiter. € 18,–

Weingut Keringer
Wiener Straße 22a, 7123 Mönchhof
T: +43 (2173) 80380, www.keringer.at

93 Carnuntum DAC Carnuntum 2021 BF/ZW
DIAM, 13,5 %. Kräftiges Karmingranat, violette Reflexe, zarte Randaufhellung. Feine Kirschfrucht, zart nach Minze, ein Hauch von Tabakwürze, Kardamom klingt an. Gute Komplexität, rotbeerig, zarter Weichseltouch, lang anhaltend, Mandarinentouch im Finish, leichtfüßiges Trinkvergnügen. € 18,–

Weingut Dorli Muhr
Weingartenweg 6, 2472 Prellenkirchen
T: +43 (664) 1804039, www.dorlimuhr.at

93 Cuvée Heulichin 2021 BF/CS/ZW Ⓥ
DV, 13,5 %. Tiefdunkles Rubingranat, violette Reflexe, zarte Randaufhellung. Feine Röstaromatik, ein Hauch von Gewürzen, dunkles Beerenkonfit, Brombeernuancen, kandierte Veilchen. Saftig, mittlere Komplexität, feinwürzig, nussig, mit dunklen Beeren unterlegt, samtige Tanninstruktur, mineralisch, fruchtsüß, gut antrinkbar. € 19,–

Weingut Wagentristl
Rosengasse 2, 7051 Großhöflein
T: +43 (2682) 61415, www.wagentristl.com

93 Cuvée Avus 2021 ME/ZW/BF
NK, 14,5 %. Dunkles Rubingranat, opaker Kern, violette Reflexe, zarte Randaufhellung. Tabak, Nougat und dunkles Waldbeerenkonfit, Karamell, mit Gewürzen unterlegt, einladendes Bukett. Saftig, kraftvoll, reife Brombeeren, unterlegt mit Holzwürze, zart nussiger Nachhall, schwarze Oliven, bleibt haften, gutes Reifepotenzial. € 19,20

Weingut Hagn
Hauptstraße 154, 2024 Mailberg
T: +43 (2943) 2256, www.hagn-weingut.at

93 Privat Cuvee 2021 ME/CS
DIAM, 14,5 %. Tiefdunkles Rubingranat, opaker Kern, violette Reflexe, zarte Randaufhellung. Reife Pflaumennoten, kandierte Veilchen, ein Hauch von Röstaromen, zart nach Nougat. Gute Komplexität, saftig, straff, frisches, gut integriertes Tannin, mineralisch, Brombeeren im Abgang, guter Speisenbegleiter. € 19,90

Weingut Schwertführer »47er«
Hauptstraße 47, 2504 Sooß
T: +43 (2252) 87191, www.47er.at

93 stiegelmar 2021 ZW/BF/CS Ⓥ

NK, 13,5 %. Dunkles Rubingranat, violette Reflexe, zarte Randaufhellung. Etwas Cassis und Kardamom, ein Hauch von tabakiger Kräuterwürze, dezente Vanillenoten, kandierte Orangenschalen. Gute Komplexität, saftig, Waldbeerenkonfit im Abgang, schokoladiger Nachhall, bleibt sehr gut haften, sicheres Reifepotenzial. € 19,90

Weingut Stiegelmar
Goldberg 6, 7122 Gols
T: +43 (2173) 2317, www.stiegelmar.com

93 Malbec X BEC 2021
DV, 14,5 %. Tiefdunkles Rubingranat, opaker Kern, violette Reflexe, zarte Randaufhellung. Zarte Holzwürze, schokoladiger Touch, dunkle Beerenfrucht, Heidelbeeren klingen an, dezent nach Cassis. Gute Komplexität, frisch und lebendig, schwarze Kirschen, mineralischer Nachhall, bleibt gut haften, facettenreicher Speisenbegleiter. € 20,–

Kraft aus Rust
Conradplatz 11, 7071 Rust
T: +43 (664) 1206630, www.kraftausrust.at

93 The Butcher Cuvée 2020 ZW/BF/ME
DIAM, 13,5 %. Kräftiges Rubingranat, violette Reflexe, zarter Wasserrand. Floral, etwas Vanille, ein Hauch von Kirschen und Lakritze, Anis klingt an. Saftig, gute Komplexität, fruchtsüß, mineralisch, Preiselbeernoten im Abgang, samtige Tannine, lebendiger Abgang, trinkanimierender Stil. € 20,90

Weingut Schwarz
Baumhöhäcker 16, 7163 Andau
T: +43 (2176) 3231, www.schwarz-weine.at

93 Merlot 2021 (B) (V)

NK, 15 %. Kräftiges Rubingranat, violette Reflexe, breitere Ockerrandaufhellung. Noten von reifen schwarzen Herzkirschen, etwas Brombeeren, floraler Touch, kandierte Mandarinenzesten. Kraftvoll, saftig, dunkle Beeren, wieder Kirschen, elegant, reife Tannine, mineralisch und gut anhaftend, extraktsüßer Nachhall, zeigt Länge und Reifepotenzial, bereits antrinkbar. € 21,–

Weingut Franz und Christine Netzl
Rosenbergstraße 17, 2464 Göttlesbrunn
T: +43 (2162) 8236, www.netzl.com

93 Cabernet Sauvignon 2021 (B) (V)

NK, 14 %. Dunkles Rubingranat, violette Reflexe, breitere Randaufhellung. Zart nach Cassis und Lakritze, reife Kirschen, schokoladig unterlegt, kandierte Orangenzesten. Mittlere Komplexität, kräftig, rotbeerige Nuancen, frisch strukturiert, runde Tannine, mineralisch-salzig, zitroniger Touch, ein lebendiger Speisenbegleiter. € 21,–

Weingut Franz und Christine Netzl
Rosenbergstraße 17, 2464 Göttlesbrunn
T: +43 (2162) 8236, www.netzl.com

93 Cabernet Sauvignon Reserve 2021

NK, 14 %. Dunkles Rubingranat, opaker Kern, violette Reflexe, dezente Randaufhellung. Noten von Karamell und Röstaromen, feine Cassisnuancen, Brombeerkonfit, zarte Kräuterwürze, rotbeeriger Touch. Kräftig, komplex, Schwarze Johannisbeeren, mit reifem Tannin ausgestattet, mineralisch, frisch und anhaftend. € 23,–

Weingut Jalits
Untere Dorfstraße 16, 7512 Badersdorf
T: +43 (664) 3303827, www.jalits.at

93 Cabernet Franc Unplugged 2021

NK, 15 %. Tiefdunkles Rubingranat, opaker Kern, Ockerreflexe, zarter Wasserrand. Feine Cassisnoten, etwas nach Feigen, ein Hauch von Lakritze, etwas Kardamom, tabakige Nuancen. Saftig, gute Komplexität, mineralisch-salzig, Johannisbeeren im Abgang, Edelholzwürze im Nachhall, guter Speisenbegleiter. € 23,–

Weingut Hannes Reeh
Augasse 11a, 7163 Andau
T: +43 (2176) 27011, www.hannesreeh.at

93 Cabernet Sauvignon Unplugged 2021

NK, 14,5 %. Tiefdunkles Rubingranat, schwarzer Kern, violette Reflexe, zarte Randaufhellung. Feine Tabakwürze, dazu Johannisbeeren, zart nach Paprika, etwas Edelholzwürze, frisch, ein Hauch von Veloursleder. Saftig, mittlerer Körper, präsente Tanninstruktur, Cassis im Abgang, lang anhaftend, wird von Flaschenreife profitieren. € 23,–

Weingut Hannes Reeh
Augasse 11a, 7163 Andau
T: +43 (2176) 27011, www.hannesreeh.at

93 Maulwurf 2021 BF/ME/CS

NK, 13,5 %. Dunkles Rubingranat, violette Reflexe, zarte Ockerrandaufhellung. Feinwürzig unterlegte schwarze Herzkirschfrucht, Brombeerkonfit, mit kandierten Orangenzesten unterlegt. Komplex, saftig, mineralisch-frische Textur, zartes Nougat im Abgang, salzig, gut anhaftend, sicheres Reifepotenzial. € 24,50

Weingut Ernst Triebaumer
Raiffeisenstraße 9, 7071 Rust
T: +43 (2685) 528, www.triebaumer.com

93 Pinot Noir Ried Lores 2021
DV, 14 %. Mittleres Karmingranat, Ockerreflexe, breite Randaufhellung. Feine Röstaromen, etwas Biskuit, dunkle Beerenfrucht, einladendes Bukett. Kraftvoll, mittlere Komplexität, Erdbeeren, eingelegte Kirschen, feine Tannine, mineralisch und gut anhaftend, verfügt über weiteres Reifepotenzial. € 24,60

Weingut Heggenberger
Badner Straße 6, 2523 Tattendorf
T: +43 (2253) 81432, www.heggenberger.at

93 Cabernet Franc Oggau Ried Neugebirge 2020
NK, 13,5 %. Dunkles Rubingranat, opaker Kern, violette Reflexe, dezente Randaufhellung. Feiner Nougattouch, ein Hauch von schwarzer Beerenfrucht, Heidelbeeren, Herzkirschen, mit Edelholznuancen unterlegt. Saftig, komplex, tragende Tanninstruktur, feinwürzig, Lakritze und Cassis im Abgang, mineralisch, bereits entwickelt, gutes Reifepotenzial. € 25,–

Weingut MAD
Antonigasse 1, 7063 Oggau
T: +43 (2685) 7207, www.weingut-mad.at

93 Furioso 2021 BF/ME/CS/CF
NK, 13,5 %. Kräftiges Rubingranat, violette Reflexe, zarte Randaufhellung. Schwarze Kirschfrucht, ein Hauch von Himbeeren, dezente Kräuternoten, Blutorangenzesten, einladendes Bukett. Gute Komplexität, zart nach Walderdbeeren, mineralisch, gut integrierte Tanninstruktur, frisch und fruchtig, finessenreicher Speisenbegleiter, sicheres Potenzial. € 25,–

Weingut MAD
Antonigasse 1, 7063 Oggau
T: +43 (2685) 7207, www.weingut-mad.at

93 CAB 2019 CF/CS
NK, 15 %. Dunkles Rubingranat, violette Reflexe, zarte Randaufhellung. Einladender Duft nach Waldbeerenkonfit, etwas Erdbeeren, ein Hauch von kandierten Veilchen, frisch und animierend. Saftig, gute Komplexität, Brombeernoten im Abgang, Nougat-Toffee im Rückgeschmack, bleibt sehr gut haften, dichtes Finish. € 25,–

StephanO Das-Wein-Gut
Unterer Weinweg 11, 7474 Deutsch Schützen
T: +43 (664) 2636939, www.stephano.at

93 Zweigelt Neusiedlersee DAC Reserve Ried Römerstein 2021
NK, 14 %. Dunkles Rubingranat, violette Reflexe, zarte Randaufhellung. Feine Cassisnoten, floral, Kräuternuancen, reife Herzkirschnoten, Zwetschke klingt an. Saftig, engmaschig, frische Beeren, salzig-mineralisch, Edelholzwürze, Johannisbeeren im Nachhall. € 26,–

Weingut Alexander Egermann
Apetlonerstraße 28, 7142 Illmitz
T: +43 (2175) 3293, www.alexander-egermann.at

93 St. Georg Reserve 2021 SL/PN
NK, 14 %. Kräftiges Karmingranat, violette Reflexe, dezente Ockerrandaufhellung. Zart tabakig, reife Zwetschken, dunkle Kirschen, Nougat klingt an, feinwürziges Bukett. Saftig, rotbeerig, wirkt leichtfüßig und frisch, runde Tannine, mineralisch, bereits gut antrinkbar, vielfältig einsetzbar. € 26,–

Weingut Juris
Marktgasse 12–18, 7122 Gols
T: +43 (2173) 2748, www.juris.at

93 Cabernet Merlot 2021 CS/ME (B)

NK, 14,5 %. Tiefdunkles Rubingranat, violette Reflexe, zarte Randaufhellung. Dunkles Waldbeerenkonfit, zart nach Ribiseln, ein Hauch von Holzwürze, etwas nach Veilchen, Lakritze klingt an. Saftig, engmaschig, gut integrierte Tanninstruktur, mineralisch-salzig, Cassis im Abgang, bleibt sehr gut haften, vielschichtiger Speisenbegleiter. € 26,–

Weingut Ernst Triebaumer
Raiffeisenstraße 9, 7071 Rust
T: +43 (2685) 528, www.triebaumer.com

93 Pinot Noir Terroir 2021 (B)

NK, 13 %. Mittleres Karminrot, ockerfarbene Reflexe, breiterer Wasserrand. Wiesenkräuter und Kirschfrucht, ein Hauch von Blutorangen, frisches Bukett. Mittlerer Körper, salzig, engmaschig, feine rote Kirschfrucht, ein Hauch von Feuerstein, bereits entwickelt, guter Speisenbegleiter. € 29,60

Weingut Leo Hillinger
Hill 1, 7093 Jois
T: +43 (2160) 8317, www.leo-hillinger.com

93 St. Laurent Ried Stiftsbreite Reserve 2021 (V)

NK, 13 %. Dunkles Rubingranat, violette Reflexe, zarter Wasserrand. Feine Holz-Tabak-Würze, etwas schwarze Kirschfrucht, Johannisbeeren, etwas Nougat, einladendes Bukett. Saftig, engmaschig, gute Komplexität, fruchtsüß, reife rote Beerenfrucht, seidige Tannine, lebendiger Stil. € 27,–

Weingut Stift Klosterneuburg GmbH
Stiftsplatz 1, 3400 Klosterneuburg
T: +43 (2243) 411, www.stift-klosterneuburg.at

93 Marco Polo 2019 SY/ME/CS

NK, 14 %. Dunkles Rubingranat, tiefer Kern, violette Reflexe, zarte Randaufhellung. Edelholzwürze, Nuancen von Brombeeren, Lakritze und Kräutern, mit Cassis und kandierten Orangenzesten unterlegt, einladendes Bukett. Saftig, kräftig, dunkle Beerenfrucht, schwarze Kirschen, seidige Textur, feine Tannine, frisch strukturiert, mineralisch, ein lebendiger Speisenbegleiter, weiteres Reifepotenzial. € 30,–

Weingut Giefing
Hauptstraße 13, 7071 Rust
T: +43 (2685) 379, www.wein-rust.at

93 Blauer Zweigelt Mister Zweigelt 2021

DIAM, 14,5 %. Kräftiges Rubingranat, violette Reflexe, zarte Randaufhellung. Schokoladiger Touch, unterlegt mit Erdbeeren, zart nach Edelholzwürze, Waldbeeren. Gute Komplexität, saftig, samtiges, gut eingebundenes Tannin, Amarenakirsche, Vanilletouch, vielschichtiger Speisenbegleiter mit Potenzial. € 28,–

Weingut Migsich
Kleine Zeile 66, 7042 Antau
T: +43 (2687) 62253, www.migsich.at

93 XXI 2020 ME/CS (V)

NK, 13 %. Kräftiges Rubingranat, violette Reflexe, breitere Ockerrandaufhellung. Feine Wiesenkräuternoten, frische Kirschfrucht, kandierte Orangenzesten, mit Weichseln unterlegt. Fruchtsüß, würzig, saftig, gut integrierte Tanninstruktur, mineralisch, rotbeeriges Finish, feine Holzwürze im Nachhall, guter Speisenbegleiter. € 29,–

Weingut Christ
Amtsstraße 10–14, 1210 Wien
T: +43 (1) 2925152, www.weingut-christ.at

93 Cabernet Sauvignon Privat 2021

NK, 14,5 %. Kräftiges Rubingranat, violette Reflexe, zarte Randaufhellung. Zarte Tabak-Holz-Würze, etwas Cassis und Kardamom, ein Hauch von Orangenschalen, Johannisbeeren klingen an. Gute Komplexität, feinwürzig, etwas Vanille, dunkles Waldbeerenkonfit, zart pfeffrig, mineralisch, schokoladiger Nachhall, gutes Potenzial. € 30,–

Weingut Josef und Maria Reumann
Neubaugasse 39, 7301 Deutschkreutz
T: +43 (2613) 80421, www.weingut-reumann.at

93 Zweigelt Neusiedlersee DAC Reserve 65 2021

DIAM, 13,5 %. Dunkles Rubingranat, opaker Kern, ockerfarbene Reflexe. Etwas Johannisbeeren, zarte Holzwürze, dezent nach Bourbon-Vanille, mit Cassis unterlegt, schokoladiger Touch. Saftig, gute Komplexität, engmaschig, süßes, samtiges Tannin, Nougat im Abgang, Brombeeren im Finish, gutes Reifepotenzial. € 31,60

Weingut Robert Goldenits
Untere Hauptstraße 8, 7162 Tadten
T: +43 (2176) 2294, www.goldenits.at

93 Pinot Noir Alte Reben Silvia Heinrich Edition 2019

NK, 13,5 %. Kräftiges Rubingranat, violette Reflexe, breitere Ockerrandaufhellung. Zart kräuterwürzig unterlegtes dunkles Waldbeerenkonfit, tabakige Nuancen, kandierte Mandarinenzesten. Saftig, feine Extraktsüße, reife rote Frucht, seidige Tannine, frisch und anhaftend, ein vielseitiger, bereits gut entwickelter Speisenwein. € 35,–

Weingut Silvia Heinrich
Karrnergasse 59, 7301 Deutschkreutz
T: +43 (2613) 89615, www.weingut-heinrich.at

93 Pinot Noir Ried Eichkogel Monopol 2019

NK, 14 %. Mittleres Karmingranat, Ockerreflexe, breite Randaufhellung. Frisches rotes Waldbeerenkonfit, zart nach Lakritze, ein Hauch von Edelholz, mit Mandarinenzesten unterlegt. Mittlere Komplexität, rotbeeriger Touch, feine Tannine, mineralisch im Abgang, elegant und gut anhaftend, sicheres weiteres Reifepotenzial. € 32,–

Winzerfamilie Gregor Schup
Josefigasse 8, 2353 Guntramsdorf
T: +43 (2236) 53291, www.schup.at

93 Merlot Ried Eichkogel Monopol 2019

NK, 14 %. Kräftiges Karmingranat, Ockerreflexe, breitere Randaufhellung. Tabakig, zart nach Lakritze und schwarzen Kirschen, frische Orangenzesten, einladendes Bukett. Kraftvoll, saftig, reife Zwetschken, etwas Nougat, reife, tragende Tannine, elegant und anhaftend, ein stoffiger Speisenbegleiter mit Reifepotenzial. € 32,–

Winzerfamilie Gregor Schup
Josefigasse 8, 2353 Guntramsdorf
T: +43 (2236) 53291, www.schup.at

93 Heidrom Grand Reserve 2021 ME/CS

NK, 14 %. Dunkles Rubingranat, violette Reflexe, zarte Randaufhellung. Einladendes Bukett nach Zwetschken und Holzwürze, ein Hauch von Brombeeren, moderner Stil, zart nach Nougat. Saftig, präsentes, gut eingebundenes Tannin, dezente dunkelbeerige Frucht, schokoladiger Nachhall, würziger Rückgeschmack, ein kräftiger Speisenbegleiter. € 35,–

Weingut R&A Pfaffl
Schulgasse 21, 2100 Stetten
T: +43 (2262) 673423, www.pfaffl.at

93 Cardinal 2019 BF/SL/CS

NK, 14 %. Dunkles Rubingranat, violette Reflexe, zarte Ockerrandaufhellung. Feine tabakige Kräuterwürze, rotes Waldbeerenkonfit, kandierte Blutorangenzesten, reife Fruchtnoten. Gute Komplexität, kraftvoll, mineralisch, reife Tannine, samtig, salziger Abgang, Zwetschken im Rückgeschmack, guter Speisenbegleiter. € 35,–

Weingut Giefing
Hauptstraße 13, 7071 Rust
T: +43 (2685) 379, www.wein-rust.at

93 Cabernet Sauvignon Ried Alter Satz 2019

VL, 14,5 %. Dunkles Rubingranat, violette Reflexe, dezente Randaufhellung. Dunkle Beerenfrucht, ein Hauch von Kräutern, zart nach schwarzen Oliven, Cassisnuancen, floraler Touch. Kräftig, komplex, engmaschig, schwarzbeerige Textur, reife Tannine, salziger Abgang, Nougat im Rückgeschmack, weiteres Potenzial. € 39,–

Weingut AmSee
Neubaugasse 19, 7122 Gols
T: +43 (664) 75038676, www.wein-amsee.at

93 The Oak 2020 BF/ME/CS
NK, 14,5 %. Kräftiges Rubingranat, opaker Kern, violette Reflexe, dezente Ockerrandaufhellung. Feine Kräuterwürze, schwarze Waldbeeren, etwas Nougat, reife Kirschen klingen an. Saftig, komplex, schokoladige Textur, reife Tannine, mineralisch, gut anhaftend, wird von weiterer Flaschenreife profitieren. € 39,–

Eichenwald Weine
Kellerei: Günser Straße 54, 7312 Horitschon
T: +43 (2610) 42321, www.eichenwald.at

93 Pinot Noir Ried Käferberg Reserve 2020 B
NK, 13 %. Kräftiges Rubingranat, violette Reflexe, breitere Ockerrandaufhellung. Feine Nuancen von Karamell und Nougat, reife dunkle Beerenfrucht, ein Hauch von Orangenzesten. Mittlerer Körper, rotbeeriger Touch, frischer Säurebogen, feine Tannine, salziger Nachhall, mineralischer Abgang, bereits gut antrinkbar. € 45,–

Weingut Bründlmayer
Zwettler Straße 23, 3550 Langenlois
T: +43 (2734) 21720, www.bruendlmayer.at

93 Domino.1 2021 ME/CF/BF
DIAM, 15 %. Dunkles Rubingranat, violette Reflexe, dezente Randaufhellung. Zarte Nougatnoten, etwas nach Feigen, ein Hauch von Kardamom, frische Beerenfrucht, feinwürzig. Mittlere Komplexität, saftig, feine Fruchtsüße, rotbeerige Kirschnoten, salziger Nachhall, bereits sehr gut antrinkbar. € 49,90

Weingut Hoffmann Doris & Michael
Wiener Strasse 2, 7123 Mönchhof
T: +43 (2173) 80264, www.hoffmann-wein.at

93 Cuvée Eichkogel Monopol 2019 CS/SY
NK, 14,5 %. Kräftiges Rubingranat, violette Reflexe, breitere Ockerrandaufhellung. Dezente Holzwürze, zart balsamisch, ein Hauch von schwarzen Beeren, Oliventapenade und dezente Kräuternoten, wirkt bereits entwickelt. Saftig, gute Komplexität, engmaschig, tragende Tanninstruktur, Herzkirschen im Abgang, bleibt sehr gut haften. € 80,–

Winzerfamilie Gregor Schup
Josefigasse 8, 2353 Guntramsdorf
T: +43 (2236) 53291, www.schup.at

92 Cabernet Sauvignon Reserve 2020
DV, 13,3 %. Kräftiges Rubingranat, violette Reflexe, zarte Randaufhellung. Cassis und Kräuter, ein Hauch von Tabak, etwas nach Veloursleder, zart nach Lakritze. Saftig, feine Tanninstruktur, dunkle Waldbeeren, bleibt gut haften, samtig, Johannisbeeren im Rückgeschmack, guter Speisenbegleiter. € 11,50

Weingut Puhr
Obermarkersdorf 41, 2073 Obermarkersdorf
T: +43 (699) 19607758, www.weingutpuhr.at

92 Cuvée Ried Ungerberg 2021 ZW/BF/ME
DV, 14 %. Kräftiges Rubingranat, violette Reflexe, breitere Ockerrandaufhellung. Zart nach Edelholz und Preiselbeeren, schwarze Kirschen, feine Kräuterwürze, mit Mandarinenzesten unterlegt. Saftig, fruchtig, kraftvoll, mittlere Komplexität, reife Tannine, etwas Nougat, elegant und bereits gut antrinkbar. € 14,–

Weingut Göschl & Töchter
Am Kanal 4, 7122 Gols
T: +43 (664) 4530988, www.weingut-goeschl.at

92 Edelschwarz Cuvée 2021 ZW/ME/CF
DV, 13,5 %. Dunkles Rubingranat, violette Reflexe, zarte Ockerrandaufhellung. Zarte Brombeernoten, ein Hauch von gerösteten Mandeln, feine Würze, Herzkirschen klingen an. Gute Komplexität, feinwürzig, samtiges Tannin, Brombeeren, zart nach Nougat im Abgang, bleibt sehr gut haften, vielfältig einsetzbar, gutes Potenzial. € 14,90

Weingut Schwarz
Baumhöhäcker 16, 7163 Andau
T: +43 (2176) 3231, www.schwarz-weine.at

92 Cabernet Sauvignon Merlot Ried Neugebirge 2021 CS/ME
NK, 13,5 %. Dunkles Rubingranat, violette Reflexe, breitere Ockerrandaufhellung. Dezente Nuancen von Kräutern und Gewürzen, mit Nougat und kandierten Orangenzesten unterlegt. Mittlere Komplexität, dunkle Kirschen, frisch strukturiert, gut integrierte Tannine, mineralisch und bereits zugänglich, ein vielseitiger Speisenbegleiter. € 15,–

Weingut MAD
Antonigasse 1, 7063 Oggau
T: +43 (2685) 7207, www.weingut-mad.at

92 Ried Adlersberg rot 2021 BF/CS/ME
DV, 14,5 %. Dunkles Rubingranat, tiefer Kern, violette Reflexe, zarte Ockerrandaufhellung. Nuancen von Brombeeren und Holunder, feine Kräuterwürze, zart nach Lakritze, mit kandierten Orangenzesten unterlegt. Saftig, süße rotbeerige Frucht, gute Frische, runde Tannine, lebendig und animierend. € 15,–

Robitza Wein
Rosengasse 4, 7064 Oslip
T: +43 (699) 12338540, www.robitza-wein.at

92 Blauer Wildbacher 2021
DV, 14 %. Tiefdunkles Rubingranat, opaker Kern, violette Reflexe. Dunkle Waldbeeren, ein Hauch von Wacholder und Lakritze, zarte Holzwürze klingt an, mit Brombeerkonfit unterlegt. Saftig, reife Herzkirschen, runde Tannine, frisch strukturiert, mineralisch und gut anhaftend, dezente Süße im Nachhall, gutes weiteres Entwicklungspotenzial. € 16,–

Weingut Strohmaier Thomas, Margaretha & Katrin
Brunn 41, 8544 Pölfing-Brunn
T: +43 (664) 1749617, www.strohmaier.schilcher.com

92 Cabernet Sauvignon Amore 2021
NK, 13,5 %. Dunkles Rubingranat, violette Reflexe, zarte Ockerrandaufhellung. Nuancen von Gewürzen und Edelholz, Schwarze Johannisbeeren, zart nach Bourbon-Vanille und kandierten Mandarinenzesten. Saftig, elegante Textur, dunkle Beerenfrucht, frisch strukturiert, gut eingebundene Tannine, ausgewogen und gut zugänglich. € 16,–

Domaine Pöttelsdorf
Kellerweg 15, 7025 Pöttelsdorf
T: +43 (2626) 5200, www.domaine-pöttelsdorf.at

92 Cabernet Sauvignon 2021
DIAM, 15 %. Tiefdunkles Rubingranat, opaker Kern, violette Reflexe, dezente Randaufhellung. Gewürznuancen, schwarze Waldbeeren, ein Hauch von Cassis und Lakritze, tabakige Würze. Kraftvoll, stoffig, dezente Extraktsüße, reife, tragende Tannine, Brombeer- und Heidelbeerkonfit im Finish, gute Länge, ein komplexer Speisenbegleiter, wird von Flaschenreife profitieren. € 17,50

Weingut Jacqueline Klein
Baumhöhäcker 10, 7163 Andau
T: +43 (664) 75124505, www.klein-wein.at

92 Tetuna Reserve 2021 BF/ZW/CS
DIAM, 13,5 %. Tiefdunkles Rubingranat, opaker Kern, violette Reflexe, zarte Randaufhellung. Feine Tabakwürze, zarte Brombeernuancen, etwas Orangenschalen, dezente Ledernoten, schwarze Frucht. Saftig, feinwürzig, gute Komplexität, präsentes Tannin, Cassis im Abgang, mineralischer Nachhall. € 17,60

Weingut Robert Goldenits
Untere Hauptstraße 8, 7162 Tadten
T: +43 (2176) 2294, www.goldenits.at

92 Heideboden Reserve 2021 ME/ZW/BF/CS
DIAM, 14 %. Dunkles Rubingranat, violette Reflexe, zarte Ockerrandaufhellung. Feine Edelholznuancen, ein Hauch von Preiselbeeren, schwarze Kirschen, etwas Nougat, einladendes Bukett. Saftig, elegant, reife Herzkirschen, feine Tannine, frisch und gut entwickelt, ein vielfältig einsetzbarer Speisenbegleiter. € 17,50

Preinerwein
Sportplatzgasse 21, 7143 Apetlon
T: +43 (660) 4781867, preinerwein.at

92 Shiraz 2020 V
NK, 13 %. Kräftiges Rubingranat, violette Reflexe, breitere Ockerrandaufhellung. Zart nach Nougat und Karamell, ein Hauch von Erdbeerkonfitüre, reife Zwetschken, Minze und Limetten. Straff, rotbeerig, lebendig strukturiert, feine Tannine, mineralisch, ein Hauch von weißem Nougat im Nachhall, bereits gut antrinkbar. € 18,–

Weingut Christ
Amtsstraße 10–14, 1210 Wien
T: +43 (1) 2925152, www.weingut-christ.at

92 Shiraz 100 Days 2021
NK, 14,5 %. Kräftiges Rubingranat, violette Reflexe, dezente Ockerrandaufhellung. Reife Zwetschken, Brombeerkonfit, feine Edelholzwürze, ein Hauch von Dörrobst. Kraftvoll, saftig, etwas Nougat, lebendig strukturiert, präsente, tragende Tannine, feinwürziger Nachhall, ein stoffiger Begleiter bei Tisch. € 18,–

Weingut Keringer
Wiener Straße 22a, 7123 Mönchhof
T: +43 (2173) 80380, www.keringer.at

92 Cuvée Annee 2019 CS/ME/PN
NK, 14 %. Kräftiges Rubingranat, ockerfarbene Reflexe, zarte Randaufhellung. Zarte Vanillenoten, etwas Nougat, schwarzes Waldbeerenkonfit, etwas gekochter Rhabarber, feines Bukett. Saftig, mittlere Komplexität, feinwürzig, gut integriertes Tannin, Feigen im Abgang, guter Speisenbegleiter. € 18,–

Weingut Peter Dolle
Herrengasse 2, 3491 Straß im Straßertale
T: +43 (2735) 2326, www.dolle.at

92 Cabernet Sauvignon 100 Days 2021
NK, 15 %. Tiefdunkles Rubingranat, opaker Kern, violette Reflexe, zarte Randaufhellung. Toffee, Röstaromatik, zart nach Lakritze und Zwetschken, kandierte Veilchen, zarte Süße. Saftig, straff, gut eingebundene Tanninstruktur, mineralisch-salzig, lebhaft, dunkles Waldbeerenkonfit, bleibt gut haften, vielfältig einsetzbar. € 18,–

Weingut Keringer
Wiener Straße 22a, 7123 Mönchhof
T: +43 (2173) 80380, www.keringer.at

92 Merlot 2021
NK, 15,5 %. Kräftiges Karmingranat, violette Reflexe, breite Ockerrandaufhellung. Zart kräuterwürzig unterlegte reife Zwetschkenfrucht, etwas Nougat, kandierte Orangenzesten. Stoffig, kraftvoll, zarte Dörrobstnoten, schokoladige Textur, rund und anhaftend, dunkles Karamell im Nachhall, opulenter Stil. € 18,–

Weingut Mauser
Hauptstraße 41, 2120 Obersdorf
T: +43 (699) 11725496, www.mauser.at

92 Zweigelt Carnuntum DAC Göttlesbrunn Bienenfresser 2021
NK, 14 %. Dunkles Rubingranat, violette Reflexe, zarte Randaufhellung. Reife Zwetschken, Brombeerkonfit, ein Hauch von Nougat und kandierten Orangenzesten, einladend. Kräftig, saftige Herzkirschen, frischer Säurebogen, reife, samtige Tannine, mineralisch-salziger Nachhall, bereits gut entwickelt und antrinkbar. € 18,20

Ing. Johannes Pitnauer
Weinbergstraße 4-6, 2464 Göttlesbrunn
T: +43 (2162) 8249, www.pitnauer.com

---

92 V.T.S. - Vintage Top Select 2019 ME/CS/CF/BF
NK, 14 %. Kräftiges Rubingranat, violette Reflexe, zarte Randaufhellung. Feine Kräuter-Tabak-Würze, etwas nach Lakritze, zart floral, reife Kirschfrucht, Madarinenzesten klingen an. Mittlerer Körper, leichtfüßig, salzig, gut eingebundene Tannine, Herzkirschen im Abgang, bereits gut entwickelt, lebendiger Speisenbegleiter. € 18,30

Weingut Hans Moser
St. Georgener Hauptstraße 13, 7000 Eisenstadt
T: +43 (2682) 66607, www.hans-moser.at

---

92 Zweigelt/Merlot/Cabernet Sauvignon Ried Maxendorf Barrique 2021 ZW/ME/CS Ⓑ
DV, 14 %. Kräftiges Rubingranat, violette Reflexe, zarte Randaufhellung. Brombeeren, floraler Touch, etwas nach Orangenschalen, Walderdbeeren im Hintergrund. Saftig, gute Fruchtsüße, zart nach Karamell, dunkle Waldbeerenfrucht, schokoladiges Finish, guter Speisenbegleiter. € 18,90

Weingut Neustifter
Laaer Straße 10, 2170 Poysdorf
T: +43 (2552) 3435, www.weingut-neustifter.com

---

92 Cuveé Styria 2020 BW/ZW Ⓗ
DV, 14 %. Tiefdunkles Rubingranat, violette Reflexe, zarte Randaufhellung. Nuancen von Kardamom und Nougat, schwarze Waldbeeren, ein Hauch von Vanille, mineralischer Touch. Mittlere Komplexität, feine Extraktsüße, reife Herzkirschen, reife Tannine, elegant und gut anhaftend, verfügt über weiteres Reifepotenzial. € 19,–

Weingut Strohmaier Thomas, Margaretha & Katrin
Brunn 41, 8544 Pölfing-Brunn
T: +43 (664) 1749617, www.strohmaier.schilcher.com

---

92 Merlot Reserve 2021
DIAM, 15 %. Kräftiges Rubingranat, opaker Kern, violette Reflexe, zarte Randaufhellung. Schwarze Waldbeeren, Nuancen von Brombeeren und etwas Cassis, zart nach Vanille und Edelholz. Mittlerer Körper, rote Herzkirschen, präsente, tragende Tannine, mineralisch-salzig im Abgang, ein lebendiger Speisenbegleiter mit Reifepotenzial. € 19,30

Weingut Hundsdorfer
Lange Zeile 10, 7311 Neckenmarkt
T: +43 (2610) 42034, www.hundsdorfer.at

---

92 Cabernet Sauvignon Ried Kadolzberg Grande Reserve 2021 Ⓥ
DV, 14,5 %. Tiefdunkles Rubingranat, opaker Kern, violette Reflexe, zarte Randaufhellung. Zart nach Cassis, etwas Nougat, kandierte Veilchen, ein Hauch von Toffee, mit Lakritze unterlegt. Saftig, gute Komplexität, Orangentouch, Johannisbeernoten klingen an, salziger Nachhall, unkomplizierter Speisenbegleiter. € 20,–

Weingut Wolfgang Hofer
Maurer-Lange-Gasse 29, 1230 Wien
T: +43 (1) 8887380, www.vino-hofer.at

---

92 Merlot Reserve M+ 2021 Ⓑ
NK, 14 %. Dunkles Rubingranat, opaker Kern, violette Reflexe, zarte Randaufhellung. Reife schwarze Kirschen, Nuancen von Zwetschken, feine Kräuterwürze, ein Hauch von Nougat, einladendes Bukett. Komplex, kraftvoll, reife Beerenfrucht, schokoladige Textur, reife, tragende Tannine, mineralischer Nachhall, wird von weiterer Flaschenreife profitieren. € 20,–

Weingut Wurzinger Pia
Obere Hauptstraße 11, 7162 Tadten
T: +43 (676) 4868757, www.weingut-wurzinger.at

92 Ráthay 2019
NK, 15,5 %. Dunkles Rubingranat, opaker Kern, violette Reflexe, zarte Randaufhellung. Feine Brombeernoten, zart nach Nougat, dezente Röstaromatik, mit Dörrobst unterlegt. Kräftig, saftig, fruchtsüß, Heidelbeernoten, Vanilletouch, schwarze Oliven, bleibt sehr gut haften, vielfältig einsetzbar. € 22,–

Weingut Mauser
Hauptstraße 41, 2120 Obersdorf
T: +43 (699) 11725496, www.mauser.at

92 Pinot Noir 2020 (B)
NK, 12,5 %. Mittleres Rubingranat, violette Reflexe, breitere Randaufhellung. Frische rote Beerenfrucht, etwas Kräuterwürze, ein Hauch von Toffee, vegetale Nuancen, dezente Holzwürze. Mittlere Komplexität, salzig, rote Kirschfrucht im Abgang, Weichseltouch, samtiges Tannin, bereits sehr gut antrinkbar. € 22,50

Weingut Bründlmayer
Zwettler Straße 23, 3550 Langenlois
T: +43 (2734) 21720, www.bruendlmayer.at

92 Tiefschwarz Cuvée 2020 ZW/BF
DIAM, 13,5 %. Kräftiges Rubingranat, violette Reflexe, Ockerrandaufhellung. Zarte Holzwürze, schwarzes Waldbeerenkonfit, feiner Nougattouch, dezente Röstaromatik, reife Zwetschken. Saftig, gute Komplexität, Feigentouch im Abgang, salziger Nachhall, lebendiger Säurebogen, vielfältig einsetzbar. € 22,90

Weingut Schwarz
Baumhöhäcker 16, 7163 Andau
T: +43 (2176) 3231, www.schwarz-weine.at

92 Shiraz Ried Lamer Vision 2021
DIAM, 15 %. Kräftiges Rubingranat, violette Reflexe, dezente Ockerrandaufhellung. Frische rote Herzkirschen, zart nach Brombeeren, feine tabakige Würze, mit einem Hauch von Vanille unterlegt. Mittlerer Körper, rotbeerige Textur, frischer Säurebogen, feine Tannine, salziger Abgang, ein lebendiger Speisenwein mit Reifepotenzial. € 23,–

Weingut Kugler – Vinum Saxum
Heidegasse 4, 7062 Sankt Margarethen im Burgenland
T: +43 (2680) 70 61, www.kuglerwein.at

92 Merlot Sideways 2019
NK, 15 %. Dunkles Rubingranat, violette Reflexe, zarte Ockerrandaufhellung. Schwarze Kirschen, dezente Edelholznuancen, nach Kardamom und Nelken, mit Brombeerkonfit unterlegt. Komplex, kraftvoll, rote Frucht, zart nach Vanille, gut integrierte Tannine, kirschiger Nachhall, salziger Rückgeschmack. € 24,–

Weingut Ernst
Neubaugasse 21, 7301 Deutschkreutz
T: +43 (664) 3860220, www.weinguternst.at

92 St. Laurent Ried Holzspur 2020
DV, 13,5 %. Kräftiges Rubingranat, violette Reflexe, dezente Ockerrandaufhellung. Nuancen von Kräutern, Tabak und Lakritze, feinwürziges Bukett, schwarze Kirschen klingen an. Saftig, mittlerer Körper, rotbeerige Textur, zarte Tannine, salziger Nachhall, bereits gut entwickelt. € 24,60

Weingut Heggenberger
Badner Straße 6, 2523 Tattendorf
T: +43 (2253) 81432, www.heggenberger.at

92 Reserve PM1 2019 ZW/BW (V)
NK, 13,5 %. Dunkles Rubingranat, tiefer Kern, violette Reflexe, dezente Ockerrandaufhellung. Tabakig, kräuterwürzig, mit Nougat und schwarzen Kirschen unterlegt, kandierte Orangenzesten im Hintergrund. Kraftvoll, engmaschig, dezente Süße, reife Zwetschken, runde Tannine, schokoladiger Nachhall, bereits gut antrinkbar. € 25,–

Weingut Masser
Fötschach 41, 8463 Leutschach
T: +43 (3454) 467, www.masser.cc

92 Kranixfeld 2021 BF/ZW/ME
NK, 14 %. Dunkles Rubingranat, violette Reflexe, zarte Ockerrandaufhellung. Dunkle Beerenfrucht, ein Hauch von Pflaumen, zart nach Orangenzesten, Lakritze klingt an. Saftig, elegant, feine Säurestruktur, mineralisch, etwas nach Kardamom, schwarze Kirschfrucht im Abgang, Nougat im Nachhall, guter Speisenbegleiter. € 26,–

Weingut Kranixfeld – Familie Fischl
Steinergasse 3, 7072 Mörbisch
T: +43 (2685) 83 48, www.kranixfeld-fischl.at

92 Chorus 2021 CS/ME/SL
NK, 14 %. Kräftiges Rubingranat, ockerfarbene Reflexe, zarte Randaufhellung. Zart nach Cassis, dazu feine Röstaromatik, etwas nach Marzipan, einladendes Bukett. Mittlere Komplexität, saftig, balanciert, Nougat im Abgang, reife Tannine, Salzkaramell im Nachhall, bleibt sehr gut haften, gutes Reifepotenzial. € 27,–

Weingut Stift Klosterneuburg GmbH
Stiftsplatz 1, 3400 Klosterneuburg
T: +43 (2243) 411, www.stift-klosterneuburg.at

92 Red 2017 CS/ZW
NK, 13,5 %. Kräftiges Karmingranat, Ockerreflexe, breitere Randaufhellung. Feine Edelholzaromen, Nuancen von Kardamom, etwas Nougat, reife Kirschen und etwas Cassis, tabakige Würze. Kraftvoll, saftig und würzig, frischer Säurebogen, tragende Tannine, etwas Nougat und Kokos, ein gut entwickelter Speisenwein. € 27,–

Weingut Masser
Fötschach 41, 8463 Leutschach
T: +43 (3454) 467, www.masser.cc

92 Auregio Rotweincuvèe 2021 ZW/ME/PN
NK, 13,5 %. Dunkles Rubingranat, violette Reflexe, zarte Ockerrandaufhellung. Zarte Dörrobstnoten, ein Hauch von kandierten Veilchen, Toffee, rotes Beerenkompott. Saftig, mittlere Komplexität, dezente Holzwürze, schokoladiger Touch, Johannisbeeren im Nachhall, guter Speisenbegleiter. € 26,30

Familienweingut Kolkmann
Kremser Straße 53, 3481 Fels am Wagram
T: +43 (2738) 2436, www.kolkmann.at

92 Pinot Noir 2020
NK, 14 %. Mittleres Karmingranat, violette Reflexe, ockerfarbene Randaufhellung. Zart nach Weichseln und Kardamom, ein Hauch von Mandarinenzesten, floraler Touch, einladendes Bukett. Mittlerer Körper, salzig, frische Struktur, mineralisch, Kirschfrucht, tabakiger Rückgeschmack. € 27,50

Wein-Gut Nigl
Kirchenberg 1, 3541 Senftenberg
T: +43 (2719) 2609, www.weingutnigl.at

92 Zweigelt Ried Hasel Reserve 2019
NK, 13 %. Dunkles Rubingranat, violette Reflexe, zarte Randaufhellung. Etwas Herzkirschen, zart nach Gewürzen, ein Hauch von Johannisbeeren, kandierte Zitruszesten, floraler Touch. Mittlere Komplexität, fruchtsüß, reife Kirschen, zart nach Bergamotte, salziger Nachhall, sicheres Reifepotenzial. € 26,40

Weingut Bründlmayer
Zwettler Straße 23, 3550 Langenlois
T: +43 (2734) 21720, www.bruendlmayer.at

92 Pinot Noir 2021
NK, 14,5 %. Kräftiges Karmingranat, violette Reflexe, breitere Randaufhellung. Einladendes Bukett nach Walderdbeeren, etwas nach Feigen, zarte Räucherwürze, dezent nach Minze. Saftig, straff, kraftvoll, feine Würze, präsentes Tannin, zurückhaltendes Fruchtspiel, wird von Flaschenreife profitieren. € 27,50

Wein-Gut Nigl
Kirchenberg 1, 3541 Senftenberg
T: +43 (2719) 2609, www.weingutnigl.at

92 Zweigelt Premium 2020 Ⓑ Ⓥ

VL, 13 %. Dunkles Rubingranat, violette Reflexe, zarte Randaufhellung. Feine Holznuancen, zart nach Datteln und Gewürzen, etwas nach Feigen, einladendes Bukett, kandierte Orangenschalen. Saftig, feine Säurestruktur, mineralisch-salzig, rote Beerenfrucht, Herzkirschen, guter Speisenbegleiter mit Potenzial. € 28,–

Bio-Weingut SCHWARZ
Kleine Zeile 8, 2172 Schrattenberg
T: +43 (2555) 2544, www.schwarzwines.com

92 Pinot Noir Kastanienwald 2020 Ⓥ

NK, 12 %. Kräftiges Karmingranat, ockerfarbene Reflexe, breite Randaufhellung. Intensiver Duft nach Minze und Kräutergarten, ein Hauch von Weichseln, dezente Ribiselnoten, Limettentouch. Mittlerer Körper, saftig, Kamille im Abgang, salziger Nachhall, rotbeeriges Finish, bereits gut antrinkbar. € 29,–

Weingut Christ
Amtsstraße 10–14, 1210 Wien
T: +43 (1) 2925152, www.weingut-christ.at

92 Zenit 2021 SY/ME/CS

DIAM, 14 %. Kräftiges Rubingranat, violette Reflexe, zarte Ockerrandaufhellung. Reife Zwetschken, unterlegt mit Milchschokolade, ein Hauch von Vanille, floraler Touch, kandierte Mandarinenzesten. Mittlere Komplexität, kraftvoll, präsente Tanninstruktur, mineralisch, schwarze Beeren im Abgang, bereits gut antrinkbar. € 28,–

Weingut Strommer.wine
Friedhofgasse 11a, 7083 Purbach am Neusiedler See
T: +43 (664) 400 93 22, www.strommer.wine

92 Cabernet Sauvignon 2021 Ⓥ

NK, 13,5 %. Kräftiges Karmingranat, Ockerreflexe, breitere Randaufhellung. Etwas nach Holzwürze, zart nach Pfeifentabak, ein Hauch von Brombeeren und reifen Zwetschken, Kardamom klingt an. Kraftvoll, saftig, etwas Cassis, Röstaromatik, schokoladiger Nachhall, bereits sehr entwickelt. € 28,60

Weingut Stift Klosterneuburg GmbH
Stiftsplatz 1, 3400 Klosterneuburg
T: +43 (2243) 411, www.stift-klosterneuburg.at

92 Sacra Grande Reserve 2021 CS/ME/ZW

NK, 13,5 %. Kräftiges Rubingranat, ockerfarbene Reflexe, zarte Randaufhellung. Feine tabakige Röstaromatik, ein Hauch von Toffee, frische Waldbeeren, zart nach Zwetschken. Mittlerer Körper, frisch und leichtfüßig, mineralisch, rote Beerenfrucht im Abgang, salziger Nachhall, bereits gut entwickelt. € 29,–

Winzerhof Familie Dockner
Ortsstraße 30, 3508 Höbenbach
T: +43 (2736) 7262, www.dockner.at

92 Merlot Premium 2020

VL, 14 %. Kräftiges Rubingranat, violette Reflexe, breite Randaufhellung. Dezente Gewürznoten, ein Hauch von Cassis, frische Orangenschalen, reife Dörrobstnoten. Mittlere Komplexität, feinwürzig, mineralisch, schwarze Kirschfrucht, gut integriertes Tannin, guter Speisenbegleiter. € 31,20

Bio-Weingut SCHWARZ
Kleine Zeile 8, 2172 Schrattenberg
T: +43 (2555) 2544, www.schwarzwines.com

92 Syrah Premium 2019

VL, 13,5 %. Kräftiges Rubingranat, violette Reflexe, dezente Ockerrandaufhellung. Ätherische Nuancen, ein Hauch von Lakritze, kandierte Veilchen, schwarzes Waldbeerenkonfit, Bourbon-Vanille klingt an. Saftig, elegant, frisch strukturiert, feine Tannine, mineralisch-salzig im Abgang, ein balancierter Speisenbegleiter mit Reifepotenzial. € 33,20

Bio-Weingut SCHWARZ
Kleine Zeile 8, 2172 Schrattenberg
T: +43 (2555) 2544, www.schwarzwines.com

92 Cabernet Sauvignon Ried Eichkogel Monopol 2019

NK, 14 %. Kräftiges Karmingranat, Ockerreflexe, breitere Randaufhellung. Frische schwarze Waldbeerenfrucht, zart nach Lakritze und Cassis, mit dezenter Kräuterwürze unterlegt. Komplex, kraftvoll, feine Beerenfrucht, runde, tragende Tannine, mineralisch-salzig im Abgang, gutes Entwicklungspotenzial. € 32,–

Winzerfamilie Gregor Schup
Josefigasse 8, 2353 Guntramsdorf
T: +43 (2236) 53291, www.schup.at

92 St. Laurent Reserve 2021

NK, 13 %. Kräftiges Rubingranat, violette Reflexe, breitere Randaufhellung. Feine Kräuterwürze, zart nach Zwetschken und Kirschen, mit tabakigen Nuancen unterlegt, etwas scheues Bukett. Rotbeerig und frisch strukturiert, wirkt schlank und leichtfüßig, feine Tannine, rote Kirschen und Preiselbeeren im Nachhall, gutes Entwicklungspotenzial. € 34,–

Weingut Schloss Gobelsburg
Schloss Straße 16, 3550 Gobelsburg
T: +43 (2734) 2422, www.gobelsburg.at

92 Syrah Ried Eichkogel Monopol 2019

NK, 14,5 %. Dunkles Rubingranat, violette Reflexe, dezente Ockerrandaufhellung. Zart blättrig unterlegte Kräuterwürze, reife Pflaumen, Brombeerkonfit, tabakiger Anklang. Kraftvoll, reife rote Herzkirschen, frische Säurestruktur, feine Tannine, mineralisch-salzig im Abgang, ein ausgewogener Speisenwein. € 32,–

Winzerfamilie Gregor Schup
Josefigasse 8, 2353 Guntramsdorf
T: +43 (2236) 53291, www.schup.at

92 Zweigelt Reserve 2021

NK, 13 %. Kräftiges Rubingranat, violette Reflexe, zarte Ockerrandaufhellung. Zart nach dunklen Waldbeeren, etwas Lakritze und Cassis, kandierte Orangenzesten, einladendes Bukett. Saftig, rotbeerig, mittlere Komplexität, eingelegte Kirschen, feiner Säurebogen, salzig-zitronig im Nachhall, ein vielseitiger Speisenbegleiter. € 34,–

Weingut Schloss Gobelsburg
Schloss Straße 16, 3550 Gobelsburg
T: +43 (2734) 2422, www.gobelsburg.at

92 Merlot Privatkeller 2021 Ⓥ

NK, 13 %. Dunkles Rubingranat, violette Reflexe, zarte Ockerrandaufhellung. Zart tabakig unterlegte Noten von Lakritze, etwas Cassis, zart nach Feigen und Nougat, einladendes Bukett. Stoffig, elegant, reife Kirschen, runde Tannine, mineralisch, rotbeeriger Touch im Abgang, ein gut balancierter Begleiter bei Tisch. € 34,–

Weingut Schloss Gobelsburg
Schloss Straße 16, 3550 Gobelsburg
T: +43 (2734) 2422, www.gobelsburg.at

92 The Oak 2019 BF/ME/ZW/CS Ⓥ

DIAM, 14,5 %. Kräftiges Rubingranat, violette Reflexe, dezente Ockerrandaufhellung. Tabakig, kräuterwürzig, reife Zwetschken, kandierte Orangenzesten, Vanille und Nougat klingen an. Saftig, kraftvoll, reife Kirschen, runde Tannine, schokoladiger Touch im Abgang, ein Hauch von Dörrobst im Nachhall, bereits entwickelt. € 39,–

Eichenwald Weine
Kellerei: Günser Straße 54, 7312 Horitschon
T: +43 (2610) 42321, www.eichenwald.at

92 The Oak 2017 BF/ZW/ME/CS Ⓥ

DIAM, 14,5 %. Kräftiges Rubingranat, violette Reflexe, dezente Ockerrandaufhellung. Bourbon-Vanille, rote Waldbeeren, reife Herzkirschen, mit tabakigen Edelholznuancen unterlegt. Saftig, kirschig, Rote Johannisbeeren, gut integriertes, tragendes Tannin, gute Frische, dezente Gerbstoffwürze im Abgang, Nougat im Finale, ein kraftvoller Speisenwein. € 39,–

Eichenwald Weine
Kellerei: Günser Straße 54, 7312 Horitschon
T: +43 (2610) 42321, www.eichenwald.at

92 Zweigelt 42 | Große Reserve 2020 Ⓥ

DIAM, 13,5 %. Dunkles Rubingranat, violette Reflexe, zarte Ockerrandaufhellung. Feine Tabakwürze, etwas Bourbon-Vanille, ein Hauch von Dörrobst, Lakritze, Kräuternoten klingen an. Mittlere Komplexität, salzig, rotbeeriger Abgang, etwas weitmaschig, Zitrus im Nachhall, bereits gut antrinkbar, vielfältig einsetzbar. € 39,50

Weingut Jordan
Groß-Reipersdorf 12, 3741 Pulkau
T: +43 (2940) 2464, www.weingut-jordan.at

92 Zweigelt Hirner Martinello 2019

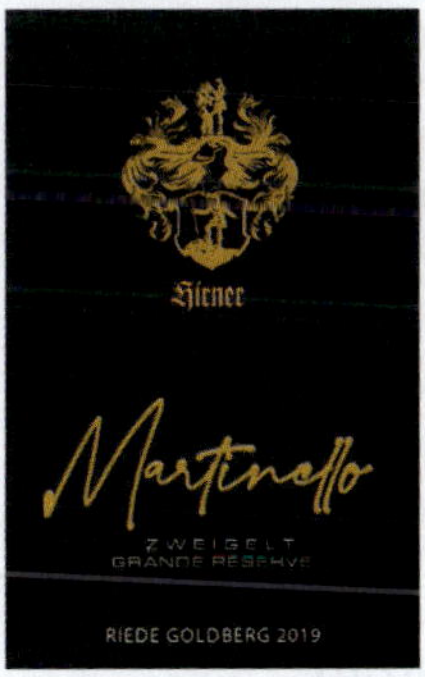

NK, 14,5 %. Kräftiges Rubingranat, violette Reflexe, zarte Randaufhellung. Kräuterwürze, zart nach Herzkirschen, ein Hauch von Cassis, frisches Bukett, tabakiger Rückgeschmack. Mittlerer Körper, lebendig, zart nach Zwetschken, Vanille im Abgang, salziger Nachhall, guter Speisenbegleiter. € 65,–

Winzerhof Gmeiner
Hauptstraße 65, 3484 Seebarn
T: +43 (664) 4858891, www.gmeiner-weine.at

91 St. Laurent Premium 2021
NK, 13 %. Kräftiges Karmingranat, violette Reflexe, zarte Ockerrandaufhellung. Frische rote Kirschen, zart nach Zwetschken, etwas Vanille, mit kandierten Orangenzesten unterlegt. Mittlerer Körper, frische Nuancen von roter Frucht, feine Tannine, lebendig und gut entwickelt, ein vielseitiger Speisenbegleiter. € 9,80 Best Buy

NÖ Landesweingut Retz – Gut Altenberg
Seeweg 2, 2070 Retz
T: +43 (2942) 2202, www.diefachschule.at

91 Zweigelt The Butcher 2021 Ⓥ
DV, 13 %. Kräftiges Rubingranat, violette Reflexe, breitere Randaufhellung. Feine Kräuterwürze, rote Beerenfrucht, ein Hauch von Kardamom, frische Kirschen, zart nach Liebstöckel. Saftig, straff, mineralisch, gut integrierte Tannine, Kirschtouch im Abgang, salzig im Nachhall, trinkanimierender Stil. € 9,90 Best Buy

Weingut Schwarz
Baumhöhäcker 16, 7163 Andau
T: +43 (2176) 3231, www.schwarz-weine.at

91 Kumarod Rot 2021 ZW/CS/ME
DV, 13 %. Kräftiges Karmingranat, violette Reflexe, dezente Ockerrandaufhellung. Kandierte Orangenzesten, reife Kirschen, zart nach Karamell, dunkle Waldbeeren, einladendes Bukett. Saftig, engmaschig, reife Zwetschken, zart nach Datteln, gut integrierte Tannine, mineralisch, trinkanimierender Stil, sicheres Reifepotenzial. € 10,90

Weingut Schwarz
Baumhöhäcker 16, 7163 Andau
T: +43 (2176) 3231, www.schwarz-weine.at

91 Zweigelt Reserve Titan 2021
DV, 13,5 %. Kräftiges Rubingranat, violette Reflexe, dezente Ockerrandaufhellung. Feine Kräuterwürze, etwas Lakritze, schwarze Beerenfrucht, kandierte Orangenzesten. Saftig, elegant, zarte Fruchtsüße, feine Tannine, schokoladiger Touch im Abgang, zugänglich, ein vielseitiger Speisenbegleiter. € 11,50

Weingut Rudolf Rabl
Kornplatz 10, 3550 Langenlois
T: +43 (2734) 2303, www.weingut-rabl.at

91 Pinot Noir Ried Schlossberg 2019
NK, 14 %. Mittleres Karmingranat, Ockerreflexe, breiter Wasserrand. Zarte Kirschfrucht, etwas Kardamom, tabakig, Bergamotte, Dattelnoten, gut entwickeltes Bukett. Fruchtsüß, engmaschig, zarte Nougatnoten, rotbeerige Nuancen im Finish, bleibt gut haften, trinkanimierender Stil. € 12,–

Weingut Norbert Greil
Alte Weinstraße 4, 3465 Unterstockstall
T: +43 (2279) 2139, www.weingut-greil.at

91 Merlot Reserve 2021
DIAM, 15,5 %. Kräftiges Karmingranat, violette Reflexe, breitere Ockerrandaufhellung. Nuancen von Lakritze und schwarzen Waldbeeren, ein Hauch von Nougat und Vanille. Kraftvoll, komplex, saftige Herzkirschen, runde Tannine, mineralisch, bleibt haften, bereits antrinkbar, ein gut entwickelter Speisenbegleiter. € 12,–

Weingut Plos
Hauptstrasse 24, 2504 Sooß
T: +43 (2252) 87301, www.weingutplos.at

91 Cabernet Sauvignon 2020
DV, 14 %. Dunkles Rubingranat, violette Reflexe, zarte Randaufhellung. Dezente Holzwürze, zarte Röstaromatik, ein Hauch von Brombeeren, balsamisch, vegetaler Touch. Saftig, fruchtsüß, zart nach Zwetschken, tragendes Tannin, Nougat im Rückgeschmack, guter Speisenbegleiter. € 12,50

Weingut Schmidt
Schlossgasse 23, 2102 Hagenbrunn
T: +43 (664) 4200744, www.weingutschmidt.at

91 Merlot 2021 Ⓑ
DV, 14,5 %. Tiefdunkles Rubingranat, violette Reflexe, zarte Ockerrandaufhellung. Feine Lakritznoten, ein Hauch von Tabakwürze, Zartbitterschoko, schwarze Herzkirschen. Saftig, straff, feine Tabakwürze, salzig, gut integrierte Tanninstruktur, schwarze Beerenfrucht, kraftvoll und bereits gut antrinkbar. € 13,–

Nepomukhof
Dorfstraße 2, 2464 Göttlesbrunn
T: +43 (699) 11799700, www.nepomukhof.at

91 Cuvée Colloredo 2021 ME/CS
NK, 14 %. Dunkles Rubingranat, opaker Kern, violette Reflexe, zarte Randaufhellung. Schwarzes Beerenkonfit, kräuterwürzig, dunkles Nougat, mit Kardamom und kandierten Orangen unterlegt. Kräftig, feine Säurestruktur, süße Holzwürze, Cassis im Abgang, bleibt gut haften, kraftvoller Speisenbegleiter. € 13,20

Weingut Hagn
Hauptstraße 154, 2024 Mailberg
T: +43 (2943) 2256, www.hagn-weingut.at

91 Blauer Wildbacher 2019
DV, 13,5 %. Dunkles Rubingranat, violette Reflexe, zarte Randaufhellung. Feine Eichenwürze, dunkle Beeren, schwarze Kirschen und etwas Kardamom, mit Bourbon-Vanille unterlegt. Saftig, reife Herzkirschen, runde Tannine, frisch strukturiert, mineralischer Nachhall, zugänglich, ein vielseitiger, feinwürziger Speisenbegleiter. € 13,50

Weinhof Narat-Zitz
Pössnitz 67 / Roggweg, 8463 Leutschach
T: +43 (3454) 351, www.narat-zitz.at

91 Pinot Noir Ried Haspel 2021
DIAM, 13,5 %. Mittleres Rubingranat, violette Reflexe, zarte Randaufhellung. Eingelegte Himbeeren, ein Hauch von Gewürzen, dezente Preiselbeernoten, floraler Touch. Frisch und fruchtig strukturiert, etwas Zitrus und rote Kirschfrucht im Abgang, salziger Nachhall, bereits gut antrinkbar. € 13,50

Weinbau Zechmeister
Hochstraße 64, 2380 Perchtoldsdorf
T: +43 (1) 8659157, www.weinbau-zechmeister.at

91 Syrah Grande Reserve 2018
DV, 14,5 %. Dunkles, opakes Rubingranat, violette Reflexe, breitere Ockerrandaufhellung. Reife Pflaumenfrucht, zart nach Nougat, reife Herzkirschen, kandierte Orangenzesten, etwas Vanille. Kraftvoll, saftig, feine Extraktsüße, runde Tannine, schokoladige Nuancen, bereits gut gereift und ausgewogen, Herzkirschen im Nachhall, vielfältig einsetzbar. € 13,90

Winzerhof Gmeiner
Hauptstraße 65, 3484 Seebarn
T: +43 (664) 4858891, www.gmeiner-weine.at

91 Pinot Noir Ried Saxerl Sooss 2021
NK, 13,5 %. Mittleres Karmingranat, violette Reflexe, breitere Ockerrandaufhellung. Schwarze Kirschen, zart nach Lakritze und kandierten Veilchen, ein Hauch von Nougat. Mittlere Komplexität, feinwürzig, rote Kirschen, tragende Tannine, mineralisch im Abgang, wird von weiterer Flaschenreife profitieren. € 14,–

Weingut Schwertführer »47er« Ⓢ
Hauptstraße 47, 2504 Sooß
T: +43 (2252) 87191, www.47er.at

91 Grande Cuvée 2021 ZW/RA/BF
NK, 14 %. Kräftiges Rubingranat, violette Reflexe, ockerfarbene Randaufhellung. Edelholzwürze, etwas Vanille, ein Hauch von Brombeeren, floraler Touch. Mittlere Komplexität, mineralisch, rote Kirschfrucht, samtiges Tannin, Nougat im Nachhall, frischer und vitaler Speisenbegleiter. € 14,50

Weingut Keringer Ⓢ
Wiener Straße 22a, 7123 Mönchhof
T: +43 (2173) 80380, www.keringer.at

91 Pinot Noir 2021
DV, 13,5 %. Mittleres Karmingranat, violette Reflexe breite Ockerrandaufhellung. Feine Kombination aus rotem Beerenkonfit und dezenten Röstaromen, zart nach Erdbeeren, floraler Touch. Saftig, feinwürzig, Anklänge von Nougat und Kirschen, mineralisch und anhaftend, seidige Tannine, zeigt Länge, bereits gut entwickelt und vielfältig einsetzbar. € 15,–

Weingut Hagn
Hauptstraße 154, 2024 Mailberg
T: +43 (2943) 2256, www.hagn-weingut.at

91 Triumvirat 2021 CS/ZW/BF
NK, 13,5 %. Tiefdunkles Rubingranat, opaker Kern, violette Reflexe, zarte Randaufhellung. Etwas zurückhaltend, schwarze Frucht nach Brombeeren und Kirschen, dezente Edelholznuancen. Kraftvoll, saftig und elegant, feine Süße, seidige Tannine, gut entwickelt, ein Hauch von Karamell im Nachhall, vielfältig einsetzbar. € 15,–

Magdalenenhof – Familie Stefan Kaiser
Kleinhöfleiner Hauptstraße 86, 7000 Eisenstadt
T: +43 (2682) 68624, www.magdalenenhof.at

91 Zweigelt Neusiedlersee DAC Reseve 2021
DV, 14 %. Dunkles Rubingranat, opaker Kern, violette Reflexe. Einladendes Brombeerkonfit, schwarze Kirschen, etwas Nougat, mit einem Hauch von Vanille unterlegt. Saftig, kraftvoll, rotbeerige Frucht, präsente Tannine, Holzwürze im Abgang, salziger Nachhall, wird von Flaschenreife profitieren. € 15,–

Weingut Stadlmann
Hauptstraße 12, 7161 St. Andrä am Zicksee
T: +43 (2176) 2384, www.weingut-stadlmann.com

91 Pinot Noir Reserve 2018
DV, 13 %. Kräftiges Rubingranat, violette Reflexe, breite Ockerrandaufhellung. Feine Röstaromatik, ein Hauch von Feigen, zart nach Weichseln, dezenter Minztouch. Mittlerer Körper, rote Beerenfrucht, salzig-mineralisch, seidige Textur, fruchtsüß, leichtfüßig, bereits gut antrinkbar. € 15,–

Weinhof Christian Parzer
Ortsstraße 9, 3511 Oberfucha-Furth
T: +43 (2739) 2414, www.weinhof-parzer.at

91 Cabernet Sauvignon Top Edition 2021
DIAM, 14,5 %. Tiefdunkles Rubingranat, violette Reflexe, zarte Randaufhellung. Feine Kirschfrucht, Lakritze, dezente Grapefruitnoten. Gute Komplexität, feine Brombeernoten, samtig, zarter Schokotouch, kraftvoll, mineralisch, gute Länge, Holzwürze im Rückgeschmack. € 15,–

Weingut Schwertführer »47er«
Hauptstraße 47, 2504 Sooß
T: +43 (2252) 87191, www.47er.at

91 Cabernet Sauvignon Ried Haspel Reserve 2021
DIAM, 15 %. Kräftiges Rubingranat, violette Reflexe, breiterer Wasserrand. Feine Kräuternoten, zart nach Cassis, dezente Holznuancen, kandierte Orangenschalen. Mittlerer Körper, lebendiges, süßes Tannin, Amarenakirschen, frisch und trotzdem kraftvoll, guter Speisenbegleiter. € 15,–

Weinbau Zechmeister
Hochstraße 64, 2380 Perchtoldsdorf
T: +43 (1) 8659157, www.weinbau-zechmeister.at

91 Merlot Reserve 2020
DV, 13,5 %. Kräftiges Rubingranat, violette Reflexe, breitere Ockerrandaufhellung. Feine rotbeerige Nuancen, ein Hauch von eingelegten Kirschen, zart nach Nougat. Mittlerer Körper, rote Herzkirschen, frisch strukturiert, mineralisch im Abgang, salziger Nachhall. € 15,10

Weingut Dopler
Pottendorfer Straße 8, 2523 Tattendorf
T: +43 (2253) 81266, www.weingut-dopler.at

91 Zweigelt Ried Leithen Reserve 2021 Ⓑ Ⓗ
DV, 14 %. Dunkles Rubingranat, violette Reflexe, zarte Randaufhellung. Rotbeerige Nuancen, ein Hauch von Ribiseln, Mandarinenzesten, einladendes Bukett. Mittlerer Körper, süße Zwetschken, runde Tannine, lebendiger Säurebogen, dezente Nougatnote im Nachhall, vielfältig einsetzbar. € 15,30

Wein und Heuriger Pferschy-Seper
Friedrich-Schiller-Straße 6, 2340 Mödling
T: +43 (2236) 892845, www.pferschy-seper.at

91 Zweigelt Reserve | Das Federviech 2021
NK/DIAM, 14 %. Dunkles Rubingranat, violette Reflexe, zarte Randaufhellung. Feine Holzwürze, etwas Kardamom, Noten von schwarzen Waldbeeren, nussig-würziger Touch. Saftig, engmaschig, präsentes Tannin, Nuancen von Brombeeren, tabakige Noten, Feigentouch im Abgang, vielfältig einsetzbar. € 15,90

Eichenwald Weine
Kellerei: Günser Straße 54, 7312 Horitschon
T: +43 (2610) 42321, www.eichenwald.at

91 Terra V. Reserve 2020 ZW/CS
DV, 13,5 %. Kräftiges Rubingranat, tiefer Kern, violette Reflexe, dezente Ockerrandaufhellung. Feiner Edelholztouch, etwas Cassis und Lakritze, Nuancen von Vanille, einladendes Bukett. Komplex, schwarze Beerenfrucht, präsente, reife Tannine, schokoladiger Touch im Abgang, zeigt Länge und Potenzial. € 15,90

Weinhof Ernst Praschinger
Ableidingerstraße 5a, 2202 Enzersfeld
T: +43 (664) 581 10 85, www.praschinger.at

91 Wiener Trilogie 2019 ZW/CS/ME Ⓑ
DV, 13,5 %. Dunkles Rubingranat, opaker Kern, violette Reflexe, zarte Randaufhellung. Zart animalische Würze, dunkle Beerenfrucht, süßer Tabak, etwas Bergamotte, würziges Bukett. Saftig, schwungvolle Kirschfrucht, frisch strukturiert, reife Tannine, mineralisch und gut zugänglich. € 16,–

Weingut Wieninger
Stammersdorfer Straße 31, 1210 Wien
T: +43 (1) 2901012, www.wieninger.at

91 Merlot 2021
NK, 14 %. Dunkles Rubingranat, opaker Kern, violette Reflexe, dezente Randaufhellung. Zart rauchig-kräuterwürzig unterlegte schwarze Beerenfrucht, ein Hauch von Zwetschken, tabakige Nuancen. Mittlere Komplexität, rotbeerige Textur, mineralischer Touch, salzige Nuancen im Abgang, ein vielseitiger, bereits entwickelter Speisenwein. € 16,–

Weingut Grosz
Gaas-Weinberg 135, 7521 Eberau
T: +43 (676) 9534490, www.weingut-grosz.at

91 GRandiOSZ 2021 BF/ME
NK, 14 %. Tiefdunkles Rubingranat, opaker Kern, violette Reflexe, zarte Randaufhellung. Herzkirschen, ein Hauch von Gewürzen, tabakig, etwas nach Feigen, Anistouch. Saftig, mittlere Komplexität, gut eingebundene Tanninstruktur, schwarze Beerenfrucht, würziger Rückgeschmack, guter Speisenbegleiter. € 16,–

Weingut Grosz
Gaas-Weinberg 135, 7521 Eberau
T: +43 (676) 9534490, www.weingut-grosz.at

91 St. Laurent Ried Goldberg 2021 Ⓥ
NK, 13 %. Dunkles Rubingranat, violette Reflexe, zarte Randaufhellung. Feine Tabakwürze, etwas nach Kardamom, dezent nach Veloursleder, schwarze Beerenfrucht, Gewürznuancen. Mittlerer Körper, saftig, mineralisch, schwarze Beerenfrucht, präsentes Tannin, leichtfüßig, bereits gut antrinkbar. € 18,50

Weingut Stiegelmar
Goldberg 6, 7122 Gols
T: +43 (2173) 2317, www.stiegelmar.com

91 Pinot Noir Gumpoldskirchen 2020
NK, 13 %. Mittleres Karmingranat, Ockerreflexe, breite Randaufhellung. Zart kräuterwürzig unterlegtes rotes Waldbeerenkonfit, ein Hauch von Kirschen, Orangenzesten. Mittlerer Körper, Herzkirschen, zart nach Himbeeren, frisch strukturiert, mineralisch-salzig im Abgang, ein feiner Speisenwein. € 16,–

Winzerfamilie Gregor Schup
Josefigasse 8, 2353 Guntramsdorf
T: +43 (2236) 53291, www.schup.at

91 Zweigelt Ried Schilling Reserve Hommage 2021 Ⓥ
NK, 13,5 %. Dunkles Rubingranat, violette Reflexe, dezente Ockerrandaufhellung. Zart kräuterwürzig unterlegte reife Herzkirschen, zart nach Zwetschken, mit kandierten Orangenzesten unterlegt. Mittlere Komplexität, rotbeerig, reife Tannine, salziger Touch im Abgang, ein Hauch von Nougat im Nachhall, würziger Rückgeschmack. € 18,90

Weingut Georg & Lisa Weinwurm
Hauptstraße 65, 2181 Dobermannsdorf
T: +43 (2533) 8581, www.weinwurms.at

Ⓑ biologisch Ⓕ fruktosearm Ⓗ histaminarm Ⓢ schwefelarm Ⓥ vegan

91 Pinot Noir 2021
DV, 14,5 %. Kräftiges Rubingranat, violette Reflexe, breitere Randaufhellung. Einladender Duft nach Sanddorn und Lakritze, rotbeeriges Bukett, mit kandierten Mandarinenzesten unterlegt. Kraftvoll, rote Kirschen, feine Extraktsüße, zarter Gerbstoff, reife Tannine, würziger Nachhall, bereits gut antrinkbar. € 19,–

Weingut Zur Dankbarkeit
P. A. Winklergasse 30, 7141 Podersdorf am See
T: +43 (2177) 2829, www.weingutzurdankbarkeit.at

91 Pinot Noir 2020
DIAM, 13 %. Mittleres Karmingranat, breite Ockerreflexe, feiner Wasserrand. Zart nach Balsamico und Kräutern, ein Hauch von Orangenschalen, frische Herzkirschen, Feigen klingen an. Mittlerer Körper, fruchtsüß, mineralisch, etwas zurückhaltend, reife Kirschfrucht, salzig, unkompliziertes Trinkanimo. € 21,–

Vinum Virunum
Reipersdorf 4, 9300 St. Veit an der Glan
T: +43 (664) 8323791, www.vinumvirunum.at

91 Ostarrichi Große Reserve 2021 BF/ME V
NK, 14 %. Dunkles Rubingranat, violette Reflexe, Ockerrandaufhellung. Zarte Kirschfrucht, etwas balsamisch, ein Hauch von Gewürzen, rotes Waldbeerenkonfit, floral unterlegt. Mittlere Komplexität, frisch und lebendig, rote Beerenfrucht im Abgang, Lakritze, kraftvolles Finish, bereits gut antrinkbar. € 22,–

Weingut Markus Schuller
Triftgasse 40, 7063 Oggau
T: +43 (7475) 52709, www.schullerwein.at

91 Cabernet Sauvignon 2020 B
NK, 13,5 %. Kräftiges Rubingranat, violette Reflexe, breiter Wasserrand. Feine Tabak-Holz-Würze, etwas nach Cassis, schwarze Beeren, ein Hauch von Pfeffer. Mittlere Komplexität, feinwürzig, gut integrierte Tanninstruktur, mineralisch, Brombeeren im Nachhall, wird von Flaschenreife profitieren. € 23,60

Weingut Leo Hillinger
Hill 1, 7093 Jois
T: +43 (2160) 8317, www.leo-hillinger.com

91 Roesler Vison 2021
DIAM, 15 %. Tiefdunkles Rubingranat, opaker Kern, violette Reflexe, zarte Randaufhellung. Reife Zwetschken, Lakritze, kandierte Orangenzesten, Nougat, gekochte Kirschen. Gute Komplexität, gut eingebundenes, tragendes Tannin, mineralisch, feine Holzwürze, Nougat, schwarzes Waldbeerenkonfit. € 24,–

Weingut Kugler – Vinum Saxum
Heidegasse 4, 7062 Sankt Margarethen im Burgenland
T: +43 (2680) 70 61, www.kuglerwein.at

91 Misteria 2021 ME/CS H

NK, 14 %. Dunkles Rubingranat, violette Reflexe, dezente Randaufhellung. Zart nach Edelholz, kandierte Orangen, reife Zwetschken, mit einem Hauch von Schokolade unterlegt. Saftig, reife Herzkirschen, süße Textur, präsente Tannine, frisch strukturiert, rotbeeriger Nachhall, bereits gut antrinkbar. € 24,–

Neckenmarkt die Winzer
Harkauerweg 2, 7311 Neckenmarkt
T: +43 (2610) 42388, www.neckenmarkt.at

91 Cuvée JP 2018 ME/CS
DV, 14 %. Dunkles Rubingranat, violette Reflexe, breite Ockerrandaufhellung. Dezente Holzwürze, dunkles Waldbeerenkonfit, feine Vanillenoten, Johannisbeernuancen und Kardamom. Mittlerer Körper, frisch, Ribiselnoten, tragendes Tannin, bleibt gut haften, leichtfüßiges Finish. € 24,–

Weinhof Christian Parzer
Ortsstraße 9, 3511 Oberfucha-Furth
T: +43 (2739) 2414, www.weinhof-parzer.at

91 Cuvée Symbiose 2021 BF/ME
DV, 14,5 %. Dunkles Rubingranat, opaker Kern, violette Reflexe, zarte Randaufhellung. Feine Edelholznuancen, Nougat, schwarze Waldbeeren, etwas Lakritze, mit kandierten Veilchen unterlegt. Komplex, schwarze Kirschen, frischer Säurebogen, würzige Tannine, etwas Karamell im Nachhall, ein kraftvoller Speisenwein. € 25,–

Weingut Stadlmann
Hauptstraße 12, 7161 St. Andrä am Zicksee
T: +43 (2176) 2384, www.weingut-stadlmann.com

---

91 Zweigelt Royal Fläsch 2021
DV, 14,5 %. Dunkles Rubingranat, violette Reflexe, zarte Randaufhellung. Dezente Kräuterwürze, dunkle Beerenfrucht, ein Hauch von Dörrzwetschken und Nougat. Saftig, kraftvoll, reife rote Herzkirschen, frisch strukturiert, mineralisch und anhaftend, bereits gut entwickelt. € 26,–

Weinbau Fam. Ramberger
Mühlgasse 14, 2500 Baden
T: +43 (2252) 45744, www.ramberger.at

91 Machrima Reserve 2017 ZW/CS/BW/SY/ME (H) (V)
DV, 13,5 %. Kräftiges Karmingranat, violette Reflexe, breitere Ockerrandaufhellung. Dunkle Waldbeeren, zart nach Brombeeren, Holunderbeeren, feine tabakige Würze. Saftig, rotbeerige Textur, zart nussig-mineralisch, salziger Abgang, ein feiner Speisenbegleiter mit weiterem Reifepotenzial. € 29,–

Sanfter Weinbau Maria und Hannes Söll
Sernaustrasse / Steinbach 63 A, 8462 Gamlitz
T: +43 (3454) 6667, www.weingut-soell.at

---

91 Jack without dad! Red 2020 CF/ME (B)
NK, 14 %. Dunkles Rubingranat, violette Reflexe, zarte Randaufhellung. Zarte Zwetschkenfrucht, kandierte Mandarinenzesten, zart flüchtige Nuancen. Mittlerer Körper, feinwürzig, Brombeernoten, fruchtiges Finish, rote Kirschen, reife Tannine, präsente Tanninstruktur, individuell einsetzbar. € 28,80

Weingut Leo Hillinger
Hill 1, 7093 Jois
T: +43 (2160) 8317, www.leo-hillinger.com

---

91 Cabernet Sauvignon Royal 2021 (B)
NK, 13,5 %. Dunkles Rubingranat, violette Reflexe, zarte Randaufhellung. Feine Holznuancen, zart nach Brombeeren, etwas Kakaonoten, feine Röstaromatik, floraler Touch. Mittlerer Körper, feinwürzig, feine Tanninstruktur, mineralisch, Bitterschoko im Abgang, Zwetschkentouch im Nachhall. € 35,–

Weingut Wurzinger Pia
Obere Hauptstraße 11, 7162 Tadten
T: +43 (676) 4868757, www.weingut-wurzinger.at

---

90 Pinot Noir 2021
DV, 14 %. Mittleres Karmingranat, Ockerreflexe, breitere Randaufhellung. Zartes rotes Waldbeerenkonfit, ein Hauch von Kirschen, zart kräuterwürzig unterlegt. Saftig, kräftig, mittlere Komplexität, zart nach Ribiseln, feine Tannine, frisch und mineralisch im Abgang, ein Hauch von Nougat im Nachhall. € 7,80
Best Buy

NÖ Landesweingut Retz – Gut Altenberg
Seeweg 2, 2070 Retz
T: +43 (2942) 2202, www.diefachschule.at

---

90 Sankt Laurent 2021
DV, 12,2 %. Dunkles Rubingranat, opaker Kern, violette Reflexe, zarte Randaufhellung. Schokoladiger Touch, dunkle Waldbeeren, mit kandierten Orangen und Kräuterwürze unterlegt. Schlank, feine Süße in der Textur, zarte Tannine, Brombeeren im Abgang, ein unkomplizierter Begleiter bei Tisch. € 7,90
Best Buy

Weingut Königshofer
Untere Hauptstraße 34, 7100 Neusiedl am See
T: +43 (2167) 8056, www.koenigshofer-wein.at

(B) biologisch (F) fruktosearm (H) histaminarm (S) schwefelarm (V) vegan

90 Blauer Portugieser Ried Schilling Fruchtbündel 2021

DV, 13 %. Dunkles Rubingranat, violette Reflexe, breitere Ockerrandaufhellung. Zart rauchig, feines Karamell, Brombeerkonfitüre, Anklänge von Röstaromen. Saftig, Nuancen von süßer Frucht, runde Tannine, balanciert und gut anhaftend, ein vielseitiger Speisenbegleiter. € 8,90 Best Buy

Weingut Georg & Lisa Weinwurm
Hauptstraße 65, 2181 Dobermannsdorf
T: +43 (2533) 8581, www.weinwurms.at

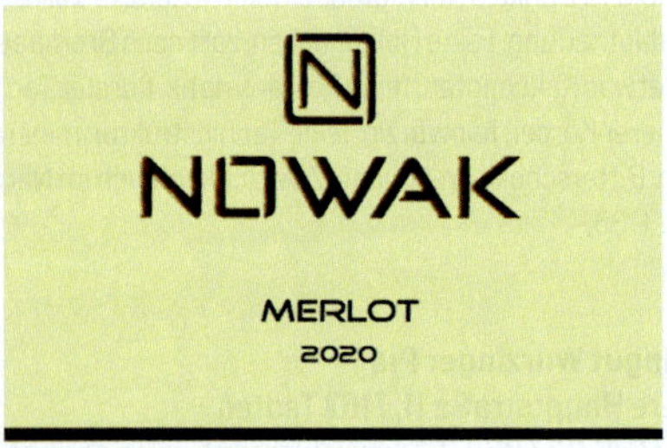

90 Merlot 2020

DV, 14 %. Kräftiges Rubingranat, Ockerreflexe, zarte Randaufhellung. Dunkle Beerenfrucht, dezente Kräuterwürze, mit Brombeerfrucht unterlegt, ein Hauch von Vanille und Nougat. Kraftvoll, saftig, reife Kirschen, frisch strukturiert, reife Tannine, schokoladiger Touch im Abgang. € 9,– Best Buy

Weingut Leopold Nowak
Mühlgasse 2, 2353 Guntramsdorf
T: +43 (2236) 53004, www.wein-nowak.at

90 Johanna 2021 ME/CS

DV, 14 %. Kräftiges Rubingranat, violette Reflexe, breitere Randaufhellung. Zarte Pflaumennoten, etwas nach Feigen, zarte Holzwürze, kandierte Veilchen, Orangenschalen klingen an. Saftig, kraftvoll, feine Mineralik, Herzkirschfrucht, zarte Tanninstruktur, unkompliziertes Trinkvergnügen. € 9,– Best Buy

Weingut Schmidt
Schlossgasse 23, 2102 Hagenbrunn
T: +43 (664) 4200744, www.weingutschmidt.at

90 Blauer Zweigelt Bisamberg 2021

NK, 13 %. Kräftiges Rubingranat, violette Reflexe, zarte Randaufhellung. Zwetschken, zart nach Lavendel, kandierte Orangenschalen, Brombeernoten klingen an. Mittlerer Körper, saftig und leichtfüßig, nach Kirschen im Abgang, lang anhaften, trinkanimierender Stil. € 9,50 Best Buy

Weingut Christ
Amtsstraße 10–14, 1210 Wien
T: +43 (1) 2925152, www.weingut-christ.at

90 Zweigelt Proschegger 2021

DV, 14 %. Kräftiges Rubingranat, violette Reflexe, zarte Ockerrandaufhellung. Zart nach Waldbeeren, etwas nach Räucherwürze, ein Hauch von frischem Teer, Schwarztee klingt an. Mittlerer Körper, frisch und elegant, Kirschen, etwas weitmaschig im Nachhall, Vanille im Rückgeschmack, bereits gut antrinkbar. € 9,50 Best Buy

Weingut Josef Fischer
Schlossgasse 38, 2102 Hagenbrunn
T: +43 (2262) 672792, www.weingutfischer.com

90 Cabernet Sauvignon Kastanienfass 2021

NK, 13,5 %. Dunkles Rubingranat, opaker Kern, violette Reflexe, zarte Randaufhellung. Dunkle Kirschen, ein Hauch von Cassis und Brombeerkonfit, mit etwas Nougat und Orangenzesten unterlegt. Mittlerer Körper, rote Kirschen, frisch strukturiert, zarte Tannine, ausgewogen und trinkfreudig. € 9,80 Best Buy

Magdalenenhof – Familie Stefan Kaiser
Kleinhöfleiner Hauptstraße 86, 7000 Eisenstadt
T: +43 (2682) 68624, www.magdalenenhof.at

90 Cabernet Sauvignon Ried Maxendorf Exklusiv 2020

DV, 13 %. Kräftiges Rubingranat, violette Reflexe, breite Randaufhellung. Holzwürze, vegetaler Touch, etwas Cassis, ein Hauch von Kräutern. Saftig, feine Säurestruktur, gut integrierte Tannine, mineralisch, rote Beerenfrucht im Abgang, unkompliziertes Trinkvergnügen. € 9,90 Best Buy

Weingut Neustifter
Laaer Straße 10, 2170 Poysdorf
T: +43 (2552) 3435, www.weingut-neustifter.com

90 Roesler Ried Edelsbergen 2021
DV, 13,5 %. Dunkles Rubingranat, violette Reflexe, zarte Randaufhellung. Feine Kräuternuancen, schwarze Beeren, ein Hauch von Kirschen, Nougattouch. Mittlerer Körper, dezente Extraktsüße, runde Tannine, schokoladiger Touch, gute Frische, bietet unkompliziertes Trinkvergnügen. € 10,–
Best Buy

Weingut Kurz
Schwemmzeile 72, 2130 Paasdorf
T: +43 (2572) 2525, www.weingutkurz.at

90 Merlot 2020
DV, 13,5 %. Kräftiges Karmingranat, Ockerreflexe, breitere Randaufhellung. Zart tabakig, etwas Vanille, schwarze Waldbeeren, etwas Lakritze, zarte Edelholzwürze. Mittlerer Körper, fruchtsüße Textur, runde Tannine, bereits entwickelt und zugänglich. € 10,– Best Buy

Weinbau Gunhold
Hartergasse 16, 2500 Baden
T: +43 (676) 4362929, feine-weine-gunhold.at

90 Zweigelt Ried Lehendorf 2021 B
NK, 13,5 %. Kräftiges Karmingranat, Ockerreflexe, breitere Randaufhellung. Reife Herzkirschen, Erdbeeren, zarte Kräuterwürze, einladendes Bukett. Mittlere Komplexität, rotbeerig, frisch strukturiert, samtige Tannine, ausgewogen und bereits gut antrinkbar. € 10,50

Weingut Tischler
Quergasse 23, 7131 Halbturn
T: +43 (2172) 8857, www.weingut-tischler.at

90 Selektion Goldberg Große Reserve 2020 ZW/ME/BF
DV, 13 %. Kräftiges Rubingranat, violette Reflexe, dezente Ockerrandaufhellung. Feine Röstaromen, etwas Karamell, schwarze Waldbeeren, Brombeeren, einladendes Bukett. Saftig, elegant, zarte Fruchtsüße, feine Tannine, ausgewogen und bereits gut entwickelt, ein vielseitiger Speisenbegleiter. € 10,90

Weingut & Rustikalschenke Tinhof
Hausgraben 1, 2443 Leithaprodersdorf
T: +43 (699) 12222838, www.weingut-tinhof.at

90 Fortium 2019 ZW/BF
DIAM, 13,5 %. Dunkles Rubingranat, violette Reflexe, dezente Randaufhellung. Eingelegte Kirschen, reife Zwetschken, tabakig unterlegte Kräuterwürze. Mittlere Komplexität, feine Fruchtsüße, runde Tannine, gut entwickelt, etwas Nougat, ein zugänglicher Speisenbegleiter. € 10,90

Weingut Königshofer
Untere Hauptstraße 34, 7100 Neusiedl am See
T: +43 (2167) 8056, www.koenigshofer-wein.at

90 Symphonia Rosso 2021
DV, 14,7 %. Dunkles Rubingranat, opaker Kern, violette Reflexe, dezente Ockerrandaufhellung. Helles Nougat, etwas Stollwerck, dunkle Beerenfrucht, mit reifen Zwetschken unterlegt. Kraftvoll, reife Frucht nach Heidelbeeren, frisch strukturiert, kräftige Tannine, salzig-mineralisch im Nachhall, ein stoffiger Speisenbegleiter. € 11,–

Weingut Stadlmann
Hauptstraße 12, 7161 St. Andrä am Zicksee
T: +43 (2176) 2384, www.weingut-stadlmann.com

90 Zweigelt Exklusiv 2021
DV, 13,5 %. Dunkles Rubingranat, violette Reflex, zarte Ockerrandaufhellung. Frische Brombeeren, schwarze Kirschen, dezente Kräuterwürze, mit Orangenzesten unterlegt. Lebendig, nach Ribiseln, frisch strukturiert, mineralisch-zitronig, animierender Stil. € 11,–

Weingut Kerstin und Nadine Schüller
Pillersdorf 15, 2073 Zellerndorf
T: +43 (2946) 8429, www.weingut-schueller.at

90 Rendezvous Große Reserve 2019 ZW/PN/BB
DV, 13,5 %. Dunkles Rubingranat, violette Reflexe, zarte Randaufhellung. Zart nach Zwetschken, dazu Kräuternoten, ein Hauch von Gewürznelken, etwas Hibiskus. Saftig, straff, feine Fruchtsüße, nach roten Kirschen, frisch strukturiert, gut eingebundene Tannine, unkompliziertes Trinkvergnügen. € 11,50

Weingut Norbert Greil
Alte Weinstraße 4, 3465 Unterstockstall
T: +43 (2279) 2139, www.weingut-greil.at

90 Cuvée Komptur 2021 ME/PN
NK, 13,5 %. Dunkles Rubingranat, opaker Kern, violette Reflexe, zarte Randaufhellung. Rote Kirschfrucht, dezente Kräuterwürze, zart floral nach Eukalyptus, Holzwürze klingt an. Saftig, kraftvoll, trinkanimierende schwarze Beerenfrucht, gut integrierte, tragende Tannine, Bitterschokolade im Nachhall, bereits gut antrinkbar. € 11,80

Weingut Hagn
Hauptstraße 154, 2024 Mailberg
T: +43 (2943) 2256, www.hagn-weingut.at

90 Roesler Ried Edelsbergen 2020
DV, 13 %. Dunkles Rubingranat, violette Reflexe, zarte Randaufhellung. Tabakig-rauchig unterlegte Brombeernoten, dunkles Nougat, kräuterwürziger Touch. Schlank, frische Kirschen, lebendig strukturiert, zarte Tannine, animierender, leichtfüßiger Stil. € 12,–

Weingut Kurz
Schwemmzeile 72, 2130 Paasdorf
T: +43 (2572) 2525, www.weingutkurz.at

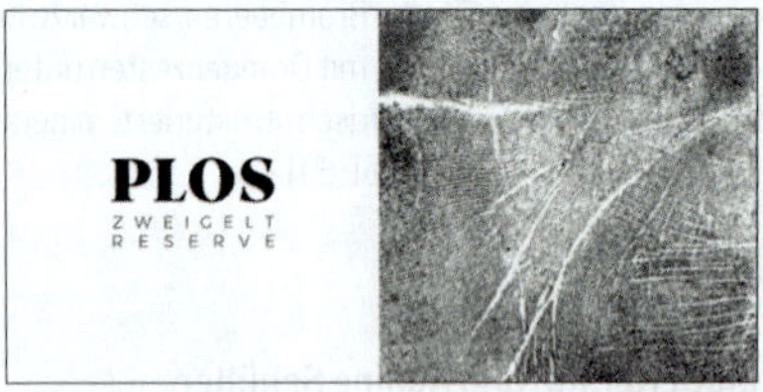

90 Blauer Zweigelt Reserve 2021
DIAM, 14 %. Kräftiges Rubingranat, violette Reflexe, dezente Ockerrandaufhellung. Schwarze Kirschen, feine Kräuterwürze, etwas Nougat, ein Hauch von Vanille. Mittlere Komplexität, frische Herzkirschen, zarte Tannine, mineralisch und bereits gut antrinkbar, rotbeeriger Nachhall. € 12,–

Weingut Plos
Hauptstrasse24, 2504 Sooß
T: +43 (2252) 87301, www.weingutplos.at

90 Zweigelt Ried Neuberg Exklusive 2021
VL, 14 %. Dunkles Rubingranat, violette Reflexe, zarte Randaufhellung. Feine Edelholznuancen, zart nach Lakritze und schwarzen Kirschen, mit kandierten Orangenzesten unterlegt. Mittlere Komplexität, rotbeerig, etwas Kardamom, Holzwürze in der Textur, mineralisch, gute Frische, bereits antrinkbar. € 12,–

Weingut Guttmann
Markt 43, 7121 Weiden am See
T: +43 (2167) 7329, www.weingut-guttmann.at

90 Zweigelt Ried Hofbreiten 2021
DV, 13,5 %. Kräftiges Karmingranat, violette Reflexe, dezente Ockerrandaufhellung. Nuancen von Brombeeren und schwarzen Kirschen, frische Orangenzesten, dezente Kräuterwürze. Mittlerer Körper, rotbeerig, zart nach Himbeeren und Weichseln, mineralisch-salzig im Abgang, bereits gut entwickelt. € 12,40

Weingut Wien Cobenzl
Am Cobenzl 96, 1190 Wien
T: +43 (1) 3205805, www.weingutcobenzl.at

90 Zweigelt Tinto 2020
DV, 13,5 %. Kräftiges Rubingranat, violette Reflexe, zarte Randaufhellung. Zart nach Brombeeren und schwarzen Kirschen, tabakig, Feigen, floraler Duft, Mandarinenzesten. Saftig, feine Säurestruktur, mineralisch, rote Beerenfrucht, gut integrierte Tannine, Nougat im Rückgeschmack, bereits gut antrinkbar. € 12,50

Weingut Schmidt
Schlossgasse 23, 2102 Hagenbrunn
T: +43 (664) 4200744, www.weingutschmidt.at

90 Klosterkeller Siegendorf O'Dora 2021 CS/CF
NK, 14 %. Dunkles Rubingranat, violette Reflexe, dezente Ockerrandaufhellung. Reife Kirschfrucht, zart nach Clementinen, Holzwürze, etwas Vanille, rote Waldbeeren. Mittlerer Körper, saftig, tabakiger Touch, dezente Fruchtsüß, gut integrierte Tannine, anhaltend, guter Speisenbegleiter. € 12,60

Weinkellerei Lenz Moser
Lenz-Moser-Straße 1, 3495 Rohrendorf
T: +43 (2732) 05541, www.lenzmoser.at

90 Generationen 2021 BF/ZW/SL
DIAM, 13,1 %. Dunkles Rubingranat, violette Reflexe, zarte Ockerrandaufhellung. Reife schwarze Herzkirschen, feine Holzwürze, zart nach Nougat. Mittlerer Körper, rote Frucht, zarte Süße, runde Tannine, ausgewogen und gut zugänglich. € 12,90

Weingut Königshofer
Untere Hauptstraße 34, 7100 Neusiedl am See
T: +43 (2167) 8056, www.koenigshofer-wein.at

90 St. Laurent Ried Königswiese 2021
DV, 13,5 %. Kräftiges Rubingranat, violette Reflexe, breitere Ockerrandaufhellung. Würzig unterlegte Zwetschkenfrucht, zart nach Nougat, Erdbeerkonfit, mit kandierten Orangenzesten unterlegt. Mittlerer Körper, rote Kirschen, zarte Tannine, frisch und zugänglich, Süße im Finale, ein vielseitiger Speisenbegleiter. € 13,–

Weingut Göschl & Töchter
Am Kanal 4, 7122 Gols
T: +43 (664) 4530988, www.weingut-goeschl.at

90 Zweigelt Barrique Cobanis 2021
NK, 13,5 %. Dunkles Rubingranat, violette Reflexe, zarte Randaufhellung. Feine Tabak-Holz-Würze, etwas Nougat, Noten von Zwetschken und Heidelbeeren klingen an. Mittlerer Körper, fruchtsüß, feines Tannin, Kirschfrucht im Abgang, Vanilletouch im Rückgeschmack, bereits gut antrinkbar. € 13,–

Weingut Wutzl
Weinstraße 15, 3550 Gobelsburg
T: +43 (2734) 3467, www.weingut-wutzl.at

90 Cabernet Sauvignon Excello 2021
NK, 13,5 %. Kräftiges Rubingranat, ockerfarbene Reflexe, zarte Randaufhellung. Lakritze und schwarze Beeren, mit etwas Kräuterwürze unterlegte dezente Röstaromatik. Mittlerer Körper, etwas gekochte dunkle Frucht, frisches Finish nach Weichseln, bereits gut entwickelt und antrinkbar. € 13,–

Weingut Wutzl
Weinstraße 15, 3550 Gobelsburg
T: +43 (2734) 3467, www weingut-wutzl.at

90 Cuvée Capirah 2020 CS/ZW/RÖ

DV, 14,5 %. Kräftiges Rubingranat, violette Reflexe, zarte Randaufhellung. Zart nussig, ein Hauch von Lakritze und Zwetschken, dunkles Waldbeerenkonfit. Mittlerer Körper, kraftvoll, feinwürzig, helle Beeren im Abgang, Kirschen im Nachhall, bereits gut antrinkbar. € 13,10

Winzerhof Gmeiner
Hauptstraße 65, 3484 Seebarn
T: +43 (664) 4858891, www.gmeiner-weine.at

90 Zweigelt Wien Ried In Gernen Reserve 2020

NK, 13 %. Kräftiges Rubingranat, violette Reflexe, dezente Randaufhellung. Zart nach Brombeeren und frischen Zwetschken, feine Kräuterwürze, mit einem Hauch von Nougat unterlegt. Mittlere Komplexität, frische Herzkirschen, samtige Tannine, frisch, mineralisch, ein lebendiger Speisenbegleiter. € 13,50

Weingut Walter Wien
Untere Jungenberggasse 7, 1210 Wien
T: +43 (664) 1903469, weingut-walter-wien.at

90 Zweigelt 2021

NK, 12,5 %. Dunkles Rubingranat, violette Reflexe, zarte Randaufhellung. Waldbeeren, etwas nach Kardamom, ein Hauch von kandierten Veilchen, zart nach Feigen. Saftig, mittlere Komplexität, salzig, rotbeerige Fruchtnuancen, mineralisch, gut eingebundene Tannine, guter Speisenbegleiter. € 13,80

Weingut Bründlmayer
Zwettler Straße 23, 3550 Langenlois
T: +43 (2734) 21720, www.bruendlmayer.at

90 Pinot Noir Vinum Optimum 2021

DV, 13 %. Mittleres Karmingranat, Ockerreflexe, breite Randaufhellung. Rote Waldbeeren, ein Hauch von Himbeeren, etwas Preiselbeeren, zartes Nougat, kandierte Orangenzesten. Mittlerer Körper, floraler Touch, frisch strukturiert, bietet unkompliziertes Trinkvergnügen. € 14,–

Weingut Rudolf Rabl
Kornplatz 10, 3550 Langenlois
T: +43 (2734) 2303, www.weingut-rabl.at

90 Blauer Zweigelt Reserve 2020

NK, 13,5 %. Dunkles Rubingranat, violette Reflexe, zarte Randaufhellung. Etwas Kräuterwürze, ein Hauch von Ribiseln, dezente Toffeenoten, ein Hauch von Zimt. Mittlerer Körper, saftig, feine Struktur, fruchtsüß, Brombeernoten im Abgang, salziger Nachhall, bereits gut antrinkbar. € 14,50

Weingut Peter Dolle
Herrengasse 2, 3491 Straß im Straßertale
T: +43 (2735) 2326, www.dolle.at

90 Optimum 2021 BF/CF/CS

DIAM, 13 %. Dunkles Rubingranat, violette Reflexe, breitere Ockerrandaufhellung. Reife Zwetschken, ein Hauch von Feigen, zart nach Nougat, Vanille und Lakritze. Mittlere Komplexität, rotbeerige Textur, zarte Tannine, frisch strukturiert, dezenter schokoladiger Touch, gut antrinkbar. € 14,90

Weingut Königshofer
Untere Hauptstraße 34, 7100 Neusiedl am See
T: +43 (2167) 8056, www.koenigshofer-wein.at

90 Heideboden Cuvée rot 2021 ZW/ME/CS

DV, 14 %. Dunkles Rubingranat, violette Reflexe, zarte Randaufhellung. Etwas Tabakwürze und dunkle Beerenfrucht, zart nach Cassis, etwas Nougat, Kardamom klingt an. Saftig, straff, würziger Abgang, schwarze Kirschen im Nachhall, bereits sehr gut antrinkbar. € 14,90

Weingut Hannes Reeh
Augasse 11a, 7163 Andau
T: +43 (2176) 27011, www.hannesreeh.at

90 Merlot Cabernet Sauvignon Reserve 2021 ME/CS

NK, 14,5 %. Kräftiges Karmingranat, violette Reflexe, dezente Ockerrandaufhellung. Feine Kräuterwürze, etwas Edelholz, zart nach Hagebutten und Nougat, mit dunkler Beerenfrucht unterlegt. Saftig, kraftvoll, schokoladiger Touch, reife Tannine, Nougat im Nachhall, ein feinwürziger Speisenbegleiter. € 15,–

Weingut Biegler
Wiener Straße 16–18, 2352 Gumpoldskirchen
T: +43 (2252) 62196, www.weingut-biegler.at

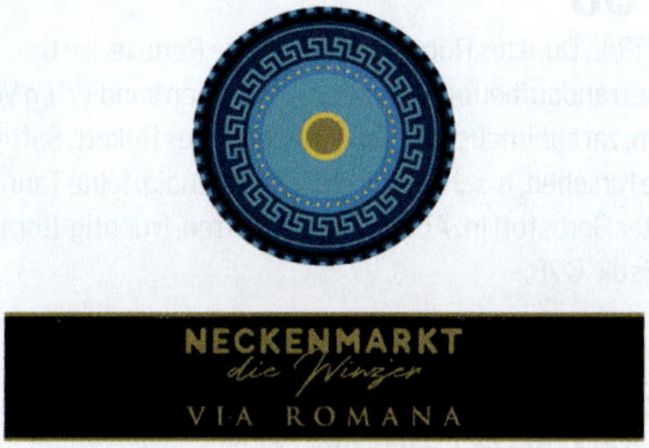

90 Zweigelt Profundo 2020

NK, 13 %. Kräftiges Karmingranat, Ockerreflexe, breitere Randaufhellung. Kräuterwürzig unterlegte schwarze Kirschfrucht, etwas Brombeeren, tabakige Nuancen. Mittlere Komplexität, rote Kirschen, reife Tannine, gute Frische, ein vielseitiger, zugänglicher Speisenbegleiter, bietet unkompliziertes Trinkvergnügen. € 16,–

Hofkellerei des Fürsten von Liechtenstein
Brünnerstraße 8, 2193 Wilfersdorf
T: +43 (2573) 221927, www.hofkellerei.com

90 Via Romana 2021 BF/CS/ZW Ⓗ

NK, 14 %. Kräftiges Rubingranat, violette Reflexe, breitere Randaufhellung. Zarte Kräuterwürze, reife Herzkirschen, Nuancen von Zwetschken, mit etwas Nougat unterlegt. Mittlere Komplexität, feine Kirschfrucht, gut integrierte Tannine, mineralischer Nachhall, bereits zugänglich, vielfältig einsetzbar. € 15,–

Neckenmarkt die Winzer
Harkauerweg 2, 7311 Neckenmarkt
T: +43 (2610) 42388, www.neckenmarkt.at

90 Pinot Noir Leithakalk 2021

DV, 13,5 %. Mittleres Karmingranat, violette Reflexe, breitere Randaufhellung. Zarte Kräuternoten, reife Kirschfrucht, zart nach Grapefruit, mit Holzwürze unterlegt. Mittlerer Körper, leichtfüßig, rote Beerenfrucht, mineralisch, etwas weitmaschig, bereits gut entwickelt. € 15,50

Weingut Lentsch
Hauptstraße 68b, 7082 Donnerskirchen
T: +43 (2683) 8108, www.weingut-lentsch.at

90 Premium Reserve 2020 ME/ZW/BF

NK, 15 %. Dunkles Rubingranat, violette Reflexe, zarte Randaufhellung. Mit Bourbon-Vanille und Holzwürze unterlegte Dörrpflaumen, etwas nach Karamell, moderner Stil. Saftig, mittlere Komplexität, mineralisch, etwas balsamisch, gut eingebundene Tannine, frisches Finish. € 18,–

Weingut und Gästehaus Dombi-Weiss
Seestraße 5, 7141 Podersdorf am See
T: +43 (2177) 2359, www.dombi-weiss.com

90 Zweigelt Reserve | Das Federviech 2019

NK/DIAM, 14 %. Dunkles Rubingranat, violette Reflexe, zarte Ockerrandaufhellung. Reife dunkle Herzkirschfrucht, feine Edelholznuancen, ein Hauch von Brombeeren und Nougat. Saftig, mittlere Komplexität, rotbeerig, frischer Säurebogen, dezente Tannine, mineralischer Nachhall, bereits gut entwickelt. € 15,90

Eichenwald Weine
Kellerei: Günser Straße 54, 7312 Horitschon
T: +43 (2610) 42321, www.eichenwald.at

90 Cuvée Nepomuk 2021 ZW/BF/ME Ⓑ

DV, 14 %. Dunkles Rubingranat, violette Reflexe, zarte Randaufhellung. Etwas Preiselbeeren, zart nach Zitrus, Kardamom, rote Beerenfrucht, würziger Touch. Mittlerer Körper, feinwürzig, dunkle Beerenfrucht, Cassis im Abgang, gut eingebundene Tannine, etwas tabakig, individuell einsetzbar. € 18,–

Nepomukhof
Dorfstraße 2, 2464 Göttlesbrunn
T: +43 (699) 11799700, www.nepomukhof.at

Ⓑ biologisch Ⓕ fruktosearm Ⓗ histaminarm Ⓢ schwefelarm Ⓥ vegan

90 Noricum Cuvée Rot 2019 BF/ZW/ME
DV, 13 %. Kräftiges Rubingranat, violette Reflexe, zarte Randaufhellung. Etwas nach Orangenschalen und rotem Waldbeerenkonfit, mineralisch, etwas nach Salbei, ein Hauch von Gewürzen. Mittlerer Körper, leichtfüßig, rotbeerige Nuancen, floraler Touch, unkomplizierter Speisenbegleiter. € 18,–

Vinum Virunum
Reipersdorf 4, 9300 St. Veit an der Glan
T: +43 (664) 8323791, www.vinumvirunum.at

90 Monsignore 2021 ME/CS
DV, 14 %. Dunkles Rubingranat, violette Reflexe, zarter Wasserrand. Feine Holzwürze, zarte Röstaromatik, ein Hauch von Brombeeren, Haselnussnuancen, schwarze Kirschfrucht. Saftig, Vanillenoten, etwas laktisch, dunkle Beerenfrucht, bleibt haften, vielfältig einsetzbar. € 18,50

Weingut Wiedeschitz
Langegasse 25, 7301 Deutschkreutz
T: +43 (650) 9041286, www.weingut-wiedeschitz.at

90 Merlot 2021
NK, 14 %. Kräftiges Rubingranat, violette Reflexe, zarte Ockerrandaufhellung. Intensiver Duft nach Vanille und Edelholz, ein Hauch von Zwetschken und kandierten Veilchen, Cassis klingt an. Mittlerer Körper, saftig, süße Tanninstruktur, Holzwürze im Abgang, dunkle Beerenfurcht im Nachhall. € 22,–

Weingut Peter Dolle
Herrengasse 2, 3491 Straß im Straßertale
T: +43 (2735) 2326, www.dolle.at

90 Attacke Cuvée 2021 BF/CS/ME
NK, 14 %. Kräftiges Rubingranat, violette Reflexe, dezente Ockerrandaufhellung. Rotes Waldbeerenkonfit, etwas Vanille und Nougat, mit Herzkirschen unterlegt. Straff, Rote Johannisbeeren, präsente Tannine, frischer Säurebogen, mineralisch, schokoladig im Abgang, braucht noch seine Zeit. € 23,–

Domaine Pöttelsdorf
Kellerweg 15, 7025 Pöttelsdorf
T: +43 (2626) 5200, www.domaine-pöttelsdorf.at

90 Cabernet Jura Kompromisslos rouge 2019 B V
NK, 13 %. Dunkles Rubingranat, violette Reflexe, zarte Ockerrandaufhellung. Floraler Touch nach kandierten Veilchen, zart animalischer Touch, rotbeeriges Bukett. Saftig, rote Kirschen, frischer Säurebogen, lebendig, feine Tannine, zarter Gerbstoff im Abgang, bleibt haften, fruchtig-florale Stilistik. € 28,–

Weingut Masser
Fötschach 41, 8463 Leutschach
T: +43 (3454) 467, www.masser.cc

90 Optimum 2019 BF/CF/CS (Magnum)
DIAM, 13,8 %. Kräftiges Rubingranat, violette Reflexe, dezente Randaufhellung. Scheues Bukett, ein Hauch von Preiselbeeren und Kirschen, mineralischer Touch, tabakige Nuancen. Stoffig, feine Fruchtsüße, Kirschen, präsente Tannine, zarter Gerbstoff im Abgang, etwas Nougat, wird von Flaschenreife profitieren. € 34,90

Weingut Königshofer
Untere Hauptstraße 34, 7100 Neusiedl am See
T: +43 (2167) 8056, www.koenigshofer-wein.at

89 Zweigelt Exquisit 2021
DV, 14 %. Kräftiges Rubingranat, violette Reflexe, zarte Randaufhellung. Zart nach Weichseln und Himbeeren, ein Hauch von Kräutern, kandierte Orangenschalen. Mittlerer Körper, fruchtsüß, Walderdbeeren, saftig, gut eingebundenes Tannin, mineralisch, bereits gut antrinkbar. € 7,50
Best Buy

Weingut Schulz
Hauptstraße 69, 2181 Dobermannsdorf
T: +43 (2533) 89062, www.weingut-schulz.at

89 Heideboden 2021 ZW/CS/CF
DV, 13,5 %. Kräftiges Rubingranat, violette Reflexe, dezente Ockerrandaufhellung. Zart nach Cassis und reifen Zwetschken, kandierte Orangenzesten, mit dezenter Kräuterwürze unterlegt. Mittlerer Körper, rotbeerig, zart blättriger Touch, Erdbeerkonfit im Nachhall, bietet unkompliziertes Trinkvergnügen. € 7,90 Best Buy

Prädikatsweingut Payer
Sportplatzgasse 17, 7143 Apetlon
T: +43 (2175) 24091, www.weingut-payer.at

89 Blauer Zweigelt Neusiedlersee DAC Schmeichler 2021
DV, 14 %. Kräftiges Rubingranat, violette Reflexe, dezente Ockerrandaufhellung. Reife Zwetschken, eingelegte schwarze Kirschen, zarte tabakige Nuancen. Mittlere Komplexität, rotbeerige Frucht, zarte Tannine, frischer Säurebogen, bereits gut entwickelt. € 8,20 Best Buy

Weingut Hoffmann Doris & Michael
Wiener Strasse 2, 7123 Mönchhof
T: +43 (2173) 80264, www.hoffmann-wein.at

89 Lenz Moser Carpe Diem Prestige Cuvée Siegendorf 2021 ME/CS/CF
NK, 13,5 %. Kräftiges Rubingranat, violette Reflexe, dezente Ockerrandaufhellung. Feine rotbeerige Aromatik, zart nach Orangenschalen, etwas Kardamom, mit Holzwürze unterlegt. Mittlerer Körper, salzig, rote Beeren, weitmaschig, tabakiges Finish. € 9,99 Best Buy

Weinkellerei Lenz Moser
Lenz-Moser-Straße 1, 3495 Rohrendorf
T: +43 (2732) 85541, www.lenzmoser.at

89 St. Laurent 2021
DV, 13 %. Kräftiges Rubingranat, violette Reflexe, dezente Ockerrandaufhellung. Schwarze Waldbeeren, ein Hauch von Preiselbeeren, tabakige Nuancen, zart nach Nougat. Mittlerer Körper, rotbeerig, frisch strukturiert, mineralisch-salzig, gut entwickelt und antrinkbar. € 8,90 Best Buy

Wein.Gölles Weinbau | Buschenschank
Hatzendorf 44a, 8361 Fehring
T: +43 (3155) 3823, www.weinbau-goelles.at

89 Pinot Noir exklusiv 2021
NK/DV, 13,5 %. Mittleres Karmingranat, violette Reflexe, breiterer Wasserrand. Zart tabakig, feine Holzwürze, ein Hauch von Blutorangen, Herzkirschen klingen an, mit Vanille unterlegt. Mittlerer Körper, feine Fruchtnuancen, zarter Gerbstoff, mineralisch, Holzsüße auch im Nachhall, bereits gut antrinkbar. € 10,– Best Buy

Weinbau Schweifer
Kleinhöfleiner Hauptstraße 31, 7000 Eisenstadt
T: +43 (2682) 68465, www.weinbau-schweifer.at

89 Blauer Zweigelt 2021
DV, 13,5 %. Mittleres Rubingranat, violette Reflexe, breitere Randaufhellung. Zarte Kräuterwürze, Nuancen von Himbeeren und Preiselbeeren, floraler Touch, mineralischer Anklang. Schlank, rotbeerig, frisch strukturiert, rote Kirschen im Abgang, salziger Nachhall. € 8,90 Best Buy

Wein.Gölles Weinbau | Buschenschank
Hatzendorf 44a, 8361 Fehring
T: +43 (3155) 3823, www.weinbau-goelles.at

89 Pinot Noir Grande Reserve 2021 (H)
NK, 13,5 %. Kräftiges Rubingranat, violette Reflexe, breitere Randaufhellung. Etwas nach Feigen und Kräutern, zart nach Soja, ein Hauch von Kirschen, floraler Touch. Mittlerer Körper, salzig, rote Beerenfrucht, frisch, bereits entwickelt, unkomplizierter Speisenbegleiter. € 11,20

Winzerhof Scheit
Laaer Straße 11, 2113 Karnabrunn
T: +43 (2263) 6744, www.winzerhof-scheit.at

89 Alta Monte 2020 SY/CS/ME (H)
DV, 14,5 %. Tiefdunkles Rubingranat, opaker Kern, violette Reflexe, zarte Randaufhellung. Dezente reife Kirschen und Brombeeren, ein Hauch von Pflaumen, Lakritze klingt an, würziger Touch. Saftig, mittlere Komplexität, Johannisbeeren, präsente Tanninstruktur, mineralisch, bereits gut antrinkbar. € 9,– Best Buy

Weingut Racz
Herrengasse 66, 7311 Neckenmarkt
T: +43 (664) 1629340, www.weingut-racz.at

89 Pinot Noir Terroir 2021 (B)
DV, 13 %. Kräftiges Rubingranat, violette Reflexe, ockerfarbene Randaufhellung. Zart nach Schießpulver und Kräutern, ein Hauch von Weichseln, dezent nach Clementinenzesten, frisches Bukett. Mittlerer Körper, fruchtsüß, rote Beerenfrucht im Abgang, tabakig, bereits entwickelt, gutes Finish. € 11,90

Weingut Neustifter
Laaer Straße 10, 2170 Poysdorf
T: +43 (2552) 3435, www.weingut-neustifter.com

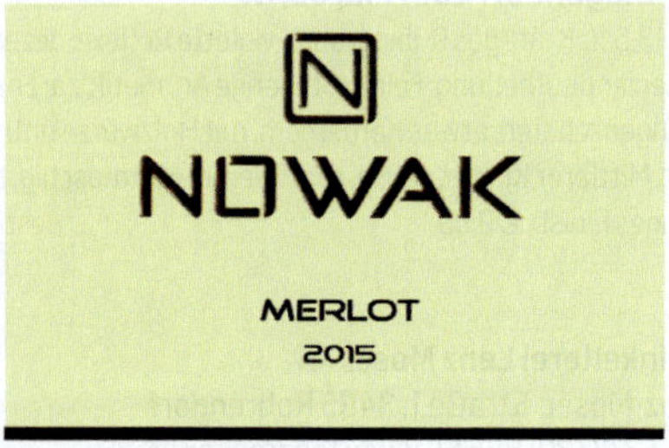

89 Merlot 2015 Ⓥ

DV, 13,5 %. Dunkles Rubingranat, opaker Kern, violette Reflexe, zarte Randaufhellung. Reife Beerenfrucht, etwas Lakritze, Brombeerkonfit, Nougat und kandierte Orangenzesten. Mittlere Komplexität, dezente Fruchtsüße, vegetale Nuancen, weißes Nougat im Nachhall, individueller Stil. € 12,–

Weingut Leopold Nowak
Mühlgasse 2, 2353 Guntramsdorf
T: +43 (2236) 53004, www.wein-nowak.at

89 Carneval 2021 ZW/ME/CS

DV, 14,5 %. Tiefdunkles Rubingranat, violette Reflexe, Ockerrandaufhellung. Etwas Brombeeren und Holzwürze, balsamische Noten, dunkles Beerenkonfit. Mittlerer Körper, kraftvoll, Ribiselnoten, feine Würze, gut eingebundene Tanninstruktur, bereits gut antrinkbar. € 12,50

Weingut Josef Fischer
Schlossgasse 38, 2102 Hagenbrunn
T: +43 (2262) 672792, www.weingutfischer.com

89 Cabernet Sauvignon Ried Königswiese Reserve 2021

DV, 14 %. Kräftiges Rubingranat, violette Reflexe, dezente Ockerrandaufhellung. Ein Hauch von Nougat und Herzkirschen, zart tabakig unterlegt, Anklänge von Kokosflocken. Mittlerer Körper, rotbeerig, zart nach Vanille und Ribiseln, zarte Tannine, frischer Speisenwein. € 13,50

Weingut Pillinger
Neustiftgasse 78, 7123 Mönchhof
T: +43 (664) 4010476, www.weingut-pillinger.at

89 Caro-Line Grande Cuvée 2021 RÖ/ZW Ⓗ

NK, 14 %. Dunkles Rubingranat, violette Reflexe, zarte Randaufhellung. Zarte Tabak-Kräuter-Würze, etwas Edelholznuancen, schwarzes Waldbeerenkonfit, Cassisnoten, kraftvolles Bukett. Mittlerer Körper, rotbeerig, gut eingebundene Tanninstruktur, etwas weitmaschig, Zwetschken im Nachhall, bereits gut antrinkbar. € 14,40

Winzerhof Scheit
Laaer Straße 11, 2113 Karnabrunn
T: +43 (2263) 6744, www.winzerhof-scheit.at

89 Merlot Anberola 2020 Ⓥ

NK, 13 %. Kräftiges Karmingranat, violette Reflexe, breitere Ockerrandaufhellung. Zart nach Nougat und reifen Zwetschken, mit eingelegten Kirschen unterlegt. Mittlere Komplexität, rotbeerige Textur, präsente Tannine, blättriger Nachhall, zart adstringierend im Finale. € 16,–

Hofkellerei des Fürsten von Liechtenstein
Brünnerstraße 8, 2193 Wilfersdorf
T: +43 (2573) 221927, www.hofkellerei.com

89 St. Laurent Rotary Club Perchtoldsdorf 2021

NK, 13 %. Dunkles Rubingranat, opaker Kern, violette Reflexe, zarte Randaufhellung. Reife Zwetschken, feine Gewürznuancen, rote Kirschen, dezenter Oxidationstouch. Mittlere Komplexität, rote Beerenfrucht, zarte Tannine, bereits entwickelt. € 17,90

Weingut Drexler-Leeb
Hochstraße 65, 2380 Perchtoldsdorf
T: +43 (1) 8697660, www.drexler-leeb.at

89 Cuvée Exklusive Nadine 2021 BB/ME/RÖ/ZW

NK, 13 %. Dunkles Karmingranat, violette Reflexe, dezente Randaufhellung. Reifes Bukett nach Dörrpflaumen, etwas Nougat, zart nach Röstzwiebeln, rustikaler Touch. Rotbeerig, schlank, frische Kirschen, lebendig am Gaumen, zitroniger Nachhall. € 19,80

Weingut Kerstin und Nadine Schüller
Pillersdorf 15, 2073 Zellerndorf
T: +43 (2946) 8429, www.weingut-schueller.at

89 Cabernet Franc Coup de Coeur 2021
NK, 14 %. Tiefdunkles Rubingranat, opaker Kern, violette Reflexe, zarte Randaufhellung. Feine Tabakwürze, schwarzes Waldbeerenkonfit, Lakritze, Holznoten. Mittlerer Körper, würzig, präsente Tannine, Cassis, mineralisch, wirkt etwas fordernd, individuell einsetzbar. € 42,–

Weingut Christian Kirnbauer
Sonnenweg, 7301 Deutschkreutz
T: +43 (650) 4415329, www.weingut-kirnbauer.at

88 Blauer Zweigelt Grande Reserve 2020
NK, 13 %. Kräftiges Rubingranat, ockerfarbene Reflexe, breiter Wasserrand. Feine Holznuancen, Kardamom, dunkle Beerenfrucht, tabakiger Touch. Mittlerer Körper, fruchtsüß, Kirschnoten im Abgang, unkompliziertes Finish, trinkanimierender Stil. € 4,99 Best Buy

Weinkellerei Lenz Moser Ⓢ
Lenz-Moser-Straße 1, 3495 Rohrendorf
T: +43 (2732) 85541, www.lenzmoser.at

88 Merlot-Cabernet Sauvignon Guntramsdorf Ried Himmelstiege am Eichkogel 2020 ME/CS Ⓥ
DV, 14 %. Dunkles Rubingranat, violette Reflexe, zarte Randaufhellung. Zart nach Himbeeren und Walderdbeeren, kandierte Zitruszesten, floraler Touch. Mittlerer Körper, etwas weitmaschig, rotbeerig, feinwürzig, nussige Nuancen, individuell einsetzbar. € 9,– Best Buy

Weingut Leopold Nowak
Mühlgasse 2, 2353 Guntramsdorf
T: +43 (2236) 53004, www.wein-nowak.at

88 Cuvée Dora 2021 ZW/CS/ME Ⓥ
NK, 13,5 %. Kräftiges Rubingranat, violette Reflexe, breite Randaufhellung. Feine Tabakwürze, etwas nach Zwetschken, Orangenschalen klingen an. Mittlerer Körper, zarte Tanninstruktur, Feigentouch im Abgang, würziger Nachhall, individuell einsetzbar. € 5,49 Best Buy

Weinkellerei Lenz Moser Ⓢ
Lenz-Moser-Straße 1, 3495 Rohrendorf
T: +43 (2732) 85541, www.lenzmoser.at

88 Cuvée Broken Leg 2020 ZW/BF ZW/BF
DV, 13 %. Dunkles Rubingranat, violette Reflexe, zarte Randaufhellung. Zart nach Weichseln, ein Hauch von Kräutern, floraler Touch, etwas nach Zimt und Nelken. Mittlerer Körper, frisch und lebendig, Zitrustouch, salzig, unkompliziert antrinkbar. € 10,– Best Buy

Weinbau MP Pimpel
Pfarrgasse 10, 2464 Göttlesbrunn
T: +43 (676) 7359998, www.mp.co.at

88 Zweigelt 2021
DV, 13 %. Kräftiges Rubingranat, violette Reflexe, zarte Randaufhellung. Rotbeerige Nuancen, zart nach Kräutern, ein Hauch von Ribiseln, dezente Würze, floraler Touch. Fruchtig, gut eingebundene Säurestruktur, Weichseln, mineralisch, Nougat klingt an, bereits gut antrinkbar. € 6,50
Best Buy

Weinbau Schweifer
Kleinhöfleiner Hauptstraße 31, 7000 Eisenstadt
T: +43 (2682) 68465, www.weinbau-schweifer.at

88 König 2017 BF/ZW
NK, 13,7 %. Kräftiges Rubingranat, violette Reflexe, breitere Ockerrandaufhellung. Nuancen von reifer Frucht, nach Dörrzwetschken, dazu Nougat, kandierte Orangen, dezente Oxidationsanklänge. Rotbeerige Textur, zart nach Rosinen, lebendige Säure, dezente Süße im Nachhall. € 12,–

Weingut Königshofer
Untere Hauptstraße 34, 7100 Neusiedl am See
T: +43 (2167) 8056, www.koenigshofer-wein.at

SOMMELERIE-PATENSCHAFTEN

Partners IN WINE

DIE AUSGEZEICHNETEN UND IHRE PATEN

TEXT ROLAND GRAF

Mit der vorliegenden Ausgabe feiert der Falstaff Rotweinguide seinen »45. Geburtstag«. Zu diesem Jubiläum wird er erstmals auch Bühne für die besten Sommeliers und Sommelièren des Landes. Unter dem Motto »PARTNERS IN WINE« stellen wir die Ausgezeichneten an der Seite ihrer Paten vor.

Insgesamt wurden 20 Sieger auserkoren; die Besten in den Kategorien Schaumweinkarte, Shortlist (<200 Positionen), gereifte Weine und Jahrgangstiefe, unkonventionelle Weine und andere Getränke, Angebot glasweise, Weine aus Österreich, Weine aus der Region, internationale Weine, Performance am Gast, Sommelier »Rookie«, Naturweinkarte sowie die neun Bundeslandsieger.

Herzlichen Dank an alle Paten für die Unterstützung. Ihr Engagement trägt wesentlich dazu bei, Exzellenz und Leidenschaft im Weinhandwerk zu fördern.

UNSERE PATEN:

Weingut Silvia Heinrich, Deutschkreutz, Burgenland, **Weingut Markus Iro**, Gols, Burgenland, **Weingut Keringer**, Mönchhof, Burgenland, **Weingut Kerschbaum**, Horitschon, Burgenland, **Weingut Kollwentz**, Großhöflein, Burgenland, **Weingut Leth**, Fels am Wagram, Niederösterreich, **Weingut Moric**, Großhöflein, Burgenland, **Weingut Nehrer**, Eisenstadt, Burgenland, **Weingut Pöckl**, Mönchhof, Burgenland, **Weingut Polz**, Straß, Steiermark, **Rotweingut Prickler**, Lutzmannsburg, Burgenland, **Weingut Josef und Maria Reumann**, Deutschkreutz, Burgenland, **Weingut Scheiblhofer**, Andau, Burgenland, **Weingut Schloss Gobelsburg**, Gobelsburg, Niederösterreich, **Schwarz Weine**, Andau, Burgenland, **Weingut Strehn**, Deutschkreutz, Burgenland, **Weingut Taferner**, Göttlesbrunn, Niederösterreich, **Familienweingut Tement**, Ehrenhausen, Steiermark, **Weingut Ernst Triebaumer**, Rust, Burgenland, **Weinturm GmbH**, Linz, Oberösterreich

BESTE SCHAUMWEINKARTE

CHRISTAN ZACH

WEINBANK

Christian Zachs Weinkarte spielt alle Stücke – von prickelnd bis süß. Ein Besuch bei ihm ist immer eine sichere Bank.

Christian Zach, auch bekannt als »Zachinator«, zählt seit Jahrzehnten zu den Spitzen der österreichischen Sommelerie. Mit seinem einzigartigen Gespür für Weine wurde er bereits 2017 von Falstaff zum Sommelier des Jahres gekürt. Gemeinsam mit Küchenpatron Gerhard Fuchs bildet er ein kongeniales Duo, das die Wein- und Gastronomieszene nachhaltig prägt. Seine Weinkarte spiegelt seine Expertise und Leidenschaft wider und begeistert Weinliebhaber mit einer herausragenden Auswahl. Christian Zach ist nicht nur ein Meister seines Fachs, sondern auch ein inspirierender Botschafter der österreichischen Weinkultur und wird diesmal insbesondere für sein vielfältiges Schaumwein-Angebot ausgezeichnet.

Foto: beigestellt

O BOUFÉS

BESTE SHORTLIST (<200 POSITIONEN) – QUALITÄT VOR QUANTITÄT

Mit dieser Auszeichnung wird nicht nur eine exzellente Weinauswahl geehrt, sondern auch das Engagement, die Kultur des Natural Wine zu fördern.

Bereits mit der Eröffnung des O Boufés neben seinem bekannten Gourmet-Restaurant setzte Konstantin Filippou ein Zeichen. Unverputzte Wände und ungeschönte Weine stehen gemeinsam für einen ursprünglichen Zugang. Die herausragende Weinkarte ist Teil eines Konzepts, das als Weinbistro nur unzulänglich beschrieben wird. Filippous Selektion von nachhaltigen und biodynamischen Weinen spiegelt den Charakter der Winzer, aber auch den Zugang des Spitzenkochs zum Genuss wider. Jedes Glas erzählt eine eigene Geschichte, so wie es auch die Gerichte tun, wenn sie von Griechenland inspiriert wurden oder eine besondere Meeres-Delikatesse in den Fokus rücken. In beiden Fällen verbindet der Besuch die Gäste mit der Natur. Und jenen Menschen, die ihre Früchte zu veredeln wissen.

Foto: beigestellt

MORIC
ROLAND VELICH
WWW.MORIC.AT

PALAIS COBURG

GEREIFTE WEINE UND JAHRGANGSTIEFE

Als Bastei des Genusses pflegt das Palais Coburg die Suche nach dem Reifeplateau seiner Weinschätze aus sechs Kellern.

Dass im Palais Coburg eine der beeindruckendsten Weinkarten des Planeten wartet, wird nicht nur bei hochkarätigen Verkostungen offenbar. Die gesammelten Flaschen sind Teil des täglichen Gastro-Betriebs und werden mit Vorliebe perfekt gereift ausgeschenkt. Dafür steht dem Team um Wolfgang Kneidinger eine sechsteilige Kellerwelt mit Weinen aus vier Jahrhunderten zur Verfügung. 60.000 Flaschen spiegeln die Leidenschaft des einzigartigen Hauses für Qualität und Tradition wider. Denn es geht nicht nur um rare Geschmackserlebnisse, sondern auch um die perfekte Entwicklung der unterschiedlichen Jahrgänge. Und die pflegt man hier mustergültig und auf Weltniveau.

Foto: beigestellt

RESTAURANT DÖLLERER

UNKONVENTIONELLE WEINE UND ANDERE GETRÄNKE

Die unkonventionelle Weinselektion und eine abwechslungsreiche Auswahl an Getränken setzt einen frischen Impuls in der österreichischen Gastronomie.

Mit dem eigenen Weinhaus, ja sogar einer eigenen Gläser-Serie, schöpft man in Golling seit jeher aus dem Vollen, wenn es um Weinkultur geht. Dass die heimische Sommelier-Szene »Sparkling Tea« als Weinalternative entdeckt hat, liegt am Vorleben im Restaurant Döllerer. Schon mit Sake hat Alexander Koblinger gezeigt, dass es eine Welt abseits der klassischen Pfade gibt. Wer das Besondere sucht, schätzt derlei Freude am Entdecken, zumal sie auch einen Kontrast zur »Alpine Cuisine« Andreas Döllerers bietet. Eines aber eint die lokal inspirierte Küche und internationale Offenheit bei den Getränken: der Fokus auf die Qualität.

Foto: © Joerg Lehmann, Doellerer

HEUNISCH & ERBEN

BESTES ANGEBOT GLASWEISE

Das Heunisch & Erben begeistert mit einer einzigartigen Kombination aus Weinbar und Restaurant und wird für sein herausragendes Angebot von rund 120 offenen Weinen ausgezeichnet.

Robert Brandhofer und Markus Goulds »Trinkstube der Herzen« nimmt diesen Anspruch wörtlich. Das Angebot an offenen Weinen erweitert die gut bestückt Weinkarte, um den Gästen in der Landstraßer Hauptstraße die Möglichkeit zu geben, Hochwertiges auch in kleinen Portionen zu genießen. Die Weinkarte präsentiert eine sorgfältige Auswahl, die Gästen die Möglichkeit bietet, hochwertige Tropfen in kleinen Portionen zu genießen. Geboten wird eine umfassende und abwechslungsreiche Palette, die von regionalen Spezialitäten bis hin zu internationalen Klassikern reicht, und ermöglicht es Weinliebhabern, verschiedene Geschmäcker zu erkunden und neue Favoriten zu entdecken. Die Leidenschaft für Wein und das Streben nach Qualität sind deutlich spürbar und machen jeden Besuch im Heunisch & Erben zu einem besonderen Erlebnis.

Foto: beigestellt

Kerschbaum
RENOMMIERTE WEINGÜTER BURGENLAND
RWB
Kerschbaum
Cuvée Impresario
Perfektion &
Verantwortung.
kerschbaum.at

GOURMETHOTEL DAS CENTRAL

WEINE AUS ÖSTERREICH

Die Weinkarte des Gourmethotels Das Central in Sölden lädt die Gäste ein, die Vielfalt der österreichischen Weinkultur zu erkunden.

Die sorgfältig zusammengestellte Auswahl präsentiert die besten Tropfen aus den renommiertesten Weinregionen des Landes, von den malerischen Steillagen der Wachau bis hin zu den Ebenen des Burgenlands. Die Jahrzehnte, über die Gottlieb Waschl und Martin Sperdin mit Leidenschaft und Fachwissen den Keller pflegten, kommen den Gästen unmittelbar zugute. Symbol für die Vielfalt und Qualität österreichischer Weine bleibt der exklusive »Pino 3000«, der im Ötztal selbst reift. Jeder Besuch wird zu einem einzigartigen Erlebnis, das nicht nur die Geschmacksknospen verwöhnt, sondern auch die Liebe zur österreichischen Weinkultur widerspiegelt.

Foto: beigestellt

WEINE AUS DER REGION

MARTIN FUČEK

THE RESORT

The Resort, eine Wohlfühloase für alle Sinne, wird mit Martin Fuček als Chefsommerlie für die faszinierende Präsentation des burgenländischen Weins ausgezeichnet.

Chefsommelier Martin Fuček beherrscht den Spagat zwischen regionalen Weinschätzen und internationalem »Fine Wine«. Jahrgangstiefe auf der Raritätenkarte– von Knoll bis Mouton Rothschild – verlängert den Wellness-Aufenthalt für den geschulten Gaumen. Doch die Liebe gilt klar dem Burgenland; selbst die Auswahl an 100-Punkte-Weinen eröffnet Süßes aus dem Seewinkel und Erich Scheiblhofers Co-Produktion »Batonnage«. Die Gäste sind eingeladen, die Besonderheiten des Burgenlands in allen Preisklassen zu entdecken. Scheuklappen gibt es dabei nicht; Cuvées aus dem Mittelburgenland werden ebenso zum Teil des Angebots wie mineralische Weißweine vom Leithaberg. Denn Martin Fuček nimmt Neulinge mit zu den pannonischen Aromen und begeistert Kenner mit Trouvaillen. »Weinkultur als gelebte Genuss-Demokratie« könnte man auch sagen!

Foto: © Scheiblhofer – The Resort

BURG VITAL RESORT

INTERNATIONALE WEINE

Das Burg Vital Resort am Arlberg ist als Fine-Dining-Hotspot über die Grenzen Österreichs hinaus bekannt und punktet auch mit einer internationalen Weinkarte.

Die sorgfältig kuratierte Auswahl des prächtigen Burg Vital Resorts in Lech umfasst erlesene Tropfen aus nahezu allen Weinregionen rund um den Globus, darunter Klassiker aus Frankreich, Italien und Spanien sowie aufregende Entdeckungen aus Neuseeland, Argentinien und Kalifornien. Diese breite Palette ermöglicht es den Gästen, die Vielfalt und Finesse globaler Weinkultur zu erleben. So wird jeder Besuch in einem der beiden Gourmetrestaurants des Hauses – der Griggeler Stuba und dem Restaurant Picea – zur genussvollen Reise durch die Welt der feinen Weine.

Foto: © Burg Vital Resort Oberlech, www.burgvitalresort.com

WEINGUT
PÖCKL
MÖNCHHOF
WWW.POECKL.AT

BESTE PERFORMANCE AM GAST

STEPHAN MARTIN

RUNDBAR

Stephan Martin sorgt in der »R&BAR« im 7. Wiener Gemeindebezirk für eine einladende Atmosphäre, die Genuss und Geselligkeit fördert. Bistronomy vom Feinsten!

Stephan Martin, der frische Wind in der Wiener Gastronomie, wurde für seine herausragende Performance am Gast ausgezeichnet. Zuvor als Sommelier im Sternerestaurant »ænd« bei Fabian Günzel tätig, hat er sich in der Wiener »R&BAR« seit 2022 ganz dem lässigen Stil verschrieben. Stephan Martin begeistert nicht nur mit seinem Fachwissen, sondern auch mit seiner entspannten Art, die den Genuss von Wein in den Vordergrund stellt. Die Empfehlungen sind entsprechend funky und treffen genau den Nerv der Zeit. Diese innovative Herangehensweise, kombiniert mit einem lässigen Ambiente und guter Musik, macht die gemütliche Bar zur empfehlenswerten Adresse unter Freunden. Stephan Martin ist mehr als nur Gastgeber – er ist ein Botschafter für die Freude am Wein.

Foto: © Ingo Pertramer

BESTER SOMMELIER ROOKIE

LUCAS »LUCKY« SHONG

CAFÉ KANDL

Seine innovative Denkweise macht ihn zu einer vielversprechenden Stimme in der Wiener Weinszene.

Lucas »Lucky« Shong wird als herausragendes Nachwuchstalent aka »Rookie« ausgezeichnet und macht im Café Kandl in Neubau von sich reden. Hier, in einem Ambiente, das sowohl Gemütlichkeit (Garten!) als auch Stil vereint, hat er sich schnell einen Namen als Weinexperte erarbeitet. Mit seinem feinen Gespür für regionale und internationale Weine begeistert er die Gäste und ergänzt die saisonale Küche perfekt. Lucas kombiniert Witz und Kreativität mit Fachwissen und stellt sicher, dass jede Weinempfehlung individuell und spannend für den vinophilen Gast ist. Von diesem einzigartigen Talent wird man noch viel hören – und trinken.

SCHLOSS
GOBELS—
BURG
WEINKULTURERBE
ŒSTERREICHS
1171-2021
850
YEARS
www.gobelsburg.at

BESTE NATURWEINKARTE

MATTHIAS PITRA & STEVE BREITZKE

MAST WEINBISTRO

Naturtalente: Die Weinkarte von Matthias Pitra und Steve Breitzke überzeugt durch eine präzise Auswahl abseits des Mainstreams.

Matthias Pitra und Steve Breitzke werden für ihre ausgezeichnete Weinkarte im MAST Weinbistro geehrt, die durch eine außergewöhnliche und äußerst vielfältige Auswahl (nicht nur) an Naturweinen besticht. Die Präsentation spannender und sorgfältig kuratierter Weine abseits des Mainstreams spricht sowohl Kenner als auch wissbegierige Neulinge an. Die innovative und coole Herangehensweise der beiden »wine enthusiasts« an die Weinpräsentation schafft Klarheit trotz Trubstoff, was die Gäste des gemülichen Weinbistros am Wiener Alsergrund schätzen und feiern.

Foto: beigestellt

BESTER SOMMELIER WIEN

SIMON SCHUBERT

REZNICEK

Mit Schmäh und außergewöhnlichem Weingespür setzt Simon Schubert neue Maßstäbe in der Wiener Weinszene und vereint in seinem Reznicek Gemütlichkeit mit vinophilen Überraschungsmomenten.

Simon Schubert, leidenschaftlicher Sommelier des 2022 eröffneten Restaurants Reznicek in Wien-Alsergrund, holt sich den Titel »Bester Sommelier Wien«. Schubert beeindruckt mit seiner umfassenden Expertise und seinem feinen Gespür für edle Weine und harmonische Geschmackskombinationen, kredenzt von Julian Lechner. Durch die außergewöhnliche Auswahl an Weinen und die Fähigkeit, perfekte Weinbegleitung zur Wiener Wirtshausküche »with a twist« zu kreieren, hat er das Reznicek rasch zum »place to be« gemacht.

Foto: beigestellt

WIR MACHENS WIEDER SELBST
TAFI´S HEURIGER
KIRAGSTETTN 24
2464 GÖTTLESBRUNN
POP UP DATES 2025
COMING SOON…
WWW.TAFI.AT

BESTER SOMMELIER BURGENLAND

PETER MÜLLER

HEIMLICHWIRT

Sommelier und Restaurantbesitzer Peter Müller bietet eine spannende Weinkarte in entspannter Wirtshausatmosphäre.

Peter Müller, als »Bester Sommelier Burgenland« ausgezeichnet, vereint in seiner Rolle im Heimlichwirt umfangreiche Erfahrung und kreative Kochkunst. Nach 13 Jahren als Chefsommelier bei Dreisternekoch Nils Henkel bringt er nicht nur ein tiefes Wissen über Weine in seinen beeindruckenden Weinkeller mit 350 spannenden Positionen, sondern auch eine Leidenschaft für das Kochen. Mit seiner Begeisterung und Kreativität setzt Peter Müller neue Akzente in der burgenländischen Gastronomie, die er seinerzeit im »Taubenkobel« schätzen gelernt hat. In Gols sorgt er »beidhändig« dafür, dass ein Besuch zu einem Fest auf dem Teller und im Glas wird.

Keringer
Origin of massiv wine
enjoy wine...
more than a 100 DAYS
WEINGUT
KERINGER
In Mönchhof, der ältesten Weinbaugemeinde Österreichs, haben Robert und Marietta Keringer sich voll und ganz darauf verschrieben, bei der Vinitizierung von Rotweinen innovative Wege zu gehen. Mit großem Engagement entstehen dabei ausgezeichnete Weine - gehaltvoll, fruchtig, viel Potential und Trinkfluss.
Ausgezeichnet.
Qualität punktet.
★ Falstaff Grand Prix Sieger 2021
★ 1. Platz AWC Vienna 2024 mit MASSIV Top-Rotweincuvée 2020
★ 1. Platz Bgld. Landessieger mit 100 DAYS MERLOT 2020
Keringer
Origin of massiv wine
100 DAYS
Zweigelt
NEUSIEDLERSEE
DAC
RESERVE
Weingut Keringer
Vertrieb:
Keringer massiv wine GmbH
Wiener Straße 22
7123 MÖNCHHOF
BURGENLAND • ÖSTERREICH
+43 2173 80380
weingut@keringer.at
keringer.at
COMMANDER
HEIDEBODEN
MASSIV

BERNHARD WEIDINGER

STOCKERWIRT

Bernhard Weidinger beeindruckt immer wieder aufs Neue. Ob mit Klassikern oder Newcomern auf dem Weinmarkt: Beim Stockerwirt findet jeder Köstliches.

Mit einer Weinkarte, die knapp 3.000 Positionen umfasst, wartet der »Beste Sommelier Niederösterreich« auf. Doch Bernhard Weidingers Spezialgebiet lässt sich nicht quantitativ erfassen. Sein Ehrgeiz im Stockerwirt gilt vielmehr einer sorgfältigen Auswahl an heimischen Spitzenweinen, die er wie ein Kurator den internationalen Raritäten gegenüberstellt. So kommen im Landgasthaus die wandernden Gelegenheitsgenießer aus dem Wienerwald ebenso zu einem ansprechenden Schluck wie die Weinkenner, die extra zum Stockerwirt reisen. Die Leidenschaft für die österreichische Weinkultur (und darüber hinaus) sowie das Engagement Weidingers machen es – ohne snobistische Hürden – möglich!

Foto: Chiara Stocker

BESTER SOMMELIER STEIERMARK

RENÉ KOLLEGGER

SCHLOSSKELLER

Der Allrounder startete ursprünglich als Koch und begeistert nun mit Charme, Fachwissen und Herzblut als Chefsommelier im Schlosskeller Südsteiermark.

René Kollegger ist ein hochtalentierter Sommelier und Weinakademiker, der seine Ausbildung zum Koch und Gastronomen im Weingasthof Gußmack in Voitsberg begann, wo bereits ein besonderes Augenmerk auf nationale und internationale Weine gelegt wurde. Nach seiner Lehre sammelte er wertvolle Erfahrungen im Ausland sowie in renommierten Häusern wie dem Pfarrhof in St. Andrä im Sausal unter Tom Riederer.
Nach Jahren beim Top-Winzer Wolfgang Maitz teilt Kollegger sein Wissen nun im Schlosskeller und kann seine Leidenschaft dort vollends ausleben. Sein Engagement für die Weinkultur und sein Bedacht auf die Nachwuchsförderung machen ihn zu einer inspirierenden Figur in der steirischen Gastronomie.
Seit 2023 kann man auch in seinem Podcast »Einfach Trinken« von und mit ihm lernen.

Foto: beigestellt

DAS WEINGUT POLZ.
SO SCHMECKT HERKUNFT.
SEIT 1912.
www.weingutpolz.at
Polz
WEINGUT SEIT 1912

BESTER SOMMELIER KÄRNTEN

CHRISTOPH GUSENLEITNER

RESTAURANT HUBERT WALLNER

Christoph Gusenleitner, Restaurantleiter und Head-Sommelier bei Hubert Wallner, brilliert in doppelter Hinsicht.

Der gebürtige Oberösterreicher Christoph Gusenleitner wird als »Bester Sommelier Kärnten« ausgezeichnet. Er übernahm im Frühling 2024 die Rolle des Head-Sommeliers bei Hubert Wallner und herrscht nun auch über den beeindruckenden Weinkeller, der mit 3.500 Positionen bestückt ist. Zuvor war Gusenleitner bereits als Restaurantleiter des Hauses tätig, nun brilliert er mit Passion in seiner Doppelrolle. Seine Weinauswahl spielt alle Stücke, von einem hochkarätigen Sortiment aus Österreich, Italien und Frankreich bis hin zu Natural und Orange Wines. Zudem finden sich spannende Entdeckungen aus den aufstrebenden Weinregionen in Slowenien und Kroatien auf der Karte. Ein Highlight nach dem anderen!

Foto: beigestellt

SCHWARZ
WWW.SCHWARZ-WEINE.AT

BESTE SOMMELIÈRE OBERÖSTERREICH

KATHARINA GNIGLER

BOOTSHAUS

Die Sommelière ist nicht nur für ihre Fachkenntnisse bekannt, sondern auch für ihre offene und freundliche Art, die sie zu einer inspirierenden Persönlichkeit in der Weinwelt macht.

Mit ihrer Übersiedlung von der Donau ins Salzkammergut brachte Katharina Gnigler auch frischen Wind in die oberösterreichische Weinlandschaft. Denn die talentierte und so sympathische Sommelière hat sich auch am Traunsee schnell einen Namen gemacht und beeindruckt mit ihrer Expertise und sprühender Leidenschaft für Wein. Nach Stationen in renommierten Häusern, darunter das Drei-Sterne-Restaurant Geranium in Kopenhagen, ist sie nun Chef-Sommelière im Bootshaus am Traunsee, einem der besten Restaurants Österreichs. »Simpel und raffiniert«, gleich wie Executive Küchenchef Lukas Nagl, reduziert sie Wein auf das Wesentliche, ganz abseits von bekannten »Etiketten«: Wohlgeschmack!

·HEINRICH·
Silvia Heinrich
DEUTSCHKREUTZ
99
Punkte
falstaff
TASTING 2024
falstaff.com
·HEINRICH·
DO IT WITH PASSION,
OR NOT AT ALL
www.weingut-heinrich.at

BESTER SOMMELIER SALZBURG

HANS-JÖRG UNTERRAINER

KIRCHENWIRT

Ausgezeichnet für seine Leidenschaft und Expertise, prägt Hans-Jörg Unterrainer als »Bester Sommelier Salzburg« die Weinkultur im Kirchenwirt Leogang.

Als erfahrener Sommelier im elterlichen Kirchenwirt Leogang hat Hans-Jörg Unterrainer anfangs über Jahre hinweg eine bemerkenswerte Selektion von österreichischen Spitzenweinen und besonderen Jahrgängen aufgebaut. Heute ist der Weinkeller seine Chefsache und erstreckt sich über zwei Stockwerke: eine Schatzkammer der Weinkultur, die als Quelle einzigartiger Geschmackserlebnisse fungiert. Bei innovativen Pairings darf es mitunter auch hausgemachter Sirup sein, doch das Herz schlägt in Leogang für den Wein. Für den jungen Wirt bedeutet das auch Nachwuchsförderung bei den Winzern zu betreiben. Für diese Leidenschaft wird Hans-Jörg Unterrainer als »Bester Sommelier Salzburg« ausgezeichnet.

Foto: beigestellt

ENKELTAUGLICH
ET
DEMETER
ROBERT PARKER
www.triebaumer.com

BESTER SOMMELIER TIROL

CHRISTIAN ZÖGERNITZ

TROFANA ROYAL

Zögernitz teilt seine Expertise mit wissbegierigen Weingenießern und führt sie auf eine Entdeckungsreise durch die faszinierende Welt des Weins.

Christian Zögernitz, der als »Bester Sommelier Tirol« ausgezeichnet wurde, sorgt in der Royal Vinothek des Trofana Royal für außergewöhnliche Weinerlebnisse. Im beeindruckenden Weinkeller lagern rund 25.000 Flaschen aus Anbaugebieten rund um den Globus – sorgfältig ausgewählt und fein sortiert. Von gereiften Raritäten und klassischen Weinen bis hin zu besonderen Pretiosen aus der Nische wird eine unvergleichliche Auswahl geboten. Zögernitz' offene und engagierte Art macht ihn zu einem charismatischen Fixpunkt der Tiroler Weinszene. Sein Faible für höchste Qualität trägt dazu bei, die Weinkultur in der Region lebendig und dynamisch zu halten.

sehr große Auswahl
leicht erreichbar
exklusive Weine
perfekt gelagerte Weine
natürlich gekühlter Weinkeller

BESTER SOMMELIER VORARLBERG

JOSEF NEULINGER

ALMHOF SCHNEIDER

Der gebürtige Oberösterreicher mischt die Weinwelt in Vorarlberg seit über 20 Jahren auf und schafft es immer wieder aufs Neue zu überraschen und zu überzeugen.

Neulinger ist eine herausragende Persönlichkeit in der österreichischen Gastronomieszene. Sein Wissen und seine Leidenschaft für Wein spiegeln sich in seiner beeindruckenden Weinkarte wider, die als eine der besten des Landes gilt. Mit Liebe zusammengestellt und stets wohlüberlegt, ist seine Weinauswahl mit keiner anderen zu vergleichen. Neulinger ist bekannt für seinen unkonventionellen Ansatz, bei dem er Einfachheit und Kreativität miteinander verbindet. Als Sommelier hat er es sich zur Aufgabe gemacht, seine anspruchsvollen Gäste aus aller Welt mit Rarem zu begeistern, und hat dabei nie den Fokus auf österreichischen Wein verloren. Unter seiner Leitung wird nicht nur das Fine Dining im Almhof Schneider auf ein neues Level gehoben, sondern auch die Idee einer »Österreichischen Trattoria« in der Wunderkammer lebendig.

Foto: © Christian Kain

STREHN
www.strehn.at

BEST BUY WEINE

BALUER ZWEIGELT 2022

92 Blauer Zweigelt Neusiedlersee DAC 2022
Weingut Jacqueline Klein
7163 Andau, Seite 100 € 8,90

90 Zweigelt Reserve 2022
Weingut Alfred Fischer
7023 Stöttera, Seite 104 € 7,50

90 Zweigelt Ried Klausen 2022
Weingut Schneider
7062 St. Margarethen, Seite 104 € 7,50

90 Blauer Zweigelt Neusiedlersee DAC EveryDAYS 2022
Weingut Keringer
7123 Mönchhof, Seite 104 € 7,90

90 Zweigelt Reserve Sophie Marie 2022
Weingut Familie Schlager
2504 Sooß, Seite 105 € 7,90

90 Zweigelt Ried Wieser Exclusive 2022
Weingut Kranixfeld – Familie Fischl
7072 Mörbisch, Seite 105 € 8,–

90 Blauer Zweigelt 2022
Weingut Hagn
2024 Mailberg, Seite 105 € 8,40

90 Zweigelt Neusiedlersee DAC 2022
Weingut Alexander Egermann
7142 Illmitz, Seite 105 € 9,30

90 Zweigelt vom Heideboden 2022
Weingut Keringer
7123 Mönchhof, Seite 105 € 9,90

90 Zweigelt Barrique BodenSchatz 2022
Winzerhof Michael Gartner
7142 Illmitz, Seite 105 € 10,–

89 Zweigelt Ostara 2022
Magdalenenhof – Familie Stefan Kaiser
7000 Eisenstadt, Seite 107 € 6,80

89 Zweigelt Neusiedlersee DAC 2022
Weingut Tischler
7131 Halbturn, Seite 107 € 7,–

89 Zweigelt 2022
Weingut Eberherr
7062 St. Margarethen, Seite 107 € 7,30

89 Zweigelt Heideboden 2022
Weingut Stadlmann
7161 St. Andrä am Zicksee, Seite 107 € 7,50

89 Zweigelt Neusiedlersee DAC 2022
Preinerwein
7143 Apetlon, Seite 107 € 7,50

89 Zweigelt 2022
Weingut Erich Sattler
7162 Tadten, Seite 108 € 8,–

89 Zweigelt Leopoldiwein 2022
Weingut Günter Pratsch
2223 Martinsdorf, Seite 108 € 8,–

89 Zweigelt 2022
Weingut Erich & Birgit Pittnauer
7122 Gols, Seite 108 € 8,10

89 Zweigelt Reserve 2022
Weinbau Kaiser
2214 Auersthal, Seite 108 € 8,50

89 Zweigelt Sooss Ried in Schön 2022
Weingut Schwertführer »35«
2504 Sooß, Seite 108 € 8,50

89 Zweigelt Prometheus No. 24 2022
Weingut Drexler-Leeb
2380 Perchtoldsdorf, Seite 108 € 9,–

89 Zweigelt Dobermannsdorf Ried Schilling Glücksmoment 2022
Weingut Georg & Lisa Weinwurm
2181 Dobermannsdorf, Seite 108 € 9,30

88 Zweigelt Classic BodenSchatz 2022
Winzerhof Michael Gartner
7142 Illmitz, Seite 108 € 6,–

88 Zweigelt | Die Ritterehre 2022
Eichenwald Weine
7312 Horitschon, Seite 109 € 6,90

88 Zweigelt Klassik 2022
Eichenwald Weine
7312 Horitschon, Seite 109 € 6,90

88 Zweigelt Reserve 2022
Weinbau Gunhold
2500 Baden, Seite 109 € 7,–

88 Zweigelt Ried Zwiefanger 2022
Weingut Ernst Semmler
2223 Hohenruppersdorf, Seite 109 € 7,50

88 Zweigelt klassik 2022
Weingut Schmidt
2102 Hagenbrunn, Seite 109 € 8,–

88 Zweigelt Ried In Ölbergen Prestige 2022
Winzerhof Scheit
2113 Karnabrunn, Seite 109 € 8,40

BLAUFRÄNKISCH 2022

92 Blaufränkisch Ried Altenberg Reserve 2022
Weingut Gebrüder Nittnaus
7122 Gols, Seite 120 € 10,–

91 **Blaufränkisch Eisenberg DAC 2022**
Thom Wachter
7474 Eisenberg a.d.P., Seite 124 € 8,90

91 **Blaufränkisch Mittelburgenland DAC Ried Hochäcker 2022**
Wein-Gut Iby-Lehrner
7312 Horitschon, Seite 124 € 9,–

91 **Blaufränkisch Eisenberg DAC 2022**
Weingut Grosz
7521 Eberau, Seite 124 € 9,50

91 **Blaufränkisch Aviator 2022**
Weingut Keringer
7123 Mönchhof, Seite 125 € 9,90

90 **Blaufränkisch Ried Spiegelberg 2022**
Weingut Racz
7311 Neckenmarkt, Seite 126 € 6,–

90 **Blaufränkisch 2022**
Weingut Eberherr
7062 St. Margarethen, Seite 126 € 7,30

90 **Blaufränkisch 2022**
Seegut Lentsch
7141 Podersdorf am See, Seite 127 € 8,–

90 **Blaufränkisch Eisenberg DAC "Kathalena" 2022**
Weingut Anton Mittl
7474 St. Kathrein im Burgenland, Seite 127 € 8,–

90 **Blaufränkisch Urkraft 2022**
Grenzlandhof Weingut Familie Reumann
7301 Deutschkreutz, Seite 127 € 8,–

90 **Blaufränkisch Rosalia DAC Abendrot 2022**
Domaine Pöttelsdorf
7025 Pöttelsdorf, Seite 127 € 9,90

89 **Blaufränkisch 2022**
Weingut Werner Auer
7093 Jois, Seite 128 € 6,–

89 **Blaufränkisch Leithaberg DAC 2022**
Weingut Schneider
7062 St. Margarethen, Seite 128 € 6,50

89 **Blaufränkisch | Der Traubendieb 2022**
Eichenwald Weine
7312 Horitschon, Seite 128 € 6,90

89 **Blaufränkisch 2022**
Prädikatsweingut Payer
7143 Apetlon, Seite 128 € 7,20

89 **Blaufränkisch "Die Schöpfung" 2022**
Magdalenenhof – Familie Stefan Kaiser
7000 Eisenstadt, Seite 128 € 7,30

89 **Blaufränkisch Ried Ungerberg 2022**
Achs-Wendelin Weine
7122 Gols, Seite 129 € 9,90

88 **Blaufränkisch 2022**
Weingut Schneider
7062 St. Margarethen, Seite 129 € 6,50

88 **Blaufränkisch Abendrot 2022**
Weingut Familie Ehrlich
7051 Großhöflein, Seite 129 € 6,50

88 **Blaufränkisch Klassik 2022**
Eichenwald Weine
7312 Horitschon, Seite 129 € 6,90

CABERNET SAUVIGNON 2022

90 **Cabernet Sauvignon Exklusiv 2022**
Weingut Erich & Birgit Pittnauer
7122 Gols, Seite 135 € 8,50

90 **Cabernet Sauvignon 2022**
Weinbau Müllner
7100 Neusiedl am See, Seite 135 € 10,–

CUVEÉ 2022

91 **Charisma 2022**
Weingut Hautzinger KG
7162 Tadten, Seite 154 € 9,90

90 **M.C.S Ried St. Michael 2022**
Weingut Hautzinger KG
7162 Tadten, Seite 157 € 7,–

90 **Dankbarkeit Rot 2022**
Weingut Zur Dankbarkeit
7141 Podersdorf am See, Seite 157 € 7,90

90 **Johannes Cuvée 2022**
Weingut Familie Schlager
2504 Sooß, Seite 150 € 7,90

90 **Vis Terrae XII 2022**
Weingut Georg und Katharina Krutzler
7122 Gols, Seite 158 € 7,90

90 **Cuvée aus gutem Grund 2022**
Kraft aus Rust
7071 Rust, Seite 158 € 9,80

90 **Heideboden 2022**
Seegut Lentsch
7141 Podersdorf am See, Seite 158 € 10,–

90 **Heideboden Exklusiv 2022**
Weingut Gebrüder Nittnaus
7122 Gols, Seite 158 € 10,–

89 **Dock Cuveé Rot Selektion J.D. 2022**
Winzerhof Familie Dockner
3508 Höbenbach, Seite 160 € 6,50

89 **Heideboden Samtpfote 2022**
Weingut Hoffmann Doris & Michael
7123 Mönchhof, Seite 161 € 9,10

89 **Die Zeitreise | Cuvée 2022**
Eichenwald Weine
7312 Horitschon, Seite 161 € 9,90

89 **Cuvée "Sasso Rosso" Reserve 2022**
Weingut Hecher
2504 Sooß, Seite 161 € 10,–

88 **Pinot Cab Grande Reserve 2022**
Weingut Hahnenkamp
7000 Eisenstadt, Seite 162 € 8,90

MERLOT 2022

92 Merlot 2022
Weingut Jacqueline Klein
7163 Andau, Seite 169 — € 9,90

91 Merlot Exklusiv 2022
Weingut Schwertführer »35«
2504 Sooß, Seite 172 — € 9,50

90 Merlot 2022
Weingut Georg Wind
7062 St. Margarethen, Seite 173 — € 7,–

90 Merlot Reserve Ried Gaisbiegel 2022
Weingut & Rustikalschenke Tinhof
2443 Leithaprodersdorf, Seite 173 — € 8,50

90 Merlot 2022
Weingut Georg und Katharina Krutzler
7122 Gols, Seite 173 — € 8,70

90 Merlot | Das hohe Ross 2022
Eichenwald Weine
7312 Horitschon, Seite 173 — € 9,90

90 Merlot Reserve 2022
Weinbau Müllner
7100 Neusiedl am See, Seite 174 — € 10,–

89 Merlot Exklusiv 2022
Weingut Erich & Birgit Pittnauer
7122 Gols, Seite 174 — € 8,50

PINOT NOIR 2022

91 Pinot Noir Ried Ungerberg 2022
Weingut Guttmann
7121 Weiden am See, Seite 184 — € 8,–

90 Pinot Noir 2022
Weingut Dopler
2523 Tattendorf, Seite 185 — € 9,10

89 Pinot Noir Lehmgrube 2022
Weingut Hahnenkamp
7000 Eisenstadt, Seite 187 — € 6,90

88 Pinot Noir 2022
Weinbau Schweifer
7000 Eisenstadt, Seite 187 — € 7,50

ST. LAURENT 2022

91 St. Laurent Ried Bühl 2022
Weingut Guttmann
7121 Weiden am See, Seite 194 — € 8,–

91 Sankt Laurent 2022
Seegut Lentsch
7141 Podersdorf am See, Seite 194 — € 9,–

90 St. Laurent Reserve 2022
Weingut Kleinl
7081 Schützen am Gebirge, Seite 195 — € 6,–

90 St. Laurent 2022
Weingut Erich Sattler
7162 Tadten, Seite 195 — € 8,–

90 St. Laurent 2022
Weingut Dopler
2523 Tattendorf, Seite 195 — € 8,40

90 St. Laurent 2022
Familienweingut Kolkmann
3481 Fels am Wagram, Seite 195 — € 9,20

89 St. Laurent 2022
Weingut Georg und Katharina Krutzler
7122 Gols, Seite 196 — € 6,90

89 St. Laurent Classic 2022
Bio-Weingut Ettl
7141 Podersdorf am See, Seite 196 — € 7,20

89 St. Laurent Ried Hangenstein 2022
Weingut Puhr
2073 Obermarkersdorf, Seite 196 — € 7,20

89 St. Laurent 2022
Weinbau Kaiser
2214 Auersthal, Seite 196 — € 8,50

88 St. Laurent 2022
Weinbau Fam. Ramberger
2500 Baden, Seite 197 — € 8,10

SORTENVIELFALT 2022

90 Cabernet Franc Ried Bärenschwanzel 2022
Weingut Schwertführer »47er«
2504 Sooß, Seite 202 — € 9,80

89 Blauburger Exklusiv 2022
Weingut Hirtl
2170 Poysdorf, Seite 202 — € 7,50

89 Roesler 2022
Die Schwertführerinnen
2504 Sooß, Seite 202 — € 8,50

89 Roesler Ried Edelsbergen 2022
Weingut Kurz
2130 Paasdorf, Seite 202 — € 8,50

88 Rösler Großes Holzfass 2022
Weingut Siegert
3701 Großweikersdorf, Seite 203 — € 9,–

SYRAH 2022

90 Syrah 2022
Weingut Georg und Katharina Krutzler
7122 Gols, Seite 210 — € 8,70

90 Syrah Reserve Ried Gaisbiegel 2022
Weingut & Rustikalschenke Tinhof
2443 Leithaprodersdorf, Seite 210 — € 9,50

RESEVE TROPHY BLAUFRÄNKISCH

90 Blaufränkisch Ried Hochberg 2020
Weingut Racz
7311 Neckenmarkt, Seite 230 — € 8,–

90 Blaufränkisch Ried Ungerberg 2021
Weingut Guttmann
7121 Weiden am See, Seite 229 — € 8,–

89 Blaufränkisch 2021
Weinbau Schweifer
7000 Eisenstadt, Seite 230 — € 6,50

RESERVE TROPHY CUVÉE & SORTENVIELFALT

91 St. Laurent Premium 2021
NÖ Landesweingut Retz – Gut Altenberg
2070 Retz, Seite 260 — € 9,80

91 Zweigelt The Butcher 2021
Weingut Schwarz
7163 Andau, Seite 260 — € 9,90

90 Pinot Noir 2021
NÖ Landesweingut Retz – Gut Altenberg
2070 Retz, Seite 265 — € 7,80

90 Sankt Laurent 2021
Weingut Königshofer
7100 Neusiedl am See, Seite 265 — € 7,90

90 Blauer Portugieser Ried Schilling Fruchtbündel 2021
Weingut Georg & Lisa Weinwurm
2181 Dobermannsdorf, Seite 266 — € 8,90

90 Johanna 2021
Weingut Schmidt
2102 Hagenbrunn, Seite 266 — € 9,–

90 Merlot 2020
Weingut Leopold Nowak
2353 Guntramsdorf, Seite 266 — € 9,–

90 Blauer Zweigelt Bisamberg 2021
Weingut Christ
1210 Wien, Seite 266 — € 9,50

90 Zweigelt Proschegger 2021
Weingut Josef Fischer
2102 Hagenbrunn, Seite 266 — € 9,50

90 Cabernet Sauvignon Kastanienfass 2021
Magdalenenhof – Familie Stefan Kaiser
7000 Eisenstadt, Seite 266 — € 9,80

90 Cabernet Sauvignon Ried Maxendorf Exklusiv 2020
Weingut Neustifter
2170 Poysdorf, Seite 266 — € 9,90

90 Merlot 2020
Weinbau Gunhold
2500 Baden, Seite 267 — € 10,–

90 Roesler Ried Edelsbergen 2021
Weingut Kurz
2130 Paasdorf, Seite 267 — € 10,–

89 Zweigelt Exquisit 2021
Weingut Schulz
2181 Dobermannsdorf, Seite 272 — € 7,50

89 Heideboden 2021
Prädikatsweingut Payer
7143 Apetlon, Seite 272 — € 7,90

89 Blauer Zweigelt Neusiedlersee DAC Schmeichler 2021
Weingut Hoffmann Doris & Michael
7123 Mönchhof, Seite 273 — € 8,20

89 Blauer Zweigelt 2021
Wein.Gölles Weinbau | Buschenschank
8361 Fehring, Seite 273 — € 8,90

89 St. Laurent 2021
Wein.Gölles Weinbau | Buschenschank
8361 Fehring, Seite 273 — € 8,90

89 Alta Monte 2020
Weingut Racz
7311 Neckenmarkt, Seite 273 — € 9,–

89 Lenz Moser Carpe Diem Prestige Cuvée Siegendorf 2021
Weinkellerei Lenz Moser
3495 Rohrendorf, Seite 273 — € 9,99

89 Pinot Noir exklusiv 2021
Weinbau Schweifer
7000 Eisenstadt, Seite 273 — € 10,–

88 Blauer Zweigelt Grande Reserve 2020
Weinkellerei Lenz Moser
3495 Rohrendorf, Seite 275 — € 4,99

88 Cuvée Dora 2021
Weinkellerei Lenz Moser
3495 Rohrendorf, Seite 275 — € 5,49

88 Zweigelt 2021
Weinbau Schweifer
7000 Eisenstadt, Seite 275 — € 6,50

88 Merlot-Cabernet Sauvignon Guntramsdorf Ried Himmelstiege am Eichkogel 2020
Weingut Leopold Nowak
2353 Guntramsdorf, Seite 275 — € 9,–

88 Cuvee Broken Leg 2020 ZW/BF
Weinbau MP Pimpel
2464 Göttlesbrunn, Seite 275 — € 10,–

MIT BESTER EMPFEHLUNG

Ausgewählte Weinhändler, Feinkostläden und Weingasthöfe
mit hochwertigen Erzeugnissen für kulinarische Genuss-Erlebnisse.

DER SCHWEIZER F
1010 Wien, Wollzeile 15
T:+43 (664) 1561066
www.derschweizer.eu
Mo 13–18 Uhr, Di bis Fr 10–18 Uhr,
Sa 10–16 Uhr

GASTHAUS MARTIN WEILER W
2136 Laa an der Thaya
Staatsbahnstraße 60
T:+43 (2522) 2379
martin@weilerlaa.at
www.weilerlaa.at

1130 WEIN VINOTHEK V
1130 Wien, Lainzer Straße 1/
Eingang gegenüber Altgasse 27
T:+43 (699) 18000002
vinothek@1130wein.at
www.1130wein.at
Mo bis Fr 10–19 Uhr, Sa 10–15 Uhr

MARCHFELDERHOF W
2232 Deutsch-Wagram
Bockfließer Straße 31
T:+43 (2247) 2243
office@marchfelderhof.at
www.marchfelderhof.at
Mo bis Fr 16–23 Uhr, Sa und So 11–23 Uhr

GEBIETSVINOTHEK RETZER LAND IM ALTHOF V
2070 Retz, Althofgasse 14
T:+43 (2942) 3711405
vinarium@althof.at
www.althof.at
täglich 11–18 Uhr

WINE-HOUSE V
3433 Königstetten
Rieslinggasse 6
T:+43 (680) 152 192 5
www.wine-house.at
Online Weinshop

W | NÖ | BGLD

VINOTHEK & WEINBAR WEIN-KONTRASTE V
3491 Straß im Straßertale
Langenloiser Straße 199
T:+43 (2735) 3900, info@weinkontraste
www.weinkontraste.at
Di bis So 10–18 Uhr

DAS FRITZ W
7121 Weiden am See, Seebad 1
T:+43 (2167) 40222
info@dasfritz.at
www.dasfritz.at
täglich 9–22 Uhr

PRANDTAUERHOF W
3610 Joching, Prandtauerplatz 36
T:+43 (2715) 2310
weingut@holzapfel.at
www.holzapfel.at
Mo, Di, Fr und So 10–16 Uhr,
Sa 10–22 Uhr

ZUR DANKBARKEIT W
7141 Podersdorf, Hauptstraße 39
T:+43 (2177) 2223
gasthaus@dankbarkeit.at
www.dankbarkeit.at
Do und Fr 11.30–14 Uhr und 18–21 Uhr,
Sa und So 11.30–21 Uhr

WEINGASTHOF WILHELM GRAFL W
7022 Schattendorf, Hauptstraße 37
T:+43 (2686) 2126
weingasthof-grafl@kabelplus.at

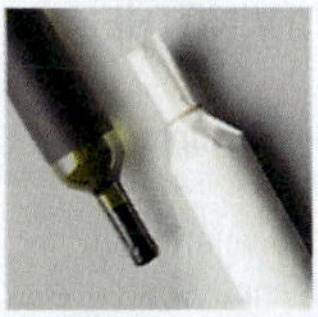

KRACHER FINE WINE V
7142 Illmitz, Apetloner Straße 37
T:+43 (2175) 3377
office@kracherfinewine.at
www.finewineshop.com
Mo bis Fr 9–17 Uhr, Sa 11–18 Uhr

BGLD | STMK | OÖ

PRESSHAUS W
7142 Illmitz, Apetloner Straße 13
T: +43 (2175) 2730
presshaus.haider@aon.at
www.presshaus.com
Mi bis So 10–24 Uhr

KÜRBISHOF KOLLER F
8350 Fehring, Weinberg 78
T: +43 (3155) 3414
info@kuerbishof-koller.at
www.kuerbishof-koller.at
Mi bis Fr 9–14 Uhr, Sa 10–13 Uhr

DIE GENUSSQUELLE ROSALIA V
7202 Bad Sauerbrunn, Schulstraße 14
T: +43 (2625) 20270, info@die-quelle.at
www.diegenussquelle.at
Mo bis Do 9–19.30, Fr bis Sa 9–22 Uhr,
So 9–19.30 Uhr

RATSCHER LANDHAUS W
8461 Ratsch an der Weinstraße
Ottenberg 35
T: +43 3453 23130
info@ratscher-landhaus.at
www.ratscher-landhaus.at

BURGENLAND VINOTHEK GLÖCKL V
7301 Deutschkreutz, Hauptstraße 42
T: +43 (670) 5527999
office@burgenland-vinothek.at
www.burgenland-vinothek.at
Öffnungszeiten: siehe Website

SATTLERHOF GOURMETRESTAURANT W
8462 Gamlitz, Sernau 2a
T: +43 (3453) 44540, www.sattlerhof.at
restaurant@sattlerhof.at
Di bis So ab 12 Uhr, Bitte um Reservierung!

WEIN & WEIN GROLLITSCH V
8010 Graz, Neufeldweg 99
T: +43 (316) 46 22 78
office@grollitsch.com
www.grollitsch.com

E.H. WEINHANDEL V
8530 Deutschlandsberg
Grazer Straße 7
T: +43 (3462) 20390
info@weinshop24.at
www.weinshop24.at
Mo bis Fr 7–18.15 Uhr, Sa 7–12.30 Uhr

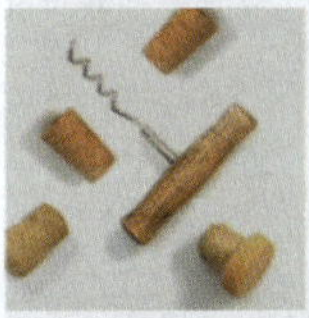

WEINHANDEL KOHLBACHER V
8010 Graz, Leonhardstraße 3
T: +43 (316) 319431
office@weinhandel-kohlbacher.at
www.weinhandel-kohlbacher.at
Mo bis Do 11–19 Uhr, Fr 10–19 Uhr,
Sa 10–13 Uhr

THERESAS – EINE ART GASTHAUS W
8530 Deutschlandsberg
Kirchengasse 4
T: +43 (3462) 39182
theresas70@gmx.at
www.theresas.at

SIMPLYWINE A.I. V
8077 Gössendorf, Gewerbering 4
T: +43 (3135) 46060
office@simplywine.at
www.simplywine.at
Mo, Fr 8.30–12.30 Uhr,
Di bis Do 8.30–12.30 und 13–16 Uhr

ALTE METZGEREI - VINOTHEK V
4020 Linz, Herrenstraße 5
T: +43 (732) 774434
office@walchshofer.com
www.altemetzgerei.at
Mo bis Mi 11–22 Uhr, Do und Fr 11–24 Uhr

OÖ | SBG | T | VBG

VINOSPIRIT V
4030 Linz
Thanhoferstraße 11
T:+43 (732) 931690
office@vinospirit.at
www.vinospirit.at

INVINUM W
6020 Innsbruck, Innrain 1
T:+43 (512) 575545
office@invinum.com
www.invinum.com
Mo bis Sa 11–24 Uhr, So 16–22 Uhr

WEINTURM V
4030 Linz, Thanhoferstraße 11
T:+43 (732) 731014
office@weinturm.at
weinturm.at
Mo, Do und Fr 9–18 Uhr,
Di und Mi 9–13 Uhr

RUND UM DIE BIENE F
6234 Brandenberg, Aschau 41f
info@rund-um-die-biene.at
www.rund-um-die-biene.at
Onlinehandel von Honig und
Bienenprodukten

SEEHOTEL GRÜNER BAUM W
4830 Hallstatt, Marktplatz 104
T:+43 (6134) 82630
contact@gruenerbaum.cc
www.gruenerbaum.cc
täglich 12–22 Uhr

DEWALDS WEINLADEN V
6370 Kitzbühel, Im Gries 15
T:+43 (699) 17291150
shop@dewalds.at
www.dewalds.at
Mo 12–18.30 Uhr, Di, Do und Fr 10–18.30
Uhr, Mi 10–18 Uhr, Sa ab 9.30–15 Uhr

GETRÄNKEHAUS OTMAR LUX V
4840 Vöcklabruck, Unterbleichfleck 10
T:+43 (7672) 27610, www.wein-handel.at
otmarlux@wein-handel.at
Mo bis Fr 8.30–12.15 und 14–18 Uhr,
Sa 8.30–12.30 Uhr

WEIN NEURURER V
6471 Arzl im Pitztal
Eggles 22
T:+43 (699) 11957657
info@wein-neururer.at
www.wein-neururer.at

FEINKOST FLEISCHEREI AUERNIG F
5300 Hallwang, Wiener
Bundesstraße 16
T:+43 (662) 661339, www.auernig.at
metzgerei@auernig.at
Mo bis Fr 7–18 Uhr, Sa 7–12 Uhr

CERVANTES & CO - BUCH UND WEIN V
6800 Feldkirch, Kreuzgasse 20
T:+43 (5522) 71607, cervantesco.com
office@cervantesco.com
Mo 14–18 Uhr, Di bis Fr 9–12.30 Uhr
und 14–18 Uhr, Sa 9–13.30 Uhr

DÖLLERERS WEINHANDELSHAUS V
5431 Kuchl, Kellau 160
T:+43 (6244) 20567
weinhandel@doellerer.at
shop.doellerer.at

KÄSESTRASSE BREGENZERWALD F
6951 Lingenau, Zeihenbühl 423
T:+43 (5513) 4287041
info@kaesestrasse.at, www.kaesestrasse.at
01.04.–31.10 Mo–Fr 10–18 Uhr, Sa 9–17 Uhr und
01.11.–31.03. Di-Fr 10–17 Uhr, Sa 10–16 Uhr

VBG | CH | DE

BEVANDA WEIN & DESTILLATE V
6850 Dornbirn, Färbergasse 15
T: +43 (5572) 386631
office@bevanda.cc
www.bevanda.cc
Mo bis Fr 9–18 Uhr, Sa 9–17 Uhr

BAUR AU LAC VINS FILIALE REGENSDORF (HAUPTSITZ) V
8105 Regensdorf, Adlikerstrasse 272
T: +41 (44) 7770505
information@balv.ch
www.bauraulacvins.ch
Mo bis Fr 9–18.30, Sa 9–16 Uhr

WEINSTEIN FINEWINE – DORNBIRN V
6850 Dornbirn, Eisengasse 3a
T: +43 (5572) 394657
weinstein-finewine.com
cheers@weinstein-finewine.com
Mi 9–12 u. 16–19, Do, Fr 16–22, Sa 11–17 Uhr

BAUR AU LAC VINS FILIALE MÄNNEDORF V
8708 Männedorf, Seestrasse 46
T: +41 (44) 9200747
maennedorf@balv.ch
www.bauraulacvins.ch
Di bis Do 11–18.30, Fr 9–18.30, Sa 9–16 Uhr

JOHANNES THURNHER V
6850 Dornbirn, Bockackerstraße 13
T: +43 (5572) 26151
jth@thurnher-wein.com
www.thurnher-wein.com
Mo bis Fr 8–12 Uhr und 14–18 Uhr

EATALY W V F
80331 München, Blumenstr. 4
info.muenchen@eataly.de
www.eataly.net
Mo bis Do 12–22 Uhr,
Fr und Sa 12–22.30 Uhr

BAUR AU LAC VINS FILIALE HOTEL V
8001 Zürich, Börsenstrasse 27
T: +41 (44) 220 50 55, hotel@balv.ch
www.bauraulacvins.ch
Mo bis Fr 10–18.30, Sa 9–17 Uhr

BAUR AU LAC VINS FILIALE SHOPVILLE ZÜRICH BAHNHOF V
8001 Zürich, Bahnhofplatz 1
T: +41 (44) 2125050, hbzuerich@balv.ch
www.bauraulacvins.ch
Mo bis Fr 9–21, Sa 9–20 Uhr

BAUR AU LAC VINS VINOTHEK TIEFENBRUNNEN V
8008 Zürich, Bellerivestrasse 263
T: +41 (44) 777 05 90
tiefenbrunnen@balv.ch
www.bauraulacvins.ch
Di bis Fr 10.30-19, Sa 9.30–18 Uhr

WEINGÜTER NACH NAME

R

S

FALSTAFF ROTWEINGUIDE 2025

MEDIENINHABER
Falstaff-Verlags-GesmbH
Schottenring 2–6
1010 Wien, Österreich
Tel.: +43 1 904 21 41
www.falstaff.com
E-Mail: wein@falstaff.com

GESCHÄFTSFÜHRUNG
Mag. Elisabeth Kamper
Wolfgang M. Rosam
Ronald Tomandl, MSc

GESTALTUNG UND PRODUKTION
Mag. Georg Morawitz-Holeschofsky (IT)
Robert Pleniger (IT)
Konstantin Riemerschmid (Produktion)
Dipl.-Ing. Julia Tiefenbrunner
Mag.art. Marcus Wiesner (Art Direction/Layout)

HERSTELLER/DRUCK
NEOGRAFIA, a.s.
Strasse Sučianska 39A
038 61 Martin-Priekopa
Slowakei
www.neografia.sk

HERAUSGEBER
Wolfgang M. Rosam und Angelika Rosam

CHEFREDAKTION
Peter Moser

REDAKTION
Claudia Schindlmaißer

CHEFS VOM DIENST
Mag. Petra Kirchmayer
Noah Neururer, BA BA

VERKOSTUNGSASSISTENZ
Konstantin Schindlmaißer, BA

LEKTORAT
Mag. Florian Praxmarer

ANZEIGEN
Christiane Ceccarelli
(Anzeigenkoordination)
Maximilian Kamper
(Art Director Marketing & Sales)

Die Weinpreise verstehen sich als Ab-Hof-Preise bzw. UVP,
die dem Falstaff-Verlag von den Weingütern angegeben wurden.
Druck- und Satzfehler vorbehalten.